北京大學震旦古代文明研究中心學術叢書特刊

古文字類編

增訂本

高　明　涂白奎　編著

上

上海古籍出版社

圖書在版編目(CIP)數據

古文字類編(增訂本)/高明，涂白奎編著．—上海：上海古籍出版社，2008.8（2025.4重印）
（北京大學震旦古代文明研究中心學術叢書特刊）
ISBN 978-7-5325-5012-8

Ⅰ.①古… Ⅱ.①高… ②涂… Ⅲ.①漢字：古文字—匯編
Ⅳ.H121

中國版本圖書館CIP數據核字(2008)第072931號

北京大學震旦古代文明研究中心學術叢書特刊

古文字類編(增訂本)

(全二册)

高　明　涂白奎　編著

上海古籍出版社出版、發行

（上海市閔行區號景路159弄1-5號A座5F　郵政編碼201101）

(1) 網址：www.guji.com.cn

(2) E-mail：gujil@guji.com.cn

(3) 易文網網址：www.ewen.co

上海展强印刷有限公司印刷

開本 787×1092　1/16　印張 103.75　插頁 10

2008年8月第1版　2025年4月第10次印刷

印數：13,401-14,200

ISBN 978-7-5325-5012-8

G·445　定價：398.00元

如有質量問題，請與承印公司聯系

電話：021-66366565

舊本序

《古文字類編》原是作者爲北京大學歷史系考古專業學生講授古文字學時編寫的《古文字學講義》中的第二章——《古文字表》。當時考慮：本門課程的講授，除使學生在理論上有所瞭解之外，還必須掌握一定數量的單字和一些不同時代的形體。於是根據教學規定的時數和要求，編制了一份包括商代甲骨文、兩周金文和秦朝小篆等幾個不同時代字體的三欄字表。以單字計，不足一千，但每一字最少附有五六種形體。《古文字學講義》於1974年由北京大學影印。經過幾年的試用，認爲這種分欄式的字表對學生學習很有幫助。不足之處是字數太少，並且缺少戰國部分。從漢字整個發展過程看，中間斷了環節。因此不少同志建議，應適當補足這兩點欠缺，把《古文字表》從講義中分離出來，各自成書。打倒四人幫之後，作者即開始從事這項工作。經過三個半年頭的日夜奮戰，終於將《古文字表》改編成現在的《古文字類編》。

《古文字表》僅收已認識的字，不收待問字。《古文字類編》仍根據這一原則，將《字表》擴展爲三編。第一編由原來的三欄改作四欄：第一欄爲商周時代的甲骨文；第二欄爲商周時代的金文；第三欄增添了春秋、戰國時代的石刻、竹簡、帛書、載書、符節、璽印、陶器以及泉貨文字等；第四欄爲秦篆。增收的文字相當於舊字表的五倍，以單字計爲三千零五十六字。有些單字同時和不同時的異體可多達一二十種，最少的也有三四種。連同重文統計，共計一萬七千零五種形體。第二編爲合體文字，合體文盛行於商周時期，延續至秦即被淘汰。故此編僅分三欄，共收三百零四種，連同重文共計五百三十六種。第三編爲徽號文字，多是由一個或幾個單字組合而成，字形皆較古老，僅出現在商代和西周，故此編僅分二欄，共收五百九十八種，連同重文共計九百四十二種形體。

甲骨、金文、璽印、陶器等文字，過去皆有專著，各自搜集的文字均分歸正編和附錄。如一九六五年中國科學院考古研究所編著的《甲骨文編》，收入正編的字爲一千七百二十三個，其中已識並見於《說文》的祗有九百餘字。1959年容庚先生增訂的《金文編》，收入正編的金文共一千八百九十四字。1939年羅福頤編著的《古璽文字徵》，收入正編的印文共六百零七字。1936年顧廷龍編著的《古陶文孴録》，收入正編的陶文共三百三十一字。1964年金祥恒編著的《陶文編》，正編收字也僅有四百九十八文。至於古代泉貨重文很多，單字更爲有限。以上各書即使是收入正編的文字，其中也有許多僅能隸定，並不能辨識。如將幾方面能識的字數加在一起，減掉彼此相重的字數，實際能夠認識的，約有二千三四百字。經過這次搜集，現已認識的字超過了三千，説明近些年來這方面的工作，確實獲得不少成績。一方面由於全國各地考古工作的廣泛發展，補充了許多過去從未見過的新資料；另一方面，經過廣大學者的努力，進一步辨識出許多過去所不能認識的字。這本書雖然不能對過去古文字研究的工作進行小結，但是，通過可識字數的統計，的確顯示出近年來古文字的研究在迅速前進。

本書的任務是將大家的研究成果收集一起，分類編次，供留心古文字的同志參考。但在編選當中，不能不反映作者的主觀意見。因此難免因水準所限，遺漏了一些更有成就的研究成果，而把一些不甚可靠的意見吸收進來。凡屬此類問題，當由作者負責。關於新出土器物的出處和研究，書後附有《引書目録》，簡注就不再一一説明。

據目前掌握的資料證明，漢字的起源，最早可以追溯到五千年前。但是真正作爲記録漢語的工具，祇能以商代的甲骨文爲最早。可以這樣講，直到目前，商代的甲骨文是我國最早的，而且是相當成熟的漢字，但它不是最原始的漢字。在商代甲骨文之前，還應有一段相當長遠的發展歷史。最早的甲骨文，距今已有三千多年歷史，但並不是所有的漢字都如此。其中有些字還可能追溯得更遠，而有些字出現得則很晚。這説明每個漢字都有它自身的發生和發展歷史，彼此並不完全一樣。本編通過分欄分期編次，很自然地顯現出許多漢字的發展過程和演變情況，可以從中討論總結許多帶有規律性和普遍性的理論問題。

要按時代先後編排字序，就必須對各種文字都要有個分期標準，我們主要吸取前人研究的成果，並參與了一些主觀意見。甲骨文，除將子、午、自組卜辭根據近些年來研究的成果，歸納在第一期之外，其他仍以董作賓的五期劃分時代。關於金文的分期，各家意見似較分歧，但對多數器物的看法還是一致的。本着求同存異的精神，本書將西周銅器分作早中晚三期：自武王至昭王爲早期；穆王至夷王爲中期；厲王至幽王爲晚期。至於東周，祇分作春秋、戰國兩大階段。

編這樣一本字書，其中最感困難的是資料的搜集。若不靠全國各考古機關和博物館的支持、幫助，無論如何也難以完成。由於中國歷史博物館、故宫博物院、中國社會科學院考古研究所、古代史研究所、北京市文物工作隊；上海市博物館；天津市博物館；陝西省文管會、博物館、省社會科學院考古研究所；河南省博物館；河北省博物館；山東省博物館；山西省博物館；湖南省博物館；湖北省博物館；遼寧省博物館；河南省洛陽市博物館；湖北省荆州市博物館；陝西省寶雞市博物館和岐山、扶風縣文化館等單位的領導和同志們的大力支持及熱心幫助，使我們能夠收集和摹錄了許多非常有價值的資料，今天編著工作已基本完成，特向這些單位表示感謝。

三年前，本書剛在開始規劃和著手編輯的時候，立庵師尚健在，他老人家爲此書的編寫和規劃花了不少心血。先生竭力主張把我編寫的《古文字學講義》一分爲二，把這本綜合性的古文字書與《古文字學》分開。可是，今天《古文字類編》即將付印，而先生竟已作古。書寫至此，殊感悲痛。此書出版，希望對留心古文字的同志稍有裨益，以求不負先生以往的栽培和期望。

編寫過程中，經常得到姚孝遂、裘錫圭、趙誠等同志的關心和鼓勵。他們都爲編好此書提供了許多寶貴意見，並指出和糾正其中不少錯誤。教研室內蘇秉琦先生和宿白先生都給予極大的關懷和鼓勵，俞偉超、李伯謙等同志也爲此書花費不少力量。還應當提出來的是連劭名和葛英會兩位研究生，都爲此書出了力。尤其是連劭名同我工作了整整一年，書中簡注都是他鈔寫的，最後又幫助我編寫目錄。今天編選工作已經完成，此書即將付印，特向諸位師友表示衷心的感謝。

高明 一九八〇年三月二十日寫於北京大學考古教研室

增訂本序

《古文字類編》於一九八〇年由中華書局出版，至今已近三十年了。其間，隨着全國經濟建設的蓬勃發展，考古工作也取得巨大的收穫。地下出土的大量的古文字資料不僅開闊了學界人士的眼界，更拓展了研究內容，提高了辨識古文字的能力。由於新資料與新識字的增多，現狀大爲改觀。而舊本《古文字類編》已經不能反映古文字的豐富面貌和學界的新成果，這就是我們要改編和增補的初衷。

《古文字類編》增訂本，仍爲三編。一、二編爲單體文字、合體文字，第三編則由徽號文字改爲未識徽號文字。各編體例基本襲舊本，但爲保證資料的可靠性，不再收錄舊時的翻刻本。因此，舊本所收此類字在這次增訂時被悉數删去。至於古代文獻中，如魏三體石經、《汗簡》、《古文四聲韻》所錄古文往往可補《說文》之闕，而對古文字的釋讀有所發明，故增訂本收錄相關字形以爲附注。

古文字形體同字異構者頗多，若皆數錄入，實所不能，亦無必要。祗是舊本所收失之於過簡，不足以反映古文字形體的豐富面貌及變化規律。這次增訂相應地增加了對異構字的收錄，以滿足讀者的需要。

本書各欄所收文字，基本爲學界所認可之已識字，並見於後世字書。故，各字首端字頭一般使用通用繁體字，而不作隸古定，以方便讀者。少數字，學界或有考釋，且義理有可循而不見於字書者，則據形隸定。至於某字或存一家之言，而學界尚未形成共識者，暫不收錄，以待將來。

本書的增訂，是與河南大學歷史系副教授涂白奎共同完成的。增訂此書，工作量很大，費時甚多。尤其是對於單字的選擇與取捨，頗費精力。我們彼此也時有分歧，往往因一字之釋而反覆討論，甚至經過多次爭論，才能取證確定。

本書的增訂得以順利完成，要感謝北京大學考古文博學院教授、震旦古代文明研究中心主任李伯謙先生。過去，舊本《類編》曾得到他的支持，這次增訂又得到他的鼎力相助，爲我們提供資金，解決了增訂工作所需的費用。還要感謝北京大學中文系李零教授在審閱初稿時，提供了很多寶貴的意見，爲本書增色良多。

《古文字類編》舊本第一編收單字 3056 字，增訂本檢字表中錄包括別體在內可供檢索字增至約 5954 字，較舊本補充近倍；第二編收合文 565 個；第三編收徽號文字 411 個，基本上涵納了近年考古所見新材料和學界的新的研究成果。祇是由於我們識見的淺隘，未必能把這些盡數地反映在本書中，而且也不能排除在編寫的過程中，混入一些尚難肯定的甚至是錯誤的認識。增訂工作已告蕆事，越是接近付梓，越感忐忑難安，因此我們歡迎學界及讀者的批評。

高明 2008 年元月寫於海淀藍旗營寓所

凡　例

全書分一、二、三編，分别爲古文字、合體文字與未識徽號文字。

第一編通分四欄：商周時代的甲骨文；商周時代的金文；商周時代的陶器、石刻、竹簡、帛書、盟書、璽印、泉貨文字以及少量的秦文字；最後一欄爲《説文》所録篆書、古籀文等。每欄所收文字都按時代先後爲序，以便考察每字的形體演變。爲便於識讀，眉端標注通用繁體楷書。

第二編爲合體文字。合體文字出現於商周時代的甲骨、金文與戰國時代的其它文書，延至秦篆即基本被淘汰，故此編分三欄。

第三編爲未識徽號文字，字形均較古老，一般是由一至數字組成的族徽或名號，此種文字僅見於商周時代的甲骨和金文，故只分二欄。

本書所收之字，近年新見者，主要據實物拓本等以電腦掃描手段録入。其它則多採各家著録或所附影本；有雖爲摹本，而精良爲學界公認者，則據摹本。爲保證字形的準確，對從摹本中選録的字都作了校核。

不同種類的刻辭，字體大小不一。爲書跡清晰或版式之需，對一些字在録入時進行了縮放。

每字之下皆附有小字簡注，説明其出處和時代。以一編 2 頁中的“丁”字爲例，第一欄共收六個甲骨文，每個“丁”下皆有兩行簡注。如第一字下上行注“甲 2329”，下行注“一期”。“甲”是《殷墟文字甲編》的簡稱，2329 則指明此字出於該書之第 2329 片。“一期”是指此片卜辭的時代爲商王武丁時期。甲骨文的分期，仍沿董作賓氏五期，以方便普通讀者。第二、三欄亦同樣附有簡注，如第二欄第三“丁”字下，上行注“作冊大鼎”，下行注“周早”，指明此字出於《作冊大鼎》之銘文，乃西周早期的字形。第三欄第七“丁”字下，上行注“璽彙 0418”，下行注“戰國”。指明此字出於戰國時代的古璽，該璽著録於《古璽彙編》第 0418 號。書後附有《引書目録》和《引器目録》，根據注文查尋，即可找到某字的原來出處。

由於近年已有多種金文引得及青銅器目索引類的工具書問世，因此本書《引器目録》詳於新見器目而於舊時著録則有所取捨以節省篇幅。

本書所收，主要是現在認識的古文字，一般均可在古代字書中找到。若字書失載，必經歷代學者考證，對其音義已基本瞭解，確屬可信，並成定論者。

凡不能辨識之字，雖經學人考釋，存一家之言，但尚未公認的，暫不收錄。

檢字表中所收字，並不祇限於書端字頭。某字古文字形體有與《說文》所錄或體、古籀文同者，亦入字表。又某字用作某；或後世字書又以爲某字同於某，已在正文各欄注出說明者，一併收入字表，供讀者參考。

甲骨文、金文、陶文和古璽文字、簡帛文字等均著有專書，這些專書將可識之字收入正編，將不識之字編入附錄。本書所收字體較爲廣泛，爲了避免同它書重複，不收待問字，亦不編附錄。

本編的篆書及別體，採自北京師範大學漢字與中文信息處理研究所出版的光盤版《北師大小篆字庫》。

古文字類編總目

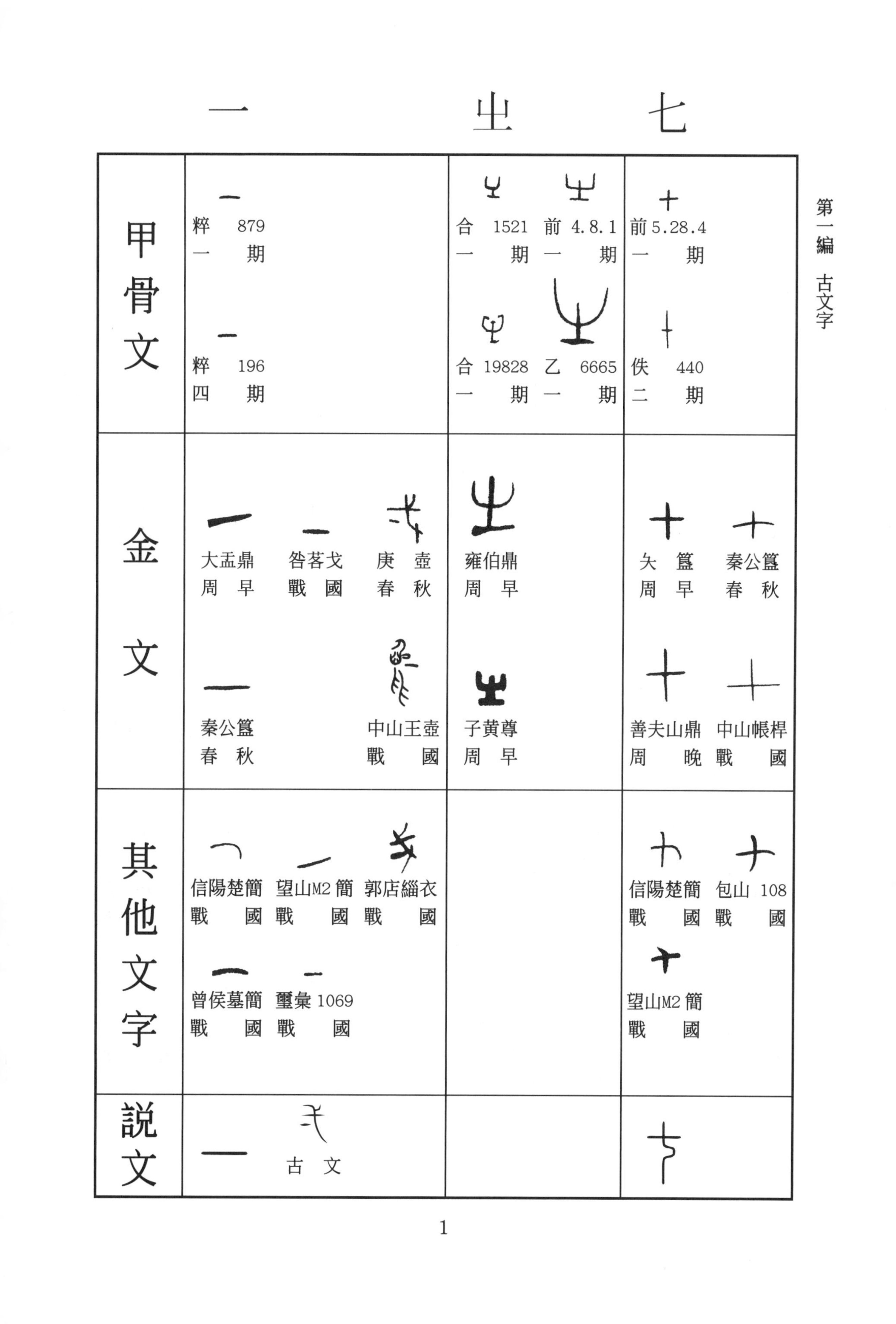

	一	㞢	七
甲骨文	粹 879 一期 粹 196 四期	合 1521 一期 前 4.8.1 一期 合 19828 一期 乙 6665 一期	前 5.28.4 一期 佚 440 二期
金文	大盂鼎 周早 咎茖戈 戰國 庚壺 春秋 秦公簋 春秋 中山王壺 戰國	雍伯鼎 周早 子黃尊 周早	矢簋 周早 秦公簋 春秋 善夫山鼎 周晚 中山帳桿 戰國
其他文字	信陽楚簡 戰國 望山M2簡 戰國 郭店緇衣 戰國 曾侯墓簡 戰國 璽彙 1069 戰國		信陽楚簡 戰國 包山 108 戰國 望山M2簡 戰國
說文	古文		

万　　　丁

古文字類編

万	丁
 合 31033 三　期	 甲 2329 一期　粹 509 二期　粹 217 四期  後上 31.5 一期　粹 660 三期　粹 1478 五期
 單䢼討戈 戰國	 戊寅鼎 商代　作册大鼎 周早　歸父盤 春秋　臧孫鐘 春秋　陳逆簋 戰國  冉且丁尊 商代　虢季子白盤 周晚　臧孫鐘 春秋　者減鐘 春秋　陳肪簋 戰國
 上博曹沫 戰國　璽彙 4469 戰國　貨系 2625 戰國 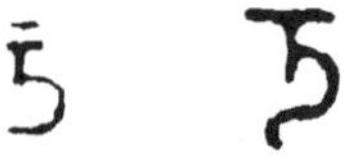 璽彙 4467 戰國　璽彙 4474 戰國	 燕下都陶 戰國　望山M1 簡 戰國　包山 141 戰國　璽彙 0418 戰國　十鐘印舉 戰國  天星觀簡 戰國　包山 004 戰國　郭店窮達 戰國　璽彙 2241 戰國　干支牙籌 戰國

兩	㒳
 函皇父簋 周晚  平宮鼎 戰國  洹子孟姜壺 春秋  䰛鼎 戰國	 大簋 周中  金頭像飾 戰國  小臣守簋 周晚  兆域圖 戰國
 信陽楚簡 戰國  包山 111 戰國  包山 237 戰國  郭店語四 戰國  貨系 2476 戰國  雲夢效律 戰國  曾侯墓簡 戰國  包山 145 戰國  天星觀簡 戰國  上博詩論 戰國  幣編 119 戰國	 上博魯旱 戰國  幣編 119 戰國  幣編 119 戰國  侯馬盟書 戰國

丙

前7.15.3 一期　粹174 四期

粹171 三期　粹1478 五期

冉父丙鼎 商代　冉且丙爵 商代　枚父丙卣 商代　何尊 周早　莒侯簋 春秋

倲父丙觶 商代　史父丙觚 商代　犬父丙鼎 商代　伯晨鼎 周中　長沙銅量 戰國

太保玉戈 周早　長沙帛書 戰國　包山225 戰國　干支牙籌 戰國

石鼓吾水 戰國　望山M1簡 戰國　璽彙0747 戰國　貨系0106 戰國

丙

三

菁5.1 一期

周甲1 先周

井侯簋 周早　平宫鼎 戰國

頌鼎 周中　乘馬戈 戰國

陶三001 戰國　信陽楚簡 戰國　侯馬盟書 戰國

長沙帛書 戰國　包山牘1 戰國

三

丶	小	少	采
	合 12711 一期 佚 426 五期 甲 630 四期	甲 2904 一期	
盄、爵 商代	集母乙觶 商代 大盂鼎 周早 嬴需德鼎 周早 衛鼎 周中	吉日壬午劍 春秋 蔡侯申鐘 春秋 兆域圖 戰國 陳逆簋 戰國 封孫宅盤 春秋 莒侯簋 春秋 梁十九年鼎 戰國 中山王鼎 戰國	采父乙卣 商代 采卣 周早
	小臣系石簋 商代 陶五 072 戰國 陶五 071 戰國 珍秦 68 戰國	陶五 123 戰國 望山M2簡 戰國 包山 159 戰國 郭店緇衣 戰國 信陽楚簡 戰國 包山 003 戰國 郭店緇衣 戰國 璽彙 3404 戰國	信陽楚簡 戰國

乙

粹 605 一期　粹 133 四期

戩 3.8 三期　周甲 001 先周

且日戈 商代　矢方彝 周早　𢑚作北子簋 周中　曾侯乙戟 戰國

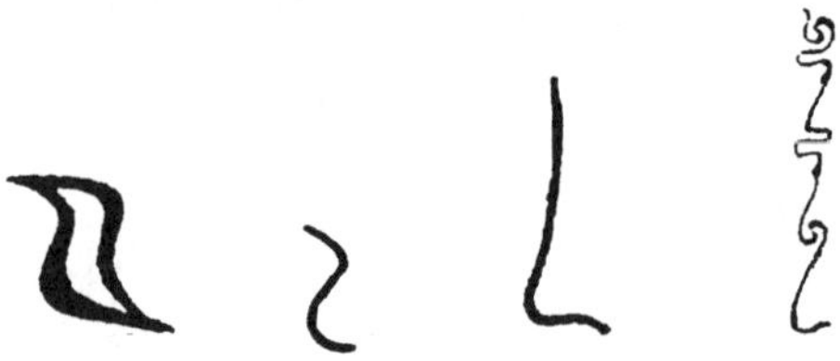

魚父乙卣 商代　牆盤 周中　曾侯乙鐘 戰國　曾侯乙戟 戰國

陶三 271 戰國　包山 036 戰國　璽彙 2540 戰國　干支牙籌 戰國

望山M1簡 戰國　璽彙 0886 戰國　貨系 0101 戰國

乃

前 4.45.2 一期　合 31199 三期

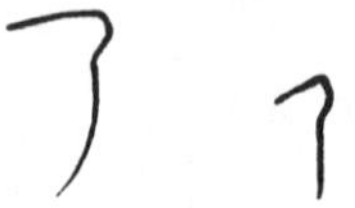

菁 3.1 一期　後下 36.2 四期

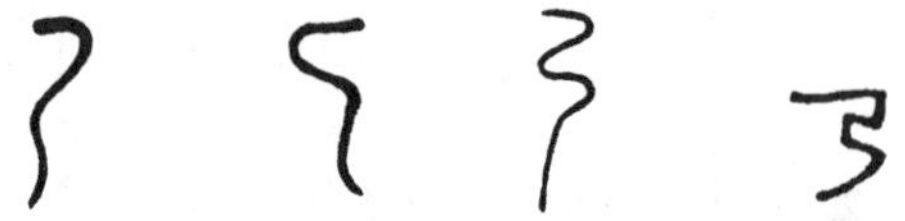

令鼎 周早　曶簋 周中　莒侯簋 春秋　新郪虎符 戰國

彔伯簋 周中　晉侯穌鐘 周晚　吴王光鑑 春秋　者沪鐘 戰國

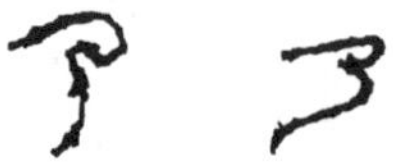

陶五 384 戰國　信陽楚簡 戰國

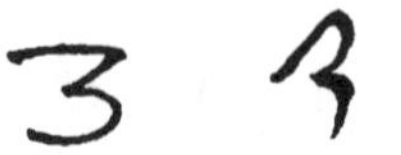

長沙帛書 戰國　郭店緇衣 戰國

後下 13.9
一　期

甲　2395
五　期

戍嗣鼎 商代 | 小臣宅簋 周早 | 嘉子伯昜臣 春秋 | 胤嗣壺 戰國 | 陳喜壺 戰國 | 王后鼎 戰國 | 東周左官壺 戰國

令簋 周早 | 𠦪伯簋 周中 | 曾伯霥匠 春秋 | 者沪鐘 戰國 | 者沪鐘 戰國 | 者沪鐘 戰國 | 中山帳桿 戰國

陶三 656 戰國 | 長沙帛書 戰國 | 包山 039 戰國 | 璽彙 1551 戰國 | 干支牙籌 戰國

陶六 231 戰國 | 曾侯墓簡 戰國 | 上博周易 戰國 | 璽彙 5407 戰國 | 貨系 2477 戰國

雲夢日甲
戰　國

	亂	乇	气	丩
		合 6692 一期 合 18691 一期 合 22328 一期 合 11477 一期 合 21744 一期	前7.36.2 一期 甲 870 一期	乙 2844 一期 甲 940 三期
		乇斧 周早	天亡簋 周早 洹子孟姜壺 春秋 洹子孟姜壺 春秋 三兒簋 春秋	丩父癸觶 周早 州句劍 戰國 郘黝尹鼎 春秋 州句劍 戰國
	雲夢日甲 戰國 雲夢爲吏 戰國	郭店老乙 戰國 貨系 2061 戰國 貨系 2060 戰國	上博周易 戰國 雲夢法律 戰國	陶三 094 戰國 貨系 0046 戰國 包山 260 戰國

人

菁 6.1
一期

前 2.31.2
三期

甲 854
三期

般甗
商代

令簋
周早

樊夫人匜
春秋

攻敔王光劍
春秋

新郪虎符
戰國

人矛
商代

王人甗
周晚

配兒鉤鑃
春秋

中山王鼎
戰國

子禾子釜
戰國

文王卜璧
周早

陶三 154
戰國

郭店語一
戰國

包山 120
戰國

璽彙 4696
戰國

石鼓吴人
戰國

長沙帛書
戰國

包山 012
戰國

上博成之
戰國

貨系 3879
戰國

位

中山王壺
戰國

包山 224
戰國

郭店緇衣
戰國

天星觀簡
戰國

仕

仕斤徒戈
戰國

璽彙 1463
戰國

保

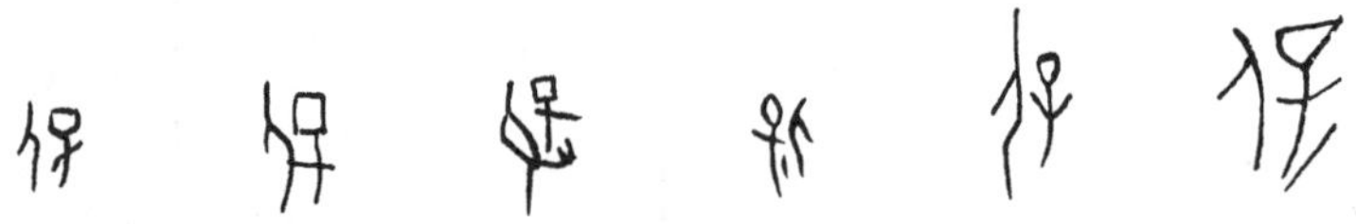

合 6	合 3481	合 18970	拾 9.5	屯 1066	周甲 50
一期	一期	一期	三期	四期	先周

合 3481	乙 3686	合 8670	京津 2064	周甲 15
一期	一期	一期	三期	先周

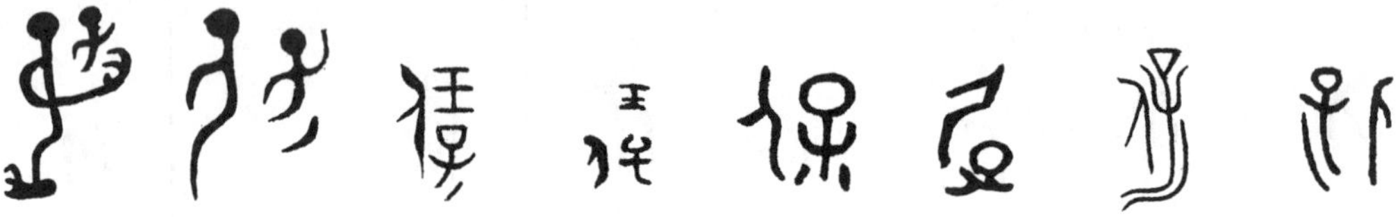

保父丁簋	子保觚	叔卣	太保轄	司寇良父簋	曾子斿鼎	王孫誥鐘	其次句鑃
商代	商代	周早	周早	周晚	春秋	春秋	春秋

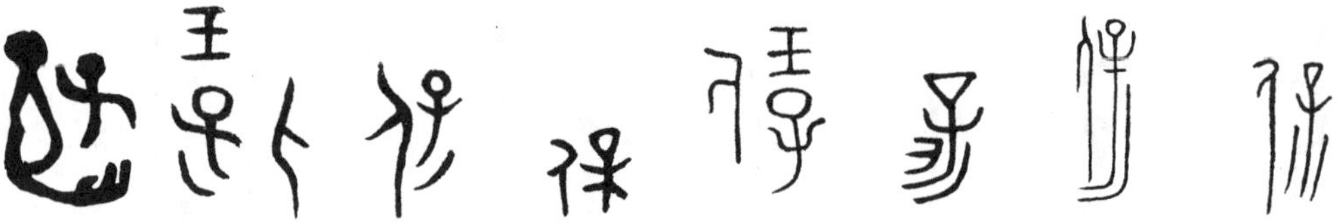

保觚	大保鼎	保卣	格伯簋	齊侯敦	盅子臣匿	蔡侯申盤	莒侯簋
商代	周早	周早	周中	春秋	春秋	春秋	春秋

太保玉戈	信陽楚簡	包山 212
周早	戰國	戰國

陶五 331	包山 244
戰國	戰國

古文

	偦	僮	佚	俘
				 合 35362 五　期
 昏同子句鑃　春秋  中山王鼎　戰國  保晉戈　戰國  者汈鐘　戰國  陳侯午錞　戰國	 右偦尹壺　戰國  左偦戟　戰國	 中山王鼎　戰國 從立		
	 仰天湖簡　戰國	 包山 003　戰國  新蔡楚簡　戰國  郭店老甲　戰國 或從女	 雨臺山簡　戰國	

仁

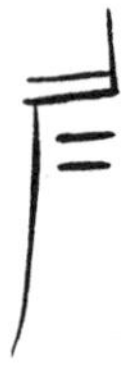
中山王鼎
戰國

包山 180
戰國

上博民之
戰國

雲夢法律
戰國

郭店語三
戰國

郭店六德
戰國

郭店緇衣
戰國

上博子羔
戰國

璽彙 5381
戰國

上博詩論
戰國

上博周易
戰國

郭店唐虞
戰國

郭店五行
戰國

郭店老丙
戰國

郭店五行
戰國

璽彙 3345
戰國

古文

備

合 565
一 期

備父乙鼎
周 早

元年師旋
簋 周中

洹子孟姜
壺 春秋

吕服余盤
周 中

彧 簋
周 中

中山王鼎
戰 國

望山M1 簡
戰 國

郭店緇衣
戰 國

郭店語一
戰 國

天星觀簡
戰 國

包山 213
戰 國

郭店老乙
戰 國

郭店語三
戰 國

雲夢效律
戰 國

佗

楚屈叔佗
戈 春秋

黄季佗父
戈 春秋

陶六 099
戰 國

望山M1 簡
戰 國

璽彙 0968
戰 國

璽彙 1585
戰 國

燕下都陶
戰 國

包山 191
戰 國

璽彙 1175
戰 國

佩	伓	佣	伊
	合 20947 一期 乙 108 一期 乙 1563 一期		京津 3953 三期 甲 838 四期 佚 210 四期 屯 1122 四期
戎佩卣 周早 小盂鼎 周早 頌簋 周中 戎佩尊 周早 頌壺 周中 㺇盉 周中			伊簋 商代 伊簋 周晚 伊生簋 周中
雲夢日甲 戰國	望山M1簡 戰國 郭店老甲 戰國 郭店緇衣 戰國 上博周易 戰國	曾侯墓簡 戰國	上博子羔 戰國 雲夢編年 戰國

仲	⿰亻蜀	倌	俑
 合 4676 一期  合 26991 三期  合 26933 三期  合 27240 三期			
 令鼎 周早  散盤 周晚  中山王壺 戰國  仲㫰父鼎 周中  臧孫鐘 春秋		 郾子權 戰國	
 璽彙 2686 戰國  璽彙 3379 戰國	 仰天湖簡 戰國	 包山 015 戰國  包山 136 戰國  璽彙 3580 戰國  包山 125 戰國  包山 157 戰國	 上博昭王 戰國

伀	倓	倦	佖	⿰亻孨	僤	侗
					合 8713 一 期	
				廟⿰亻孨鼎 周 晚 ⿰亻孨陵矛 戰 國 ⿰亻孨陵矛 戰 國		
郭店五行 戰 國	璽彙 3616 戰 國	上博從政 戰 國	郭店語四 戰 國 上博曹沬 戰 國	陶三 302 戰 國		璽彙 2010 戰 國

僑	倨	僅	僾	仿	儋	供
					 少府矛 戰國	
 上博弟子問 戰國  雲夢法律 戰國  璽彙 0308 戰國	 雲夢爲吏 戰國	 璽彙 3690 戰國	 包山 117 戰國	 包山 073 戰國	 包山 147 戰國	 璽彙 5483 戰國

何	偕	俱	俌
 合 274 一期；合 3449 一期；合 6787 一期；合 18970 一期；合 26879 三期  合 275 一期；合 4954 一期；合 7001 一期；合 19037 一期			
 何父癸卣 商代；何父乙卣 商代；子何爵 商代；何簋 周晚；王何戈 戰國  何馬觚 商代；何兄日壬尊 商代；何尊 周早；何次匿 春秋；喜令戈 戰國			 中山王鼎 戰國
 陶三 431 戰國；仰天湖簡 戰國；璽彙 2985 戰國  陶三 668 戰國；璽彙 2198 戰國	 雲夢法律 戰國	 秦印 戰編 554	

倗

佴

燕 656 一期 | 合 13 一期 | 合 10196 一期

甲 3288 一期 | 合 7563 一期

應侯再盨 周中 | 格伯簋 周中 | 伯康簋 周晚 | 杜伯盨 周晚 | 南疆鉦 春秋 | 嘉賓鐘 春秋

倗仲鼎 周中 | 窒叔簋 周晚 | 楚 簋 周晚 | 王孫鐘 春秋 | 倗 卣 春秋 | 郳子倗缶 春秋

佴叔盨 周中

佴伯匜 周中

包山 173 戰國 | 郭店六德 戰國 | 郭店語四 戰國 | 璽彙 3720 戰國

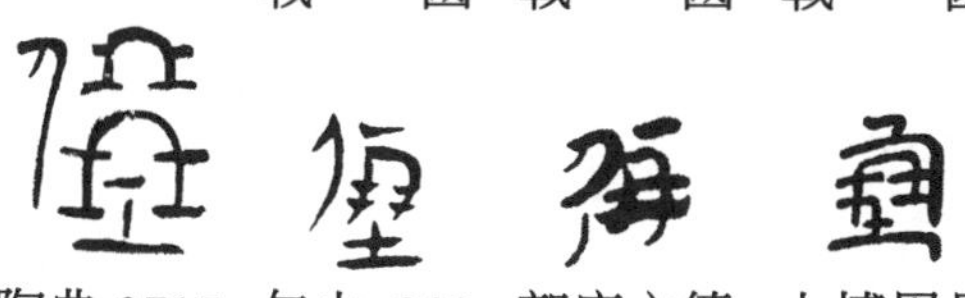

陶典 0715 戰國 | 包山 260 戰國 | 郭店六德 戰國 | 上博周易 戰國

璽彙 3561 戰國

傳	依	付	俕
	 前 6.34.2 一 期  合 6169 一 期  合 4730 一 期  粹 1246 二 期		 前 5.10.6 五 期
		 付 鼎 商 代  𦿅 鼎 周 中  散 盤 周 晚  永 盂 周 中  𦿅 鼎 周 中	
 雲夢雜抄 戰 國  鐵雲藏印 戰 國  雲夢日甲 戰 國	 雲夢秦律 戰 國	 陶三 976 戰 國  包山 039 戰 國  陶三 977 戰 國  雲夢封診 戰 國	

侍	侳	伍	什	佰	借	侵
						 菁 1.1 一期  菁 1.1 一期
 陳旺戈 戰國						 鐘伯侵鼎 周晚
 璽彙 5266 戰國  雲夢封診 戰國	 信陽楚簡 戰國  包山 237 戰國	 璽彙 0135 戰國  雲夢雜抄 戰國	 雲夢雜抄 戰國	 雲夢法律 戰國	 璽彙 2805 戰國	 包山 269 戰國  包山牘 1 戰國 簡文從戈  上博周易 戰國

作	从	佤	儉
 合 7750 一期  粹 236 四期  合 29689 二期 甲文不從人	 合 1131 一期  花東 290 一期  合 1136 一期  粹 1067 三期		
	 作从彝卣 周早  陳喜壺 戰國  任氏从簋 周中	 㑴匜 周中	
 包山 168 戰國  包山 221 戰國  郭店老甲 戰國  包山 206 戰國  包山 212 戰國  雲夢秦律 戰國	 郭店忠信 戰國	 上博周易 戰國  侯馬盟書 戰國  侯馬盟書 戰國	 雲夢封診 戰國

代	佮	僓	儐	便	㐱
			 京津 1025 一　期 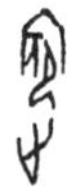 續 3.47.7 一　期		 乙　4656 一　期  菁　5.1 一　期
 司馬成公權 戰國	 㫚簋 周晚			 𠑈匜 周中	 㐱戈 商代  㐱卣 周中
 石鼓吴人 戰國  信陽楚簡 戰國  包山 061 戰國  陶七 008 戰國  雲夢日乙 戰國		 陶五 014 戰國		 雲夢語書 戰國  秦陶 491 秦代	

第一編　古文字

似	佁	俗	俯	俾
			 花東 174 一期	
 逋盂 周晚  莒平鐘 春秋	 咎簋 周中  鄧公簋 周晚  郤王義楚鍴 春秋  佁伯簋 周晚  鞄氏鐘 春秋	 五祀衛鼎 周中  史密簋 周晚	 鳥壬俯鼎 周早  居俯駷鼎 周晚	
 璽彙 2916 戰國	 侯馬盟書 戰國  萬印樓 戰國	 雲夢語書 戰國		 陶六 152 戰國  上博容成 戰國  包山 263 戰國

任	壬	佽	傪	優
 續 4.28.4 一期  合 7049 一期  甲 3104 一期  合 20020 一期	 珠 524 一期  前 6.55.7 一期	 合 14157 一期  前 5.25.1 一期		
 任氏簋 周晚			 戲傪量 戰國	
 吉大 30 戰國  璽彙 3944 戰國  璽彙 2559 戰國				 望山M1 簡 戰國  天星觀簡 戰國  包山 229 戰國  望山M1 簡 戰國  包山 201 戰國  包山 233 戰國

使	傳
	 佚 728 後下 7.13 一 期 三 期  合 9100 一 期
 詔使矛 中山獸器 東庫扁壺 戰 國 戰 國 戰 國  中山獸器 胤嗣壺 中山王鼎 戰 國 戰 國 戰 國	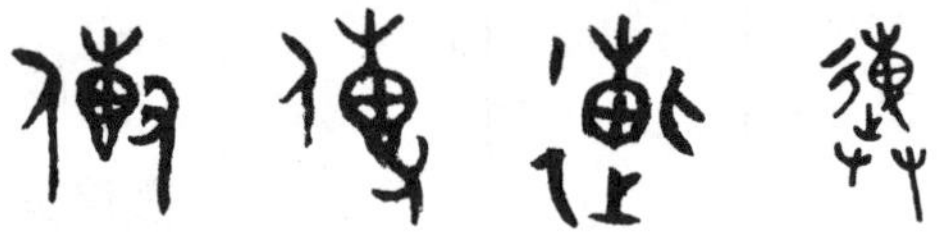 傳 卣 傳 尊 傳 鼎 騎傳馬節 周 早 周 中 周 晚 戰 國  叔傳觶 散 盤 王命虎符 周 早 周 晚 戰 國
 陶五 384 戰 國  雲夢雜抄 戰 國	 長沙帛書 郭店老甲 郭店尊德 璽彙 0203 雲夢秦律 戰 國 戰 國 戰 國 戰 國 戰 國  包山 120 郭店語四 郭店唐虞 璽彙 0583 戰 國 戰 國 戰 國 戰 國

伹	侸	倀	僰
	 雉子鉦 戰國		 師寰簋 周晚  晉侯僰馬壺 周晚  晉侯僰馬壺 周晚
 璽彙 0003 戰國	 望山M2 簡 戰國  包山 042 戰國	 長沙帛書 戰國  郭店五行 戰國  上博曹沫 戰國  璽彙 3756 戰國  包山 163 戰國  郭店性自 戰國  璽彙 2556 戰國	

偏	偈	伐	佃
		前7.15.4 一期 合 899 一期 屯 859 四期 粹 134 四期 英 408 一期 合 946 一期 合 32050 四期 林2.25.6 五期	
	叔偈父觶 周早 五祀衛鼎 周中	伐爵 商代 伐觚 商代 令簋 周早 晋侯穌鐘 周晚 伐瀘戈 商代 伐之鼎 周早 虢季子白盤 周晚 南疆鉦 春秋	格伯簋 周中 柳鼎 周晚 克鐘 周晚
金符 307 戰國		文王卜璧 周早 郭店太一 戰國 侯馬盟書 戰國 貨系 454 戰國 曾侯墓簡 戰國 上博周易 戰國 侯馬盟書 戰國 幣編 72 戰國	

弔

前 5.17.2 一期　合 10294 一期　後下 13.2 三期　甲 1870 三期

京津 1292 一期　花東 247 一期　合 31807 三期　周甲 175 周早

弔鼎 商代　弔父癸爵 周早　戒弔尊 周中　曾大保盆 春秋　以鄧匜 春秋　吴王光鑑 春秋

弔父癸鼎 周早　弔且乙簋 周早　弔倉父盨 周晚　洜弔壺 春秋　蔡侯劍 春秋　齊陳曼匿 戰國

璽彙 3370 戰國　侯馬盟書 戰國

侯馬盟書 戰國

倚

包山 078 戰國　璽彙 1232 戰國

包山 125 戰國　璽彙 3878 戰國

傷

莒陽斧
戰國

璽彙 2652
戰國

雲夢雜抄
戰國

秦印彙編
秦代

包山 144
戰國

包山 080
戰國

郭店語四
戰國

璽彙 0561
戰國

雲夢日甲
戰國

雲夢槽
戰國

陶六 079
戰國

包山 022
戰國

郭店太一
戰國

璽彙 3221
戰國

俉

上博曹沫
戰國

係	傎	佫	僻
 合 1098 一期  合 14384 一期  合 18463 一期  合 1099 一期  合 39808 一期			
 係父乙簋 商代  臨汾守戈 戰國  父係乙觚 商代	 傎盃 戰國	 佫卣 商代  集佫簋 商代	
 上博周易 戰國  璽彙 2912 戰國  璽印集粹 戰國  秦印彙編 秦代  陶五 214 戰國  上博從政 戰國  十鐘印舉 戰國  分域 2831 戰國	 貨系 4176 戰國	 璽彙 0049 戰國	 包山 258 戰國

 粹 1318 四 期	 鐵 132.4 一 期  粹 1586 四 期  粹 432 四 期
 中山王鼎 戰 國	 矢 簋 周 早  沕其簋 周 晚  散 盤 周 晚
 郭店老丙 戰 國 古文四聲韻作 	 長沙帛書 戰 國  上博容成 戰 國  璽彙 4426 戰 國  璽彙 4471 戰 國  璽彙 4740 戰 國  璽彙 4799 戰 國  郭店窮達 戰 國  璽彙 4919 戰 國  璽彙 4461 戰 國  璽彙 4476 戰 國  璽彙 4743 戰 國  青川櫝 戰 國
  古 文	

偃	傣	傣	傾	佐
	 花東 174 一　期	 花東 226 一　期  花東 226 一　期		
 匽侯鼎 周　晚			 鑰傾戈 戰　國	 胤嗣壺 戰　國  工城戈 戰　國  右佐錐形 器　戰國
 天星觀簡 戰　國  吉大 156 戰　國  望山M2 簡 戰　國  雲夢封診 戰　國  陶九 069 戰　國				 雲夢法律 戰　國  陶五 384 戰　國  雲夢雜抄 戰　國

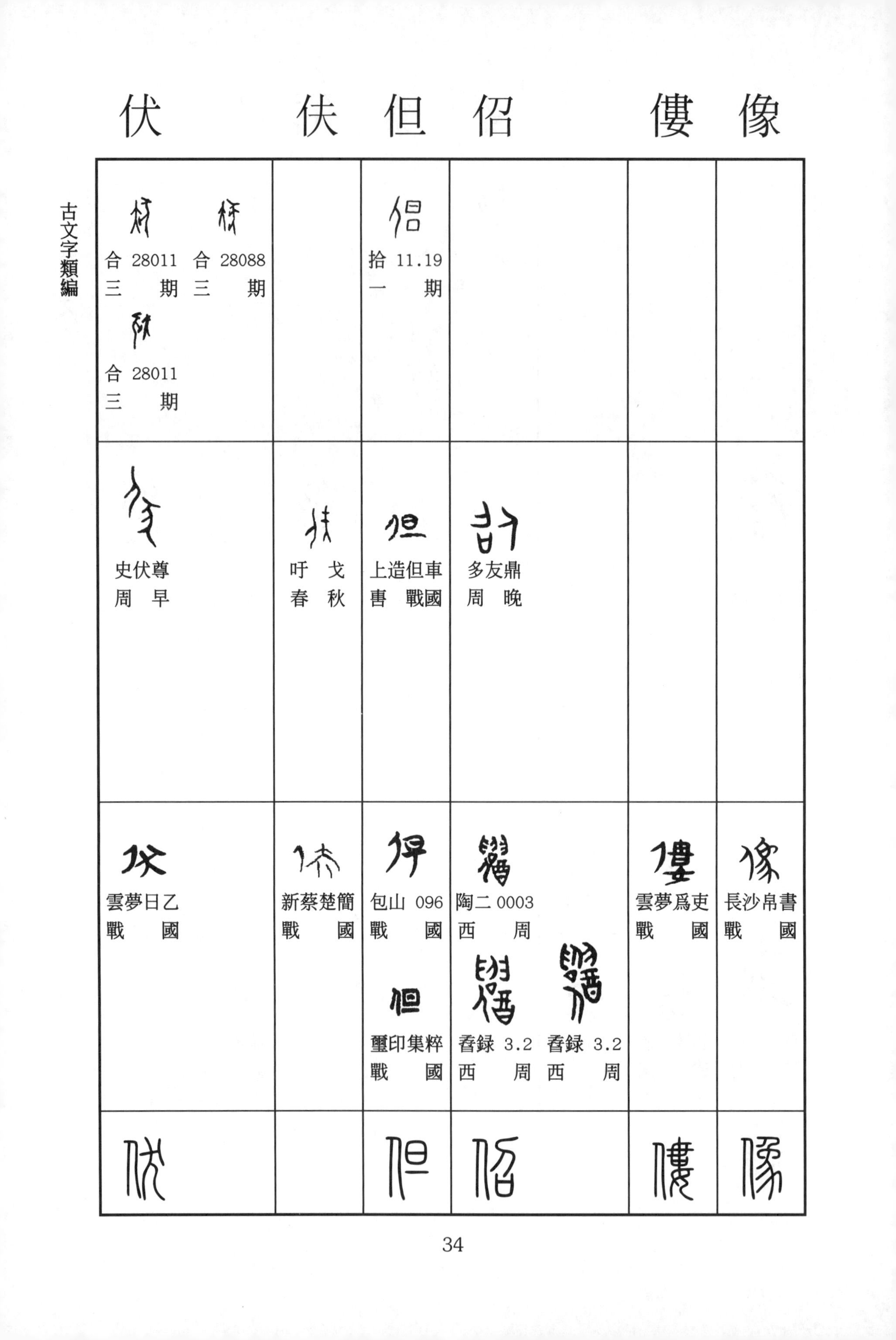

伏	伕	但	佋	僂	像
合 28011 三期 合 28088 三期 合 28011 三期		拾 11.19 一期			
史伏尊 周早	吁戈 春秋	上造但車軎 戰國	多友鼎 周晚		
雲夢日乙 戰國	新蔡楚簡 戰國	包山 096 戰國 璽印集粹 戰國	陶二 0003 西周 孴録 3.2 西周 孴録 3.2 西周	雲夢爲吏 戰國	長沙帛書 戰國

倅	⿰亻睪	倜	偭	倖	仆	伺	仹
			 嫪鐮 戰國			 羕陵公戈 戰國	
 郭店尊德 戰國	 包山 25 戰國  璽彙 0337 戰國	 天星觀簡 戰國  天星觀簡 戰國		 天星觀簡 戰國	 包山 261 戰國		 包山 005 戰國

佢	佊	傷	攸	亻出
			 粹 1282 一期  前2.17.2 五期  前6.9.3 二期  合36826 五期	
			 攸爵 商代  王古尊 周早  攸觚 商代  井鼎 周早	
 望山M2簡 戰國  郭店唐虞 戰國  璽彙2558 戰國  包山153 戰國  上博曹沫 戰國	 包山163 戰國	 雲夢爲吏 戰國	 新蔡楚簡 戰國	 郭店老乙 戰國

佑	佯	佝	侄	侚	俈
				 後上 21.1 一 期	
			 伯侄尊 周 中  癲羌鐘 戰 國  伯侄簋 周 中		 胳 鼎 戰 國
 璽彙 2748 戰 國	 璽彙 2726 戰 國	 香録 8.2 戰 國  上博周易 戰 國	 包山 170 戰 國		 包山 146 戰 國  包山 192 戰 國  包山 166 戰 國  璽彙 2550 戰 國

佷	仔	佸	偖	傑	⿰亻咼
	 仔爵 商代  且辛父庚鼎 周早  仔癸爵 周早		 偖生鼎 春秋		
 郭店尊德 戰國		 雲夢日甲 戰國	 陶四 153 戰國  璽彙 3552 戰國	 包山 132 戰國  上博容成 戰國  郭店尊德 戰國  璽彙 3501 戰國	 包山 101 戰國

佳	倪	偳	偩	倲	儥
	 合 21774 一期				
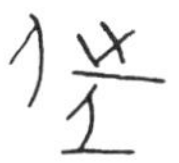 郪陵君鑑 戰國				 倲癸觚 商代  倲父丙觶 商代  己倲爵 商代  倲父丙爵 商代  倲父癸爵 商代  倲爵 商代	
 包山 035 戰國		 包山 030 戰國  璽彙 1586 戰國	 上博周易 戰國  上博周易 戰國		 雲夢封診 戰國

偪	偏	側	儀	備	偯	仗
 摭續 149 二　期						
		 無叀鼎 周　晚			 仲偯父鼎 周　中	
	 包山 166 戰　國  包山 193 戰　國		 包山 188 戰　國	 雲夢秦律 戰　國	 包山 166 戰　國  包山 141 戰　國  包山 193 戰　國	 雲夢秦律 戰　國

佁	倚	僖	化	伯	仜
		 合 14006 一 期	 合 6080 一 期  合 6652 一 期  乙 2503 一 期	 甲 3939 一 期  周甲 14 先 周  粹 1880 四 期 甲以、白金爲文伯	
 永 盂 周 中  史密簋 周 晚	 中山王鼎 戰 國		 中子化盤 春 秋  侖氏令戈 戰 國	 叔 卣 周 早  魯伯愈父鬲 春秋  格伯簋 周 中  伯剌戈 春 秋	 縣改簋 春 秋
		 香續 78 戰 國	 陶三 260 戰 國  郭店老甲 戰 國  貨系 0456 戰 國		

伋	侑	倗		儥	儕	俟	伶
		 菁 4.1 一期  續 4.31.5 一期	 菁 3.1 一期  甲 2752 五期				
 毛公鼎 周晚		 倗父乙罍 商代  倗父甲爵 商代	 倗缶簋 周中  或者鼎 周中	 君夫簋 周中	 五年師旋簋 周中  殷穀盤 春秋	 季宮父匜 周晚	 三年鈹 戰國  襄城令戈 戰國
	 侯馬盟書 戰國						 璽彙 3437 戰國  吉大 8 戰國

僕

合 17961
一　期

僕父乙爵
商　代

仲僕盤
周　早

州子卣
周　早

旂　鼎
周　早

靜　簋
周　中

幾父壺
周　中

㪤　鐘
春　秋

㪤　鐘
春　秋

僕父爵
商　代

令　鼎
周　早

僕父己盉
周　早

吕仲僕爵
周　早

䍙　鼎
周　中

琱生簋
周　晚

㪤　鐘
春　秋

栊里瘟戈
戰　國

包山 128
戰　國

包山 137
戰　國

包山 155
戰　國

郭店老甲
戰　國

郭店語四
戰　國

望山M2 簡
戰　國

包山 155
戰　國

包山 015
戰　國

包山 135
戰　國

郭店老甲
戰　國

郭店老甲
戰　國

上博周易
戰　國

古　文

佀　　以

佀	以
	 花東 037 一期  合 21913 一期  合 19765 一期  合 26953 三期
 遹甗 周中  㳌其鐘 周晚  師𩛥鼎 周中	 者女觥 商代  亢鼎 周早  克鼎 周晚  𠳋志鼎 戰國  中山侯鉞 戰國  蔡劍 戰國  沈子它簋 周早  班簋 周中  王子午鼎 春秋  中山王鼎 戰國  越王大子矛 戰國  楚王𠳋璋劍 戰國
	 小臣系石簋 商代  陶六 123 戰國  長沙帛書 戰國  璽彙 4656 戰國  越䣄王石矛 戰國  雲夢日甲 戰國  秦公石磬 春秋  陶五 384 戰國  望山M1簡 戰國  貨系 0040 戰國  越䣄王石矛 戰國

从	眾	聚
 甲 2858 一 期  粹 10 四 期	 後上 16.10 一 期；京都 3162 一 期；佚 922 三 期；粹 224 四 期  粹 119 一 期；鐵 233.1 二 期；合 26881 三 期	
 𡚬从鼎 商 代	 師旂鼎 周 早；師寰簋 周 晚；中山侯鉞 戰 國  曶 鼎 周 中；商鞅方升 戰 國；中山王鼎 戰 國	
	 陶三 537 戰 國；燕下都陶 戰 國；長沙帛書 戰 國；璽彙 4341 戰 國  陶三 675 戰 國；燕下都陶 戰 國；郭店尊德 戰 國；山東 170 戰 國	 望山M1簡 戰 國；郭店性自 戰 國；雲夢日乙 戰 國  曾侯墓簡 戰 國；璽彙 2844 戰 國

僉	傷	侃
合 6947 一期		
攻敔王光劍 春秋；越王劍 戰國；州句劍 戰國；州句劍 戰國；菱形紋劍 春秋；蔡侯産劍 戰國；州句劍 戰國；州句鐵劍 戰國	襄公鼎 戰國；襄公鼎 戰國	保侃母簋 周早；兮仲鐘 周晚；井人妄鐘 周晚
望山M2簡 戰國；郭店老甲 戰國；上博詩論 戰國；包山 121 戰國；郭店性自 戰國；上博緇衣 戰國	璽彙 0276 戰國；璽彙 2549 戰國；璽彙 2548 戰國	天星觀簡 戰國；璽彙 1174 戰國；郭店緇衣 戰國；侯馬盟書 戰國

僞	倪	倩	几	凡
				 後下 35.2 一　期  粹　1017 三　期  拾　7.11 一　期  京津 1029 四　期
				 㦰　簋 周　中  黝　鐘 春　秋  新郪虎符 戰　國  散　盤 周　晚  黝　鐘 春　秋
 雲夢法律 戰　國	 上博競建 戰　國	 上博君子 戰　國	 包山 146 戰　國  包山 260 戰　國	 長沙帛書 戰　國  包山 004 戰　國  包山 204 戰　國  上博從政 戰　國  曾侯墓簡 戰　國  包山 153 戰　國  郭店語二 戰　國

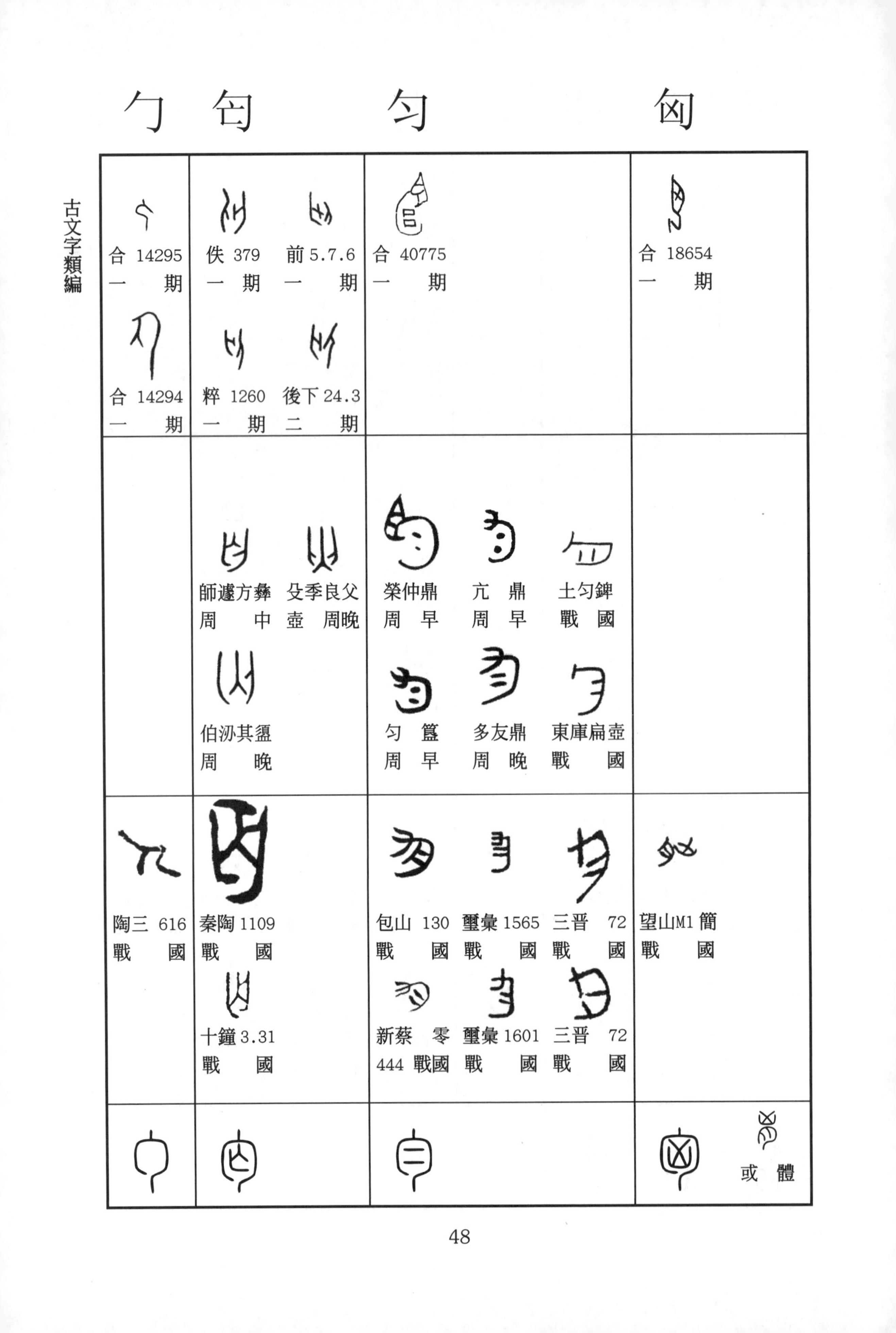

古文字類編

勹	匃	匀	匈
合 14295 一期 合 14294 一期	佚 379 一期 前 5.7.6 一期 粹 1260 一期 後下 24.3 二期	合 40775 一期	合 18654 一期
	師遽方彝 周中 殳季良父壺 周晚 伯汾其盨 周晚	榮仲鼎 周早 亢鼎 周早 土匀錍 戰國 匀簋 周早 多友鼎 周晚 東庫扁壺 戰國	
陶三 616 戰國	秦陶 1109 戰國 十鐘 3.31 戰國	包山 130 戰國 璽彙 1565 戰國 三晉 72 戰國 新蔡 零444 戰國 璽彙 1601 戰國 三晉 72 戰國	望山M1簡 戰國
			或體

𣪘

令簋
周早

毛公旅鼎
周中

包

合 21207
一期

雲夢法律
戰國

家

晉壺
周中

胤嗣壺
戰國

西庫圓壺
戰國

乍家璽戈
戰國

多友鼎
周晚

上官鼎
戰國

二年寧鼎
戰國

陶六 025
戰國

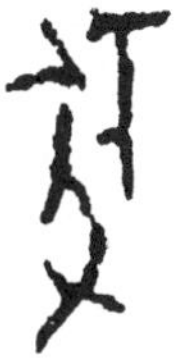

望山M1 簡
戰國

包山 211
戰國

包山 257
戰國

侯馬盟書
戰國

雲夢法律
戰國

包山 203
戰國

包山 227
戰國

璽彙 1218
戰國

温縣盟書
戰國

璽彙 0643
戰國

勺	復	匍	匌	匊
 勺方鼎 商代	 多友鼎 周晚	 大盂鼎 周早  師克盨 周中  逨盤 周晚  牆盤 周中  匍盉 周中  秦公鎛 春秋	 瘐鐘 周中  禹鼎 周晚	 番匊生壺 周晚
 望山M2簡 戰國  郭店語四 戰國  貨系2675 戰國	 侯馬盟書 戰國			

匕	𠤏	頃	卓
 乙 3729 一 期  寧滬1.2.21 三 期  前 1.8.1 五 期  後下 36.6 三 期  佚 76 四 期			
 瘨 匕 周 中  仲枏父匕 周 晚  魚顛匕 戰 國	 𪒠 鐘 春 秋		 九年衛鼎 周 中  卓林父簋 春 秋
 望山M2簡 戰 國		 青川櫝 戰 國  陶五 136 戰 國  雲夢法律 戰 國	 天星觀簡 戰 國  天星觀簡 戰 國
			  古 文

第一編 古文字

𡿺 比

同又 腦作 集腦 韵或 腦膸	 合 32 一期 · 合 3291 一期 · 後下 19.4 一期 · 簠·帝 25 一期 · 合 32498 四期  合 390 一期 · 合 4876 一期 · 花東 380 一期 · 京津 138 二期
	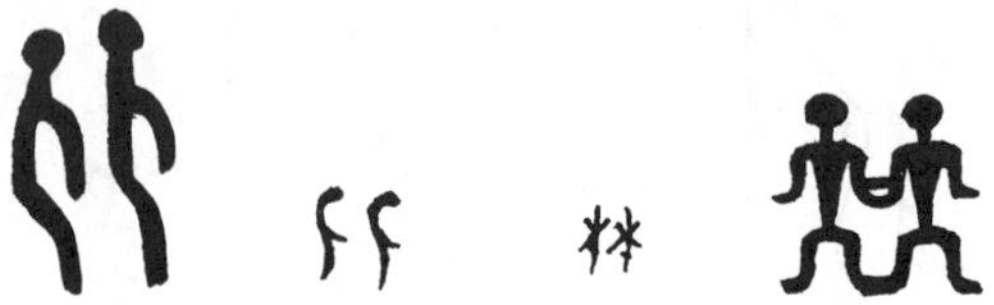 比爵 商代 · 比甗 周中 · 比城戈 戰國 · 比己爵 商代  比簋 周早 · 班簋 周中 · 比方彝 商代
 雲夢封診 戰國 簡讀 文作 𡿺 角角	 陶三 763 戰國 · 郭店老甲 戰國 · 陶九 106 戰國 · 璽彙 3066 戰國 · 璽彙 5377 戰國 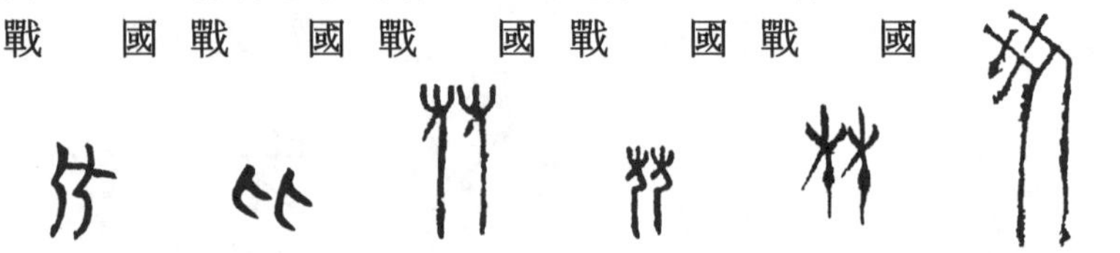 包山 254 戰國 · 雲夢雜抄 戰國 · 璽彙 3057 戰國 · 璽彙 3068 戰國 · 侯馬盟書 戰國 · 貨系 4179 戰國 汗簡作 
	  古文

艮	眞	并
	合 9419 一期　合 30994 三期　寧滬 1.1 三期　合 32603 四期　前 6.34.6 一期　粹 392 三期　合 30693 三期	戩 33.14 一期　花東 249 一期　甲 298 五期　乙 3262 一期　後上 36.3 四期
	伯眞甗 周中　眞盤 周中　季眞鬲 周中	并伯甗 周早　中山王鼎 戰國
上博周易 戰國　雲夢封診 戰國	曾侯墓簡 戰國　雲夢爲吏 戰國　幣編 142 戰國	望山M2簡 戰國　上博容成 戰國　璽彙 1925 戰國　上博性情 戰國　璽彙 1589 戰國　雲夢法律 戰國

吴	北	冀
 前7.19.1 一期　前6.21.2 二期  戬 27.1 二期　後下13.2 二期	 菁 2.1 一期  粹 366 四期	
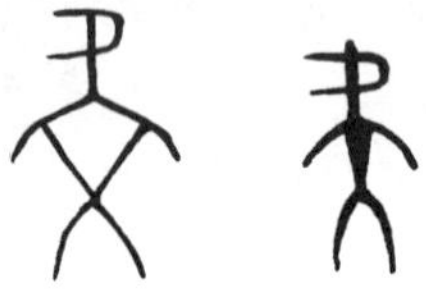 曩吴父乙簋 商代　吴母辛卣 商代  吴亞父乙爵 商代	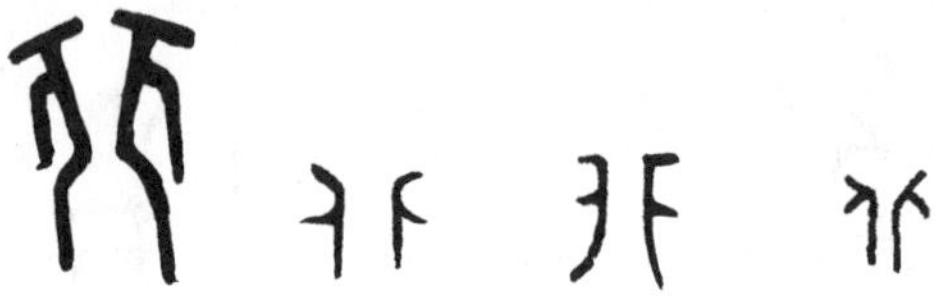 北斝 商代　北伯鬲 周早　趞鼎 周晚　工敔王劍 春秋  北子鼎 周早　北伯鼎 周早　晉侯穌鐘 周晚　亓北古劍 戰國	 令簋 周早  冀簋 周早
 郭店唐虞 戰國　貨文 231 戰國  郭店語二 戰國	 陶三 664 戰國　長沙帛書 戰國　望山M1簡 戰國　璽彙 0339 戰國　貨系 2477 戰國 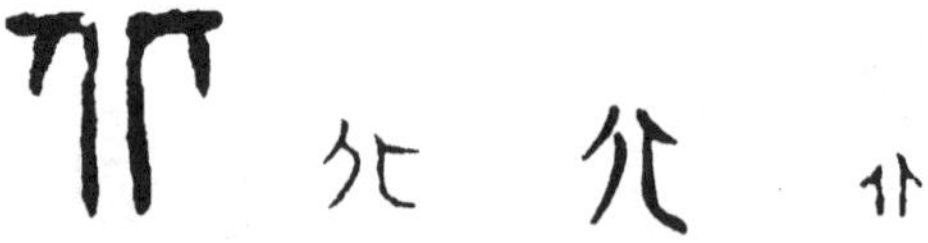 陶五 175 戰國　望山M1簡 戰國　上博周易 戰國　璽彙 3998 戰國	 珍秦 52 戰國  陝西臨潼陶 戰國

丘

佚 733
一 期

前 1.24.3
一 期

商丘叔匿 春秋 | 鄂君車節 戰國 | 廿二年戈 戰國

子禾子釜 春秋 | 閭丘戈 戰國 | 兆域圖 戰國

陶三 676 戰國 | 守丘刻石 戰國 | 包山 237 戰國 | 璽彙 0324 戰國 | 璽彙 1476 戰國 | 璽彙 3307 戰國 | 玉印 026 戰國

陶三 941 戰國 | 陶三 987 戰國 | 包山 188 戰國 | 上博容成 戰國 | 璽彙 3229 戰國 | 璽彙 3301 戰國 | 璽彙 4014 戰國 | 幣編 68 戰國

古文

卩　　令

卩	令
燕 377 一期 京津 3108 一期	鐵 78.1 一期 合 6960 一期 林 2.25.6 五期 後上 16.10 一期 粹 196 四期
卩鼎 商代 卩父己爵 周早 卩爵 商代	父辛卣 商代 大保簋 周早 師酉簋 周中 鄴令戈 戰國 新弨戟 戰國 令己甗 商代 折尊 周早 成周鈴 周早 秦公鐘 春秋 陳逆簋 戰國 鄂君舟節 戰國
璽彙 4826 戰國 貨系 0426 戰國 貨系 0424 戰國	太保玉戈 周早 雲夢效律 戰國 包山 091 戰國 陶二 0003 西周 包山 074 戰國

夗　卷　卿

夗	卷	卿
乙 1799 一　期		合 5239 一期　合 5249 一期　合 16045 一期　前 1.36.3 二期　粹 543 三期 合 5247 一期　合 10365 一期　合 23003 二期　合 27147 三期　鄴 3 下 42.8 四期 卿饗鄉同形
能匋尊 周早 召簋 周中		卿宁鼎 商代　乙亥鼎 商代　天亡簋 周早　休盤 周中　楚公逆鎛 周晚　商鞅方升 戰國 卿父癸簋 商代　卿爵 商代　大鼎 周中　宰獸簋 周晚　邾公釛鐘 春秋　中山王壺 戰國
	雲夢日甲 戰國	陶五 384 戰國　曾侯墓簡 戰國　郭店窮達 戰國　上博周易 戰國　璽彙 4010 戰國 信陽楚簡 戰國　郭店緇衣 戰國　上博周易 戰國　璽彙 3742 戰國

卲　　印

卲

花東 275 一期

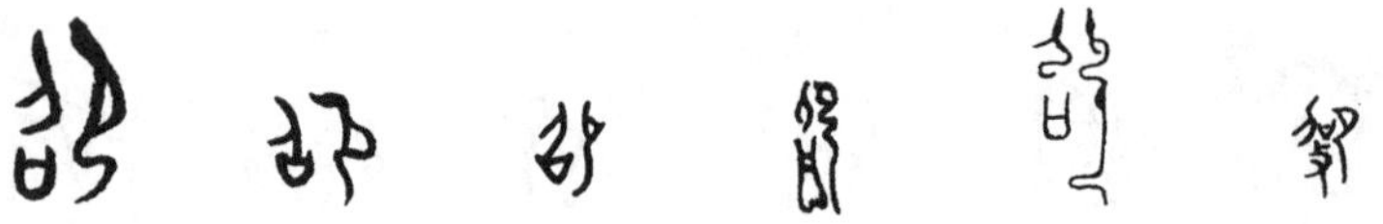

井侯簋 周早　刺鼎 周中　晉侯穌鐘 周晚　不光劍 戰國　楚王酓章戈 戰國　陳侯因齊敦 戰國

鮮簋 周中　虘鐘 周中　之利殘器 春秋　者沏鐘 戰國　卲豆 戰國　中山王鼎 戰國

包山 015 戰國　包山 203 戰國　上博君老 戰國　璽彙 2552 戰國　貨系 0630 戰國

包山 150 戰國　郭店性自 戰國　新蔡楚簡 戰國　貨系 0629 戰國

印

上博三德 戰國　璽彙 2062 戰國

珍秦 138 戰國

厀	卻	色
 合 13670 一期		
		 𪒠鐘 春秋
 信陽楚簡 戰國  望山M2簡 戰國  雲夢封診 戰國  曾侯墓簡 戰國  包山 253 戰國  雲夢封診 戰國	 雲夢封診 戰國	 信陽楚簡 戰國  郭店語一 戰國  郭店成之 戰國  雲夢日甲 戰國  包山 269 戰國  郭店五行 戰國  上博詩論 戰國
		  古文

卬	叩	印	卹
 京津 4529 三期  粹 1380 三期	 合 20960 一期	 合 797 一期  合 20769 一期  乙 135 四期  合 798 一期  合 20717 一期  合 36481 五期	 佚 631 一期
 陳喜壺 戰國		 印爵 商代  曾伯霥匿 春秋  毛公鼎 周晚	 五祀衛鼎 周中  師寰簋 周晚  邾公華鐘 春秋  縣改簋 周中  曹卹父鼎 周晚  曾姬無卹壺 戰國
		 陶九 092 戰國  璽印集粹 戰國  雲夢法律 戰國  璽彙 0151 戰國  十鐘印舉 戰國	 上博周易 戰國  侯馬盟書 戰國

辟 卻

甲 1046
一 期

甲 3238
一 期

保員簋
周 早

大盂鼎
周 早

師訇鼎
周 中

師害簋
周 晚

吴王光鑑
春 秋

吴王光鑑
春 秋

屭羌鐘
戰 國

太保罍
周 早

商 尊
周 早

善夫克鼎
周 晚

吴王光鑑
春 秋

玄鏐赤鏞戈
春秋

子禾子釜
戰 國

梁十九年鼎
戰國

郭店五行
戰 國

雲夢雜抄
戰 國

上博緇衣
戰 國

包山 184
戰 國

卯	𠨍	卵
 粹 1418 一期  粹 1383 三期  粹 1475 五期  戩 3.8 二期  粹 196 四期	 合 536 一期  合 29926 一期  合 15916 一期  粹 845 三期	 合 18270 一期  合 26894 一期  英 1853 一期
 戍甬鼎 商代  卯簋 周中  師旂鼎 周早  陳卯戈 戰國	 亞𠨍其斝 商代  𠨍作母戊甗 周早  二祀𠨍其卣 商代  配兒鈎鑃 春秋	 卵公之子匜 春秋
 包山 120 戰國  包山 135 戰國  璽彙 2852 戰國 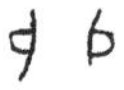 干支牙籌 戰國  包山 132 戰國  包山 228 戰國  璽彙 3832 戰國		 望山M2簡 戰國  雲夢日甲 戰國  包山 265 戰國
  古文		

兀	元
 乙 5627 一期 讀作元  鐵 45.3 一期	 乙 5904 一期 粹 1303 一期  京津 1086 一期 粹 1751 五期
 𨗧反之弟劍 春秋 亓北古劍 戰國  逞劍 春秋	 狽元卣 商代 番匊生壺 周晚 工敔王劍 春秋 蔡侯申鐘 春秋 夫差劍 春秋 書也缶 戰國  曶簋 周中 虡公劍 春秋 邗王是野戈 春秋 吉日壬午劍 春秋 不光劍 春秋 者汈鐘 戰國
 侯馬盟書 戰國	 雲夢編年 戰國

第一編 古文字

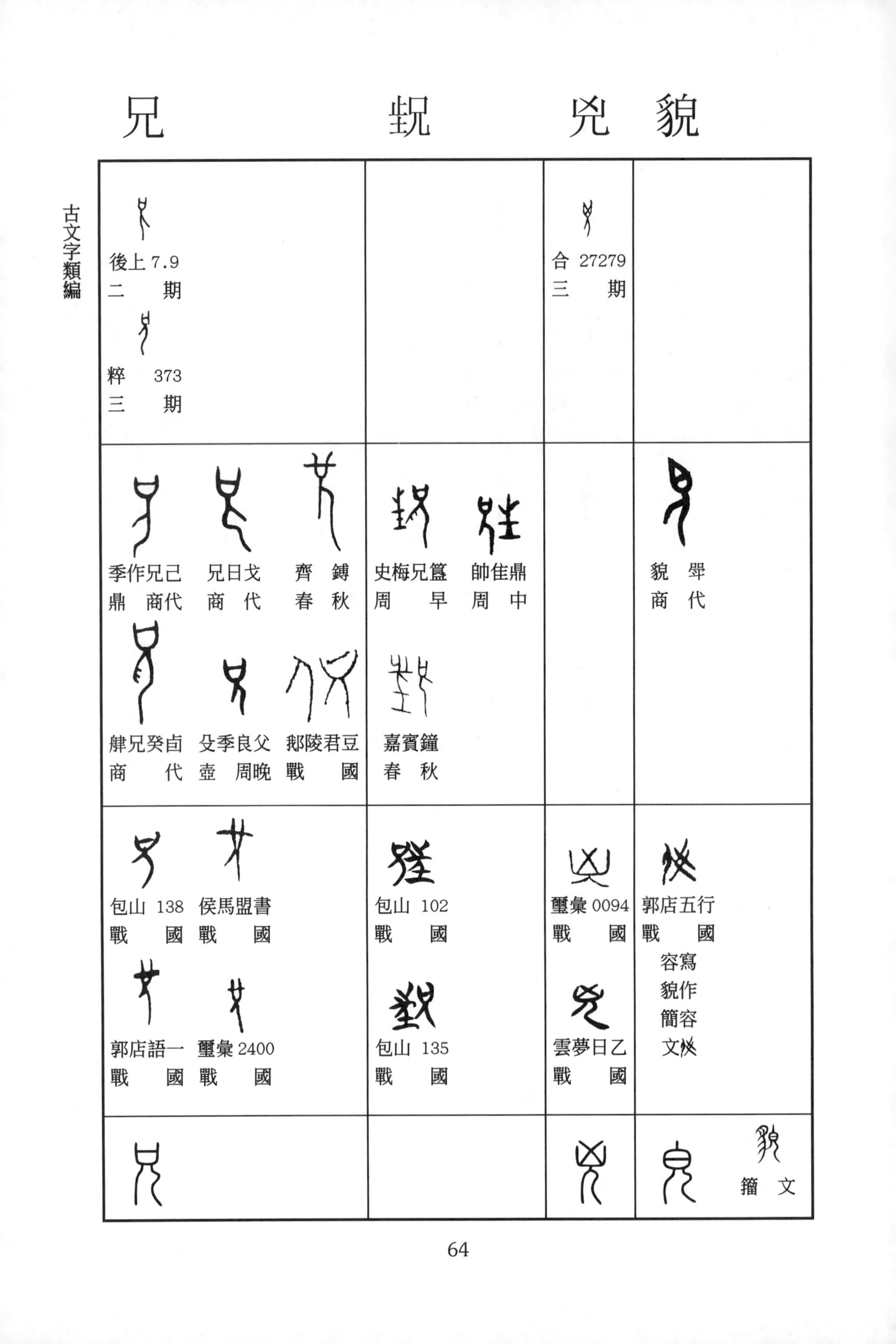

兄	[illegible]	兇	貌
後上 7.9 二期 粹 373 三期		合 27279 三期	
季作兄己鼎 商代 兄日戈 商代 齊鎛 春秋 䢅兄癸卣 商代 殳季良父壺 周晚 郪陵君豆 戰國	史梅兄簋 周早 師隹鼎 周中 嘉賓鐘 春秋		貌 斝 商代
包山 138 戰國 侯馬盟書 戰國 郭店語一 戰國 璽彙 2400 戰國	包山 102 戰國 包山 135 戰國	璽彙 0094 戰國 雲夢日乙 戰國	郭店五行 戰國 容寫貌作簡容文
			籀文

克	竟	競
 合 13709 一期　合 20572 一期　乙 8892 一期　合 31219 三期  合 13754 一期　掇 2.468 一期　甲 2002 三期　周甲 6 先周	 甲 916 三期	
 克爵 商代　大保簋 周早　攻敔王光劍 春秋　中山王鼎 戰國　者汈鐘 戰國  何尊 周早　德克簋 周晚　阬公克敦 春秋　中山王鼎 戰國　者汈鐘 戰國		 瓚比盨 周中
 曾侯墓簡 戰國　郭店老乙 戰國　上博周易 戰國  郭店緇衣 戰國　上博緇衣 戰國　上博曹沫 戰國	 秦印彙編 秦代	 十鐘印舉 戰國　珍秦 124 戰國  十鐘印舉 戰國

<table>
<tr><th>允</th><th>䡗</th><th>免</th></tr>
<tr>
<td> 合 12514 一期
 鐵 191.1 一期
 合 12922 一期
 佚 234 三期</td>
<td>玉篇同允</td>
<td></td>
</tr>
<tr>
<td> 班簋 周中
 秦公鎛 春秋
 攻吾王光劍 春秋
 鄦侯䡗簋 戰國
 不嬰簋 周晚
 遷祁鐘 春秋
 中山王鼎 戰國
 八年鄭令戈 戰國</td>
<td> 多友鼎 周晚
 兮甲盤 周晚
 虢季子白盤 周晚</td>
<td> 免爵 商代
 免卣 周中
 周免旁尊 周中</td>
</tr>
<tr>
<td> 秦公石磬 春秋
 上博緇衣 戰國
 郭店成之 戰國</td>
<td></td>
<td> 包山 053 戰國
 郭店性自 戰國
 郭店唐虞 戰國
 雲夢日甲 戰國</td>
</tr>
<tr>
<td></td>
<td></td>
<td></td>
</tr>
</table>

兑

後下9.12
三　期

合41516
四　期

粹1154
三　期

鬻兑簋
周　中

師兑簋
周　晚

陶三1025
戰　國

郭店忠信
戰　國

幣編98
戰　國

陶三1026
戰　國

陶三1027
戰　國

郭店五行
戰　國

幣編98
戰　國

競

戩33.12
一　期

京津4081
三　期

甲2433
三　期

京津4188
三　期

競父乙卣
周　早

競卣
周　中

㝬鐘
周　晚

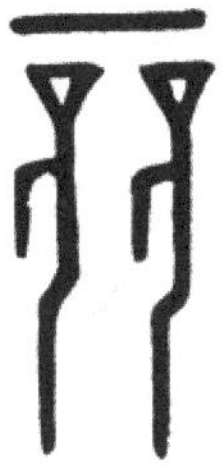
競簋
商　代

仲競簋
周　中

𢦚簋
周　中

救秦戎鐘
春　秋

包山068
戰　國

包山155
戰　國

璽彙3131
戰　國

包山095
戰　國

包山122
戰　國

上博詩論
戰　國

璽彙0275
戰　國

包山095
戰　國

兒	亮	失	積
 前7.16.2 一期  前8.7.2 三期  合 3400 一期			
 小臣兒卣 商代  昜儿鼎 春秋  居簋 春秋  羅兒匜 春秋  配兒鈎鑃 春秋  兒鼎 周中  余義鐘 春秋  庚兒鼎 春秋  沇兒鼎 春秋	 亮矛 戰國	 王臣簋 周中	
 郭店語四 戰國  璽印集粹 戰國  雲夢秦律 戰國  璽彙 5276 戰國  雲夢日甲 戰國		 雲夢秦律 戰國	 故宮 414 戰國

長

後上 19.6	合 28195
一　期	三　期

合 27641
三　期

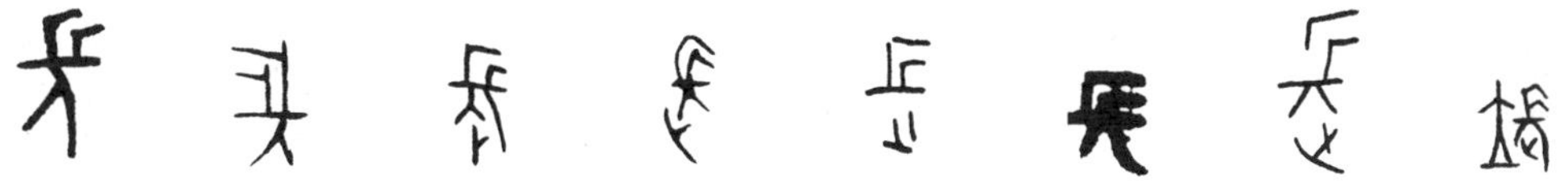

𡨦長鼎	臣諫簋	牆　盤	長子□臣	長畫戈	長郵戈	長畫戈	屭羌鐘
周　早	周　早	周　中	匠　春秋	戰　國	戰　國	戰　國	戰　國

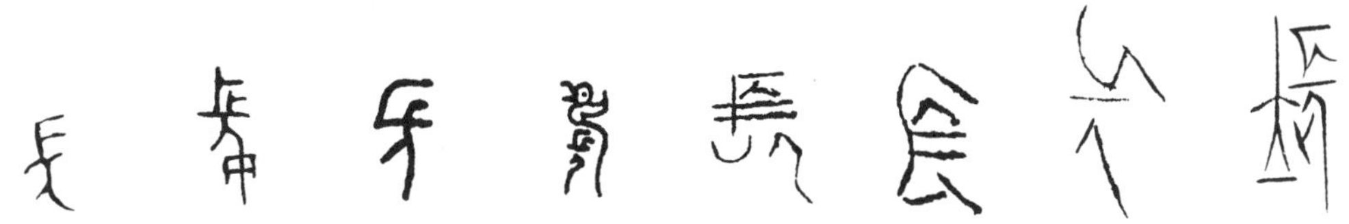

長子鼎	長由盉	史密簋	之利殘器	長陵盉	上郡守戈	長子盉	中山王壺
周　早	周　中	周　晚	春　秋	戰　國	戰　國	戰　國	戰　國

陶五 384	包山 054	天星觀簡	璽彙 0224	璽彙 0745	幣編 118	璽彙 0003	貨系 2575
戰　國	戰　國	戰　國	戰　國	戰　國	戰　國	戰　國	戰　國

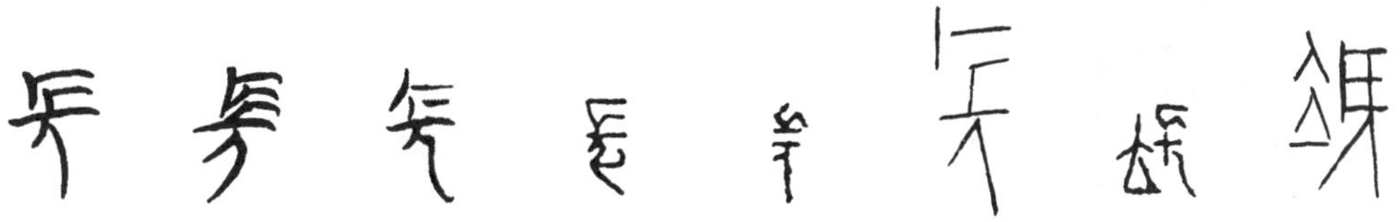

曾侯墓簡	包山 268	郭店六德	璽彙 0693	璽彙 0844	幣編 118	行气玉銘	幣編 198
戰　國	戰　國	戰　國	戰　國	戰　國	戰　國	戰　國	戰　國

古　文

叉　　叉

粹 1113	前 1.20.7	山西洪趙
一期	五期	西周

粹 1123	周甲 4
三期	先周

何尊	秦公鎛	酓章鐘	陳侯午敦
周早	春秋	戰國	戰國

伯吉父簋	中山王鼎	曾姬無卹壺
周晚	戰國	戰國

叉牀簋	叉鼎
商代	商代

叉卣
商代

陶一 0081	秦公石磬	中山玉器	包山 022	璽彙 4814	璽彙 4801
商代	春秋	戰國	戰國	戰國	戰國

陶一 0022	陶五 299	守丘刻石	璽彙 4747	璽彙 4793	璽彙 4923
商代	戰國	戰國	戰國	戰國	戰國

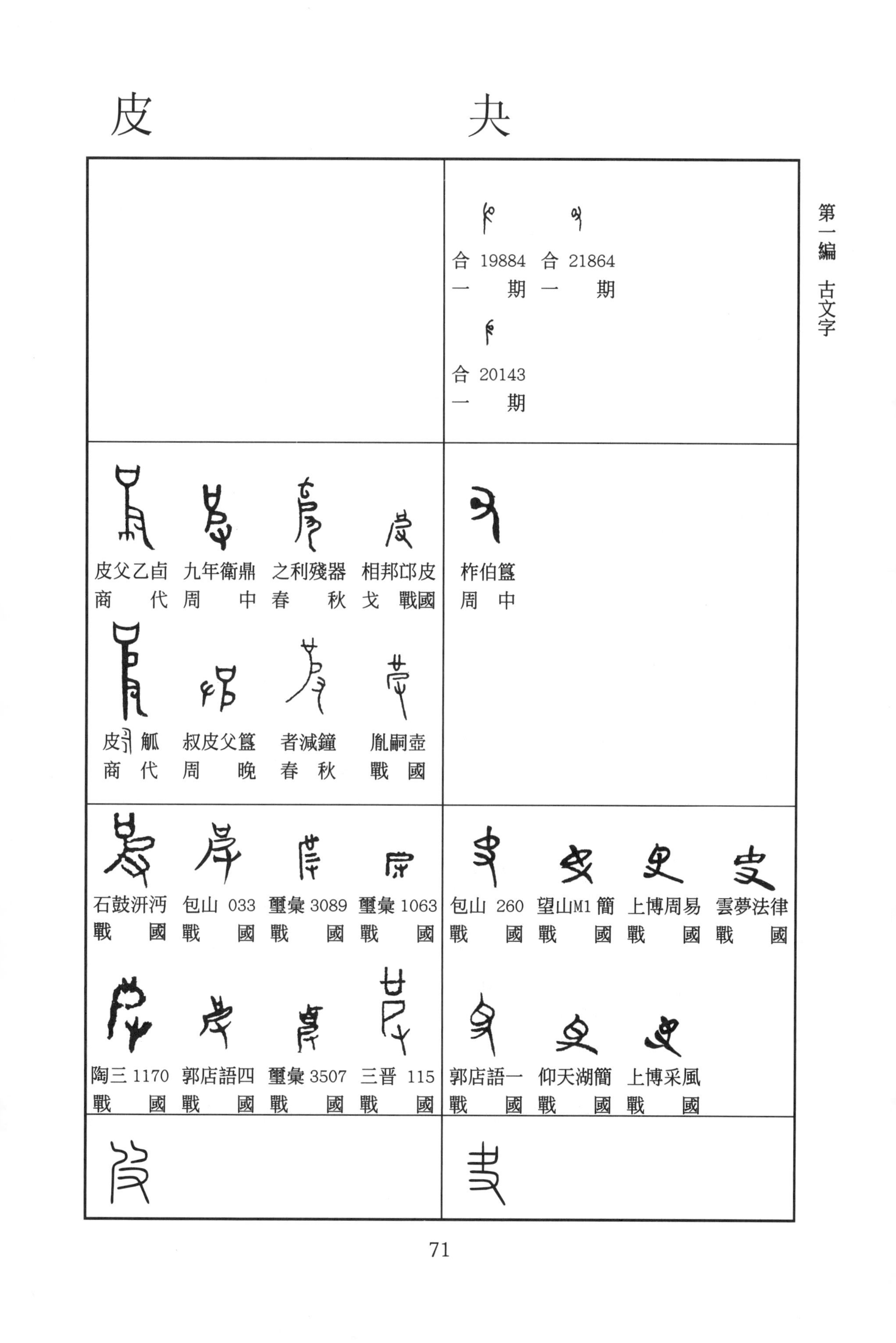

皮	夬
	合 19884 一期 合 21864 一期 合 20143 一期
皮父乙卣 商代 九年衛鼎 周中 之利殘器 春秋 相邦邙皮戈 戰國 皮𠃌觚 商代 叔皮父簋 周晚 者減鐘 春秋 胤嗣壺 戰國	杵伯簋 周中
石鼓汧沔 戰國 包山 033 戰國 璽彙 3089 戰國 璽彙 1063 戰國 陶三 1170 戰國 郭店語四 戰國 璽彙 3507 戰國 三晉 115 戰國	包山 260 戰國 望山M1簡 戰國 上博周易 戰國 雲夢法律 戰國 郭店語一 戰國 仰天湖簡 戰國 上博采風 戰國

父

叉

乙 9054 一期　佚 175 四期

前 1.19.3 二期　甲 795 四期

花東 267 一期　前 2.19.3 五期

前 5.7.1 一期

屰父庚鼎 商代　柬父壬觚 商代　作父己鼎 周早　仲幾簋 周中　兮吉父簋 周晚　余義鐘 春秋

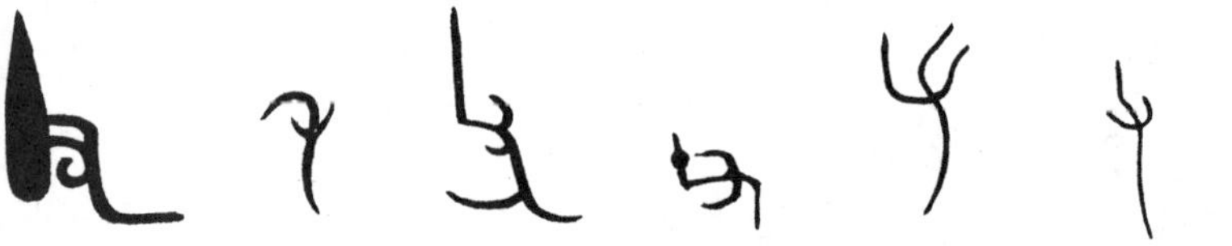

父癸鼎 商代　𢦏父簋 周早　木父壬鼎 周早　仲枏父簋 周中　歸父盤 春秋　中山王壺 戰國

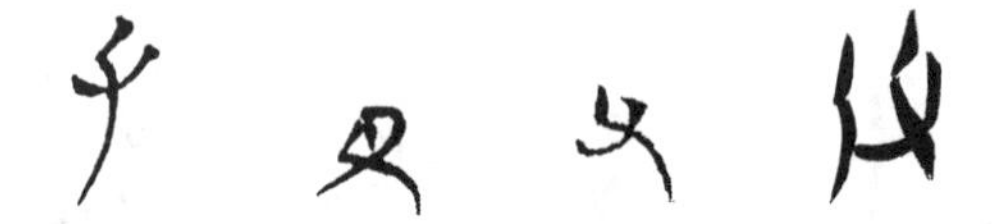

包山 127 戰國　郭店六德 戰國　望山M1 簡 戰國　上博競建 戰國

郭店六德 戰國　郭店六德 戰國　侯馬盟書 戰國

或從人

尹	[illegible]	度
甲 2868 一期；前 7.43.1 一期；後上 22.5 四期；花東 196 一期；甲 744 三期；甲 1712 五期	同尹	
史獸鼎 周早；毛公鼎 周晚；者旨𠭯盤 春秋；長沙銅量 戰國；穆公鼎 周中；御士叔緐匡 春秋；王子午鼎 春秋	鄙王戈 戰國；大攻尹劍 戰國	商鞅方升 戰國
陶三 759 戰國；包山 232 戰國；郭店緇衣 戰國；璽彙 1298 戰國；包山 179 戰國；包山 230 戰國；璽彙 0145 戰國；貨系 422 戰國	陶四 001 戰國；陶六 068 戰國；璽彙 2775 戰國；陶四 015 戰國；璽彙 2766 戰國；璽彙 2786 戰國	璽彙 3211 戰國；雲夢效律 戰國

戲

戲　壺 商代 | 太保盉 周早 | 沈子它簋 周早 | 吴王光鐘 春秋 | 吴王光鐘 春秋 | 配兒句鑃 春秋

戲父戊尊 周早 | 保員簋 周早 | 戲　鐘 周中 | 吴王光鐘 春秋 | 莒平鐘 春秋 | 戲戠劍 春秋

長沙帛書 戰國 | 包山 196 戰國 | 包山 208 戰國 | 郭店尊德 戰國

望山M1簡 戰國 | 包山 202 戰國 | 包山 213 戰國 | 郭店緇衣 戰國

奪

奪　壺 周早 | 多友鼎 周晚

奪　簋 周中

雲夢雜抄 戰國

叟	嫠	曼
 合 2670 合 8862 一 期 一 期  合 5624 前4.28.7 前4.29.1 一 期 一 期 一 期	 合 26909 合 27398 粹 419 三 期 三 期 三 期  合 27385 合 28862 粹 713 三 期 三 期 三 期	
	 毓且丁卣 輔師嫠簋 商 代 周 中  輔師嫠簋 師嫠簋 周 中 周 晚	 曼龔父盨 春 秋   曼龔父盨 齊陳曼匿 春 秋 戰 國
 雲夢爲吏 戰 國		 郭店老乙 上博昭王 戰 國 戰 國  上博性情 雲夢封診 戰 國 戰 國

及

甲 2357 一期　後下 35.1 一期　粹 665 四期

前 6.62.7 一期　合 24403 二期

弓及觚 商代　冡叔多父盤 周中　沇兒鐘 春秋　中山王鼎 戰國

保卣 周早　昏同子句鑃 春秋　子犯鐘 春秋

石鼓汧沔 戰國　郭店成之 戰國　侯馬盟書 戰國

郭店緇衣 戰國　上博周易 戰國　青川櫝 戰國

秉

後下 10.14 一期　珠 572 一期

後下 21.13 一期

秉母觶 周早　秉毌丁卣 周早　叔向父禹簋 周晚　者沪鐘 戰國

秉觚 周早　冎鼎 周中　楚公豪戈 春秋　者沪鐘 戰國

長沙帛書 戰國　曾侯墓簡 戰國　郭店緇衣 戰國

曾侯墓簡 戰國　郭店唐虞 戰國　雲夢日甲 戰國

反	叚	[illegible]
 前 2.4.1 五期  簠·地 7 五期	 合 702 一期　合 36909 五期　周甲 114 先周  粹 447 一期　周甲 1 先周	讀 作 釋
 戍甬鼎 商代　晉侯穌鐘 周晚　姑發劍 春秋　曾侯乙鐘 戰國 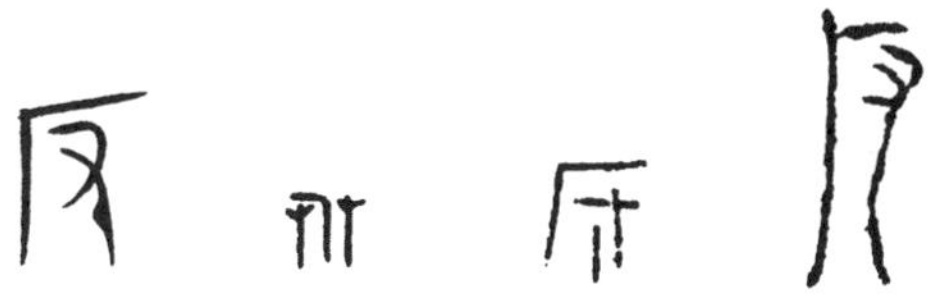 過伯簋 周早　䛒反之弟劍 春秋　左相室鼎 戰國　曾侯乙鐘 戰國	 叚觚 商代　㝬鐘 周晚  叚觶 商代	
 燕下都陶 戰國　包山 099 戰國　貨系 1428 戰國　雲夢日乙 戰國  望山M2簡 戰國　郭店成之 戰國　新蔡楚簡 戰國	 陶三 955 戰國  上博緇衣 戰國	 郭店窮達 戰國 簡築 文而 作佐 釋天 板子

第一編　古文字

叔	友	厷
合 22352 一期	菁 1.1 一期；佚 156 三期；乙 6404 一期	合 13681 一期；乙 6843 一期
叔卣 周早；克鼎 周晚；吴方彝 周中；師嫠簋 周晚	友觚 商代；大史友甗 周早；殷簋 周中；王孫鐘 春秋；南疆鉦 春秋；召卣 周早；師遽方彝 周中；衛鼎 周中；嘉賓鐘 春秋	亞厷鼎 商代
雲夢法律 戰國；雲夢日乙 戰國	陶一 0046 商代；郭店語三 戰國；上博緇衣 戰國；雲夢日甲 戰國；郭店語四 戰國；郭店六德 戰國；侯馬盟書 戰國	
或體	古文	

取

前 5.9.1 一期 | 合 7063 一期 | 粹 29 四期 | 甲 2926 四期

花東 039 一期 | 合 14460 一期 | 後下 37.8 四期

取父癸卣 商代 | 格伯簋 周中 | 楚簋 周中 | 卯簋 周中

取它人鼎 周中 | 大鼎 周中 | 番生簋 周中 | 胤嗣壺 戰國

陶五 384 戰國 | 包山 144 戰國 | 包山 231 戰國 | 郭店老甲 戰國 | 郭店語三 戰國 | 郭店尊德 戰國 | 上博子羔 戰國

長沙帛書 戰國 | 包山 156 戰國 | 郭店性自 戰國 | 郭店老甲 戰國 | 郭店五行 戰國 | 上博性情 戰國 | 璽彙 3338 戰國

叡

中山王鼎 戰國

上博周易 戰國

段	卑
	 京津 2684 一　期  合 37677 三　期
 盠方彝 周　中  曾伯陭壺 春　秋  禹　鼎 周　晚	 牆　盘 周　中  鞄氏鐘 春　秋  中山王鼎 戰　國  師衵簋 周　晚  救秦戎鐘 春　秋
 上博周易 戰　國  璽彙 3128 戰　國  雲夢雜抄 戰　國  璽彙 0604 戰　國  雲夢秦律 戰　國	 陶五 384 戰　國  郭店老甲 戰　國  侯馬盟書 戰　國  侯馬盟書 戰　國  璽彙 3525 戰　國  燕下都陶 戰　國  郭店緇衣 戰　國  侯馬盟書 戰　國  侯馬盟書 戰　國  璽彙 3677 戰　國

隶	隸	[矢又]
		 合 5777 一期
 邵鐘 春秋	 高奴權 戰國  上郡守壽戈 戰國  上守趙戈 戰國  相邦冉戈 戰國  上郡守冰戈 戰國	 [矢又]父觚 商代  [矢又]爵 商代  楷叔[矢又]父鬲 周早  [矢又]父戊觚 商代  [矢又]簋 商代
 郭店性自 戰國  璽彙 2411 戰國  郭店尊德 戰國	 雲夢雜抄 戰國	

事

前 7.14 一期
甲 2121 一期

合 822 一期
合 27070 三期

麥鼎 周早
大盂鼎 周早
頌簋 周中
倗卣 周中
䚯簋 周晚
毛公鼎 周晚
公子土斧壺 春秋
𣪘志鼎 戰國

伯矩鼎 周早
封簋 周中
㫚簋 周中
尹姞鼎 周中
師害簋 周晚
洹子孟姜壺 春秋
陳𤔲鐘 戰國
陳章壺 戰國

陶二 0001 西周
陶三 035 戰國
望山M1簡 戰國
包山 188 戰國
郭店語一 戰國
上博緇衣 戰國
璽彙 1840 戰國
璽彙 4165 戰國

秦公石磬 春秋
陶三 001 戰國
包山 161 戰國
包山 213 戰國
郭店語二 戰國
璽彙 1724 戰國
璽彙 3655 戰國
璽彙 4292 戰國

事
古文

	亟	吏
	 合 13637 一　期  合 16936 一　期	 周公廟甲 先　周
 中山王鼎 戰　國  詔事戈 戰　國  兆域圖 戰　國  陳純釜 戰　國	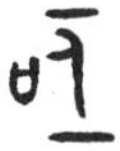 牆　盤 周　中  伯洌其鼎 周　晚  曾大保盆 春　秋  班　簋 周　中  毛公鼎 周　晚  王子午鼎 春　秋	 司馬成公 權　戰國
 分域 2990 戰　國  温縣盟書 戰　國  分域 2991 戰　國  雲夢秦律 戰　國	 郭店唐虞 戰　國  侯馬盟書 戰　國  秦玉牘 戰　國  侯馬盟書 戰　國  侯馬盟書 戰　國	 郭店語四 戰　國  郭店尊德 戰　國  侯馬盟書 戰　國  郭店語四 戰　國  璽彙 1810 戰　國  雲夢編年 戰　國

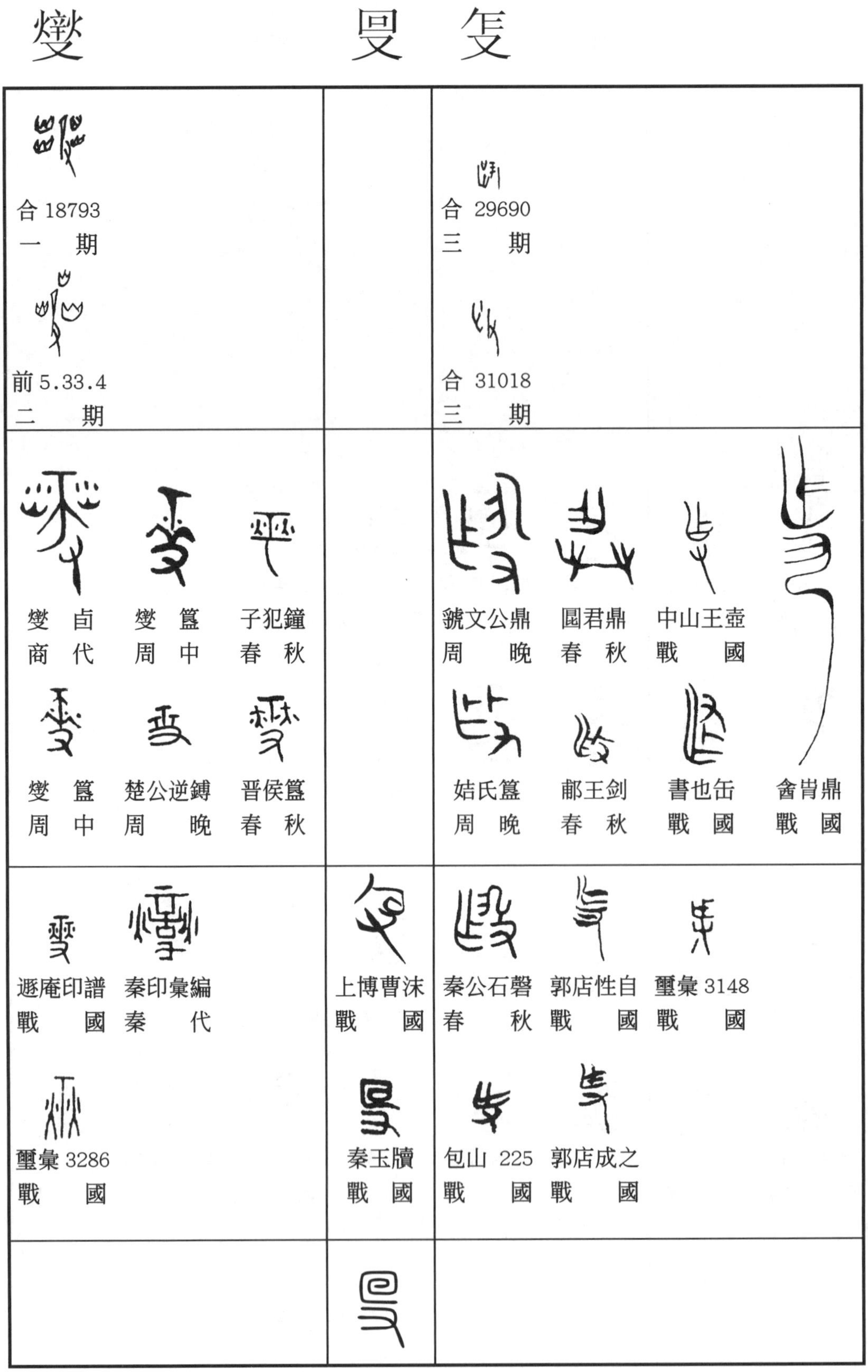
燮
合 18793
一 期
前 5.33.4
二 期
合 29690
三 期
合 31018
三 期
燮 卣
商 代
燮 簋
周 中
子犯鐘
春 秋
虢文公鼎
周 晚
圓君鼎
春 秋
中山王壺
戰 國
燮 簋
周 中
楚公逆鎛
周 晚
晉侯簋
春 秋
姞氏簋
周 晚
郙王剑
春 秋
書也缶
戰 國
酓肯鼎
戰 國
遯庵印譜
戰 國
秦印彙編
秦 代
上博曹沫
戰 國
秦公石磬
春 秋
郭店性自
戰 國
璽彙 3148
戰 國
璽彙 3286
戰 國
秦玉牘
戰 國
包山 225
戰 國
郭店成之
戰 國

丑 叕

<table>
<tr>
<td>

粹 1478 後上 1.62 後上 8.2
一 期 一 期 三 期

辛格所藏 粹 250 粹 1450
一 期 二 期 四 期
</td>
<td>

合 6943 合 28171
一 期 三 期

合 8115
一 期
</td>
</tr>
<tr>
<td>
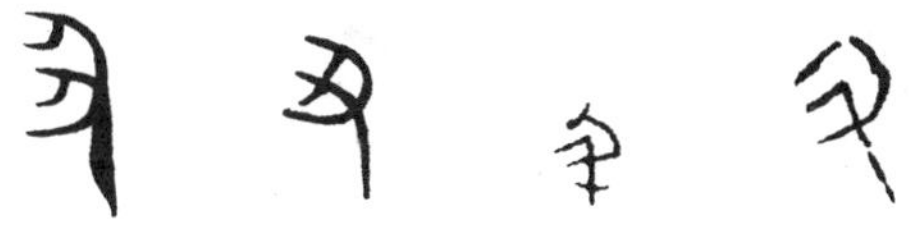
作册大鼎 同 簋 陳璋鐘 大梁戈
周 早 周 中 戰 國 戰 國

三年㾓壺 鄀公簋 書也缶
周 中 春 秋 戰 國
</td>
<td>

交君子匠
春 秋

交君子匠
春 秋
</td>
</tr>
<tr>
<td>

小臣系石簋 商代 望山M1簡 戰 國 天星觀簡 戰 國 新蔡楚簡 戰 國 璽彙 2285 戰 國 貨系 0128 戰 國

陶四 111 戰 國 望山M1簡 戰 國 包山 206 戰 國 新蔡楚簡 戰 國 干支牙籌 戰 國 雲夢日乙 戰 國
</td>
<td>

璽彙 5428
戰 國

雲夢日乙
戰 國
</td>
</tr>
<tr>
<td></td>
<td></td>
</tr>
</table>

史

合 21703 一期　合 20346 一期　合 27721 三期　鐵 106 四期　合 37468 五期

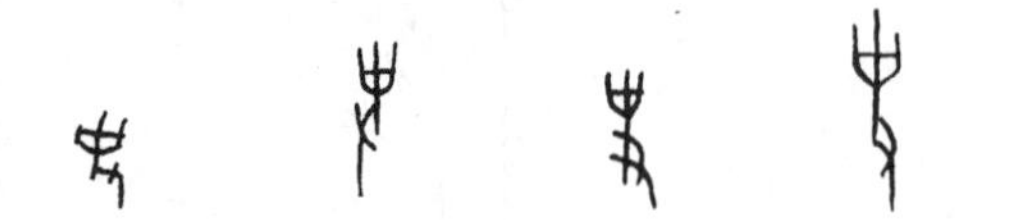

合 21703 一期　粹 1244 一期　粹 101 三期　京津 4777 四期

史亞觚 商代　史戈 商代　史父庚鼎 周早　史宜父鼎 周晚　元年師兑簋 周晚

史父丙觚 商代　史見卣 周早　此簋 周晚　此簋 周晚　無叀鼎 周晚　吴王姬鼎 春秋

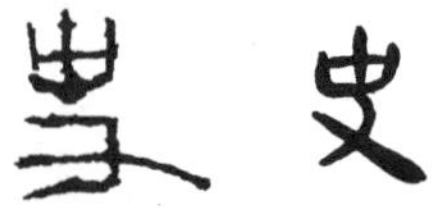

陶五 384 戰國　雲夢秦律 戰國

青川櫝 戰國

支

乙 1153 一期　乙 8093 一期

乙 1233 一期

女亞方彝 商代

女亞方彝 商代

璽印集粹 戰國　雲夢法律 戰國

官印 0061 戰國

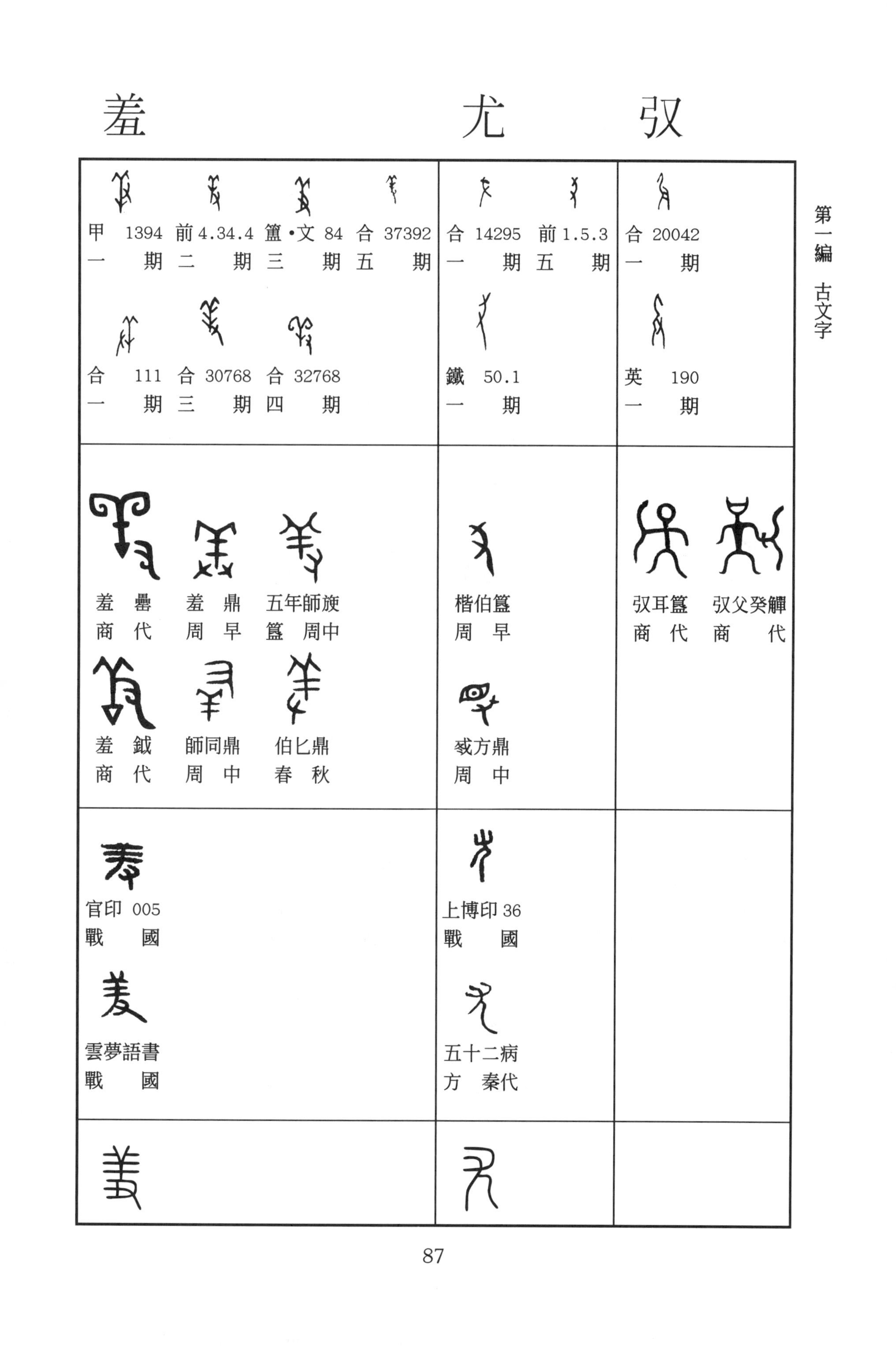

羞　　尤　　㢸

羞	尤	㢸
甲 1394 一期 前 4.34.4 二期 簠•文 84 三期 合 37392 五期 合 111 一期 合 30768 三期 合 32768 四期	合 14295 一期 前 1.5.3 五期 鐵 50.1 一期	合 20042 一期 英 190 一期
羞罍 商代 羞鼎 周早 五年師旋簋 周中 羞鉞 商代 師同鼎 周中 伯匕鼎 春秋	楷伯簋 周早 戜方鼎 周中	㢸耳簋 商代 㢸父癸觶 商代
官印 005 戰國 雲夢語書 戰國	上博印 36 戰國 五十二病方 秦代	

二　五

二

菁 3.1
一期

粹 221
三期

亢鼎
周早

免簋
周中

纕安君壺
戰國

大盂鼎
周早

散盤
周晚

燕下都陶
戰國

望山M2簡
戰國

郭店語三
戰國

信陽楚簡
戰國

青川牘
戰國

郭店五行
戰國

古文

五

後上 31.5
一期

戩 6.13
四期

周甲 2
先周

合 28054
三期

寧滬 1217
五期

宰椃角
商代

吴王光鑑
春秋

司馬成公權
戰國

中山王鼎
戰國

保卣
周早

莒侯簋
春秋

鄂君舟節
戰國

酓章鐘
戰國

陶三 663
戰國

長沙帛書
戰國

信陽楚簡
戰國

仰天湖簡
戰國

郭店尊德
戰國

陶五 403
戰國

信陽楚簡
戰國

望山M2簡
戰國

包山牘 1
戰國

璽彙 3084
戰國

古文

亘　亞

<table>
<tr>
<td>
合 6040　乙 6722
一　期　一　期

合 7887　鐵 329
一　期　一　期</td>
<td>
前 7.39.2　合 5707
一　期　一　期
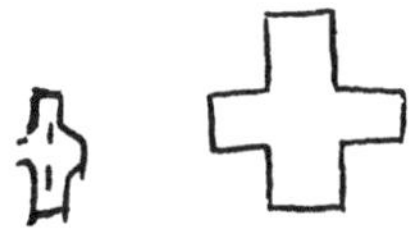
合 2813　甲 3942
一　期　五　期</td>
</tr>
<tr>
<td>
曾侯乙鐘
戰　國</td>
<td>
亞又方彝　傳 尊　南宮乎鐘
商　代　周 早　周　晚

亞耳尊　牆 盤　史密簋
商 代　周 中　周 晚</td>
</tr>
<tr>
<td></td>
<td>
天星觀簡　包山 145　包山 174　包山 213　郭店語三　郭店性自
戰　國　戰　國　戰　國　戰　國　戰　國　戰　國

包山 122　包山 162　包山 188　郭店老乙　郭店性自　璽印集粹
戰　國　戰　國　戰　國　戰　國　戰　國　戰　國</td>
</tr>
<tr>
<td></td>
<td></td>
</tr>
</table>

八　　公

八	公
 菁 4.1 一期	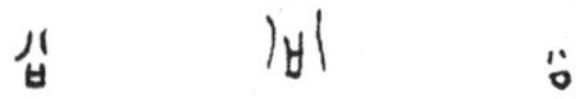 合 21114 一期　合 27999 三期　合 36541 五期  京津 2318 二期　粹 405 四期
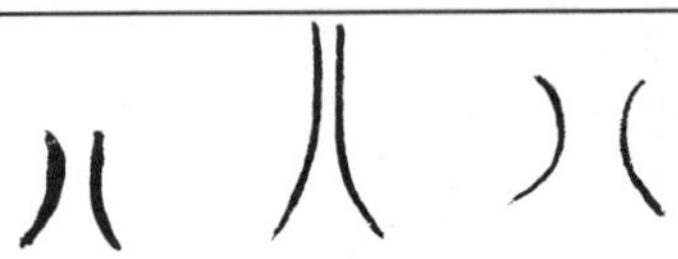 夨方彝 周早　莒侯簋 春秋　中山帳桿 戰國  函皇父簋 周晚　東庫扁壺 戰國	 明公尊 周早　穌公子鼎 春秋　郳公華鼎 春秋　徸公壺 戰國　中山王壺 戰國 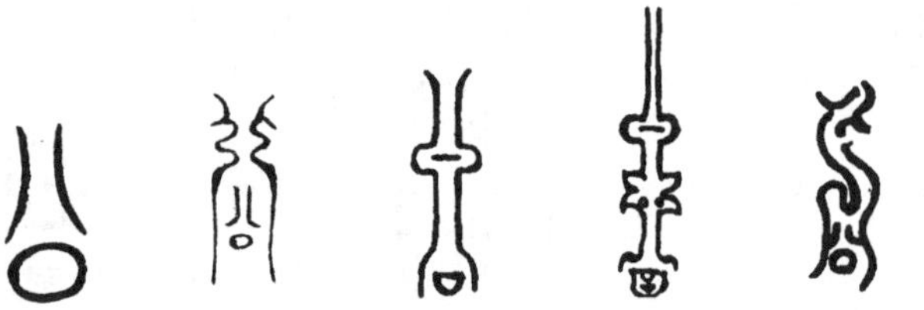 毛公鼎 周晚　宋公䜌戈 春秋　蔡公子從劍 戰國　秦公子從戈 戰國　蔡劍 戰國
 陶四 003 戰國　望山M2簡 戰國  陶六 230 戰國	 陶三 1071 戰國　望山M1簡 戰國　仰天湖簡 戰國　璽彙 0112 戰國　中山玉器 戰國  陶六 033 戰國　包山 002 戰國　郭店魯穆 戰國　璽彙 3884 戰國　貨系 0202 戰國

介　　尚

介

前1.45.6 一期　合 816 一期

佚 575 一期

尚

周甲 2 先周

周甲 23 先周

介

梳里瘟戈 戰國

尚

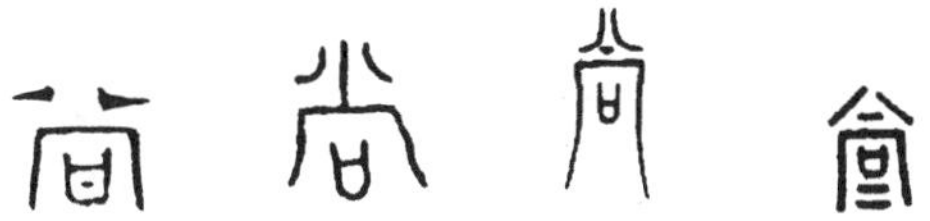

叔䟒父卣 周早　者減鐘 春秋　中山王壺 戰國　廿年距末 戰國

尚鼎 周中　者減鐘 春秋　越戈 戰國

介

石鼓田車 戰國　上博昭王 戰國

信陽楚簡 戰國　雲夢法律 戰國

尚

陶三 673 戰國　包山 090 戰國　璽彙 2375 戰國　璽彙 5067 戰國　璽彙 5073 戰國　璽彙 5397 戰國

望山M1 簡 戰國　郭店忠信 戰國　璽彙 3076 戰國　璽彙 5071 戰國　璽彙 5075 戰國　貨系 1372 戰國

半	料	分
		前 5.45.7 一期 鐵 38.4 二期 合 7852 一期
秦公簋蓋 春秋	眉脒鼎 戰國 趙亡智鼎 戰國 金頭像飾 戰國 下官鼎 戰國	分父甲觶 商代 晉侯穌鐘 周晚 梁上官鼎 戰國 貉子簋 周中 邾公牼鐘 春秋
璽彙 1270 戰國 雲夢法律 戰國 幣編 067 戰國	陶六 173 戰國 侯馬盟書 戰國 貨系 0987 戰國 侯馬盟書 戰國 先秦幣 13 戰國 三晉 59 戰國	陶三 291 戰國 包山 047 戰國 璽彙 3411 戰國 長沙帛書 戰國 郭店成之 戰國 貨文 19 戰國

尗	六	尔	㕣
	 菁 1.1 一期  拾 1.3 三期  佚 518 五期  合 14206 一期  戩 24.11 四期		
 叔史小子鼎 周晚	 宰椃角 商代  毛弔簋 周晚  金頭像飾 戰國  幾父壺 周中  中山帳桿 戰國  曾侯乙鐘 戰國	 中山王鼎 戰國	
 守丘刻石 戰國  璽彙 0921 戰國  璽彙 0680 戰國  璽彙 1514 戰國	 石鼓鑾車 戰國  曾侯墓磬 戰國  包山 130 戰國  陶六 206 戰國  望山M2簡 戰國  干支牙籌 戰國	 郭店六德 戰國  郭店五行 戰國  郭店忠信 戰國  上博君老 戰國	 貨編 11 戰國

十

甲 870 一期　屯 751 四期

前 1.5.5 一期

令簋 周早　中山墓錘 戰國　東庫扁壺 戰國　咎茖戈 戰國　潮子鎛 戰國

虢季子白盤 周晚　者沏鐘 戰國　中山王鼎 戰國　中山帳桿 戰國　中山帳橛 戰國

陶五 371 戰國　長沙帛書 戰國　曾侯墓簡 戰國　郭店緇衣 戰國

陶五 384 戰國　信陽楚簡 戰國　望山M2簡 戰國

十

廿

甲 870 三期　粹 402 四期

粹 82 四期　合 37866 五期

宰椃角 商代　商尊 周早　晉侯穌鐘 周晚

肄簋 商代　頌鼎 周中　廿五年戈 戰國

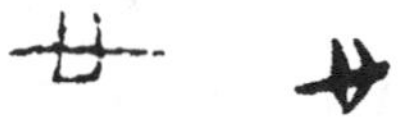

陶五 384 戰國　郭店唐虞 戰國

曾侯墓磬 戰國

廿

卅	卌	古
 合 9493 一期　粹 430 四期  粹 402 四期　粹 586 四期	 合 3886 一期　前 4.8.4 一期  乙 4696 一期	 合 945 一期　合 8991 一期　屯 2691 一期  合 8200 一期　甲 2041 一期
 矢簋 周早　多友鼎 周晚  格伯簋 周中　兆域圖 戰國	 吕鼎 周中  兆域圖 戰國	 亞古父己盉 商代　古伯尊 周早　之利殘器 春秋　亓北古劍 戰國 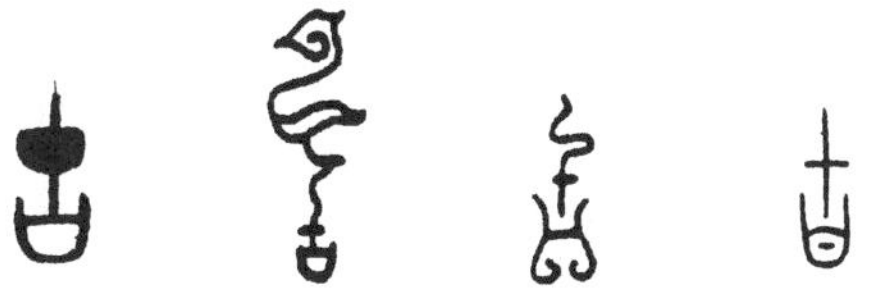 大盂鼎 周早　玄夫戈 春秋　之利殘器 春秋　中山王壺 戰國
 陶二 0006 西周　郭店唐虞 戰國  石鼓乍原 戰國	 陶二 0042 西周	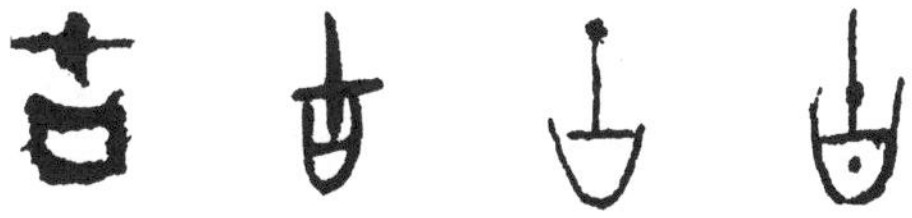 陶五 463 戰國　郭店語一 戰國　貨系 0440 戰國　貨系 0437 戰國 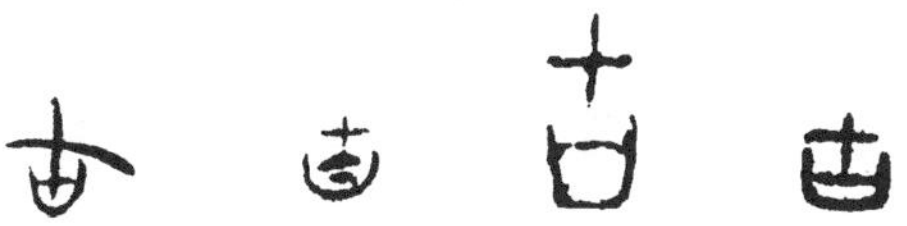 包山 157 戰國　郭店六德 戰國　貨系 0435 戰國　璽印集粹 戰國
卅		古

才	攴	捂	博
菁 3.1 一期；粹 935 三期；佚 612 一期；合 38223 五期			
父戊爵 商代；大盂鼎 周早；頌鼎 周中；姑發劍 春秋；曾姬無卹壺 戰國；宰甫簋 商代；才僟父鼎 周中；秦公鎛 春秋；中山王鼎 戰國；曾侯乙鐘 戰國			㦰簋 周中；師寰簋 周晚
硃書玉戈 商代；長沙帛書 戰國；包山 013 戰國；上博詩論 戰國；璽彙 3199 戰國；陶五 384 戰國；曾侯墓簡 戰國；郭店語三 戰國；上博民之 戰國；璽彙 3654 戰國	郭店六德 戰國；上博周易 戰國	香續 54 戰國；秦印彙編 秦代	叢考 125 戰國；璽彙 1837 戰國
才	攴	捂	博

㒼	屰	午
	乙 6948 一期 乙 1786 一期 乙 2707 三期 鐵 631 一期 合 21626 一期 合 26879 三期	前 7.40.2 一期 粹 975 三期 粹 1475 五期 粹 214 二期 粹 1586 四期
㒼簋 周中 㒼簋 周中	亞屰卣 商代 目父癸爵 周早 ▢屰爵 商代	四祀𠨘其卣 商代 天君鼎 周早 公父宅匜 春秋 配兒鉤鑃 春秋 戍嗣鼎 商代 哀成叔鼎 春秋 王子午鼎 春秋 吉日壬午劍 春秋
陶三 356 戰國		陶四 083 戰國 九店楚簡 戰國 璽彙 3059 戰國 干支牙籌 戰國 包山 058 戰國 璽彙 2794 戰國 璽彙 3949 戰國 貨系 0134 戰國

世	干	幵
	合 9801 一期；合 28059 三期	
且日庚簋 商代；吴方彝 周中；伯司簋 周晚；陳侯午敦 戰國；陳侯午敦 戰國；寧簋 周早；趩簋 周中；郘王鼎 春秋；書也缶 戰國；中山王鼎 戰國	亞干主觚 商代；師克盨 周晚；𢒉簋 周中；干氏叔子盤 春秋	
秦家嘴簡 戰國	燕下都陶 戰國；璽彙 3593 戰國；包山牘 1 戰國；貨系 3442 戰國	三晉 128 戰國

刀	刃	削
 粹 284 一期	 合 117 一期  合 117 一期	
 子刀觶 商代  糸子刀爵 商代  子刀簋 周早  東庫扁壺 戰國  刀爵 商代  刀觚 商代  刀劍 戰國	 石丞刃鼎 戰國	
 陶一 0001 商代  包山 144 戰國  璽彙 5582 戰國  貨系 4124 戰國  信陽楚簡 戰國  包山 254 戰國  貨系 3794 戰國  貨系 2551 戰國  貨編 53 戰國	 郭店成之 戰國	 曾侯墓簡 戰國  雲夢雜抄 戰國  曾侯墓簡 戰國

刈	創	刧	劉
 合 9557 一期  合 9558 一期  合 18400 一期  合 28203 三期  合 9560 一期  合 9564 一期  合 18578 一期  屯 3835 三期			
 刈作父甲簋 商代	 办觶 周早  中山王壺 戰國  办壺 周早	 岡刧卣 周早  岡刧尊 周早	
	 陶三 865 戰國  陶三 866 戰國		 秦印彙編 秦代
	  或體		

利　　劙　删

合 7043
一 期

合 40685
一 期

合 28008
三 期

屯 2299
三 期

菁 10.16
三 期

粹 673
四 期

合 7044
一 期

粹 1505
一 期

合 27712
三 期

合 28063
三 期

鐵 10.2
三 期

後下 18.8
五 期

乙 6298
一 期

利 簋
周 早

𪑺 鐘
周 晚

之利殘器
春 秋

利 鼎
周 中

利之元子
缶 春秋

郾王喜矛
戰 國

包山 143
戰 國

郭店老甲
戰 國

郭店老甲
戰 國

九店楚簡
戰 國

璽彙 2710
戰 國

包山 164
戰 國

郭店老甲
戰 國

郭店唐虞
戰 國

璽彙 2558
戰 國

陶典 0346
秦 代

五十二病
方 秦代

古 文

別	初	刾	刞	刲
 合 17230 一期  乙 768 一期	 京津 4901 三期  後下 13.8 五期  前 5.39.8 五期	集韵刺之以俗爲字	 合 15429 一期  乙 8688 五期	
	 匽侯鼎 周早  華母壺 周晚  㫚同子句鑃 春秋  郘公䡬鐘 春秋  次卣 周中  其次句鑃 春秋  曾子原彝 春秋  王子午鼎 春秋			
 雲夢秦律 戰國  雲夢法律 戰國	 秦公石磬 春秋  郭店窮達 戰國  秦印彙編 秦代  陶五 384 戰國  上博周易 戰國	 雲夢日甲 戰國  璽彙 4080 戰國		 陶三 1112 戰國 從圭聲

則

周甲 14
周 早

何 尊
周 早

盠駒尊
周 中

曾子匜
春 秋

中山王壺
戰 國

鄂君舟節
戰 國

格伯簋
周 中

兮甲盤
周 晚

黃夫人壺
春 秋

中山王壺
戰 國

曾侯乙鐘
戰 國

石鼓吾水
戰 國

郭店語三
戰 國

温縣盟書
戰 國

青川櫝
戰 國

郭店六德
戰 國

郭店老丙
戰 國

上博周易
戰 國

行气玉銘
戰 國

郭店唐虞
戰 國

郭店老乙
戰 國

籒 文

副

合 117
一 期

合 13404
一 期

周疈
禮疈
鄭牲
玄胷
注也

副 簋
商 代

副 爵
商 代

副父己爵
商 代

副 爵
商 代

古 文

剋

印風 56
秦 代

剛	釗	剪	剖	劃
 粹 1221 一 期  後上 23.4 四 期  粹 191 三 期  後下 18.12 四 期				
 剛 爵 周 早  散 盤 周 晚  牆 盤 周 中	 庚 壺 春 秋			 富奠劍 戰 國
 信陽楚簡 戰 國  上博恒先 戰 國  雲夢日乙 戰 國  郭店性自 戰 國  十鐘印舉 戰 國  雲夢日甲 戰 國	 上博容成 戰 國	 天星觀簡 戰 國  雲夢爲吏 戰 國	 五十二病 方 秦代	 陶四 172 戰 國  曾侯墓簡 戰 國  信陽楚簡 戰 國  璽彙 2865 戰 國

剥	⿰宜刂				制
 合 15788 一期  甲 3153 一期	 合 307 一期  合 27465 三期	 合 29405 三期  合 32547 四期	 甲 728 四期  合 32697 四期	 屯 1128 四期  寧滬 1.178 四期	 合 7938 一期  合 21477 一期
	 ⿰宜刂鼎 周早				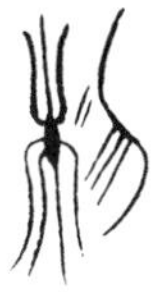 王子午鼎 春秋  子禾子釜 戰國
  或體					  古文

辨	列	刲	劓	刖
		 甲 1170 一 期  合 14176 一 期		 合 580 一 期  合 8250 一 期  粹 257 一 期  前 6.55.5 一 期  合 581 一 期  屯 857 一 期  前 6.20.1 一 期  前 7.9.4 一 期
 作册魖卣 周 早  辨 簋 周 中		 刲母卣 商 代  師同鼎 周 中		 刖 斝 商 代
 雲夢秦律 戰 國	 雲夢秦律 戰 國  雲夢秦律 戰 國		 雲夢日乙 戰 國	

刊	⿰糸刂	⿰索刂	割
	 乙 729 一期  合 780 一期  佚 344 一期  合 2857 一期	 合 24459 二期  合 24461 二期  合 24460 二期	
	 格伯簋 周中	 ⿰索刂妣乙爵 商代	 無叀鼎 周晚  曾侯乙鐘 戰國  曾侯乙鐘 戰國  㠱伯盨 春秋  曾侯乙鐘 戰國
 雲夢日甲 戰國			 包山 121 戰國  雲夢爲吏 戰國  包山 095 戰國  上博君老 戰國  郭店語四 戰國  郭店緇衣 戰國

剴	制	罰	券
	 乙 476 一期  合 4815 一期  合 22246 一期  合 34409 四期  乙 2262 一期  合 18448 一期  合 32193 四期		
	 作册嗌卣 周中  晉公盨 春秋	 大盂鼎 周早  散盤 周晚  狱伯卣 周早  胤嗣壺 戰國	
 郭店緇衣 戰國  郭店緇衣 戰國		 信陽楚簡 戰國  郭店緇衣 戰國  郭店成之 戰國  雲夢語書 戰國	 雲夢法律 戰國

劓	刑	㓝	劒
合 5994 一期 合 8986 一期 合 6226 一期	今字作刑		
寧女鼎 周早 辛鼎 周早	牆盤 周中 子禾子釜 戰國 散盤 周晚 雍令韓匡戟 戰國	過伯簋 周早 逨盤 周晚 𢦏馭簋 周中 子犯鐘 春秋	
陶三 1024 戰國 雲夢法律 戰國 上博周易 戰國 雲夢封診 戰國	曾侯墓簡 戰國 璽彙 5278 戰國 璽彙 3755 戰國 貨文 59 戰國	信陽楚簡 戰國 雲夢日甲 戰國 郭店成之 戰國	雲夢日乙 戰國
或體			籀文

刺

合 18514　甲 624
一期　三期

甲 1779
二期

刺卣　班簋　幾父壺　單伯鐘　秦公鎛　曾子斿鼎　中山王鼎
商代　周中　周中　周中　春秋　春秋　戰國

大簋　揚簋　刺作父庚鼎　無叀鼎　伯刺戈　者沪鐘　曾侯乙鐘　曾侯乙鐘
周早　周中　周中　周晚　春秋　戰國　戰國　戰國

天星觀簡　天星觀簡　錢幣1993.2
戰國　戰國　戰國

天星觀簡　天星觀簡
戰國　戰國

刻　亡　乍

刻	亡	乍
	乙 7817 一期 粹 740 四期 周甲 2 先周 甲 2695 三期 佚 53 五期	合 7750 一期 佚 67 一期 乙 570 一期 合 29689 二期
	天亡簋 周早 之利殘器 春秋 中山王鼎 戰國 中山王壺 戰國 兆域圖 戰國 克鼎 周晚 杞伯簋 春秋 東庫扁壺 戰國 西庫圓壺 戰國	小子母己卣 商代 天亡簋 周早 宰甫簋 商代 寏鼎 春秋
雲夢爲吏 戰國	望山M2簡 戰國 上博周易 戰國 璽彙 4770 戰國 郭店緇衣 戰國 郭店六德 戰國 璽彙 4528 戰國 雲夢日甲 戰國 上博鮑叔 戰國	陶二 0005 西周 長沙帛書 戰國 秦公石磬 春秋 郭店六德 戰國

粹 236
四期

王子午鼎 春秋	白者君鼎 春秋	吴王光鐘 春秋	吴王光鑑 春秋	夫差劍 春秋	州句劍 戰國	楚王酓璋劍 戰國	敓戟 戰國

悍距末 春秋	受戈 春秋	攻敔王光戈 春秋	配兒鈎鑃 春秋	攻敔王光劍 春秋	自作用戈 戰國	酓章鐘 戰國	曾侯乙戟 戰國

郭店緇衣
戰國

雲夢日甲
戰國

匚	匹	医
 合 150 一期  佚 595 一期  合 32392 四期  英 2398 四期  合 14937 一期  合 32328 四期  粹 386 四期		 天 96 一期  前 2.23.1 五期
 匚賓鼎 周早  且己鼎 周早	 衛簋 周中  大鼎 周中  單伯鐘 周中  曾姬無卹壺 戰國	 越王大子矛 戰國
	 曾侯墓簡 戰國  雲夢法律 戰國  曾侯墓簡 戰國  上博緇衣 戰國  曾侯墓簡 戰國  曾侯墓簡 戰國	

匚 匜

 史頌匜 周中	 筍侯匜 周中	 宗仲匜 周晚	 白者君匜 春秋	 匽公匜 春秋	 羅兒匜 春秋	 寬車匜 春秋
 散伯匜 周中	 㲋叔匜 周晚	 滕太宰得匜 春秋	 穌甫人匜 春秋	 孟姜匜 春秋	 蔡侯申匜 春秋	 曾子伯父匜 春秋

璽彙3509 戰國

區	匬	匿
 合 685 一期  合 34676 四期  合 34679 四期  合 18102 一期  合 34678 四期	 京津 1532 一期  合 6717 一期  合 5712 一期  合 13889 一期	 屯 3566 一期
 子禾子釜 戰國		 匿鐃 商代  匿斝 商代  大盂鼎 周早
 陶三 013 戰國  陶三 027 戰國  包山 003 戰國  璽彙 5312 戰國  陶三 723 戰國  陶三 726 戰國  郭店語三 戰國		 長沙帛書 戰國  郭店五行 戰國  包山 138 戰國  雲夢效律 戰國

⿷匚丙	匽	⿷匚司	匧
		同 笥	
	 匽侯戈 周早  亞盉 周早  克鼎 周晚  沇兒鐘 春秋  王孫誥鐘 春秋  匽侯舞昜 周早  伯矩鬲 周早  子璋鐘 春秋  王孫誥鐘 春秋  陳璋鐳 戰國		
 雲夢日甲 戰國	 秦公石磬 春秋  故宫 454 戰國  陶五 384 戰國  青川櫝 戰國	 望山M2簡 戰國	 雲夢法律 戰國

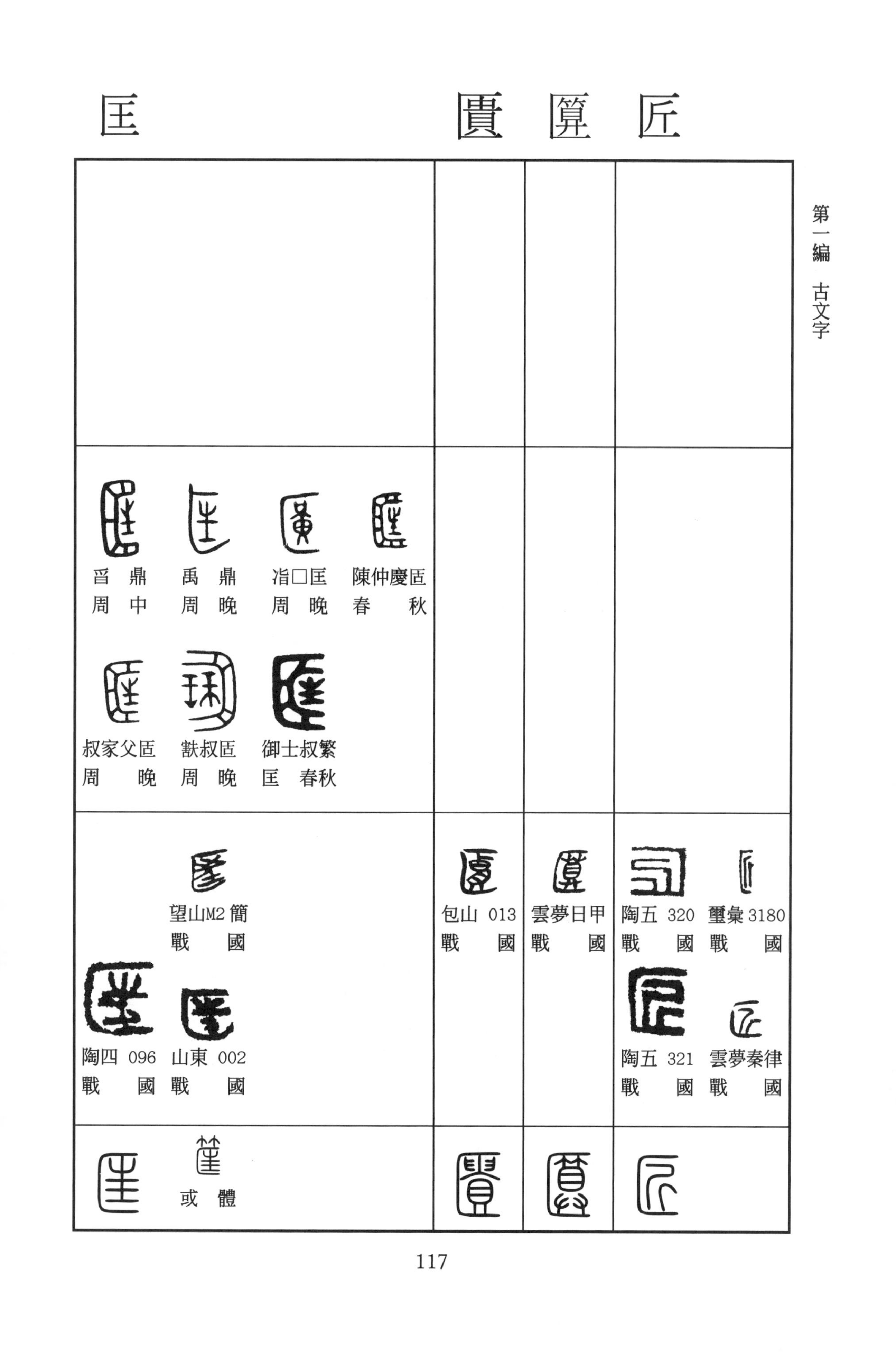

匡	匵	匴	匠
晋鼎 周中 禹鼎 周晚 湝□匡 周晚 陳仲慶⿷匚古 春秋 叔家父⿷匚古 周晚 獃叔⿷匚古 周晚 御士叔繁匡 春秋			
望山M2簡 戰國 陶四 096 戰國 山東 002 戰國	包山 013 戰國	雲夢日甲 戰國	陶五 320 戰國 璽彙 3180 戰國 陶五 321 戰國 雲夢秦律 戰國
或體			

⿷匚今	曲	匫	⿷匚禾
	 合 1022 一 期		 合 19754 一 期  合 20191 一 期  合 20772 一 期  合 20190 一 期  合 20192 一 期
 宰獸簋 周 晚  仲其父⿷匚古 周 晚  仲其父⿷匚古 周 晚	 曲父丁爵 商 代  咎茖戈 戰 國  曾子斿鼎 春 秋  襄公鼎 戰 國		 州句劍 戰 國  中山王鼎 戰 國
 望山M2 簡 戰 國	 雲夢編年 戰 國  包山 260 戰 國  官印 0037 戰 國  郭店六德 戰 國	 曾侯墓衣箱 戰國  曾侯墓衣箱 戰國	 璽彙 2315 戰 國 汗簡魏寫作 
	  古 文		

丂　　可

丂	可
 合　228 一　期  合 36777 五　期	 合 18895　英　1677　甲　1518 一　期　一　期　三　期  合 18898　英　1679 一　期　一　期
 司徒司簋　齊　鎛　者汈鐘 周　早　春　秋　戰　國  散　盤　者汈鐘　者汈鐘 周　晚　戰　國　戰　國	 美　爵　蔡大師鼎　讐反之弟　不光劍 周　早　春　秋　劍　春秋　戰　國  蔡侯申殘　子可嬰戈　中山王壺 鐘　春秋　春　秋　戰　國
	 石鼓汧沔　包山 138　郭店老甲　璽彙 2632　貨編　60 戰　國　戰　國　戰　國　戰　國　戰　國  陶三 428　郭店成之　璽彙 2631　璽彙 4861　貨系 2643 戰　國　戰　國　戰　國　戰　國　戰　國

奇	兮	粤
	 前8.10.1 一期 後下3.16 四期  甲 2542 三期 合 33694 四期	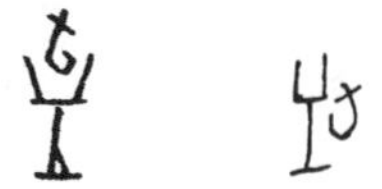 甲 1516 三期 屯 108 四期  摭續 2 四期
	 盂爵 周早  兮甲盤 周晚	
 陶四 169 戰國 璽彙 1682 戰國 璽彙 0716 戰國 貨編 60 戰國  包山 075 戰國 璽彙 1685 戰國 三晉 113 戰國 雲夢法律 戰國		

平

㪤鐘 春秋　都公鼎 春秋　者減鐘 春秋　平阿右戈 戰國　平陵戈 戰國

莒平鐘 春秋　莒平鐘 春秋　者減鐘 春秋　平國君鈹 戰國　陳侯午敦 戰國

秦公石磬 戰國　中山玉器 戰國　璽彙 3310 戰國　璽彙 0313 戰國　貨系 1798 戰國

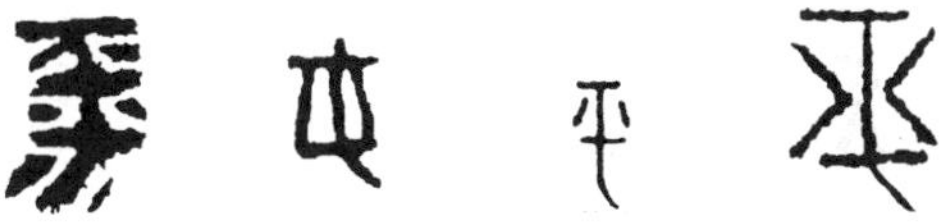

陶三 703 戰國　璽彙 3104 戰國　璽彙 2215 戰國　貨系 1130 戰國

古文

乎

乙 7360 一期　粹 495 三期

菁 6.1 一期

佴叔簋 周中　師湯父鼎 周中　南宮乎鐘 周晚

休盤 周中　柳鼎 周晚

齊魯 4.68 戰國

于	粤	哥
乙 6690 一期；合 5175 一期；佚 376 四期；周甲 17 先周 合 21586 一期；甲 436 三期；甲 3941 五期；周甲 33 先周	京津 2651 一期	
毓且辛卣 商代；格伯簋 周中；齊鎛 春秋；畲章鐘 戰國 亢鼎 周早；王子午鼎 春秋；中山王鼎 戰國；者沏鐘 戰國	班簋 周中；牆盘 周中；孝子粤壺 戰國 番生簋 周中；毛公鼎 周晚	
秦公石磬 春秋；包山 163 戰國；郭店性自 戰國；貨系 1065 戰國 仰天湖簡 戰國；郭店五行 戰國；璽彙 4033 戰國；貨系 2919 戰國	包山 201 戰國；璽彙 3472 戰國 秦家嘴簡 戰國；璽印集粹 戰國	雲夢日甲 戰國

市

合 27202	合 28751
三 期	三 期

合 27641	珠 679
三 期	三 期

兮甲盤	宜陽戈
周 晚	戰 國

鄂君車節	大市量
戰 國	戰 國

陶三 649	陶三 657	陶四 020	包山 095	璽彙 0292	璽彙 2436	璽彙 2868	貨系 0044
戰 國	戰 國	戰 國	戰 國	戰 國	戰 國	戰 國	戰 國

陶三 723	陶三 1206	陶七 006	包山 191	璽彙 0727	璽彙 2821	璽彙 3093	幣編 66
戰 國	戰 國	戰 國	戰 國	戰 國	戰 國	戰 國	戰 國

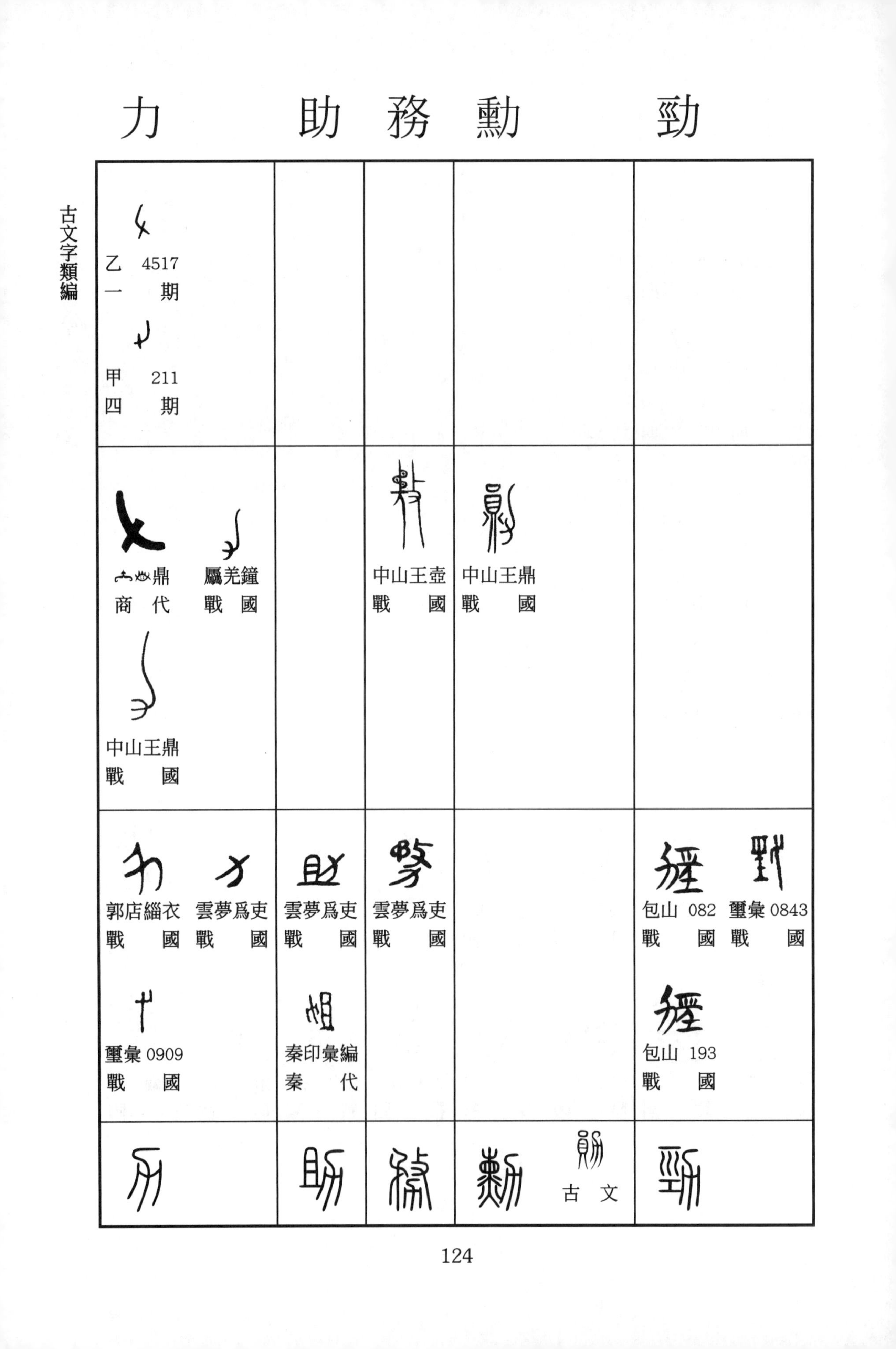

力	助	務	勳	勁
乙 4517 一期 甲 211 四期				
[illegible]鼎 商代 驫羌鐘 戰國 中山王鼎 戰國		中山王壺 戰國	中山王鼎 戰國	
郭店緇衣 戰國 雲夢爲吏 戰國 璽彙 0909 戰國	雲夢爲吏 戰國 秦印彙編 秦代	雲夢爲吏 戰國		包山 082 戰國 璽彙 0843 戰國 包山 193 戰國
			古文	

勉　　功　勶　勞

勉	功	勶	勞
			河 230 二期　粹 1209 二期 京津 3643 二期　合 24295 二期
			齊鎛 春秋 中山王鼎 戰國
璽彙 1901 戰國　秦印彙編 秦代 雲夢雜抄 戰國	上博緇衣 戰國 秦印彙編 秦代	璽彙 3983 戰國 雲夢封診 戰國	天星觀簡 戰國　包山 189 戰國　郭店尊德 戰國　雲夢雜抄 戰國 包山 016 戰國　郭店緇衣 戰國　上博從政 戰國　秦印彙編 秦代

勝	
	同勝
	 七年邦司寇矛戰國  上官鼎戰國  高都令戈戰國  高都令戈戰國
 璽印集粹戰國  故宮 419 戰國  雲夢秦律戰國  璽印集粹戰國  雲夢日乙戰國	 天星觀簡戰國  郭店老乙戰國  郭店尊德戰國  郭店成之戰國  璽彙 1910 戰國  包山 113 戰國  郭店老丙戰國  郭店成之戰國  璽彙 0947 戰國  璽彙 2180 戰國

勠	劾	動	飭
		 毛公鼎 戰國	
 香續 63 戰國	 雲夢效律 戰國	 郭店性自 戰國  上博容成 戰國  望山M1簡 戰國  郭店老甲 戰國  上博魯旱 戰國  郭店性自 戰國 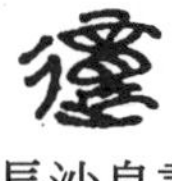 長沙帛書 戰國  郭店老甲 戰國  郭店尊德 戰國	 雲夢雜抄 戰國
		  古文	

勥	券	劼	募
		 戎生鐘 周　晚	
 郭店老甲 戰國  郭店尊德 戰國  璽彙 0526 戰國  璽彙 1045 戰國  温縣盟書 戰國  郭店老甲 戰國  璽彙 0525 戰國  璽彙 0969 戰國  璽彙 2671 戰國	 包山 168 戰　國		 雲夢雜抄 戰　國

加

加父戊爵 周早　虢季子白盤 周晚　蔡公子戈 春秋

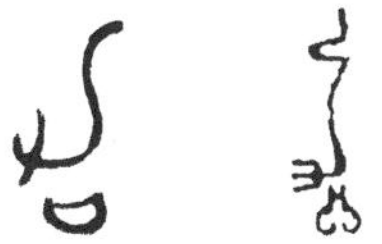

滎仲鼎 周早　蔡公子加戈 春秋

曾侯墓簡 戰國　包山 122 戰國　郭店窮達 戰國　璽彙 1260 戰國

包山 022 戰國　包山 165 戰國　郭店語三 戰國

勇

伯勇父匿 周晚　恿公戈 春秋

攻敔王光劍 春秋　中央勇矛 春秋　曾侯乙戟 戰國

包山 071 戰國　郭店尊德 戰國　郭店成之 戰國　上博曹沫 戰國

郭店性自 戰國　雲夢日乙 戰國　郭店語四 戰國

古文　或體

勤	勢	勞	勳	劦
				 合 5202 一期  合 16111 一期  粹 866 一期  後下 36.4 四期 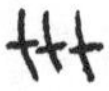 合 14295 一期  甲 1307 一期  後上 19.6 三期  前 1.7.6 五期
 中山王鼎 戰國				 戍鈴方彝 商代  𤼈公盨 周中  肄簋 商代
	 雲夢爲吏 戰國	 包山 051 戰國	 侯馬盟書 戰國  侯馬盟書 戰國	 陶三 837 戰國  璽彙 0460 戰國

協	勑	勅	勃
 合 7 一期  合 8213 一期  合 8215 一期 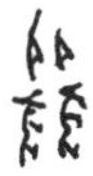 合 29230 三期  合 33547 四期  合 8212 一期  合 8214 一期  合 29228 三期  合 29237 三期			
 王古尊 商代  㾽鐘 周中  南宮乎鐘 周晚  者減鐘 戰國  戎生鐘 周晚  秦公鎛 春秋		 勅𣪘鼎 周早	
	 吉大 51 戰國		 秦印彙編 秦代

冖	冠	冣	冢	冒
今字作幂				
大盂鼎 周早				九年衛鼎 周中
	望山M2簡 戰國 上博容成 戰國	十鐘印舉 戰國	陶四 138 戰國 望山M2簡 戰國 天星觀簡 戰國 包山 094 戰國 郭店窮達 戰國	包山 131 戰國 郭店唐虞 戰國 包山 135 戰國 雲夢語書 戰國

最　入　　　　會

	入	會
	 鐵 185.1 一期　佚 720 三期  前 4.29.5 一期	 合 1030 一期　合 27435 三期　合 22606 二期　京津 2746 一期  合 18553 一期　合 30956 三期　合 24268 二期　存2.1498 一期
	 大盂鼎 周早　大鼎 周中　魚顛匕 戰國  豆閉簋 周中　吴王光鐘 春秋　羼羌鐘 戰國	 仲㚸臣盤 周早　逨盤 周晚　蔡子匜 春秋　羼羌鐘 戰國  會始鬲 周晚　𧼈亥鼎 周晚　以鄧匜 春秋　郰陵君豆 戰國
 十鐘印舉 戰國  雲夢日甲 戰國	 小臣系石簋 商代　曾侯墓簡 戰國　侯馬盟書 戰國  秦公石磬 春秋　侯馬盟書 戰國　侯馬盟書 戰國	 包山 182 戰國　郭店性自 戰國　璽彙 5409 戰國  郭店語三 戰國　璽彙 0253 戰國 汗簡作 
		　 古文

余	全
 乙 1239 一期　佚 505 二期　佚 860 五期  合 20315 一期　甲 2418 四期	
 何尊 周早　羅兒匜 春秋　郤太子鼎 春秋　州句劍 戰國　中山方壺 戰國 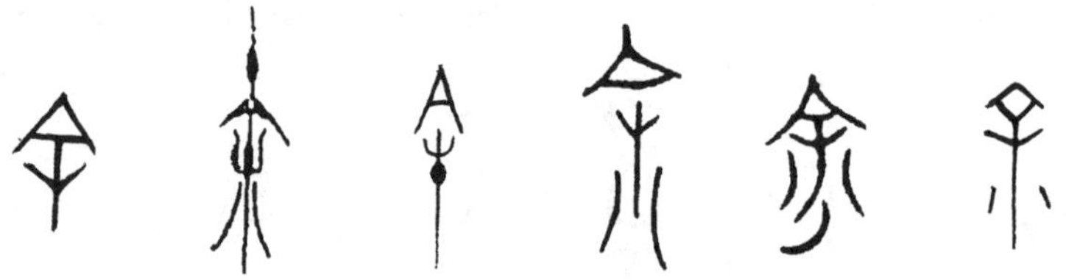 毛公鼎 周晚　王子午鼎 春秋　吉日壬午劍 春秋　配兒句鑃 春秋　書也缶 戰國　陳肪簋 戰國	 郾王喜戈 戰國
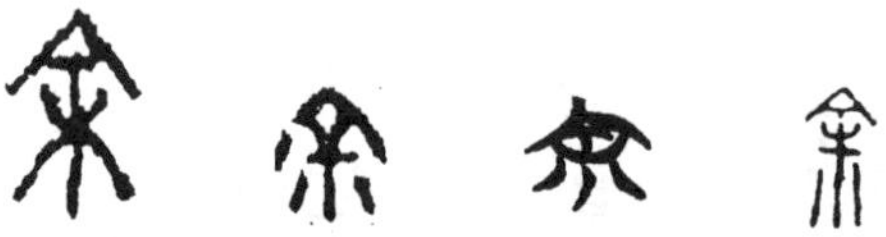 石鼓吾水 戰國　陶四 018 戰國　曾侯墓簡 戰國　璽彙 2416 戰國 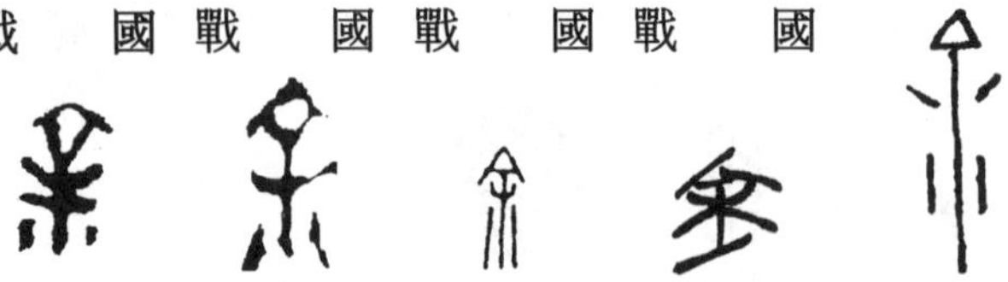 陶三 994 戰國　陶四 128 戰國　璽彙 2270 戰國　上博周易 戰國　貨系 1519 戰國	 包山 210 戰國　侯馬盟書 戰國  包山 227 戰國　雲夢法律 戰國
	　 或體

内

乙 4667
一 期

前 4.28.3
一 期

井侯簋
周 早

鄂君舟節
戰 國

柴内右戈
戰 國

兆域圖
戰 國

散 盤
周 晚

中山王壺
戰 國

右内価壺
戰 國

戎趄鐘
戰 國

長沙帛書
戰 國

郭店語一
戰 國

璽彙 5337
戰 國

貨系 2646
戰 國

望山M1 簡
戰 國

郭店緇衣
戰 國

津藝 41
戰 國

雲夢日乙
戰 國

倉

合 9645
一 期

合 18664
一 期

倉 鼎
商 代

叔倉父盨
周 晚

者減鐘
春 秋

𪒠 鐘
春 秋

㝬 鐘
周 晚

𪒠 鐘
春 秋

者減鐘
春 秋

宜陽右倉簋
戰國

陶五 077
戰 國

陶六 201
戰 國

璽彙 1323
戰 國

貨系 0261
戰 國

陶六 198
戰 國

郭店太一
戰 國

璽彙 5561
戰 國

貨系 0262
戰 國

今	舍
 甲 1134 一期  後下 1.7 五期  粹 751 四期  周甲 15 先周	 周甲 115 先周
 矢尊 周早  晉公盨 春秋  師虎簋 周中  者汈鐘 戰國	 令鼎 周早  舍父鼎 周中  鄂君車節 戰國  矢方彝 周早  居簋 春秋  中山王鼎 戰國
 郭店唐虞 戰國  温縣盟書 戰國  侯馬盟書 戰國  雲夢日甲 戰國	 包山 154 戰國  郭店老乙 戰國  上博詩論 戰國  璽彙 2329 戰國  侯馬盟書 戰國  雲夢雜抄 戰國  郭店老甲 戰國  郭店性自 戰國  上博彭祖 戰國  璽彙 1989 戰國  侯馬盟書 戰國  雲夢封診 戰國

厶　　延　建

厶	延	建
 厶庫衡飾 戰國  厶官鼎 戰國		 戎生鐘 周晚  中山侯鉞 戰國  毛公鼎 周晚  蔡侯申鐘 春秋  建信君鈹 戰國
 望山M1簡 戰國  璽彙 4130 戰國  璽彙 4792 戰國  貨系 3120 戰國  包山 141 戰國  璽彙 4596 戰國  璽彙 4838 戰國	 雲夢法律 戰國  秦印彙編 秦代	 陶五 168 戰國  曾侯墓簡 戰國  郭店老乙 戰國  燕下都陶 戰國  郭店老乙 戰國  上博容成 戰國

廷	廼
	 合 28614 三期　合 27953 三期　合 28613 三期  合 27627 三期　合 28612 三期　周甲 107 先周
 何尊 周早　大師虘簋 周中　佴伯簋 周中　無叀鼎 周晚　秦公簋 春秋  頌鼎 周中　休盤 周中　佴叔簋 周中　毛公鼎 周晚　倗戈 春秋	 農卣 周早　夨方彝 周早　毛公鼎 周晚  大盂鼎 周早　瓚攸比鼎 周中　曾仲大父簋 春秋
 秦公石磬 春秋　包山 045 戰國　郭店成之 戰國　上博周易 戰國　秦封泥 秦代  包山 029 戰國　包山 052 戰國　上博容成 戰國　上博昭王 戰國	 上博子羔 戰國  雲夢封診 戰國

卜　貞

卜	貞
菁 5.1 一期；甲 381 三期；後上 20.13 五期；粹 377 二期；粹 398 四期	花東 446 一期；合 22196 一期；後上 19.3 二期；合 38108 五期；周甲 112 先周；合 21567 一期；前 7.35.1 一期；粹 505 四期；合 38777 五期；周甲 10 周早
卜孟簋 周早；卜淦戈 春秋；豦鼎 周中	散盤 周晚；沖子鼎 春秋；畬忎鼎 戰國；壽春鼎 戰國；無土鼎 春秋；公朕右自鼎 戰國；畬忎鼎 戰國；中山王鼎 戰國
文王卜璧 周早；陶六 098 戰國；郭店緇衣 戰國；侯馬盟書 戰國；望山M1簡 戰國；璽彙 1262 戰國	陶三 289 戰國；望山M1簡 戰國；包山 265 戰國；郭店老乙 戰國；璽彙 0367 戰國；陶三 460 戰國；包山 254 戰國；包山牘 1 戰國；璽彙 0363 戰國

占　　　　𠧪

占	𠧪
 前4.25.1 一期  合 152 一期  合 721 一期  合 6577 一期  合 20153 一期  合 21410 一期  合 19886 一期  合 367 一期  合 5807 一期  合 7075 一期  合 20082 一期  英 2503 五期	
 明公尊 周早	
 陶三 145 戰國  包山 200 戰國  望山M1簡 戰國	 上博子羔 戰國  上博子羔 戰國
	  古文

兆	卣	𠧪
 合 13517 一期  合 36952 五期	 合 11721 一期  合 19496 一期  粹 795 一期  京津 4234 三期  合 18550 一期  乙 7835 一期  京津 4234 三期  合 27301 三期	 周甲 4 先周  周甲 139 周早
 車兆觚 商代  戈兆系爵 商代	 大盂鼎 周早  吴方彝 周中  毛公鼎 周晚  虢叔鐘 周晚  臣辰卣 周早  伯晨鼎 周中  曶壺 周晚	
 包山 265 戰國  雲夢日乙 戰國  新蔡楚簡 戰國  雲夢日乙 戰國  新蔡楚簡 戰國	 石鼓乍原 戰國  上博緇衣 戰國	
  古文		

厂	仄	应	厓	庯
 散盤 周晚  睘卣 周早  折觥 周中  趞卣 周早		 農卣 周早  師虎簋 周中  長由盉 周中		 晉侯對簋 周晚
	 郭店唐虞 戰國	 貨系 0355 戰國  貨系 0356 戰國	 雲夢法律 戰國	
  籀文				

厭	厃	危	原	厥
			 雍伯原鼎 周晚  散盤 周晚  克鼎 周晚  散盤 周晚	
 包山 219 戰國  秦印彙編 秦代	 貨系 0544 戰國	 陶五 145 戰國  郭店六德 戰國  曾侯墓漆書 戰國  雲夢日甲 戰國	 陶五 117 戰國  珍秦 194 戰國  雲夢法律 戰國  香録 11.2 戰國  璽印集粹 戰國	 吉大 124 戰國

厚

佚 211
四 期

合 34123
四 期

戈厚簋
商 代

王臣簋
周 中

魯伯盤
春 秋

厚氏簠
戰 國

六年令戈
戰 國

厚趠鼎
周 早

井人妄鐘
周 晚

令瓜君壺
戰 國

望山M2 簡
戰 國

郭店緇衣
戰 國

郭店成之
戰 國

郭店語一
戰 國

郭店語三
戰 國

上博詩論
戰 國

上博彭祖
戰 國

郭店緇衣
戰 國

郭店老甲
戰 國

郭店老甲
戰 國

郭店語一
戰 國

上博曹沫
戰 國

上博緇衣
戰 國

青川牘
戰 國

厞	厜	厳	厲	⿸厂辰	厤
	邢令戈 戰國	不嬰簋 周晚 士父鐘 周晚 兮甲盤 周晚	五祀衛鼎 周中 散伯簋 周中 散伯簋 周中 東姬匜 春秋	夨方鼎 周早 令簋 周早	毛公鼎 周晚
包山 045 戰國		郭店語二 戰國 璽彙 2881 戰國 郭店語二 戰國	雲夢封詮 戰國		

大

粹 172 林 1.2.10
一期 五期

粹 112 周甲 50
四期 先周

小臣缶鼎 散盤 南疆鉦 太后鼎 乘馬戈
商代 周晚 春秋 戰國 戰國

大祝禽鼎 大戈 越王大子矛 鄂君舟節 中山王鼎
周早 春秋 戰國 戰國 戰國

玉魚刻文 陶三 95 曾侯墓簡 包山 157 璽彙 0022
商代 戰國 戰國 戰國 戰國

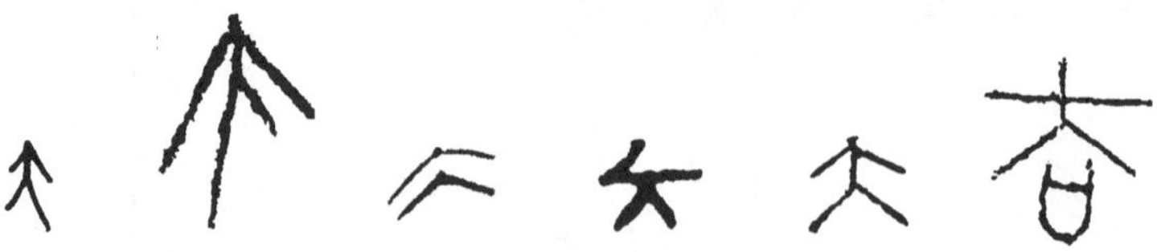

太保玉戈 陶六 219 望山M2簡 青川牘 璽彙 0222 貨系 2505
周早 戰國 戰國 戰國 戰國 戰國

亢

佚 954
一期

乙 6819
一期

亢鼎
周早

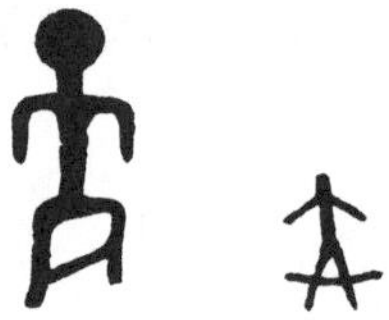

亢爵 盠方彝
商代 周中

雲夢日乙
戰國

雲夢日乙
戰國

天

乙 6390 一期 | 合 17985 一期 | 拾 5.14 四期 | 周甲 24 周早

乙 6858 一期 | 合 20975 一期 | 甲 3690 五期

天禾父乙簋 商代 | 天鼎 商代 | 天亡簋 周早 | 頌鼎 周中 | 秦公簋 春秋 | 中山侯鉞 戰國

天犯戈 商代 | 天册父己觚 商代 | 井侯簋 周早 | 無㠱簋 周晚 | 吴王光鐘 春秋 | 中山王鼎 戰國

秦公石磬 春秋 | 信陽楚簡 戰國 | 包山 215 戰國 | 郭店唐虞 戰國 | 幣編 25 戰國 | 行气玉銘 戰國

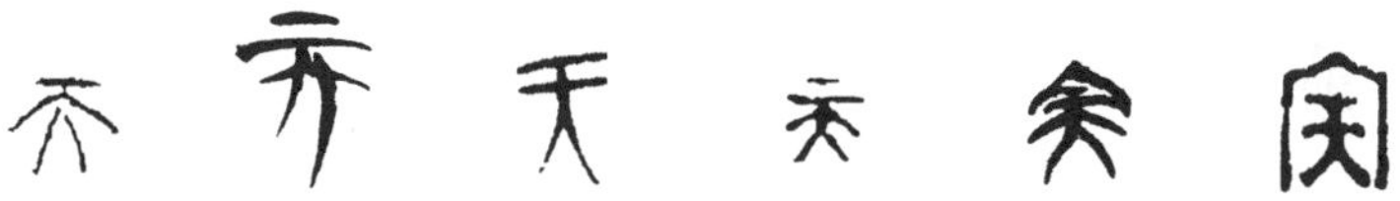

陶五 384 戰國 | 包山 213 戰國 | 郭店語一 戰國 | 璽彙 5271 戰國 | 上博恒先 戰國 | 璽彙 5339 戰國

夾

河 674 二期

佚 792 二期

大盂鼎 周早

禹鼎 周晚

信陽楚簡 戰國 | 上博容成 戰國

上博周易 戰國 | 雲夢日甲 戰國

文

後下 14.13	乙 6820	粹 361
一期	一期	五期

京津 2837	甲 3940	周甲 1
一期	五期	先周

文馬鑾鈴	能匋尊	令簋	保卣	商卣	友簋	改盨	德克簋
商代	周早	周早	周早	周早	周中	周中	周晚

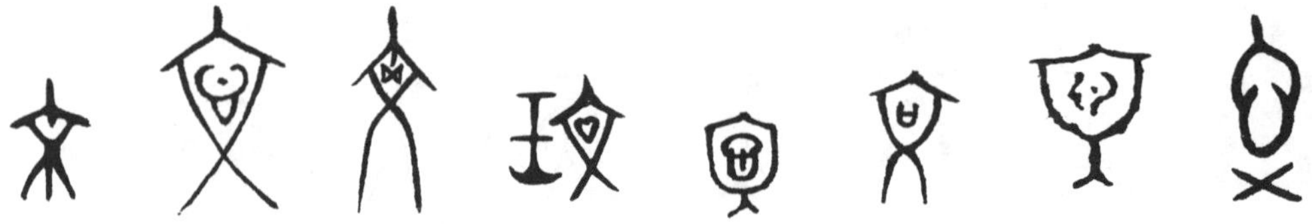

訇簋	旂鼎	啓尊	何尊	彧者鼎	旂父戊鼎	應侯爯盨	伯家父簋
周早	周早	周早	周早	周中	周中	周晚	周晚

文王卜璧	包山 097	上博詩論	璽彙 0364
周早	戰國	戰國	戰國

春録 9.1	中山玉器	璽彙 2479
戰國	戰國	戰國

	奎	夽	奄
師害簋 周晚 莒小子簋 周晚 王子午鼎 春秋 中山王壺 戰國 晉侯穌鐘 周晚 毛公鼎 周晚 曾侯乙鐘 戰國 蔡劍 戰國	永盂 周中 兆域圖 戰國 奎母盤 春秋		應公鼎 周早 應公鼎 周早
	璽印集粹 戰國 雲夢日甲 戰國	長沙帛書 戰國	雲夢秦律 戰國
	奎	夽	奄

夸	夾	夲	奚	契
合 4813 一期；粹 1027 三期；合 19117 一期			合 647 一期；合 9177 一期；合 6477 一期；合 19771 一期	
夸爵 商代；夸戈 周早；伯夸父盨 周中			奚卣 商代	杕氏壺 春秋
陶三 033 戰國；舂録 10.2 戰國；貨文 165 戰國；陶三 034 戰國；故宮 420 戰國；璽印集粹 戰國	石鼓車工 戰國；舂録 10.1 戰國	秦陶 1189 秦代		秦陶 487 戰國；雲夢日甲 戰國

夷	奰	奊	奢
 柳鼎 周中  鄦子賁夷鼎 春秋  鄜季白歸鼎 春秋	 奰尊 周早  奰尊 周早		 奢父乙簋 周早  奢虒匠 周晚  奢虒匠 周晚  鄦奓魯鼎 春秋
 曾侯墓簡 戰國  包山 065 戰國  侯馬盟書 戰國  温縣盟書 戰國  包山 028 戰國  璽彙 3901 戰國  侯馬盟書 戰國  温縣盟書 戰國		 鐵雲印續 戰國  雲夢日甲 戰國	 陶五 088 戰國  十鐘印舉 戰國
			  籒文

亦	矢	夭
菁 6.1 一期；粹 1000 三期；後下 18.1 一期	乙 5317 一期；合 1051 一期；合 1051 一期；戩 3.3.3 四期	合 17230 一期；合 27939 三期；甲 2810 三期
亦戈 商代；師𧮫鼎 周中；者汈鐘 戰國；者汈鐘 戰國；井姬鼎 周早；哀成叔鼎 春秋；者汈鐘 戰國	矢王尊 周早；矢丁當盧 周早；矢王鼎蓋 周中	卣 商代；亞毀爵 周早
孴録 10.1 戰國；上博民之 戰國；郭店太一 戰國；璽印集粹 戰國		

喬　　　　尪

合　5976
一　期

乙　8938
二　期

邵鐘	邵鐘	𠣑志鼎
春秋	春秋	戰國

喬夫人鼎	喬君鉦	中山王鼎
春秋	春秋	戰國

牆盤
周中

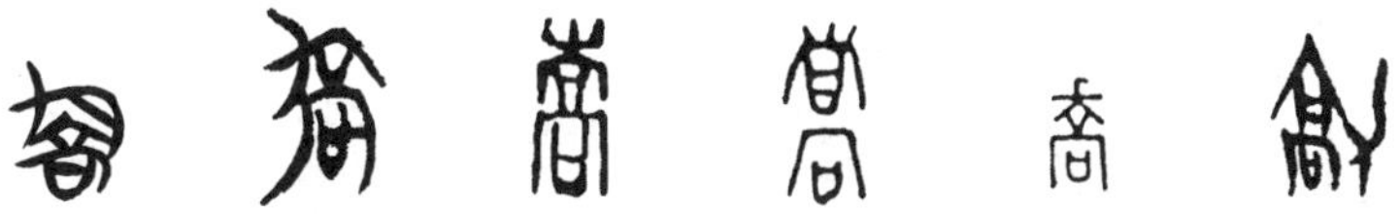

包山 128	上博彭祖	璽彙 1225	璽彙 1232	璽彙 1518	侯馬盟書
戰國	戰國	戰國	戰國	戰國	戰國

包山 265	璽彙 0246	璽彙 1227	璽彙 1240	侯馬盟書
戰國	戰國	戰國	戰國	戰國

古文

央

珠 838 一期　合 3010 一期　合 3019 一期

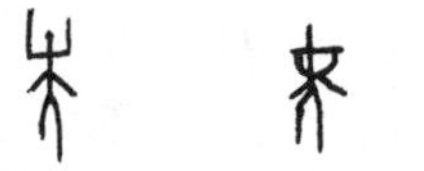

合 3013 一期　合 10172 一期

央簋 周早　央戈 戰國

虢季子白盤 周晚

陶徵 65 戰國　天星觀簡 戰國　上博彭祖 戰國

包山 201 戰國　天星觀簡 戰國　雲夢日乙 戰國

去

合 7966 一期　佚 217 三期

合 39572 一期

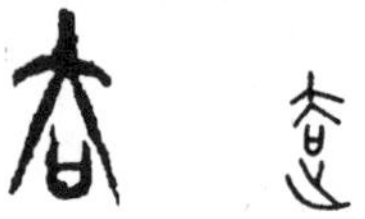

哀成叔鼎 春秋　胤嗣壺 戰國

中山王鼎 戰國

郭店老甲 戰國　故宮 423 戰國　故宮 423 戰國　璽彙 0857 戰國　璽彙 1433 戰國

郭店語一 戰國　郭店老乙 戰國　璽彙 0856 戰國　璽彙 1161 戰國　璽彙 3190 戰國

皋 黃

京津637 一期	粹 198 一期	合 3484 一期

前1.52.2 一期	前7.32.3 一期	甲 1647 二期

召尊 周早	萴簋 周中	元年師旋簋 周中	趙孟壺 春秋	叔單鼎 春秋	曾侯乙鐘 戰國

牆盤 周中	師艅簋 周中	殷簋 周中	哀成叔鼎 春秋	曾伯文簋 春秋	郾王職矛 戰國

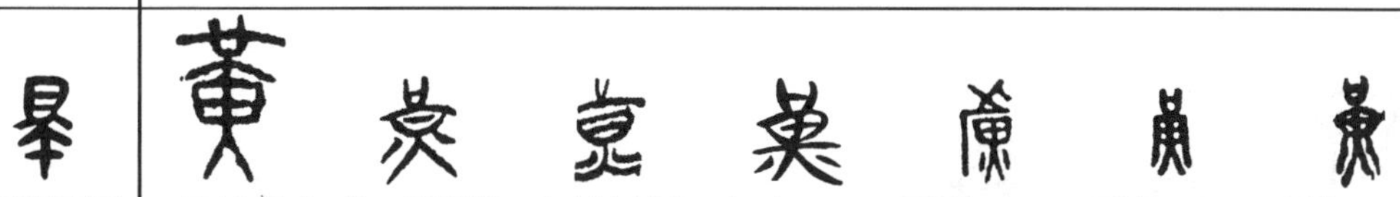

雲夢日甲 戰國	石鼓汧沔 戰國	仰天湖簡 戰國	上博詩論 戰國	包山 124 戰國	璽彙 0728 戰國	璽彙 1250 戰國	璽彙 1258 戰國

秦印彙編 秦代	信陽楚簡 戰國	望山M1簡 戰國	包山 033 戰國	包山 125 戰國	璽彙 0750 戰國	璽彙 1254 戰國	幣編 179 戰國

無　　耎

作册般甗 周早

毛公鼎 周晚

無叀鼎 周晚

無土鼎 春秋

鄀仲盤 春秋

䢵仲鬲 春秋

郪陵君豆 戰國

頌簋 周中

伊簋 周晚

䢵伯庸盤 春秋

鄦伯彪戈 春秋

番君鬲 春秋

曾侯乙鐘 戰國

魚顛匕 戰國

秦公石磬 春秋

曾侯墓簡 戰國

侯馬盟書 戰國

望山M1簡 戰國

包山 090 戰國

雲夢封診 戰國

交　爽　奭

交	爽	奭
合 20799 一期 掇 2.66 一期 甲 806 四期 簠·雜 127 一期 甲 961 三期		
交鼎鼎 商代 函交仲匜 周晚 交君匜 周晚	二祀邲其卣 商代 散盤 周晚 班簋 周中	呂不韋戈 戰國
包山 146 戰國 璽彙 0669 戰國 郭店性自 戰國 雲夢法律 戰國	璽印集粹 戰國 璽印集粹 戰國	鐵雲藏陶 戰國 郭店緇衣 戰國 璽彙 3656 戰國 上博緇衣 戰國 璽彙 2680 戰國 秦印彙編 秦代
		古文

女　　妞　嫁

女	妞	嫁
 合 679 一期　菁 7 一期　粹 120 四期  佚 807 一期　粹 381 三期　周甲 1 先周	 合 37485 五期	
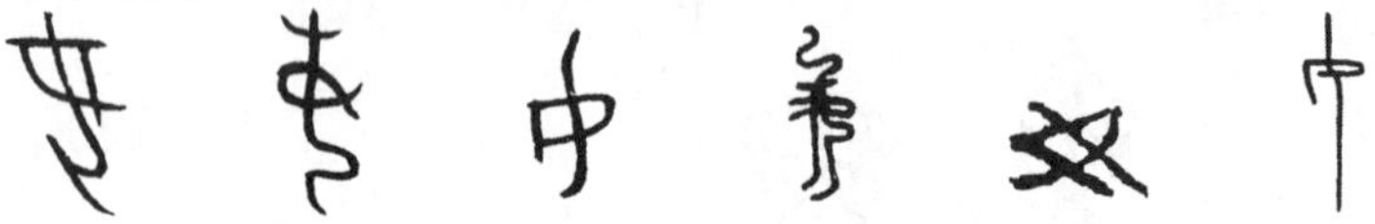 者女甗 商代　射女方鑑 商代　此簋 周晚　之利殘器 春秋　羕陵公戈 戰國　中山王鼎 戰國  女盉 商代　大盂鼎 周早　南疆鉦 春秋　者沪鐘 戰國　者沪鐘 戰國　者沪鐘 戰國	 上郡守疾戈 戰國	
 陶三 317 戰國　包山 122 戰國　璽彙 3171 戰國　温縣盟書 戰國  長沙帛書 戰國　包山 187 戰國　璽彙 3663 戰國		 雲夢日乙 戰國

姓	妾	姊
合 15220 一期 合 19142 一期 佚 445 一期 合 18052 一期 前 6.28.3 一期	合 629 一期 後上 6.3 三期 合 32166 四期 粹 1239 一期 合 32164 四期 扶風齊家 甲 周早	
小姓壺 周早 齊鎛 春秋 羅兒匜 春秋 或從人	克鼎 周晚 伊簋 周晚	季宮父匠 周晚
秦玉牘 戰國 燕下都陶 戰國 璽彙 2820 戰國 雲夢效律 戰國 璽彙 2793 戰國 璽彙 4103 戰國	包山 168 戰國 璽彙 5491 戰國 上博周易 戰國 侯馬盟書 戰國	上博内豐 戰國 十鐘印舉 戰國 璽彙 0331 戰國

姬

粹 386 三期 | 前 1.35.6 五期

合 34217 四期 | 續 1.25.2 五期

㠱季遽父卣	作姬簋	中伯盨	旂姬鬲	蔡大師鼎	吴王光鐘	吴王姬鼎	吴王光鐘
周早	周中	周晚	周晚	春秋	春秋	春秋	春秋

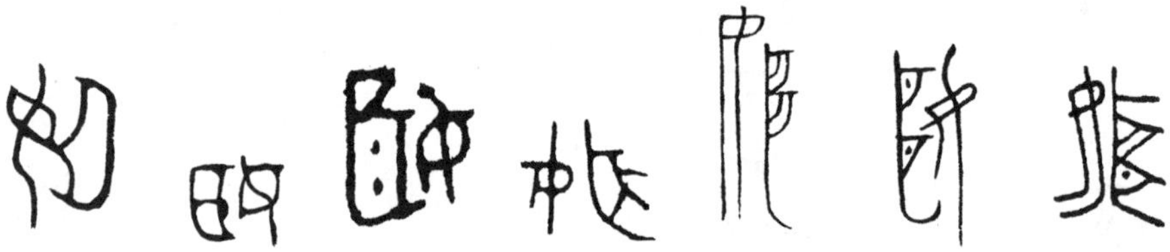

㢭伯甗	伯百父盤	侯氏簋	曹公盤	蔡侯申盤	禾簋	吴王光鑑
周中	周晚	周晚	春秋	春秋	春秋	春秋

包山 176
戰國

娾	㜳	𡤻	姜
集韵作媺同美	 合 32612 四期 同戚	 合 18048 一期  合 18049 一期	 河 303 一期  乙 3313 一期  乙 3130 一期  甲 182 一期
			 婦姜告鼎 商代  息伯卣 周早  從鼎 周中  己侯簋 周晚  令簋 周早  㪔氏車父壺 周中  伯狺父鬲 周中  鄦子匜 春秋
 郭店老甲 戰國  郭店老丙 戰國  郭店緇衣 戰國			 璽彙 1292 戰國  璽彙 3303 戰國  璽彙 1293 戰國

嬴

嬴季簋 周早

季嬴盤 周中

伯衛父盉 周中

榮有司爯鼎 周晚

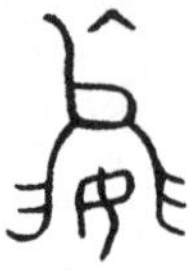
京叔盤 周晚

鑄叔匜 春秋

樊夫人鬲 春秋

孟嬴𩰫缶 春秋

嬴季卣 周早

季嬴霝德盉 周中

嬴霝德壺 周中

筍伯盨 周晚

楚嬴匜 周晚

鄦子匜 春秋

樊夫人壺 春秋

嬴芮君盆 春秋

⿰女棗	姚	婚	媎
姓從 氏女 同棗 曹聲			合 36751 五 期
邾友父鬲 春秋 伯匕鼎 春秋 杞伯敏亡鼎 春秋	姚鼎 周中 牧師父簋 周晚 旗叔樊鼎 周晚	𠧟伯簋 周中 殳季良父壺 周晚 克盨 周晚 毛公鼎 周晚	
	珍秦 69 戰國 璽印集粹 戰國 華夏考古 1990.4 戰國 珍秦 95 戰國 雲夢爲吏 戰國		
		籀文	

妻	婦
乙 1916 一期 合 22049 一期 合 39683 一期	燕 723 一期 乙 871 一期 京津 2027 一期 花東 331 一期
子𩵦君妻鼎 商代 農卣 周中 郤太子鼎 春秋 冉父丁方罍 周早 叔皮父簋 周晚	婦聿卣 商代 婦觥 商代 商婦甗 商代 義伯簋 周中 晉公𥂴 春秋 舟册婦鼎 商代 婦簋 商代 令簋 周早 邛君婦龢壺 春秋
包山 091 戰國 郭店語一 戰國 郭店六德 戰國 雲夢秦律 戰國	包山 168 戰國 郭店成之 戰國 上博詩論 戰國 包山 175 戰國 郭店語四 戰國 雲夢日乙 戰國
古文	

嬯	婄	[illegible]	妹	嬛
			 合 2605 乙 1750 合 38214 一 期 一 期 五 期  合 20348 合 23673 合 38217 一 期 二 期 五 期	
	 改婄簋 春 秋		 大盂鼎 宜桐盂 宋公緣匠 周 早 周 中 春 秋  沈子它簋 鄭伯受匠 西替匠 周 早 春 秋 戰 國	
 秦印彙編 秦 代		 秦印彙編 秦 代	 上博内豊 戰 國	 曾侯墓簡 新蔡楚簡 戰 國 戰 國  新蔡楚簡 璽彙 1004 戰 國 戰 國

母	嫢
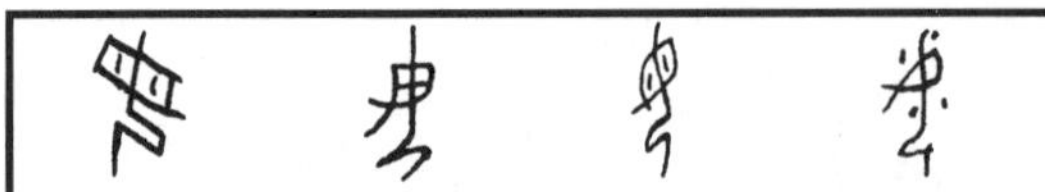 合 924 一期 前 1.29.5 一期 佚 767 四期 合 32754 四期  菁 4.1 一期 合 27604 三期 佚 383 四期 周甲 95 周早	
 光觶 商代 小臣邑斝 商代 田告鼎 商代 陳侯鼎 春秋 禾簋 春秋 新郪虎符 戰國 鄦侯𣪘簋 戰國 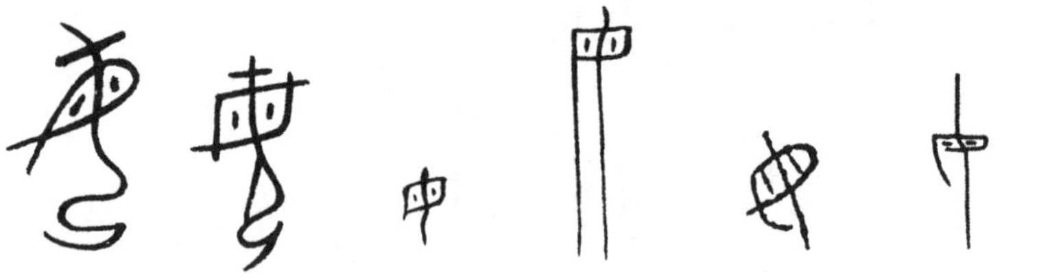 小子母己卣 商代 母戊觶 商代 師旂鼎 周中 蔡侯申盤 春秋 鄂君車節 戰國 中山王鼎 戰國	
 包山 169 戰國 璽彙 0723 戰國 珍秦 76 戰國  上博民之 戰國 璽彙 1712 戰國	 十鐘印舉 戰國

妃　　妖　㚰　婺　如

妃		妖	㚰	婺	如
 前 4.24.1 一期  續 5.34.4 一期	 乙 453 一期	 京都 1830 二期	 花東 321 一期  花東 321 一期		 佚 108 一期
 亞矣妃盤 商代	 莒侯簋 春秋  陳侯午敦 戰國	 伯先父鬲 周中			
説甲文金從文己從，巳				 雲夢日乙 戰國	 石鼓鑾車 戰國  陶五 269 戰國  信陽楚簡 戰國  陶五 136 戰國  信陽楚簡 戰國  郭店緇衣 戰國

嫡	嫪	媵	嫞	嫛
 續6.10.4 一期  前2.3.3 五期			同祁氏名從女	
 嫡鉦 商代	 嫪鏞 戰國	 伯家父鬲 周晚  宋公䜌匿 春秋  陳侯簋 春秋  曩侯簋 周晚  匹君壺 春秋  干氏叔子盤 春秋  蔡侯申缶 春秋	 杜伯鬲 周晚  單叔鬲 周晚	
 秦陶492 秦代		 鐵雲藏印 戰國		 璽印集粹 戰國  秦印彙編 秦代

⿱如女	奴	妟
京津 1998 一期 乙 8711 一期 後下 34.4 一期 合 991 一期	粹 380 三期 補 10650 四期	續 5.20.7 一期 前 6.28.1 一期 花東 053 一期
	𣪘奴甗 周早 高奴權 戰國 上郡守戈 戰國 廿五年戈 戰國 弗奴父鼎 春秋 上郡守戈 戰國 咎奴令戈 戰國 高奴簋 戰國	者沪鐘 戰國 者沪鐘 戰國 者沪鐘 戰國
十鐘印舉 戰國	陶四 175 戰國 郭店老甲 戰國 璽彙 0094 戰國 陶六 195 戰國 包山 020 戰國 璽彙 0069 戰國 雲夢秦律 戰國 包山 122 戰國	
	古文	

姒	姑	妸
 乙 3729 一期  後下 36.6 三期		 簠·典 49 一期  甲 2785 三期  天 72 一期
 豖姒辛簋 商代  舌作姒丁爵 周早  莒侯簋 春秋  伽萬簋 周早  召仲鬲 周晚  陳侯午敦 戰國	 婦闋卣 商代  遲盨 周晚  姑發劍 春秋  庚贏卣 周中  復公子簋 周晚  昏同子句鑃 春秋	
	 長沙帛書 戰國  雨臺山簡 戰國  曾侯墓簡 戰國  雲夢雜抄 戰國	
  籀文		

始　姛　姒

始	姛	姒
	 合 36176 五　期  合 38729 五　期	
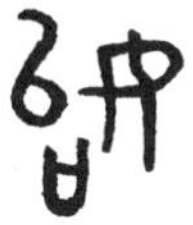 頌　鼎 周　中  仲師父鼎 周　晚  衛始簋 周　中	 者姛罍 商　代  瀕史鬲 周　早  龏姛鼎 商　代  寓　鼎 周　早	 乙未鼎 商　代  叔姛尊 周　早  叔　簋 周　早  弗奴父鼎 春　秋 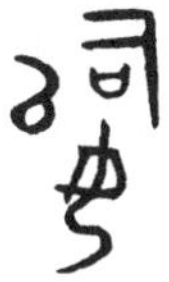 鬳姛簋 周　早  班　簋 周　中  叔向父簋 周　晚
 璽彙 0330 戰　國  雲夢日甲 戰　國		 璽彙 3599 戰　國

好	玫	嬠	媱
 鐵 181.3 一期　花東 063 一期  佚 527 一期　寧滬 1.491 一期			
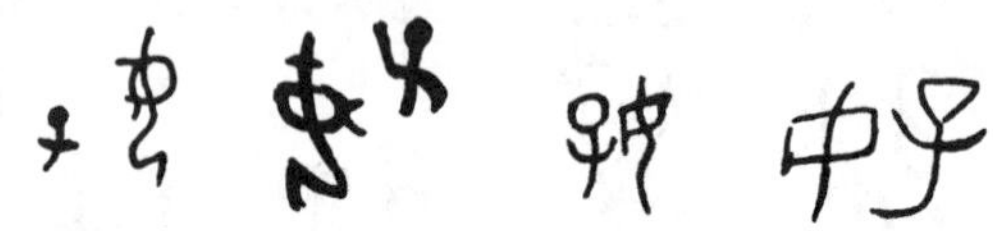 婦好甗 商代　婦好方彝 商代　𫹉伯簋 周中　郙太子鼎 春秋  婦好簋 商代　𧇬鐘 周中　鞄氏鐘 春秋　蔡侯申盤 春秋			
 石鼓車工 戰國　郭店老甲 戰國  郭店老甲 戰國　郭店語三 戰國	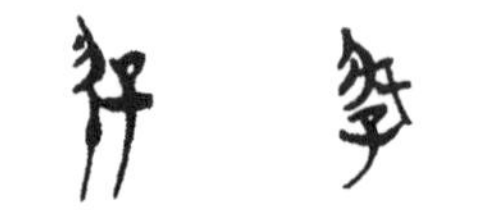 郭店語一 戰國　上博緇衣 戰國  郭店語二 戰國　璽彙 2840 戰國	 包山 174 戰國	 十鐘印舉 戰國

威	姫	妬	婢
合 21072 一期 英 1291 一期 續 4.27.8 一期	合 18034 一期 合 20815 一期	合 282 一期	寧滬 1.231 五期 京津 5080 五期
虢叔鐘 周中 叔向簋 周晚 王孫鐘 春秋 王孫誥甬鐘 春秋 邾公華鐘 春秋 虢叔鐘 周中 王子午鼎 春秋 蔡侯申盤 春秋 王孫誥鐘 春秋 配兒鈎鑃 春秋			
上博緇衣 戰國 雲夢爲吏 戰國		貨文 182 戰國 雲夢日乙 戰國	印風 207 秦代

婁	娃	娠
 前2.18.4 一期		 甲3737 一期
 是婁簋 周中  長陵盉 戰國  長子盉 戰國		
 望山M2簡 戰國  包山143 戰國  包山259 戰國  郭店語一 戰國  上博容成 戰國  雲夢日甲 戰國  包山005 戰國  包山187 戰國  郭店成之 戰國  郭店語二 戰國  璽彙3662 戰國  雲夢日乙 戰國	 璽彙2120 戰國	

妥

合 3180 一期　合 14069 一期　乙 8722 一期　粹 1240 一期

合 5299 一期　合 22147 一期　乙 8958 一期

妥鼎 商代　子妥鼎 商代　㾓簋 周中

子妥簋 商代　沈子它簋 周早　㾓鐘 周中　曾侯乙鐘 戰國

小臣妥琮 商代　璽彙 3044 戰國

望山M2簡 戰國

嬭

赤角匿 春秋　莒侯簋 春秋　郳子匿 春秋　王子申盂 戰國

曾孟嬭諫盆 春秋　鄀公匿 春秋　叔姬匿 春秋　楚王鐘 戰國

婡	婪	娶	孅	婧	㚸	妶	㛢
 合 13716 一 期  合 14017 一 期	 佚 707 一 期	 菁 7.1 一 期	 合 20003 一 期  合 22246 一 期		 乙 7009 一 期  乙 3184 一 期	 乙 162 一 期  掇 1.444 一 期	
						 妶父乙簋 周 早	 㛢 鼎 商 代
				 珍秦 55 戰 國			

媚	婿	媞	娭	⿰女監	⿰女曆
 合 811 一 期  合 14799 一 期  合 2897 一 期  花東 290 一 期				 京都 401 一 期	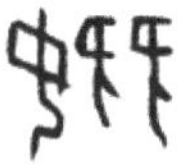 合 137 一 期
 子媚罍 商 代  子媚爵 商 代  子媚觚 商 代	 婦婿鼎 商 代  遷邟鐘 春 秋				
 印風 66 秦 代	 雲夢爲吏 戰 國	 陶徵 69 戰 國	 包山 066 戰 國		
	  或 體				

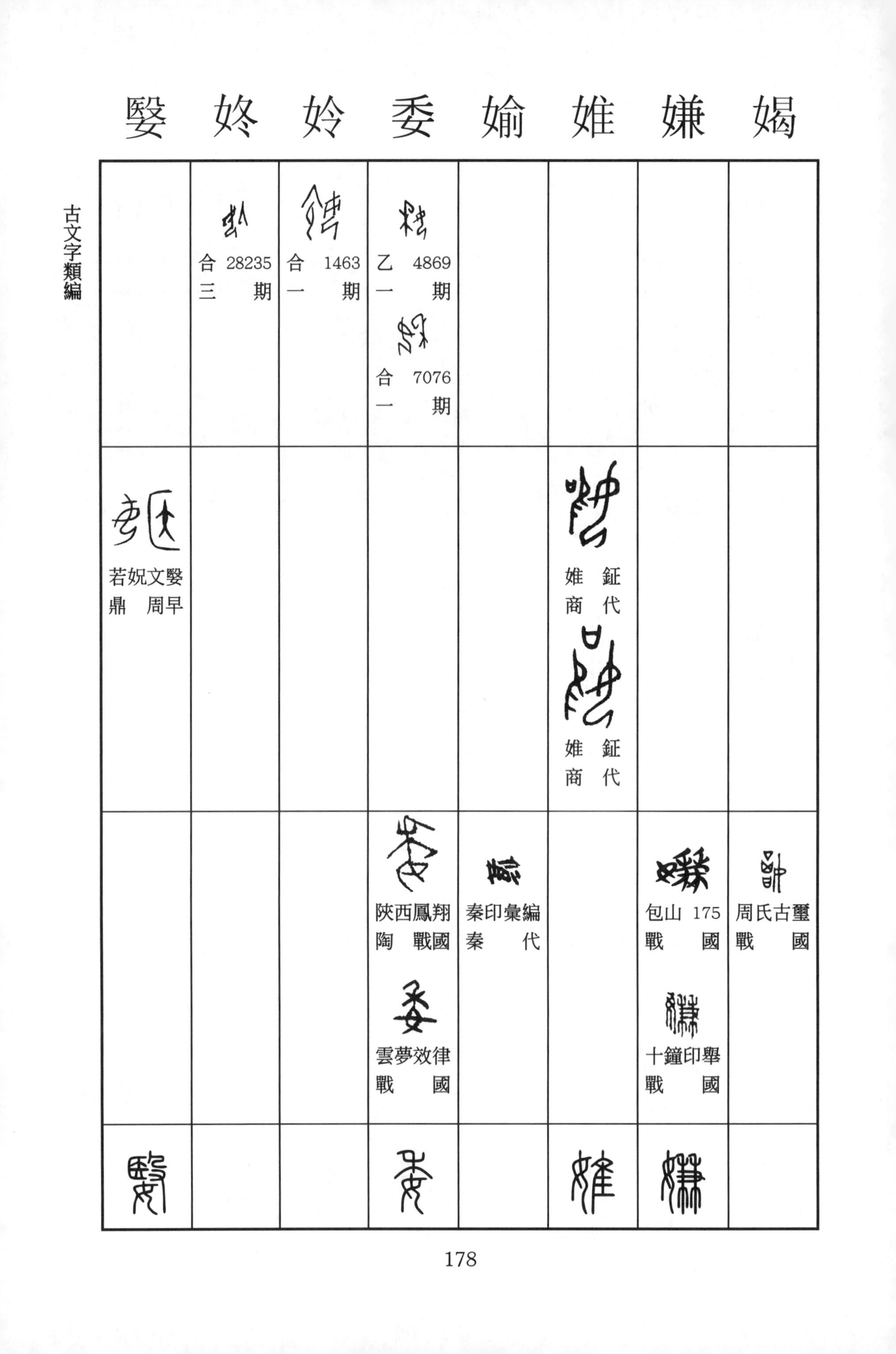

嫛	㚵	姈	委	婾	婎	嫌	𡡉
	合 28235 三期	合 1463 一期	乙 4869 一期 合 7076 一期				
若妃文嫛鼎 周早					婎鉦 商代 婎鉦 商代		
			陝西鳳翔陶 戰國 雲夢效律 戰國	秦印彙編 秦代		包山 175 戰國 十鐘印舉 戰國	周氏古璽 戰國

嬰	嬪	妝	姘
	 京津 145 一期  合 11439 一期  合 15175 一期  合 13890 一期  合 1540 一期	 合 5652 一期  花東 241 一期  合 18063 一期  花東 241 一期	 甲 3001 一期  鐵 75.1 一期
 嬰次盧 春秋  上郡守閒戈 戰國		 鄦子妝匿 春秋	
 陶五 125 戰國  分域 2874 戰國  包山 278 戰國		 郭店緇衣 戰國  璽彙 3756 戰國  上博緇衣 戰國	

娙 娊 㛮 娥

娙	娊	㛮	娥
	 合 22099 一期	 合 13758 一期	 乙 8896 一期  合 1677 一期  合 1821 一期  合 22246 一期  京津 1161 一期  合 1677 一期  合 14788 一期  合 22246 一期  京津 3111 一期
 包山 177 戰國			

⿰女樂	⿱雨要	⿰女褱	婌	婭	婸	妊
			 合 22301 一 期	 合 22301 一 期		 乙 1329 一 期  乙 5269 一 期
	 遣 盉 周 中	 季宫父簠 周 晚				 吹 鼎 周 中  冀妊甗 周 晚  穌洎妊鼎 周 晚
 陶五 512 戰 國			 郭店五行 戰 國		 天星觀簡 戰 國	 婦好墓磬 商 代

毋	姑	妘
 㺇方鼎 周中	 遣卣 周早  次卣 周中  遣叔盨 周晚  義伯簋 周中  靜簋 周中	 函皇父匜 周晚  輔伯鼎 周晚  周棘生簋 周晚  叔上匜 春秋
 望山M1簡 戰國  包山 245 戰國  璽彙 4887 戰國  包山 221 戰國  郭店緇衣 戰國  雲夢雜抄 戰國		
		  籀文

嫣	姪	姰	妟
	 合 18055 一期  前 4.26.5 一期  前 1.25.3 一期		
 剌觀鼎 周中  伯侯父盤 春秋  遷氏仲簠 春秋  䵣嫣壺 周中  陳侯簠 春秋	 王子姪鼎 春秋  穌甫人匜 春秋  齊縈姬盤 春秋  妊車軎 春秋  嫚妊壺 春秋	 祷䖒父鼎 周中	 毛公鼎 周晚
	汗簡作 		

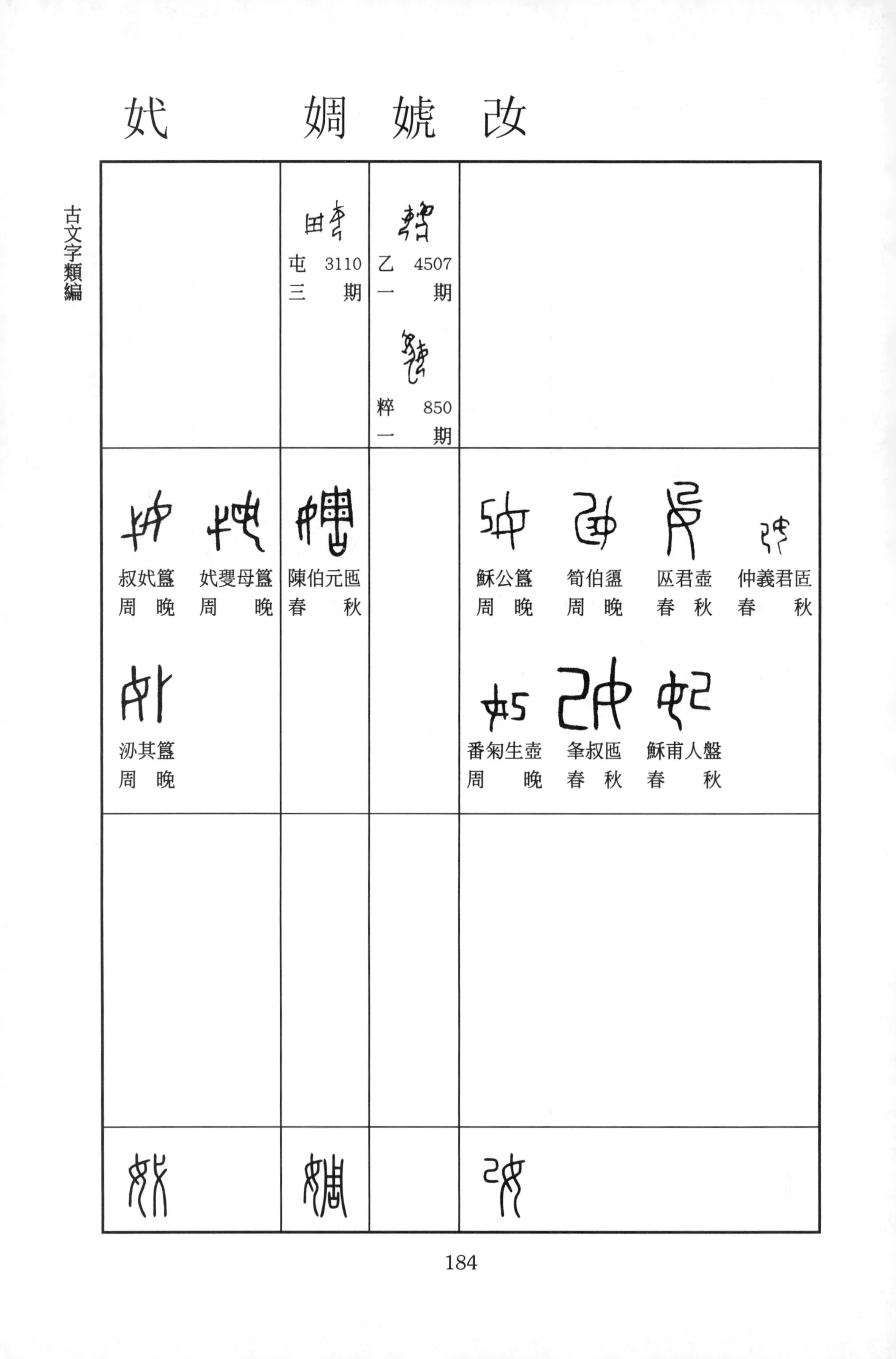

㚤	婤	媇	改
	屯 3110 三期	乙 4507 一期 粹 850 一期	
叔㚤簋 周晚 㚤嫛母簋 周晚 沙其簋 周晚	陳伯元匜 春秋		穌公簋 周晚 筍伯盨 周晚 匜君壺 春秋 仲義君匠 春秋 番匊生壺 周晚 夆叔匜 春秋 穌甫人盤 春秋

孌 毓

簋·遊 15 一期　後上 20.2 一期　合 14858 一期　前 2.24.8 二期　粹 237 四期　合 38243 五期　合 38245 五期

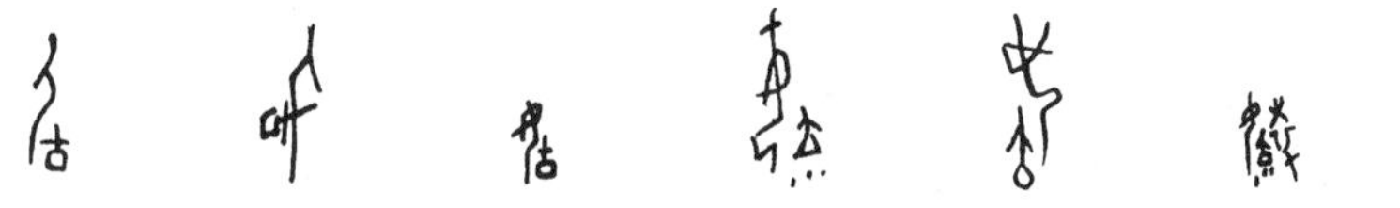

前 1.30.5 一期　合 14126 一期　合 22621 一期　合 30286 三期　粹 294 四期　合 38244 五期

又君或后用之作后

中伯盨 周晚

毓且丁卣 商代　牆盤 周中

中伯盨 周晚

吕仲爵 周早　班簋 周中

陶徵 194 戰國

或體

媅	婛	姃	嫀	⿰女桑		⿰女邕	嫂
	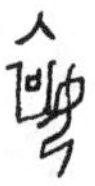 合 22099 一期	 合 2803 一期  鐵 72.1 一期	 乙 7312 一期  乙 7312 一期	 合 2781 一期  合 36830 五期	 合 36948 五期  合 36961 五期	 合 38245 五期	
 周棘生簋 周晚							 嫂簋 商代

媿	婞	娘	嫨	嫖
 花東 113 一期　花東 352 一期　乙 424 一期  花東 113 一期　合 14293 一期　乙 800 一期		 乙 972 一期		
 倗仲鼎 周中　復公子簋 周晚　媿之造戈 戰國  伯焂簋 周中　圜君盉 春秋	 叔向父簋 周晚  叔向父簋 周晚		 嫨仲簋 周晚 從系聲	 豦叔多父盤 周中　旛嫖簋 周晚  鴅姬簋 周晚

嫈	姿	㛅	婛	嫞	姎	娗	妨
		 前 3.24.4 一　期					 乙 7430 一　期
	 之利殘器 春　秋	 文父乙簋 商　代	 齊婛尊 商　代  齊婛爵 商　代	 魯伯者父 盤　春秋			
 印　典 戰　國					 香續 30 戰　國	 珍秦 150 戰　國	

姦	姼	[女缶]	奸	妐	妢	妦
	 乙 8794 一 期  合 22246 一 期	 存下 343 一 期  續 4.15.1 一 期				 合 21568 一 期
 户姦罍 商 代  長由盉 周 中  帚姦觶 商 代			 寰奸鼎 商 代		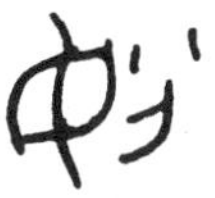 曩侯簋 周 晚	
 包山 183 戰 國			 雲夢法律 戰 國	 璽彙 0190 戰 國		

㚰	㜦	𡜊	婐	𡟰	㛞	𡜵
	 甲 3683 一 期		  後上 27.1 合 2778 一 期 一 期   合 2777 合 39667 一 期 一 期		 乙 8896 一 期	 乙 64 一 期
 包山 191 戰 國		 包山 066 戰 國	 秦印彙編 秦 代	 包山 181 戰 國		

嬉	妓	嬣	媓	⿰女求	娕	⿰女龏
 珠 371 一期	 乙 4465 一期  乙 496 一期	 粹 1238 一期  合 37563 五期			 合 2812 一期  佚 752 一期  拾 9.3 一期	 英 2271 三期
	 亞妓觚 商代  妓作乙公觚 周早	 伯疑父簋 周晚	 媓觚 商代	 伯蔡父簋 周中		 伯沕父簋 周晚  伯沕父簋 周晚
				 璽彙 2902 戰國		

尸	㞟	尺	尼
鐵 35.2 一期；粹 287 三期；乙 405 一期；粹 515 四期；甲金文讀作夷			
尸作父己卣 商代；靜簋 周中；兮甲盤 周晚；大盂鼎 周早；無𢦚簋 周晚；晉侯穌鐘 周晚	鄂君舟節 戰國；鄂君車節 戰國	兆域圖 戰國	
雲夢日甲 戰國	望山M1簡 戰國；包山 162 戰國；包山 012 戰國	青川櫝 戰國；雲夢法律 戰國	陶五 048 戰國；分域 2878 戰國；上博仲弓 戰國

居	𡰪	㞒	㞡	屇
不光劍 春秋；居簋 春秋；鄂君車節 戰國；之利殘器 春秋；上官豆 戰國	吴王光鑑 春秋；吴王光鑑 春秋			
陶四 056 戰國；包山 032 戰國；郭店老丙 戰國；璽彙 2210 戰國；望山M2簡 戰國；郭店性自 戰國；璽彙 3495 戰國；雲夢秦律 戰國		故宫 416 戰國	璽印集粹 戰國	璽印集粹 戰國
居				

屈

屍

赤角匜
春秋

長沙銅量
戰國

楚屈叔沱戈
戰國

郘篙鐘
戰國

包山 004
戰國

包山 223
戰國

郭店老甲
戰國

璽彙 3599
戰國

幣編 133
戰國

三晋 113
戰國

雲夢日甲
戰國

包山 121
戰國

包山 190
戰國

郭店老乙
戰國

幣編 133
戰國

幣編 133
戰國

雲夢日甲
戰國

上博周易
戰國

上博周易
戰國

屖　　凥

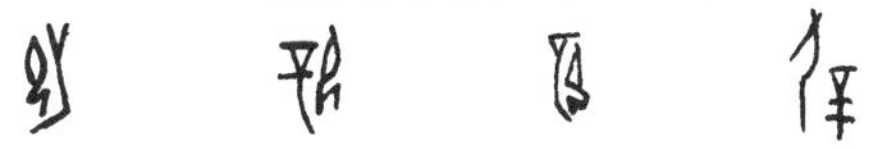

合 438 一期　合 5584 一期　合 19964 一期　屯 278 三期

合 438 一期　合 17356 一期　合 20820 一期　合 28086 三期

皿屖簋 商代　競簋 周中　都公鼎 春秋　王孫鐘 春秋

屖尊 周中　王子午鼎 春秋　王子午鼎 春秋　令瓜君壺 戰國　曾侯乙鐘 戰國

鄂君舟節 戰國

包山 007 戰國　包山 238 戰國　上博容成 戰國

包山 032 戰國　郭店老甲 戰國　上博周易 戰國

屒	屏	屬	尾
			 乙 4293 一 期
 大簋 周中  大鼎 周中		 少府矛 戰國  屬邦戈 戰國  咸陽矛 戰國  少府矛 戰國  呂不韋戈 戰國	 章子戈 春秋
	 十鐘印舉 戰國  雲夢日甲 戰國	 十鐘印舉 戰國  雲夢效律 戰國  雲夢秦律 戰國  雲夢秦律 戰國	 陶典 0752 戰國  曾侯墓簡 戰國  璽彙 3941 戰國  上博周易 戰國  凝清室印 戰國

屋	⿸尸少	⿸尸㐱	屨	屠
	存 1.177 一期 前 4.28.7 一期 存 2.166 一期			
	豆閉簋 周中 陳侯因齊敦 戰國 禹鼎 周晚	逆鐘 周晚 曾子⿸尸㐱⿷匚古 春秋		
望山M2簡 戰國 璽彙 3143 戰國 璽彙 0015 戰國 雲夢日乙 戰國		望山M2簡 戰國 包山 167 戰國 包山 059 戰國 上博周易 戰國	雲夢日甲 戰國	璽印集粹 戰國
古文				

子

英 1915 一期	英 1915 一期	合 32778 四期	前 7.2.3 一期	合 991 一期	佚 92 四期	粹 1472 五期

合 4882 一期	粹 410 三期		粹 201 一期	粹 1220 三期	合 33208 四期	周甲 170 周早

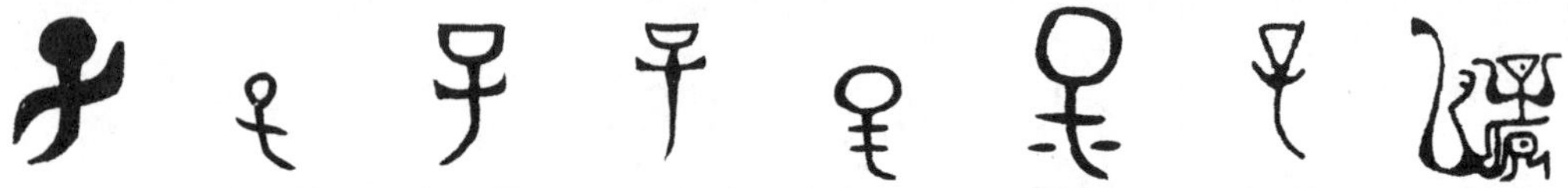

子爵 商代	邐簋 商代	令簋 周早	子之弄鳥 春秋	白者君鼎 春秋	番君鬲 春秋	臧孫鐘 春秋	句踐劍 春秋

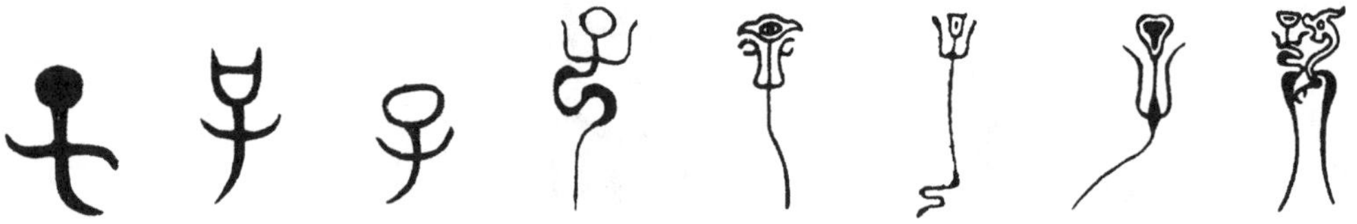

子妥鼎 商代	者姛罍 商代	格伯簋 周中	郘子匜 春秋	子賏戈 春秋	蔡公子頒戈 春秋	王子午鼎 春秋	王子玧戈 春秋

秦公石磬 春秋	中山玉器 戰國	長沙帛書 戰國	包山 012 戰國	璽彙 0233 戰國	璽彙 4877 戰國	干支牙籌 戰國

陶三 492 戰國	望山M1簡 戰國	曾侯墓簡 戰國	郭店語一 戰國	璽彙 1651 戰國	貨系 0127 戰國	貨系 1497 戰國	貨系 1548 戰國

	古文	籀文

孔

中山王鼎 戰國　中山侯鉞 戰國　小臣傳卣 周早　折觥 周中

蔡公子從劍 戰國　𡚱子劍 戰國　蔡公子從戈 戰國　利簋 周早　琱生簋 周晚

孔父丁鼎 周早　郳大宰𠥂 春秋　子孔戈 戰國

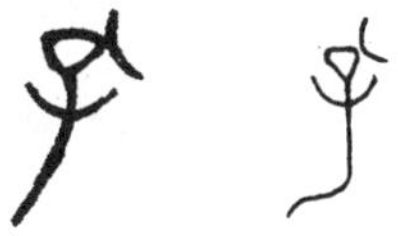

虢季子白盤 周晚　王孫誥鐘 春秋

石鼓汧沔 戰國　包山 123 戰國　璽彙 2721 戰國

包山 122 戰國　璽彙 0627 戰國　璽彙 2722 戰國

孑	孓	孽	孕	存
			 合 13713 一期  燕 601 一期  合 21071 一期  佚 586 四期	
	 孓父乙爵 周中	 亞孽父辛盉 商代  叩孽簋 周早  柭里瘟戈 戰國  亞孽父辛觶 商代  㝬鐘 周晚		
 璽彙 2999 戰國 璽文增疒	 璽彙 0468 戰國 璽文增疒	 郭店緇衣 戰國	 上博周易 戰國  雲夢日甲 戰國	 雲夢秦律 戰國
		  籀文		

字

字父己觶 商代　余義鐘 春秋　吳王光鑑 春秋

沕其簋 周晚　吳王光鑑 春秋　王子适匜 戰國

璽彙 5412 戰國

疑

疑觶 周早　伯疑父簋 周中

齊史疑觶 周早　商鞅方升 秦代

郭店成之 戰國　郭店語二 戰國　上博緇衣 戰國　十鐘印舉 戰國

郭店緇衣 戰國　上博緇衣 戰國　上博周易 戰國　雲夢效律 戰國

孤

孤竹罍 商代

孤竹觚 商代

新蔡楚簡 戰國

雲夢日乙 戰國

孖	孨	孴	㝅
 乙 1814 一期	 懷特 0845 一期		
		 亞害父丁卣 周早  叔孴父鼎 周晚  䖒孴妊簋 周晚	 㝅作鼎 周早  卯簋 周中  㝅父甗 周晚  襄安君鈚 戰國  應侯簋 周早  虢叔尊 周中  陳子匜 春秋  永用休涅壺 戰國
	 陶三 226 戰國	 江陵磚廠簡 戰國	 長沙帛書 戰國  包山 156 戰國  新蔡楚簡 戰國  雲夢日甲 戰國  包山 156 戰國  包山 166 戰國  珍秦 148 戰國
		  籀文	

孟

父乙孟觚
商代

孟簋
周中

陳子匜
春秋

無子臣
春秋

曹公盤
春秋

陳璋罍
戰國

卜孟簋
周早

禾簋
春秋

蔡侯申尊
春秋

趙孟壺
春秋

郜伯鼎
春秋

中山泡飾
戰國

陶三 435
戰國

璽彙 1345
戰國

璽彙 1352
戰國

璽彙 1356
戰國

璽彙 1359
戰國

雲夢日乙
戰國

上博容成
戰國

璽彙 1349
戰國

璽彙 1353
戰國

璽彙 1358
戰國

璽彙 1362
戰國

乳

合 22246
一期

雲夢日甲
戰國

孖

孖父辛鼎
周早

孖父己卣
周早

寸	寺	尃
		 甲 3130 一期  燕 43 一期  合 20065 一期  乙 811 一期  合 16217 一期  粹 1304 一期
	 吳王光鐘 春秋  吳王光鐘 春秋  曾侯乙鐘 戰國  吳王光鐘 春秋  邾公牼鐘 春秋  寺工戈 戰國	 叔尃父盨 周晚  吳王光鐘 戰國  尃秦匕 戰國  毛公鼎 周晚  禽忎鼎 戰國
 雲夢雜抄 戰國	 陶三 999 戰國  望山M1簡 戰國  侯馬盟書 戰國  陶五 249 戰國  望山M1簡 戰國  貨文 43 戰國	 秦公石磬 春秋  郭店殘簡 戰國  郭店五行 戰國  璽彙 0228 戰國  包山 176 戰國  郭店老甲 戰國  郭店語一 戰國  貨系 2469 戰國

射

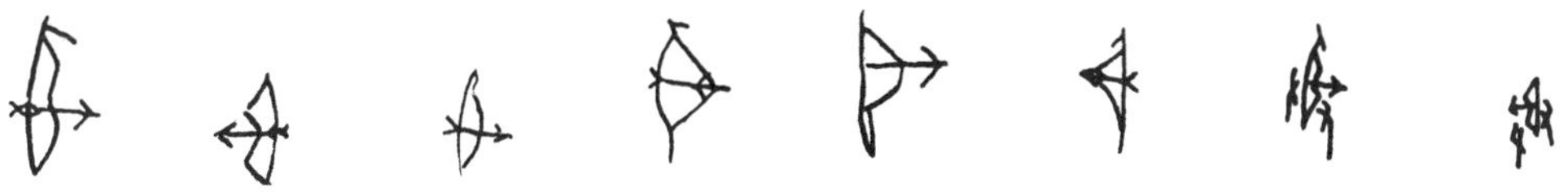

菁 7.1	合 698	合 5748	合 10320	英 2421	合 28318	花東 002	花東 037
一 期	一 期	一 期	一 期	一 期	三 期	一 期	一 期

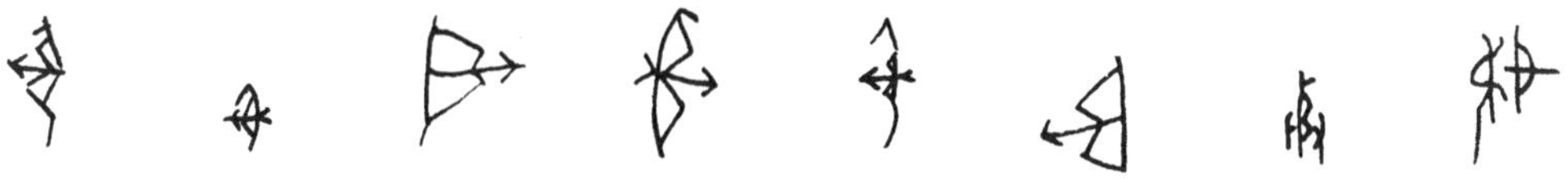

合 46	合 5733	合 5773	合 39837	屯 2539	粹 130	花東 005	寧滬 1.403
一 期	一 期	一 期	一 期	一 期	四 期	一 期	一 期

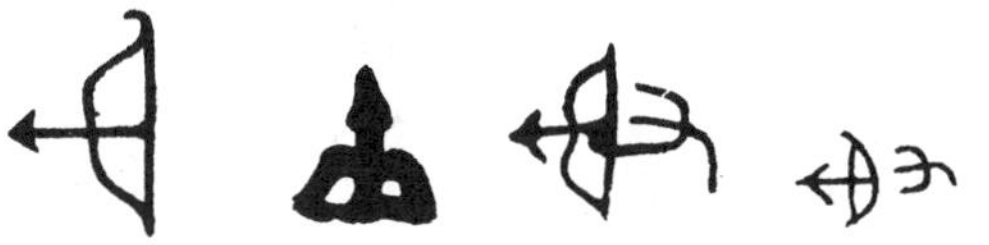

射 爵	獸射爵	訇 簋	鄧伯吉射盤
商 代	商 代	周 中	春秋

射女盤	令 鼎	射南匜	鄂君舟節
商 代	周 早	春 秋	戰 國

石鼓田車	包山 138	上博周易
戰 國	戰 國	戰 國

包山 038	郭店窮達	雲夢雜抄
戰 國	戰 國	戰 國

或 體

對

合 18755 前 4.36.4

一　　期 五　　期

佚　657

二　　期

曆鼎	令鼎	夔簋	亳鼎	同鼎	卯簋	趞簋	柞鐘
商代	周早	周中	周中	周中	周中	周中	周晚

大保簋	大保罍	彔伯簋	對簋	楷伯簋	大師虘簋	比簋	多友鼎
周早	周早	周中	周中	周中	周中	周晚	周晚

辱	尋	專	導
	 合 24609 二期  合 33230 四期  合 27804 三期	 合 3750 一期  合 18497 一期  合 13713 一期  鐵 216.3 四期	
	 鄩仲盤 春秋  遷邟鐘 春秋	 專簋 商代  專壺 商代  專鉦 商代  專鼎 商代	 師導簋 周中  廠鼎 周晚  散盤 周晚  曾伯𠤳 春秋
 包山 021 戰國  郭店老乙 戰國  郭店老甲 戰國  雲夢日甲 戰國			 石鼓乍原 戰國

爵	耐	將
 合 6589 一期　合 18570 一期　合 18573 一期　前 5.5.2 一期  合 14768 一期　合 18578 一期　合 22056 一期　花東 093 一期		
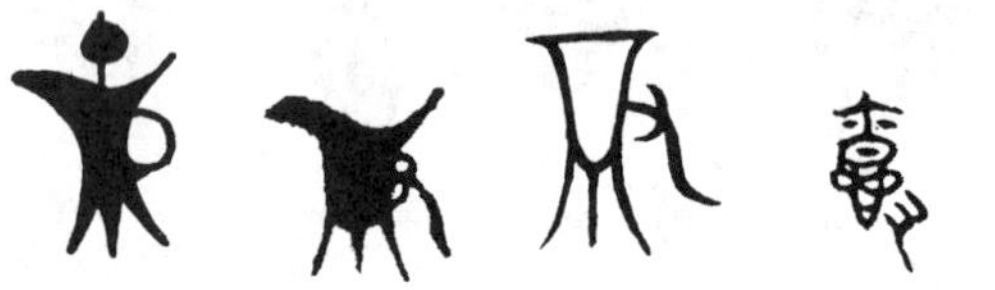 爵丏父癸觥 商代　爵父癸盉 商代　爵且丙尊 商代　伯公父勺 周晚  爵爵 商代　爵父癸壺 商代　史猷鼎 周早		 毛公鼎 周晚　虢季子白盤 周晚 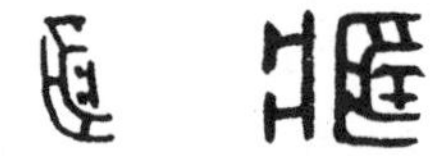 史叀鼎 周晚　輔伯雁父鼎 周晚
 雲夢雜抄 戰國　上博容成 戰國　簡又 書或 從從 竹少 雀從 聲斗 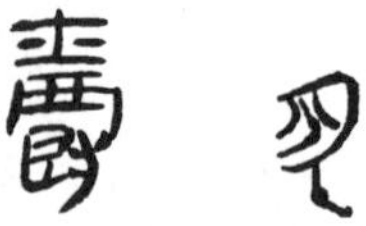 雲夢法律 戰國　上博緇衣 戰國	 雲夢雜抄 戰國	 秦玉牘 戰國  官印 0027 戰國
	　 或體	

廾　　共

廾	共
 後上 31.6 一　期  後下 33.3 四　期	 續 5.5.3 一　期
 廾　鼎 周　早  虒令鼎 戰　國  諫　簋 周　中	 父癸簋 商　代  禹　鼎 周　晚  父己卣 周　早  酓忎鼎 戰　國  酓前盤 戰　國
 璽彙 5419 戰　國	 録 5.44.6 戰　國  郭店五行 戰　國  璽彙 0749 戰　國  璽彙 1880 戰　國  璽彙 5137 戰　國  璽彙 5144 戰　國  包山 239 戰　國  上博緇衣 戰　國  璽彙 1741 戰　國  璽彙 5133 戰　國  璽彙 5138 戰　國  貨系 4046 戰　國
	  古　文

丞	承	奐	弈
 鐵 171.3 一期  乙 7377 一期  後下 30.12 一期			
 匽侯簋 周早  小臣謎簋 周早  莒陽斧 戰國  高奴權 戰國  上郡守戈 戰國  追丞卣 周早  令瓜嗣子壺 戰國  胤嗣壺 戰國  蜀守戈 戰國	 郜王劍 春秋	 奐父盨 周晚	
 陶五 398 戰國  包山 209 戰國  上博周易 戰國  十鐘印舉 戰國  包山 232 戰國  新蔡楚簡 戰國		 侯馬盟書 戰國  侯馬盟書 戰國	 簠齋印集 戰國

羼

昇 畀

伯公父匜
周晚

虞公劍
春秋

邕子甗
春秋

曾子斿鼎
春秋

中子化盤
春秋

吴王光鑑
春秋

吴王光鐘
春秋

夫差鑑
春秋

旨賞鐘
春秋

王子午鼎
春秋

陳逆簠
戰國

侯馬盟書
戰國

新蔡楚簡
戰國

幣編 99
戰國

雲夢爲吏
戰國

陶三 736
戰國

新蔡楚簡
戰國

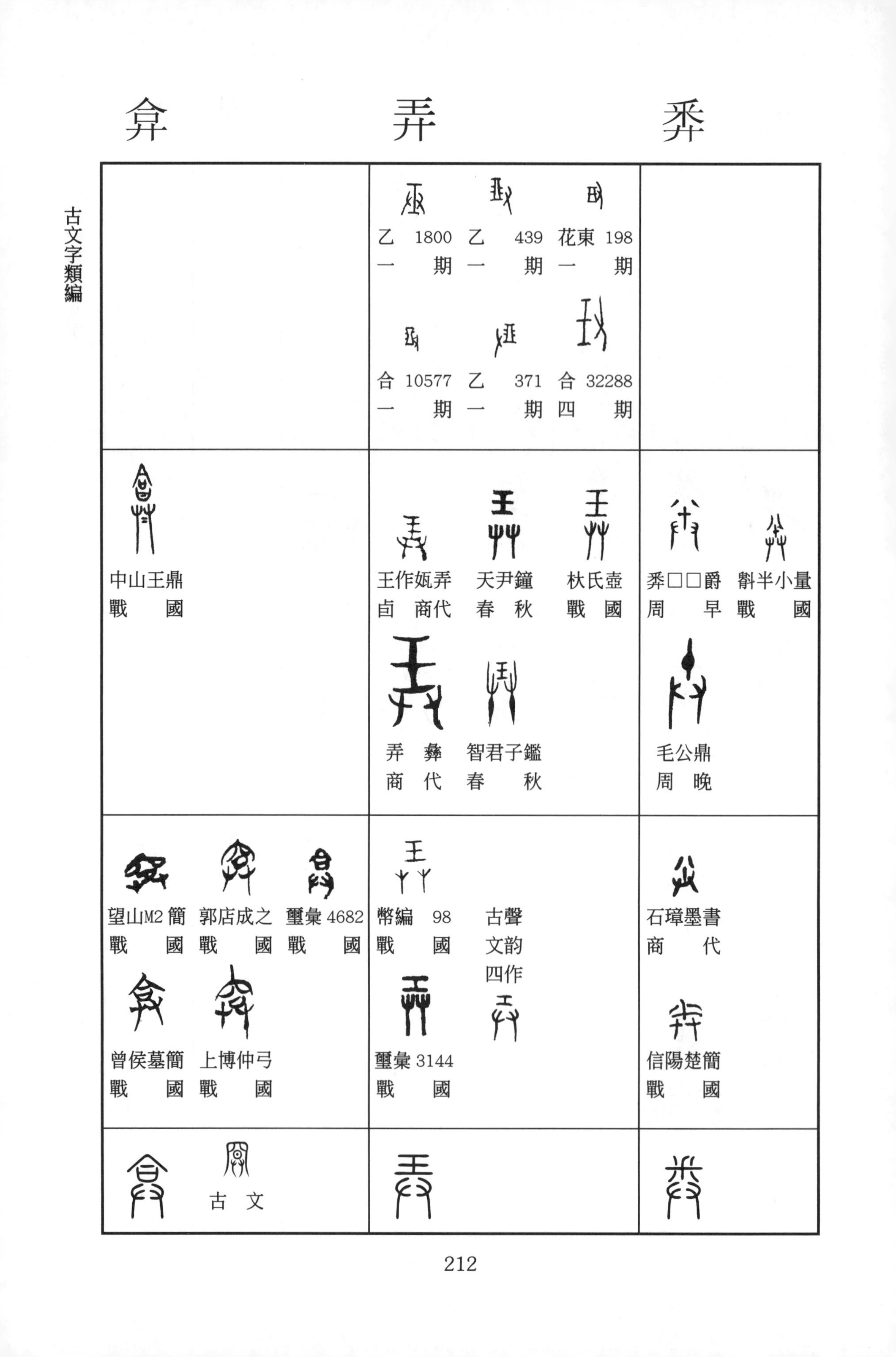

弇	弄	⿱乑廾
	乙 1800 一期 乙 439 一期 花東 198 一期 合 10577 一期 乙 371 一期 合 32288 四期	
中山王鼎 戰國	王作姛弄卣 商代 天尹鐘 春秋 杕氏壺 戰國 弄彝 商代 智君子鑑 春秋	⿱乑廾□□爵 周早 斠半小量 戰國 毛公鼎 周晚
望山M2簡 戰國 郭店成之 戰國 璽彙 4682 戰國 曾侯墓簡 戰國 上博仲弓 戰國	幣編 98 戰國 古聲文韵四作 璽彙 3144 戰國	石璋墨書 商代 信陽楚簡 戰國
古文		

戒

乙 657 一期	合 3814 一期	合 3186 一期	粹 1162 三期	掇 2.219 四期

合 20253 一期	合 3187 一期	花東 037 一期	甲 2874 四期

戒戈 商代	戒父癸觶 商代	戒父丁盉 商代	戒叔尊 周中	中山王壺 戰國

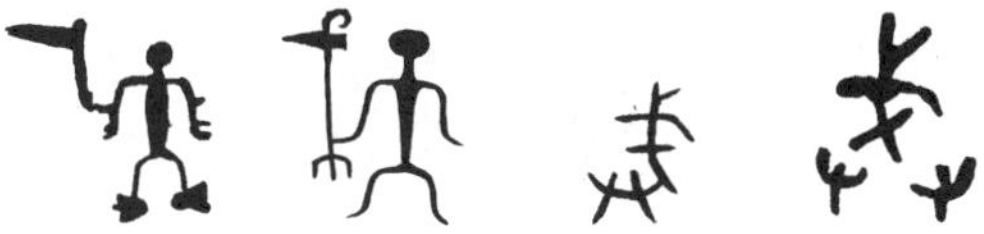

戒觚 商代	戒父辛甗 商代	戒鬲 周早	倏戒鼎 周晚

上博從政 戰國	璽彙 1238 戰國	璽彙 0163 戰國

上博周易 戰國	璽彙 5206 戰國	雲夢法律 戰國

具

甲 3365 一期	花東 006 一期	花東 333 一期

前 8.6.4 一期	花東 092 一期

具父乙鼎 商代	九年衛鼎 周中	㝬鐘 周晚

叔具鼎 周早	白具簋 周中	函皇父簋 周晚

石鼓而師 戰國	集證 149 戰國

郭店緇衣 戰國	雲夢法律 戰國

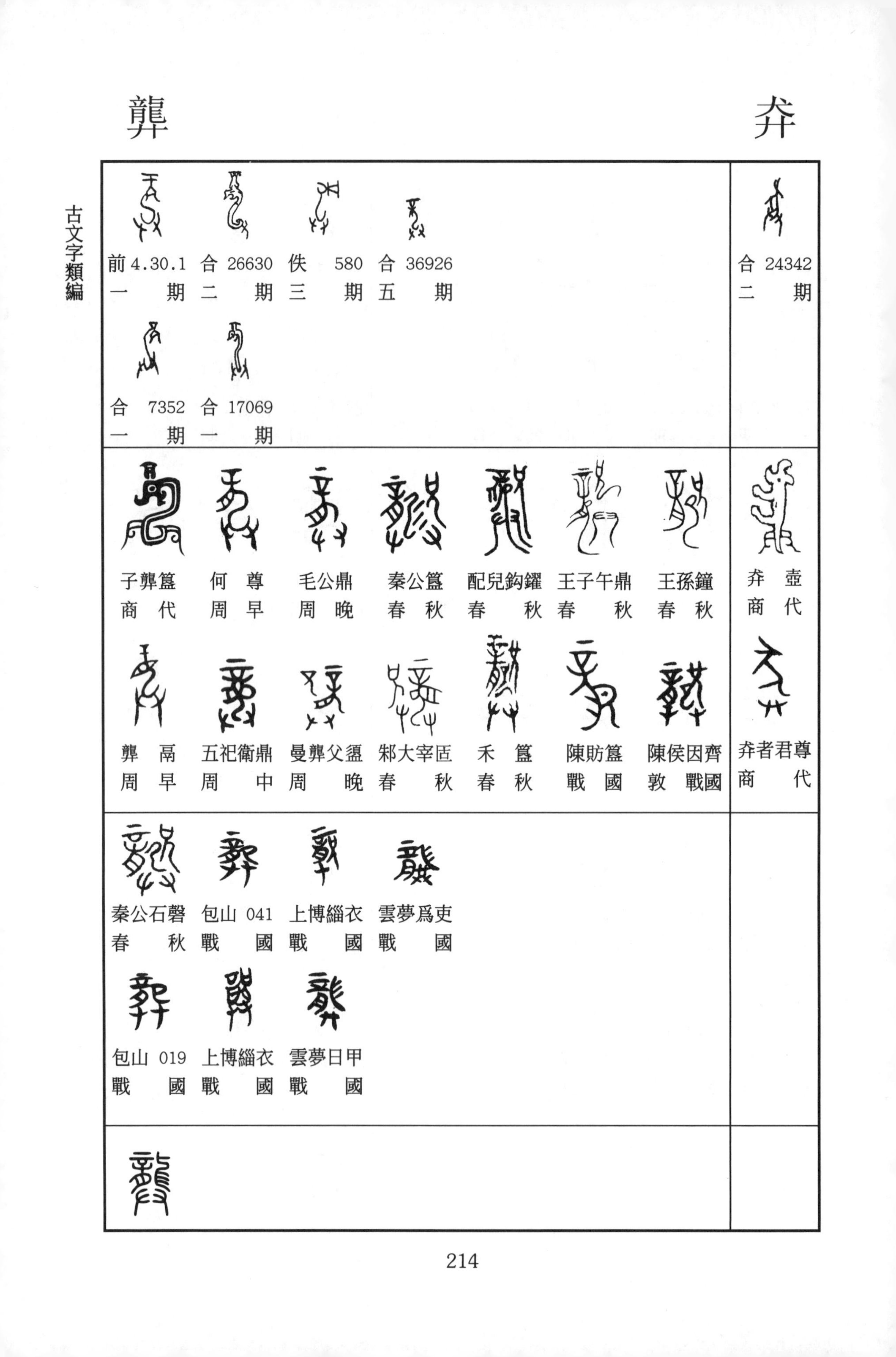

龏

前 4.30.1 一期	合 26630 二期	佚 580 三期	合 36926 五期			
合 7352 一期	合 17069 一期					
子龏簋 商代	何尊 周早	毛公鼎 周晚	秦公簋 春秋	配兒鉤鑃 春秋	王子午鼎 春秋	王孫鐘 春秋
龏鬲 周早	五祀衞鼎 周中	曼龏父盨 周晚	郲大宰匿 春秋	禾簋 春秋	陳肪簋 戰國	陳侯因齊敦 戰國
秦公石磬 春秋	包山 041 戰國	上博緇衣 戰國	雲夢爲吏 戰國			
包山 019 戰國	上博緇衣 戰國	雲夢日甲 戰國				

𢍏

合 24342 二期
𢍏壺 商代
𢍏者君尊 商代

樊	弅	奉
 旂叔樊鼎 周晚  樊君鼎 春秋  樊君盆 春秋  樊夫人匜 春秋  樊君鬲 春秋  樊夫人鬲 春秋  樊君盆 春秋	 子父弅鼎 商代	 散盤 周晚
 珍秦 118 戰國		 望山M2簡 戰國  上博子羔 戰國  幣編 117 戰國  郭店老乙 戰國  璽彙 0898 戰國  侯馬盟書 戰國

異

異

甲 394
一期

合 28400
三期

京津 3937
四期

合 32915
四期

乙 1493
一期

甲 1730
三期

合 31904
四期

大盂鼎
周早

呂鼎
周中

虢叔鐘
周早

石鼓鑾車
戰國

包山 052
戰國

包山 173
戰國

郭店語二
戰國

上博民之
戰國

璽彙 1584
戰國

包山 046
戰國

包山 114
戰國

郭店性自
戰國

郭店語三
戰國

上博性情
戰國

璽彙 3140
戰國

戩 37.11
三期

拾 3.5
四期

天星觀簡
戰國

璽彙 1905
戰國

璽彙 0437
戰國

兵	奏	[illegible]
 佚 729 一 期  後下 29.6 一 期	 戩 37.7 一 期  合 8196 一 期  合 14475 一 期  乙 6794 一 期  合 20398 一 期  合 26011 二 期	
 父兵庚爵 商 代  或 簋 周 中  郤譖尹鉦 春 秋  新郪虎符 戰 國  兵羊觶 周 早  庚 壺 春 秋  酓忎盤 戰 國	 作册般銅 黿 商代	
 包山 081 戰 國  郭店唐虞 戰 國  上博容成 戰 國  璽彙 4092 戰 國  包山 241 戰 國  天星觀簡 戰 國  上博曹沫 戰 國	 秦公石磬 春 秋  雲夢語書 戰 國	 郭店六德 戰 國
	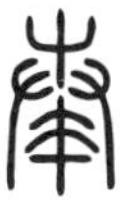	

第一編 古文字

尊

合 2100	合 6976	合 20070	合 17948	後上 27.10	粹 232	合 1291	花東 026
一 期	一 期	一 期	一 期	四 期	四 期	一 期	一 期

合 4059	京津 978	續 2.7.10	合 40738	合 33140	存 3.783	前 5.4.4	花東 026
一 期	一 期	一 期	一 期	四 期	四 期	一 期	一 期

子尊爵	立 鼎	召仲鬲	令瓜君壺	犨 卣	婁引觥	亞 盉	觑 尊
商 代	周 早	周 晚	戰 國	商 代	商 代	周 早	周 早

耳 卣	旁 鼎	商鞅方升	曾姬無卹壺	父丁尊	鄧公盉	盉 爵	白六鼎
周 早	周 中	戰 國	戰國	商 代	商 代	周 早	周 早

望山M2簡	郭店尊德	璽彙 1486	雲夢日甲	郭店唐虞	郭店語一	郭店五行
戰 國	戰 國	戰 國	戰 國	戰 國	戰 國	戰 國

郭店唐虞	郭店尊德	十鐘印舉		郭店語一	郭店五行	璽彙 1956
戰 國	戰 國	戰 國		戰 國	戰 國	戰 國

或 體

覍 弁

 合 23228 二期　前 5.4.5 二期　合 30919 三期  合 23572 二期　戩 26.3 三期　合 36528 五期	 乙 3028 一期  粹 1573 一期	 續 5.5.3 一期  合 13962 一期
 能匋尊 周早　或者鼎 周中　倗之尊缶 春秋  戒叔尊 周中　伯吉父簋 周晚　洜叔壺 春秋		 牧弁簋 周中  司馬成公權 戰國
	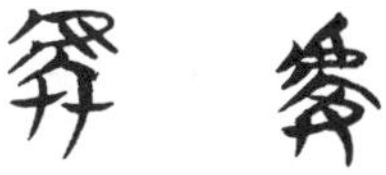 包山 128 戰國　包山 143 戰國  包山 141 戰國	 上博容成 戰國　侯馬盟書 戰國　秦封泥 秦代  侯馬盟書 戰國　侯馬盟書 戰國　秦封泥 秦代
		　 或體　 籀文

凵 凶 口 啉 告

凵	凶	口	啉	告
		甲 293 三期 佚 286 三期	合 18119 一期 合 23680 二期	合 183 一期 合 19824 一期 粹 4 四期 合 15839 一期 菁 1.1 一期 周甲 83 周早
凵父己爵 商代		戊寅鼎 商代 口父己卣 商代	西啉匠 戰國	告田鼎 商代 亞告簋 商代 中山王壺 戰國 陳子皮戈 戰國 父戊方彝 商代 毛公鼎 周晚 胤嗣壺 戰國
包山 271 戰國	上博周易 戰國 雲夢日乙 戰國	郭店忠信 戰國 璽彙 0118 戰國		望山M1簡 戰國 郭店緇衣 戰國 上博君老 戰國 包山 159 戰國 郭店窮達 戰國

吻　含　味

吻	含	味
	文讀作今器銘及簡	
	 中山王鼎 戰國	
 雲夢封診 戰國	 燕下都陶 戰國  包山 15 戰國  郭店語一 戰國  天星觀簡 戰國  江陵磚廠簡 戰國  信陽楚簡 戰國  包山 134 戰國  天星觀簡 戰國  江陵磚廠簡 戰國	 郭店老丙 戰國  雲夢日甲 戰國  上博容成 戰國

嗌　　　　囂

嗌

𪈨嗌卣	華季嗌盨
周　早	周　　晚

尸白簋
周　中

包山 083	郭店尊德	璽彙 1551	侯馬盟書
戰　國	戰　國	戰　國	戰　國

郭店太一	郭店唐虞	貨系 0472
戰　國	戰　國	戰　國

籀　文

囂

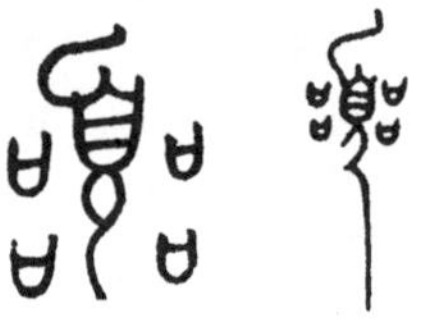

囂伯盤	中山王鼎
周　早	戰　　國

伯剌戈	長沙銅量
春　秋	戰　　國

曾侯墓簡	包山 007	璽彙 0164	璽彙 0318
戰　國	戰　國	戰　國	戰　國

包山 127	包山 010	璽彙 5435	包山 117
戰　國	戰　國	戰　國	戰　國

喘	喟	名	咠
		 甲 3488 一期  合 2190 一期  乙 3290 一期	
		 名觚 商代  南宮乎鐘 周晚  郝公華鐘 春秋  名爵 商代  吉日壬午劍 春秋  王孫名戟 戰國	
 璽彙 0444 戰國	 璽彙 1844 戰國	 陶三 089 戰國  包山 032 戰國  郭店緇衣 戰國  郭店語三 戰國  上博泊旱 戰國  包山 249 戰國  郭店語一 戰國  郭店成之 戰國  郭店老甲 戰國  故宮 421 戰國	 郭店魯穆 戰國

吾

周甲 111
周早

商尊 周早　攻敔王光劍 春秋　吾宜戈 戰國

毛公鼎 周晚　攻敔王光韓劍春秋　四年相邦戟 戰國

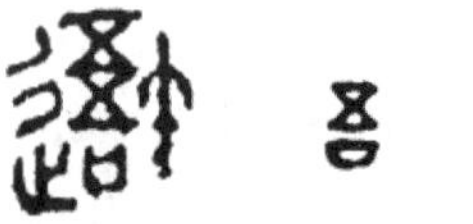

石鼓車工 戰國　璽彙 4010 戰國

包山 248 戰國

哀

沈子它簋 周早　哀成叔鼎 春秋　兆域圖 戰國

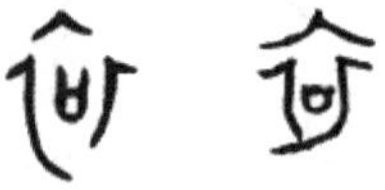

禹鼎 周晚　般殷鼎 春秋

曾侯墓簡 戰國　郭店語三 戰國　包山 111 戰國　郭店性自 戰國　上博建州 戰國

包山 145 戰國　上博性情 戰國　郭店語二 戰國　上博民之 戰國

哉	嘼
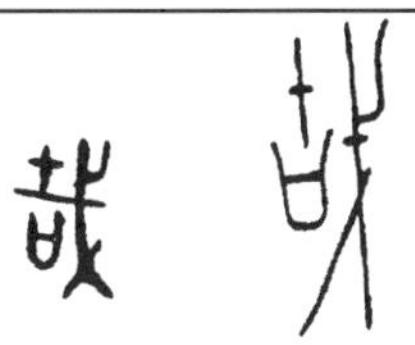 邾公華鐘 春秋　者汈鐘 戰國 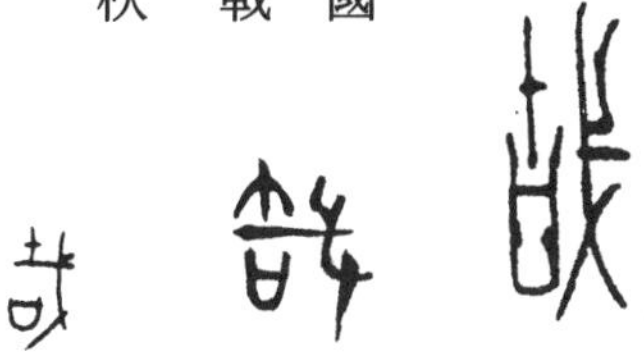 余剌之子鼎 春秋　郾侯簋 戰國　者汈鐘 戰國	 聑嘼簋 商代　小盂鼎 周早　嘼當盧 周早　袁𦤶父鼎 周中　邵鐘 春秋  王作王母鬲 周早　交鼎 周早　嘼宮盉 周中　師寰簋 周晚　令瓜君壺 戰國
 長沙帛書 戰國	 長沙帛書 戰國　郭店成之 戰國　曾侯墓簡 戰國  包山 168 戰國　曾侯墓簡 戰國

呻 同 司

呻	同	司
	合 20021 一期	合20276 一期；菁 2.1 一期；前2.14.3 五期；合 23713 一期；粹 430 四期
	訇簋 周中；同斧 戰國；晉公盞 春秋	商尊 周早；逋盂 周晚；胤嗣壺 戰國；鄂君車節 戰國；叔向父簋 周晚；庚都司馬鐓 戰國；九年鄭令矛 戰國
上博子羔 戰國 簡文讀吞	幣編 67 戰國	陶四 131 戰國；包山 128 戰國；曾侯墓簡 戰國；郭店語一 戰國；璽彙 5565 戰國；陶五 305 戰國；璽彙 3832 戰國；郭店性自 戰國；望山M2簡 戰國
	古文	

㕣　　　　舌

舌

合 916 一期

合 2202 一期

合 17696 一期

合 1730 一期

合 17410 一期

舌觚 商代

舌爵 商代

陶四 065 戰國

雲夢封診 戰國

㕣

越王勾踐劍 春秋

勾踐劍 春秋

勾踐劍 春秋

右貫府戈 戰國

長沙帛書 戰國

包山 146 戰國

包山 189 戰國

璽彙 3505 戰國

璽彙 4109 戰國

包山 038 戰國

包山 189 戰國

郭店窮達 戰國

璽彙 3860 戰國

君

⿰口卂

君

甲 3006
一 期

後下27.13
二 期

存 2.1507
二 期

後下 13.2
二 期

燕 28
二 期

小子省卣
商 代

矢方彝
周 早

𪒠君鉦
春 秋

番君鬲
春 秋

趙武襄君
鈹 戰國

成君夫人
鼎 戰國

小子省卣
商 代

樊君鬲
春 秋

哀成叔鼎
春 秋

仲義君鼎
春 秋

中山王鼎
戰 國

王 劍
戰 國

石鼓田車
戰 國

望山M1簡
戰 國

仰天湖簡
戰 國

璽彙 1721
戰 國

璽彙 4841
戰 國

侯馬盟書
戰 國

幣編 97
戰 國

中山玉器
戰 國

包山 027
戰 國

上博周易
戰 國

璽彙 4731
戰 國

貨系 4165
戰 國

幣編 97
戰 國

幣編 97
戰 國

⿰口卂

合 40728
一 期

合 40728
一 期

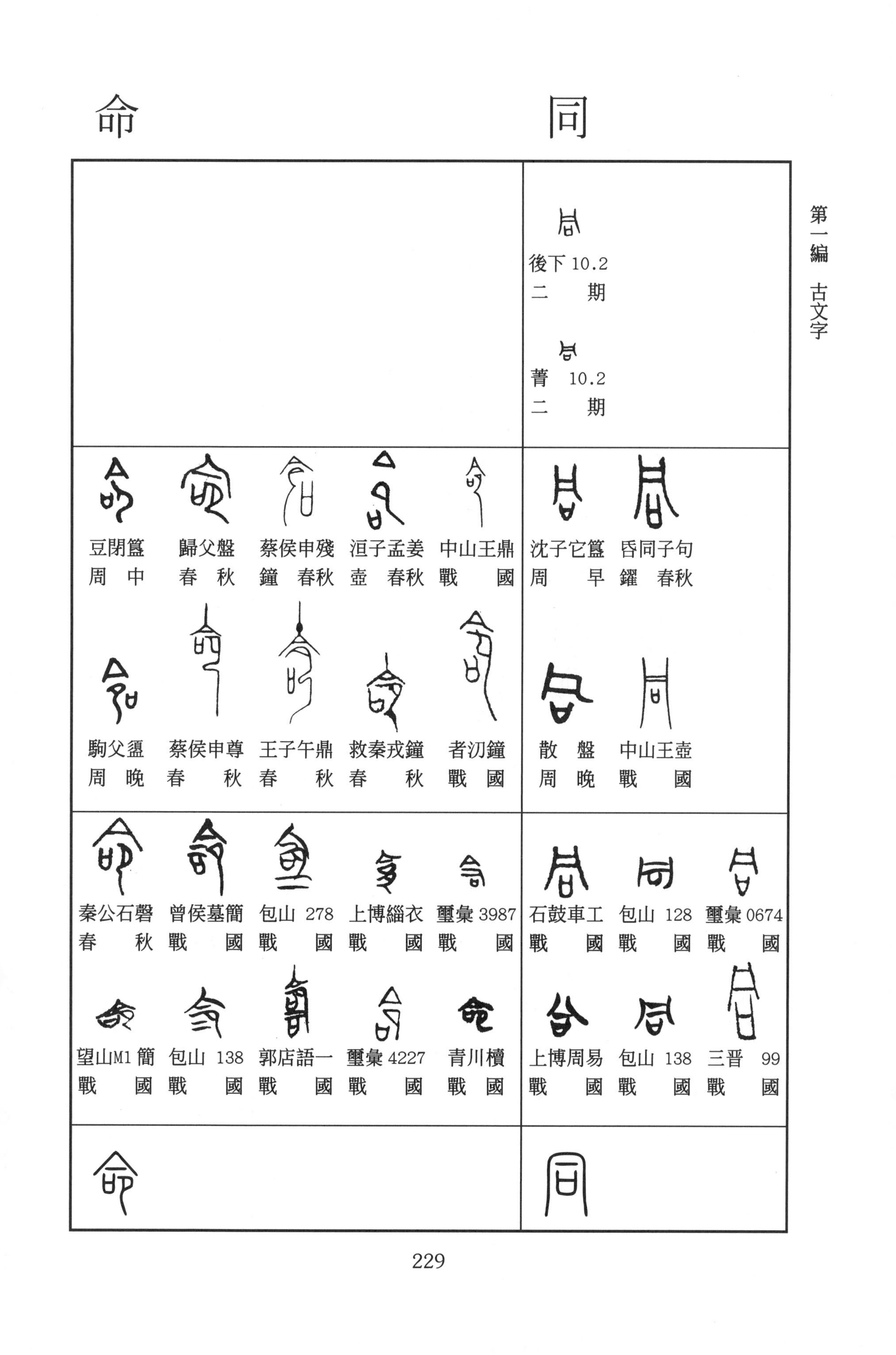

命 同

命

豆閉簋	周中
歸父盤	春秋
蔡侯申殘鐘	春秋
洹子孟姜壺	春秋
中山王鼎	戰國
駒父盨	周晚
蔡侯申尊	春秋
王子午鼎	春秋
救秦戎鐘	春秋
者沪鐘	戰國
秦公石磬	春秋
曾侯墓簡	戰國
包山 278	戰國
上博緇衣	戰國
璽彙 3987	戰國
望山M1簡	戰國
包山 138	戰國
郭店語一	戰國
璽彙 4227	戰國
青川櫝	戰國

同

後下 10.2	二期
菁 10.2	二期
沈子它簋	周早
昏同子句鑃	春秋
散盤	周晚
中山王壺	戰國
石鼓車工	戰國
包山 128	戰國
璽彙 0674	戰國
上博周易	戰國
包山 138	戰國
三晋 99	戰國

召　　　　嗚

召	嗚
 前4.36.2 一期  屯 2634 四期  續3.21.7 五期  合 36641 五期  前2.22.1 五期  合 36706 五期  合 36643 一期  粹 1125 四期  合 31012 五期  合 36646 五期  合 36662 五期  合 36736 五期	
 剌丏召觚 商代  憲鼎 周早  召卣 周早  大簋 周中  晉侯穌鐘 周晚  郙召匡 春秋  伯憲盉 周早  召尊 周早  穌爵 周早  禹鼎 周晚  召伯毛鬲 周晚  者減鐘 春秋	
 璽印集粹 戰國  雲夢封診 戰國	 璽彙 0404 戰國  璽彙 3063 戰國  璽彙 1976 戰國

音　　唯

音	唯
 屯 142 一 期   合 1956 合 8755 一 期 一 期	  京津 4860 合 27251 三 期 三 期   甲 1540 前 5.39.8 三 期 五 期
 亞音史鼎 周 早	      畬 卣 召 卣 楷侯壺 散 盤 蔡侯申鐘 公父宅匜 商 代 周 早 周 中 周 晚 春 秋 春 秋       旂 鼎 趞 簋 曾伯文簠 楚公逆鎛 㮚伯友鼎 州句劍 周 早 周 中 周 晚 周 晚 春 秋 戰 國
	      陶三 525 包山 091 郭店成之 郭店老甲 郭店緇衣 璽彙 0863 戰 國 戰 國 戰 國 戰 國 戰 國 戰 國       曾侯墓簡 郭店尊德 郭店成之 郭店老乙 上博詩論 璽印集粹 戰 國 戰 國 戰 國 戰 國 戰 國 戰 國
音	唯

咨　哴　問　咸

咨	哴	問	咸
		合 21490 一期 後下 9.10 一期	乙 1988 一期 粹 425 一期 佚 383 四期 後下 18.9 一期 甲 2907 四期 合 32164 四期
陳侯因𬀫戈 戰國	仲子平鐘 春秋 莒平鐘 春秋		咸父乙簋 商代 作册魖卣 周早 秦公鎛 春秋 徝方鼎 周早 貉子卣 周早 余剌之子鼎 春秋
		陶三 679 戰國 雲夢法律 戰國 璽彙 0558 戰國	陶一 0046 商代 陶五 156 戰國 上博緇衣 戰國 璽彙 5492 戰國 秦公石磬 春秋 郭店緇衣 戰國 璽彙 0182 戰國

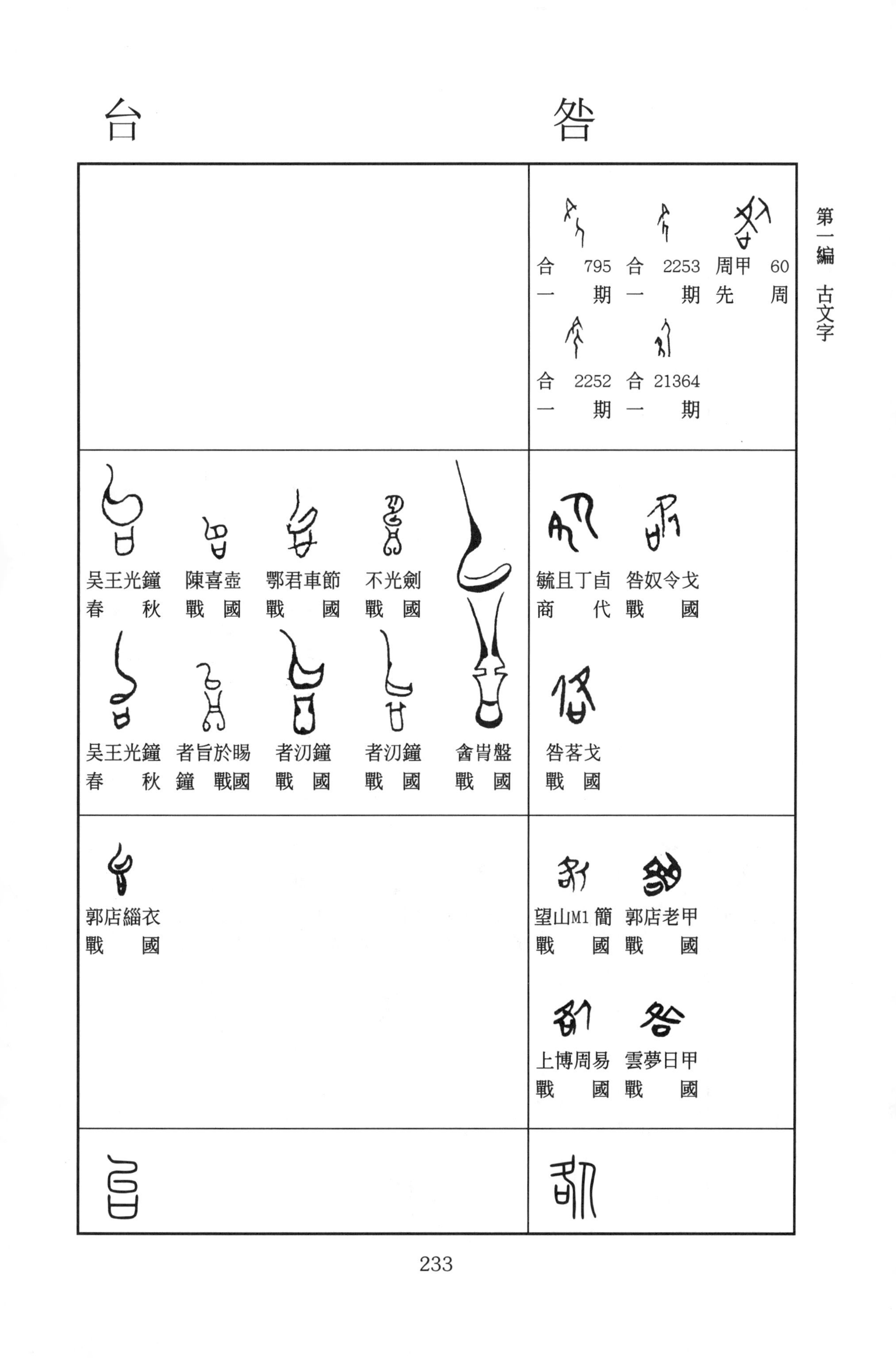

台　　　咎

台	咎
	合 795 一期 合 2253 一期 周甲 60 先周 合 2252 一期 合 21364 一期
吴王光鐘 春秋 陳喜壺 戰國 鄂君車節 戰國 不光劍 戰國 吴王光鐘 春秋 者旨於睗鐘 戰國 者汈鐘 戰國 者汈鐘 戰國 酓肯盤 戰國	毓且丁卣 商代 咎奴令戈 戰國 咎茖戈 戰國
郭店緇衣 戰國	望山M1簡 戰國 郭店老甲 戰國 上博周易 戰國 雲夢日甲 戰國

吸	只	呈	啻
			師酉簋 周中 鮮簋 周中 蔡侯申盤 春秋 陳侯因齊敦 戰國 師虎簋 周中 買簋 周晚 者沪鐘 戰國 者沪鐘 戰國
秦印彙編 秦代	上博周易 戰國	郭店老甲 戰國 璽彙 4523 戰國 璽彙 4517 戰國	望山M2簡 戰國 上博周易 戰國 璽彙 3199 戰國 包山 154 戰國 璽彙 3198 戰國 貨文 26 戰國

右	吂	噴
 粹 1113 一期 / 前1.20.1 五期 / 山西洪趙 西周  粹 1123 三期 / 周甲 4 先周		
 矢方彝 周早 / 元年師兑簋 周晚 / 吴王光鐘 春秋 / 中山王鼎 戰國 / 東庫盉 戰國  甫季鼎 周中 / 毛公鼎 周晚 / 吴王光鐘 春秋 / 趙武襄君鈹 戰國	 吂令戈 戰國  八年吂令戈 戰國	
 陶五 241 戰國 / 曾侯墓簡 戰國 / 曾侯墓簡 戰國 / 璽彙 0021 戰國 / 璽彙 0033 戰國 / 璽彙 0553 戰國 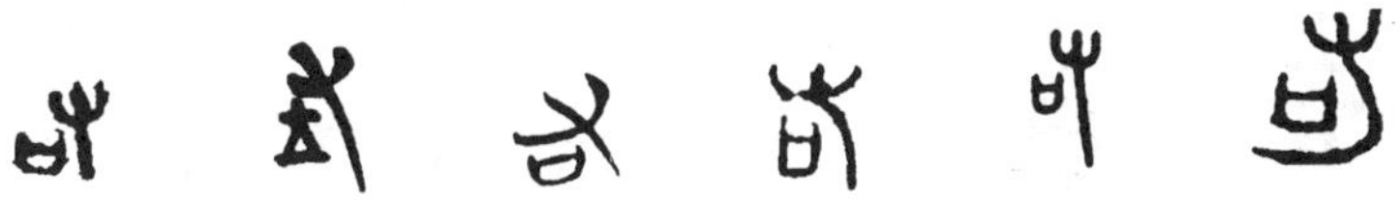 陶六 046 戰國 / 曾侯墓簡 戰國 / 包山 119 戰國 / 璽彙 0031 戰國 / 璽彙 2716 戰國 / 璽彙 0196 戰國		 璽印集粹 戰國

吉　　　　嘍　哆

鐵 159.1 一期　前 8.7.2 一期　前 5.16.1 二期　合 29496 三期　合 30528 三期

前 7.16.4 一期　前 5.16.1 二期　佚 48 三期　合 30528 三期　周甲 26 先周　周甲 48 周早

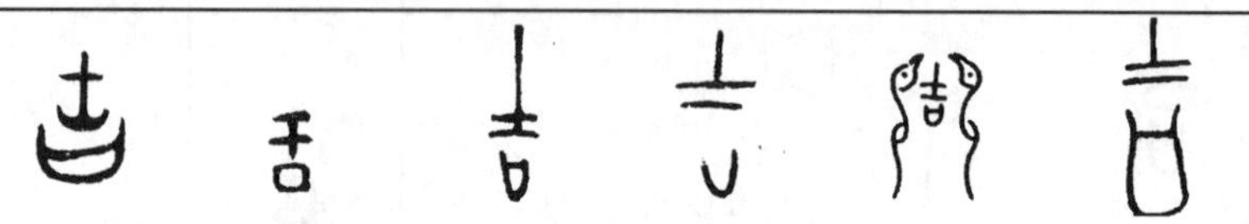

敔簋 周早　揚先伯簋 周晚　臧孫鐘 春秋　者旨剖盤 春秋　虘公劍 春秋　吴王光鑑 春秋

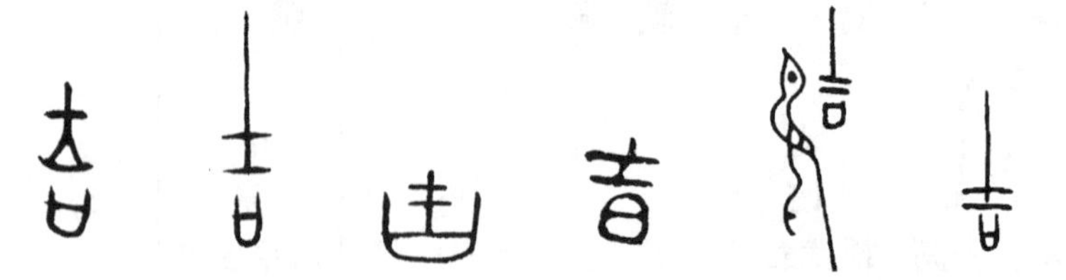

敷簋 周中　吉日壬午劍 春秋　中子化盤 春秋　考叔臣 春秋　玄翏夫吕戈 春秋　中山王壺 戰國

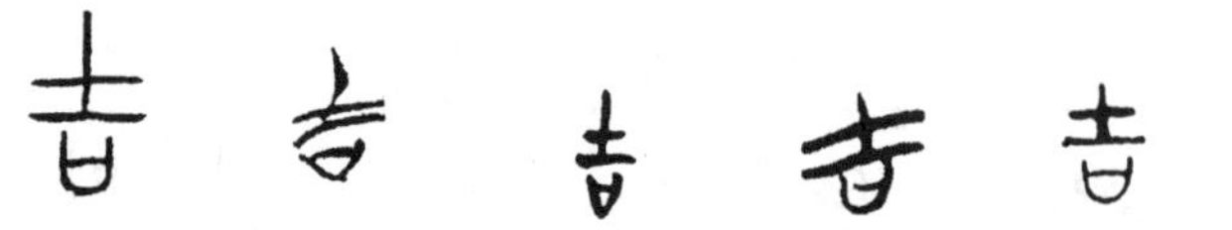

秦公石磬 春秋　望山M1簡 戰國　中山玉器 戰國　郭店老丙 戰國　璽彙 5054 戰國

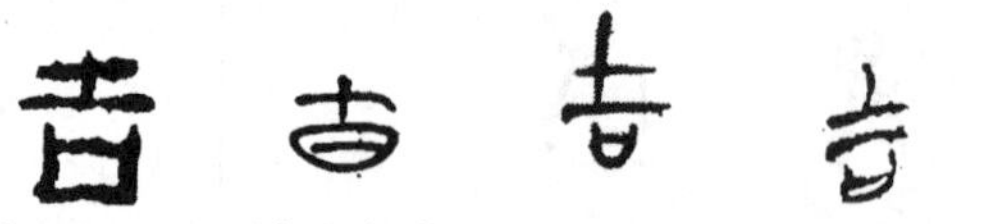

陶五 013 戰國　長沙帛書 戰國　中山玉器 戰國　九店楚簡 戰國

郭店忠信 戰國

秦印彙編 秦代

周	[illegible]	嘩	啾
前6.63.1 一期；合 4886 一期；前6.51.7 一期；合 8462 一期；周甲 84 周早；前6.63.2 一期；合 6657 一期；燕 641 一期；合 8455 一期			
堇鼎 周早；大盂鼎 周早；成周鈴 周早；格伯簋 周中；周旟戈 戰國；何尊 周早；作册魖卣 周早；徝方鼎 周早；晋侯穌鐘 周晚；左周弩牙 戰國			
陶五 384 戰國；望山M2簡 戰國；包山 126 戰國；郭店窮達 戰國；璽彙 1186 戰國；信陽楚簡 戰國；包山 065 戰國；包山 212 戰國；璽彙 0423 戰國；貨系 0161 戰國	郭店窮達 戰國	郭店語二 戰國；郭店語二 戰國	郭店窮達 戰國
周			

和	咥	后
 史孔盉 春秋  胤嗣壺 戰國  吴王光鐘 春秋  陳昉簋 戰國		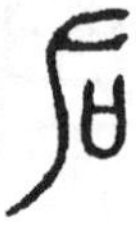 吴王光鑑 春秋  兆域圖 戰國
 曾侯墓漆書 戰國  郭店性自 戰國  郭店尊德 戰國  璽彙 4730 戰國  璽彙 0177 戰國  包山 269 戰國  郭店五行 戰國  璽彙 3179 戰國  璽彙 5107 戰國  弢庵藏印 戰國	 璽彙 3620 戰國	 陶四 142 戰國  璽彙 3990 戰國  郭店唐虞 戰國  璽彙 4091 戰國

唐	哃	吕	号	號
 林 1.11.17 一期  甲 1556 三期  前 4.29.6 一期  周甲 1 先周				
 唐子且乙爵 商代  三年鈹 戰國  宋公緣匿 春秋			 曾侯乙鐘 戰國  曾侯乙鐘 戰國	
 璽印集粹 戰國  璽彙 0147 戰國  三晋 127 戰國  三晋 127 戰國  璽彙 3142 戰國	 璽彙 1306 戰國	 郭店窮達 戰國  璽彙 0766 戰國  郭店成之 戰國  侯馬盟書 戰國		 雲夢法律 戰國
  古文				

第一編 古文字

吃	合	咼	吁
	菁 1 一期 合 14365 一期 佚 817 一期 合 18128 一期		
	琱生簋 周晚 長合鼎 戰國 秦公鎛 春秋 陳侯因齊敦 戰國		吴王光鑑 春秋 吴王光鐘 春秋 吴王光鐘 春秋 吴王光鑑 春秋 吴王光鐘 春秋 王子玖戈 春秋
陶三 1034 戰國	望山M2簡 戰國 郭店老甲 戰國 璽彙 3343 戰國 包山 083 戰國 郭店老甲 戰國 雲夢封診 戰國	璽彙 3009 戰國 雲夢日甲 戰國	長沙帛書 戰國 郭店語二 戰國 璽彙 5279 戰國 望山M2簡 戰國 璽彙 4019 戰國 璽彙 5280 戰國

嘵	咨	启	冏	局
	 佚 725 一期  合 25216 二期  後下 13.15 二期	 前 5.21.3 一期  乙 825 一期	 粹 146 三期  前 1.36.6 四期  合 31769 三期	
 璽印集粹 戰國	 季木藏陶 戰國  上博周易 戰國  雲夢日甲 戰國  長沙帛書 戰國  上博容成 戰國		 璽彙 2077 戰國	 雲夢爲吏 戰國

各	否	呋	响
 合 21021 一期  菁 4.1 一期  佚 665 三期  合 40346 一期  粹 1061 三期  前 5.24.4 三期		 摭續 133 三期	 後下 12.2 一期
 各爵 商代  宰椃角 商代  佴叔簋 周中  龍母尊 商代  寧簋 周早  無叀鼎 周晚	 否觚 周早  毛公鼎 周晚  中山王鼎 戰國  否叔卣 周早  晉公𥂴 春秋		
 石鼓田車 戰國  望山M1簡 戰國  郭店尊德 戰國  長沙帛書 戰國  望山M1簡 戰國  璽彙 3355 戰國	 上博魯旱 戰國	 璽彙 3785 戰國	

唬	啍	⿰口受	哦
 合 18312 一期		 合 28052 三期	 合 718 一期
 葡父癸角 商代  伯㦰簋 周中  善鼎 周中		 耳尊 周早	 哦簋 周早
 包山 163 戰國  郭店成之 戰國  郭店老丙 戰國  璽彙 1376 戰國  香續 9 戰國  郭店語一 戰國  郭店老甲 戰國  璽彙 0945 戰國  璽彙 3299 戰國	 侯馬盟書 戰國		 郭店忠信 戰國

咰	嗛	嚷	嘅	昱	呦
 京都 3135 一期  寧滬 1.473 四期  英 2413 四期					
		 欒子嚷豧匠 春秋			
	 秦印戰編 74		 陶五 157 戰國  上博恒先 戰國  陶五 325 戰國	 包山 048 戰國	 上博仲弓 戰國

吴

合 3029 一期	乙 7436 一期

前 4.29.4 一期

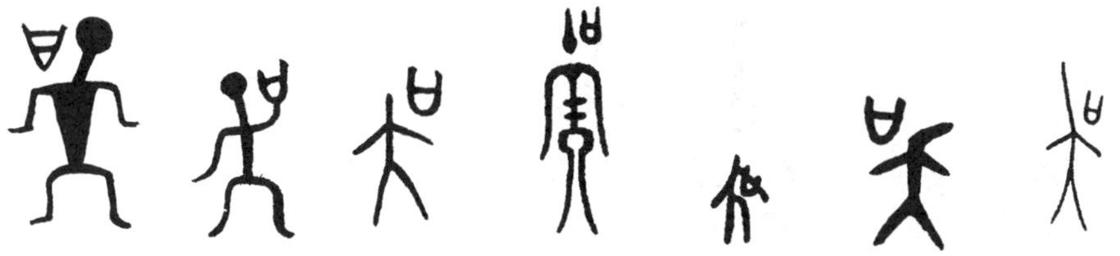

吴 觚 商代	𢦒馭簋 周早	吴姬匜 周中	郢 劍 春秋	夫差矛 春秋	吴王姬鼎 春秋	中山王鼎 戰國

𢦒馭觥 周早	師酉簋 周中	吴王光鑑 春秋	御士叔縏匡 春秋	羅兒匜 春秋	平國君鈹 戰國	西庫圓壺 戰國

石鼓吴人 戰國	曾侯墓簡 戰國	包山 167 戰國	包山 122 戰國	上博昭王 戰國	璽彙 1165 戰國	璽彙 1181 戰國	貨系 0373 戰國

秦陶 404 戰國	包山 098 戰國	包山 169 戰國	郭店唐虞 戰國	璽彙 1183 戰國	璽彙 1173 戰國	分域 2869 戰國	貨編 146 戰國

古文

時	咥	吕
		 合 6567 一期  京津 1029 四期  乙 3344 反 一期
 時伯鬲 周晚  酓章鎛 戰國  曾侯乙鐘 戰國	 𪌕鐘 春秋	 吕服余盤 周中  郲公牼鐘 春秋  吴王光鐘 春秋  靜簋 周中  玄翏夫吕戈 春秋  吴王光鐘 春秋  曾侯乙鐘 戰國
 望山M1簡 戰國  郭店六德 戰國  上博從政 戰國  郭店五行 戰國  天星觀簡 戰國		 陶六 090 戰國  璽彙 1636 戰國  錢典 659 戰國  郭店緇衣 戰國  璽彙 1637 戰國

咊	唻	唫	單	哭
			 合 21729 一期　京津 1424 三期　屯 2658 四期  菁 5.1 一期　粹 73 四期　存 3.917 五期　扶風齊家 骨 周早	
			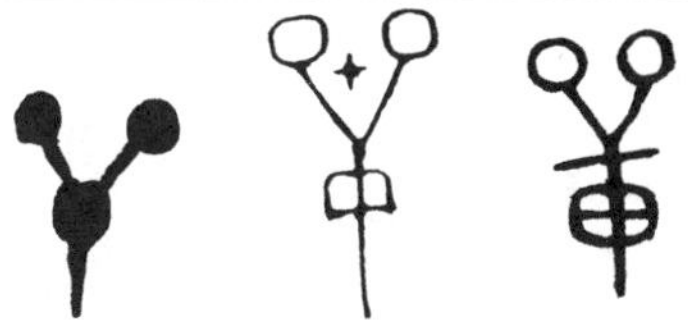 單父丁斝 商代　單 盉 周中　單伯鬲 周晚  小臣單觶 周早　王 盉 周晚　單𨒪討戈 戰國	
 包山 095 戰國	 陶三 1209 戰國	 上博容成 戰國	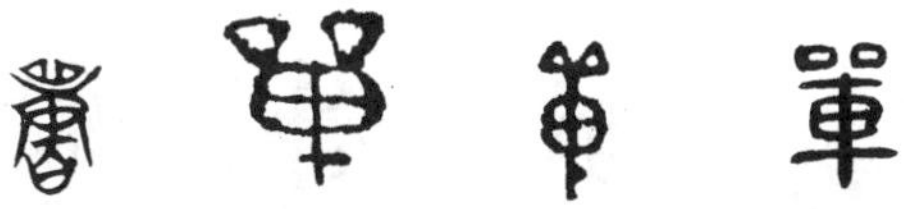 長沙帛書 戰國　璽彙 0361 戰國　璽彙 3633 戰國　雲夢日乙 戰國  郭店六德 戰國　璽彙 3632 戰國　璽彙 4099 戰國	 陶四 7 戰國  雲夢日甲 戰國

句	嚊	㖸
 前 8.4.8 一期		
 句父癸盉 商代  永盂 周中  瓚比盨 周晚  其次句鑃 春秋  州句劍 戰國  州句矛 戰國  句且癸觶 商代  師𩛥父鼎 周晚  㫚同子句鑃 春秋  太后廚官鼎 戰國  州句劍 戰國		 咎茖戈 戰國
 陶六 085 戰國  郭店六德 戰國  上博詩論 戰國  璽彙 4130 戰國  幣編 63 戰國  包山 060 戰國  郭店性自 戰國  璽彙 0340 戰國  雲夢爲吏 戰國	 郭店窮達 戰國 從畀聲	

商

粹 1239	合 2963	粹 144	合 33124	甲 2416	周甲 25
一期	一期	三期	四期	五期	周早

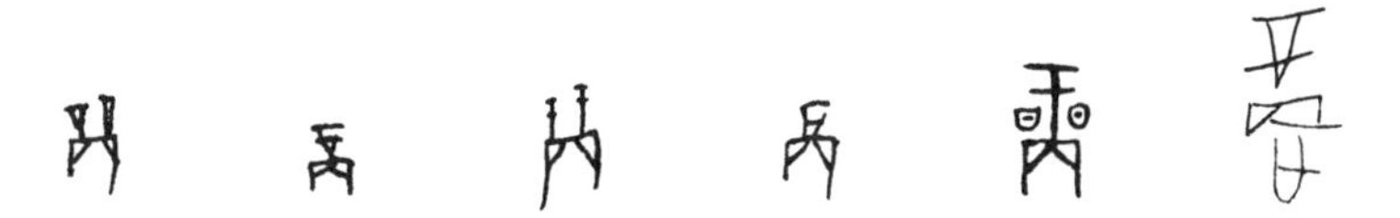

合 371	合 9561	屯 751	合 33127	佚 518	周甲 8
一期	一期	四期	四期	五期	周早

龏姛鼎	小子省卣	商尊	揚鼎	庚壺	秦公鎛	商戲簋	曾侯乙鐘
商代	商代	周早	周早	春秋	春秋	春秋	架戰國

䍃尊	沚簋	獻侯鼎	昏同子句鑃	悍距末	蔡侯申盤	取膚匜	曾侯乙鐘
商代	商代	周早	春秋	春秋	春秋	春秋	戰國

秦公石磬	曾侯墓磬	曾侯墓磬	雨臺山簡
春秋	戰國	戰國	戰國

陶五 098	曾侯墓磬	上博民之
戰國	戰國	戰國

古文　籀文

音 昏 嚨 嚴

音	昏	嚨	嚴
		 花東 255 一期  合 4659 一期	 合 15515 一期  合 17600 一期
	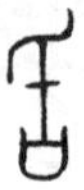 昏同子句鑃 春秋  不光劍 戰國		 番生簋 周中  晉侯穌鐘 周晚  㝬鐘 周晚  王孫誥鐘 春秋  秦公簋 春秋  虢叔鐘 周晚  井人妄鐘 周晚  多友鼎 周晚  吴王光鐘 春秋  中山王壺 戰國
 雲夢封診 戰國			 郭店五行 戰國  雲夢爲吏 戰國
			  古文

喪

佚 487 一 期	花東 059 一 期	合 27782 三 期	佚 254 三 期	粹 470 四 期	合 37448 五 期

合 10927 一 期	前 7.18.1 二 期	合 28905 三 期	合 32286 四 期	合 36739 五 期

旂作父戊 鼎 周早	毛公鼎 周 晚	陳大喪史 鐘 春秋	南疆鉦 春 秋

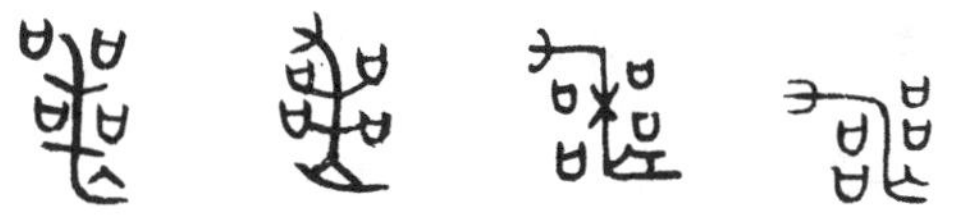

量侯簋 周 中	洹子孟姜 壺 春秋	子犯鐘 春 秋	喪史賨瓶 戰 國

包山 092 戰 國	郭店老丙 戰 國	郭店老丙 戰 國	郭店語一 戰 國	上博民之 戰 國	上博印 31 戰 國	璽彙 3271 戰 國	雲夢日甲 戰 國

包山 113 戰 國	包山 167 戰 國	郭店老丙 戰 國	上博容成 戰 國	上博民之 戰 國	璽彙 3272 戰 國	新蔡楚簡 戰 國

品	㗊	嚚	噩	嚼
 甲 241 一 期  粹 432 四 期 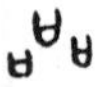 後下 10.1 二 期  前 5.35.3 五 期	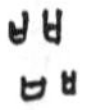 屯 2118 一 期	 合 18650 一 期		集韻嚼或作噍
 井侯簋 周 早  鮮 簋 周 中  尹姞鼎 周 中			 曆季卣 周 早  噩叔簋 周 早  噩侯簋 周 晚  噩季奞父簋 周早  禹 鼎 周 晚  噩侯鼎 周 晚	
			 包山 076 戰 國  包山 193 戰 國	 郭店魯穆 戰 國  郭店魯穆 戰 國

器	呼	吔
 睘卣 周早  𦳢簋 周中  秦公簋蓋 春秋  黄夫人鼎 春秋  大府銅牛 戰國  東庫扁壺 戰國  仲𡛷臣盤 周早  鄦子蒷夷鼎 春秋 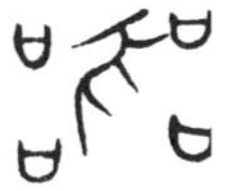 夫差盉 春秋  哀成叔鼎 春秋  陳侯午敦 戰國  汨器 戰國	 配兒句鑃 春秋 從言	
 陶二 0001 西周  信陽楚簡 戰國  望山M2簡 戰國  郭店老甲 戰國  郭店性自 戰國  陶五 010 戰國  陶六 019 戰國  包山 265 戰國  包山 266 戰國  璽彙 1069 戰國		 璽彙 1148 戰國

咾 良

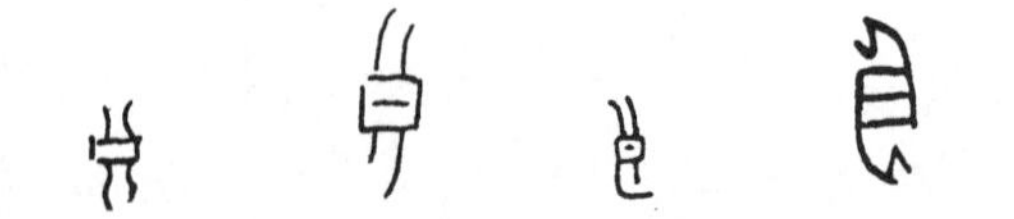

合 6614 一 期	合 17527 一 期	乙 3334 一 期	師友 2.4 一 期

合 10302 一 期	乙 2510 一 期	乙 7672 一 期

令咾父乙尊 周中

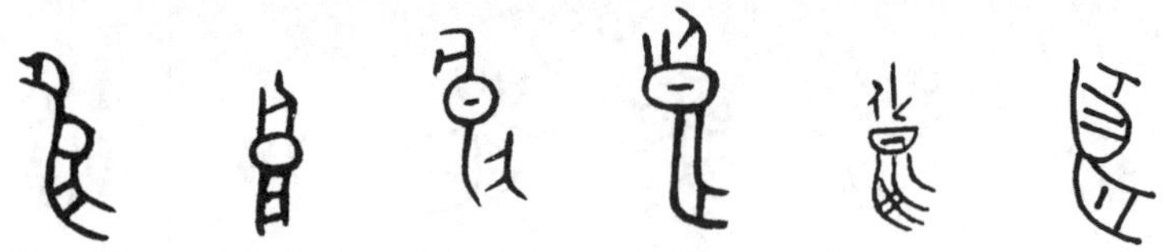

格伯簋 周 中	司寇良父壺 周晚	尹氏匡 周 晚	齊侯匜 春 秋	中山王壺 戰 國	大良造鞅矛 戰國

吏良父簋 周 晚	季良父盉 周 晚	伯剌戈 春 秋	邕子甗 春 秋	十九年殳 戰 國

陶一 0109 商 代	信陽楚簡 戰 國	包山 218 戰 國	天星觀簡 戰 國	璽彙 1377 戰 國	璽彙 2712 戰 國	津藝 79 戰 國

陶五 384 戰 國	信陽楚簡 戰 國	包山 240 戰 國	上博周易 戰 國	璽彙 2052 戰 國	璽彙 2713 戰 國	雲夢日甲 戰 國

彳 亍 徙

		合 39926 一期；合 12760 一期；合 12780 一期；佚 229 四期；後下 43.2 一期；合 12778 一期；甲 1516 三期；前 2.6.3 五期
		徙觚 商代；子父辛尊 商代；祉中且觶 商代；徙遽僕盉 周早；趞祉爵 周早；徙觶 商代；曲祉天爵 商代；甗祉觚 商代；趞祉甗 周早；多友鼎 周晚；魚顛匕 戰國
貨文 31 戰國	貨文 31 戰國	璽彙 2486 戰國；包山 078 戰國；郭店五行 戰國；雲夢日乙 戰國；璽彙 0198 戰國；包山 250 戰國
		或體；古文

德　　徠　徔

德	徠	徔
	 英 1995 二期	 合 158 一期
 大盂鼎 周早  季嬴霝德盉 周中  史頌鼎 周中  王孫誥鐘 春秋  王孫誥鐘 春秋  王孫鐘 春秋  𤞷公盨 周中  史頌簋 周中  叔家父匡 周晚  王子午鼎 春秋  蔡侯申鐘 春秋  齊陳曼匿 戰國		
 陶典 0141 秦代		

復 徠 循

徠

坊間 3.45
三期

復

復尊
周早

散盤
周晚

瓚比盨
周晚

中山王鼎
戰國

吕鼎
周中

復公子簋
周晚

子犯鐘
春秋

包山 238
戰國

郭店語四
戰國

璽彙 0509
戰國

侯馬盟書
戰國

侯馬盟書
戰國

侯馬盟書
戰國

郭店老甲
戰國

上博性情
戰國

璽彙 0995
戰國

侯馬盟書
戰國

侯馬盟書
戰國

侯馬盟書
戰國

循

雲夢法律
戰國

徝	彶	待	徉
 粹 240 一期  合 20546 一期  戩 39.7 一期  合 20547 一期	 合 21653 一期  乙 9077 一期  乙 5123 一期  合 32112 四期		 合 20306 一期  合 33705 四期  合 8209 一期
 徝方鼎 周早  徝鼎 周早	 呂鼎 周中  仲偯父鼎 周中  𪔳叔盨 春秋  格伯簋 周中  郜公典盤 春秋	 旟鼎 周早	
 侯馬盟書 戰國	 包山 122 戰國  郭店老乙 戰國  新蔡楚簡 戰國  郭店語二 戰國  上博民之 戰國		

往	⿰彳丞	⿰彳此	彵	⿰彳睪
 合 35351 五期	 合 21295 一期	 合 32912 四期  合 32256 四期	 合 22258 一期	
 吴王光鑑 春秋  吴王光鐘 春秋				
 陶三 974 戰國  郭店語四 戰國  上博曹沫 戰國  侯馬盟書 戰國  郭店老丙 戰國  上博周易 戰國  侯馬盟書 戰國  璽彙 3141 戰國				 雲夢日乙 戰國
  古文				

	彼	征	微	律
		 存 3.848 五期	 合 16486 一期	 京都 2033 二期  屯 119 四期  懷特 1581 三期
		 大保簋 周早  史免匡 周晚  庚兒鼎 春秋  胤嗣壺 戰國  孟征盨 周中  曩伯盨 春秋  中山王鼎 戰國		 戍鈴方彝 商代  [illegible]律鼎 周早
	 雲夢爲吏 戰國	 長沙帛書 戰國  上博周易 戰國	 石鼓乍原 戰國  雲夢爲吏 戰國	 青川櫝 戰國  雲夢雜抄 戰國
		  或體		

後	(彳戠)	徼	徻
花東 427 一期；屯 2358 三期；合 18595 一期；合 25948 二期；周甲 83 先周	合 30721 三期		
小臣單觶 周早；余義鐘 春秋；黃夫人鼎 春秋；與兵壺 春秋；曾姬無卹壺 戰國；師寰簋 周晚；自余鐸 春秋；黃夫人盉 春秋；中山王鼎 戰國			中山王鼎 戰國
侯馬盟書 戰國；侯馬盟書 戰國；包山 004 戰國；郭店語一 戰國；璽彙 0096 戰國；侯馬盟書 戰國；陶三 921 戰國；郭店老甲 戰國；上博周易 戰國；璽彙 0296 戰國		雲夢法律 戰國	陶六 120 戰國；璽彙 0854 戰國
古文			

很	得	⿰彳各	⿰彳亟	徂
	合 17857 一 期	合 31230 三 期 福 8 五 期		
		天父庚爵 商 代 沈子它簋 周 早	大盂鼎 周 早	亡智鼎 戰 國
十鐘印舉 戰 國			侯馬盟書 戰 國 侯馬盟書 戰 國 侯馬盟書 戰 國 侯馬盟書 戰 國 侯馬盟書 戰 國 侯馬盟書 戰 國	包山 188 戰 國
				或體 籀文

得

前8.13.3 一期	合 28094 三期	乙 184 一期	合 12051 一期	合 20636 一期	合 12051 一期

合 24555 二期	粹 262 一期	菁 5.1 一期	合 8929 一期	英 540 一期

亞父庚鼎 商代	得鼎 商代	舀鼎 周中	滕太宰得匜 春秋	馭八卣 商代	牆盤 周中	井人妄鐘 周晚	子犯鐘 春秋

亞得父丁盉 商代	𢦚馭簋 周早	余義鐘 春秋	得觚 商代	亞父癸卣 商代	克鼎 周晚	宋公得戈 春秋	中山王壺 戰國

陶三 889 戰國	璽彙 0512 戰國	璽彙 2242 戰國	陶三 025 戰國	包山 134 戰國	郭店老甲 戰國	璽彙 1074 戰國	璽彙 4336 戰國

陶四 075 戰國	璽彙 1212 戰國	陶五 429 戰國	守丘刻石 戰國	郭店語三 戰國	上博周易 戰國	璽彙 3593 戰國	貨系 3790 戰國

古文

徐	⿰彳欠	彷	役	⿰彳單
			 京都 3030 一期  後下 26.18 一期  前 6.12.4 一期	
	 旱⿰彳欠鏃 戰國	 中山王鼎 戰國		
 陶九 081 戰國  雲夢日甲 戰國  珍秦 136 戰國				 包山 074 戰國  上博容成 戰國  包山 193 戰國
			  古文	

御

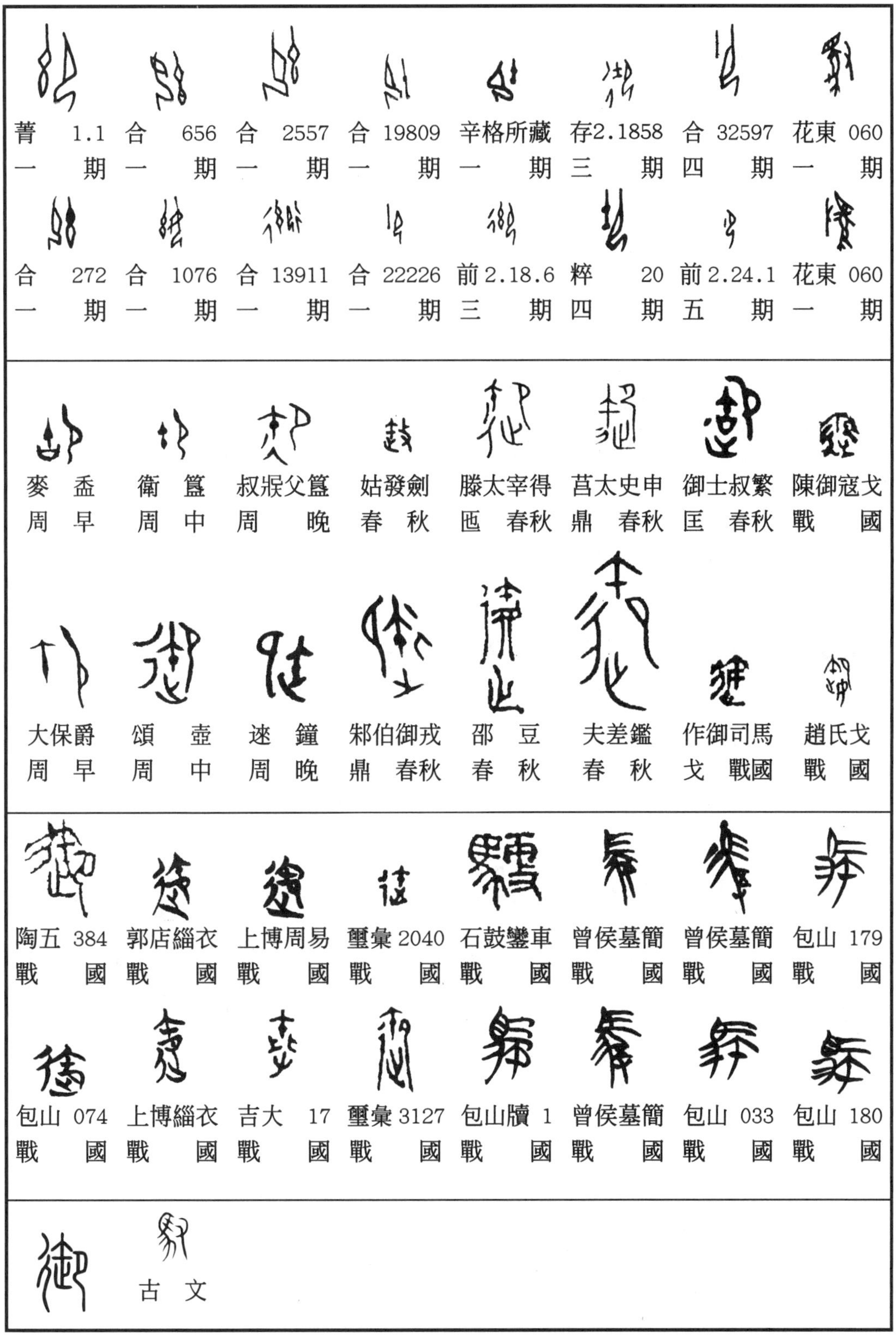
菁 1.1 一期
合 656 一期
合 2557 一期
合 19809 一期
辛格所藏 一期
存2.1858 三期
合 32597 四期
花東 060 一期
合 272 一期
合 1076 一期
合 13911 一期
合 22226 一期
前2.18.6 三期
粹 20 四期
前2.24.1 五期
花東 060 一期
麥盉 周早
衛簋 周中
叔𡩜父簋 周晚
姑發劍 春秋
滕太宰得匜 春秋
莒太史申鼎 春秋
御士叔繁匡 春秋
陳御寇戈 戰國
大保爵 周早
頌壺 周中
逨鐘 周晚
郳伯御戎鼎 春秋
邵豆 春秋
夫差鑑 春秋
作御司馬戈 戰國
趙氏戈 戰國
陶五 384 戰國
郭店緇衣 戰國
上博周易 戰國
璽彙 2040 戰國
石鼓鑾車 戰國
曾侯墓簡 戰國
曾侯墓簡 戰國
包山 179 戰國
包山 074 戰國
上博緇衣 戰國
吉大 17 戰國
璽彙 3127 戰國
包山牘 1 戰國
曾侯墓簡 戰國
包山 033 戰國
包山 180 戰國
古文

僑　傍　倚

	僑	傍	倚
 駇癸觚 商代  駇八卣 商代  大盂鼎 周早  虎簋蓋 周中  禹鼎 周晚  駇觚 商代  太保盉 周早  大鼎 周中  㚢駇觥 周中  胤嗣壺 戰國		 敔尊 周中	
 天星觀簡 戰國  上博曹沫 戰國  璽彙 1818 戰國  璽彙 3415 戰國  上博昭王 戰國  璽印集粹 戰國  璽彙 2082 戰國	 新蔡楚簡 戰國	 包山 074 戰國	 包山 137 戰國

夂	夊	久	夆	复
 乙 2110 一期  後下 18.4 二期				 英 468 一期  合 19358 一期  粹 1058 一期  合 4037 一期  合 20346 一期
 亞夂雨鼎 商代			 夆伯鬲 周中  𩛥鼎 周晚	 瓚比盨 周晚  黃夫人盤 春秋
	 信陽楚簡 戰國	 陶三 1069 戰國  雲夢日乙 戰國  陶五 332 戰國		 郭店老甲 戰國  侯馬盟書 戰國  侯馬盟書 戰國  侯馬盟書 戰國  侯馬盟書 戰國

麥	夋	夌
前4.40.7 一期；合24228 二期；戩10.8 三期；佚518 五期；合24404 二期；佚277 三期；合27459 三期		花東377 一期；合1094 一期
麥盉 周早；仲𠭯父盤 周晚；麥鼎 周早		夌姬鬲 周早；夌伯觶 周早；子夌尊 周早；朿夌簋 周早；癸夌簋 周早；小臣夌鼎 周早
雲夢日乙 戰國	長沙帛書 戰國；長沙帛書 戰國	

夒

甲 1147 一期　合 21101 一期　合 30404 三期　合 30399 三期　合 33337 四期　粹 4 四期

合 14369 一期　屯 4528 二期　合 28251 三期　屯 284 四期　屯 2438 四期　合 33301 四期

亞夒鼎 商代　鼒夒觶 商代　伯夒觶 周早　毛公鼎 周晚

亞夒鼎 商代　鵌尊 商代　無夒父丁卣 周早

陶一 067 商代

夆

二祀邲其卣 商代　九年衛鼎 周中

夆莫父卣 周早　夆叔匜 春秋

陶三 489 戰國

璽彙 3499 戰國

[illegible]	愛	致	憂
 合776 一期；合22246 一期；合10124 一期；合41303 三期；合32556 四期 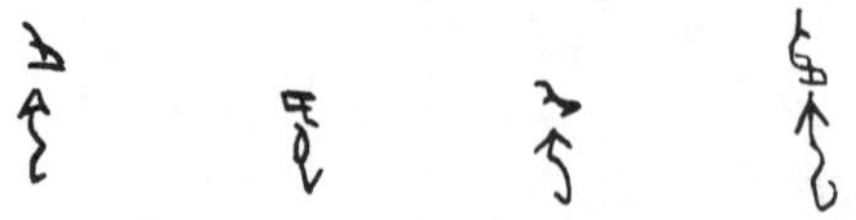 合1231 一期；合2231 一期；合21377 一期；屯3854 四期 甲文讀害			
		 伯侄簋 周中  𩞁匜 周中	
 郭店尊德 戰國；郭店尊德 戰國；雲夢日乙 戰國  玉魚刻文 商代  郭店尊德 戰國；雲夢日甲 戰國 簡文讀害	 雲夢日乙 戰國	 陶五 027 戰國  雲夢日乙 戰國	 雲夢爲吏 戰國

夏

秦公簋 春秋

遷邟鐘 春秋

鄂君舟節 戰國

中山墓金泡 戰國

莒平鐘 春秋

邳伯罍 戰國

夏官鼎 戰國

秦公石磬 春秋

包山 128 戰國

天星觀簡 戰國

璽彙 0015 戰國

璽彙 3444 戰國

璽彙 3989 戰國

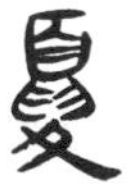
雲夢法律 戰國

郭店唐虞 戰國

包山 115 戰國

郭店性自 戰國

新蔡楚簡 戰國

璽彙 2724 戰國

璽彙 3988 戰國

璽彙 3990 戰國

雲夢秦律 戰國

汗簡作

士 壯 在

士

嗚士卿尊	克鐘	御士叔緐匡
周早	周晚	春秋

臣辰卣	邾公牼鐘	新郪虎符
周早	春秋	戰國

陶五 362	包山 080	璽彙 0146
戰國	戰國	戰國

燕下都陶	郭店緇衣	璽彙 4731
戰國	戰國	戰國

士

壯

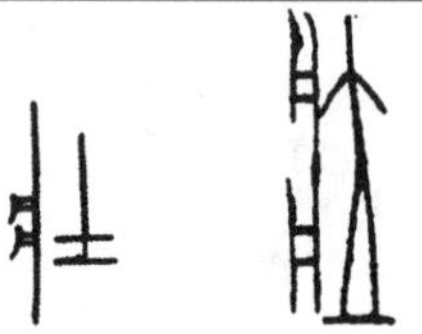

中山王鼎	者沪鐘
戰國	戰國

者沪鐘	者沪鐘
戰國	戰國

陶五 060	望山M1簡	璽印集粹
戰國	戰國	戰國

望山M1簡	郭店尊德	璽彙 0308
戰國	戰國	戰國

壯

在

大盂鼎	晉侯穌鐘
周早	周晚

大盂鼎	中山王壺
周早	戰國

璽彙 0305	璽彙 3837
戰國	戰國

璽彙 1856	雲夢秦律
戰國	戰國

扗

工 式 巨

工	式	巨
粹 137 一期 粹 1271 四期 後下 20.7 二期 前 4.43.4 五期		古榘巨同矩字
史獸鼎 周早 虢季子白盤 周晚 中山王鼎 戰國 司工丁爵 周早 者減鐘 春秋 寺工戈 戰國		伯矩尊 周早 伯矩鬲 周早 矩叔壺 周中 巨荁鼎 戰國 伯矩尊 周早 矩爵簋 周早 莒侯簋 春秋
石鼓車工 戰國 九店楚簡 戰國 璽彙 0082 戰國 陶四 119 戰國 上博周易 戰國 貨系 2607 戰國	上博緇衣 戰國 雲夢封診 戰國	璽彙 3881 戰國 陶四 045 戰國 曾侯墓簡 戰國 幣編 64 戰國 陶三 833 戰國 陶五 107 戰國 璽彙 3286 戰國 雲夢語書 戰國
		古文 或體

左

合 132 一期	甲 2616 三期

合 177 一期	甲 2416 五期

左鉦 商代	矢方彝 周早	虢季子白盤 周晚	左關鉌 戰國	左宮車軎 戰國	中山墓箕 戰國	胤嗣壺 戰國

小盂鼎 周早	班簋 周中	晉侯穌鐘 周晚	東庫扁壺 戰國	西庫鬲 戰國	西庫升鼎 戰國

秦公石磬 春秋	陶四 008 戰國	陶五 273 戰國	包山 151 戰國	璽彙 0038 戰國	璽彙 0254 戰國	璽彙 1644 戰國	貨系 2308 戰國

陶三 672 戰國	陶四 044 戰國	曾侯墓簡 戰國	包山 116 戰國	璽彙 0162 戰國	璽彙 0296 戰國	山東 009 戰國

差

同簋	夫差盉	夫差劍	悍距末	夫差鑑	王子午鼎	悍矢形器	酓忎鼎
周中	春秋	春秋	春秋	春秋	春秋	戰國	戰國

同簋	夫差矛	夫差劍	夫差劍	夫差劍	蔡侯申鐘	長沙銅量
周中	春秋	春秋	春秋	春秋	春秋	戰國

曾侯墓簡	郭店窮達	上博詩論
戰國	戰國	戰國

包山 049	郭店老甲	故宮 411
戰國	戰國	戰國

巫　覡　巧　壬

巫	覡	巧	壬
 甲 2356 三期；粹 1268 三期			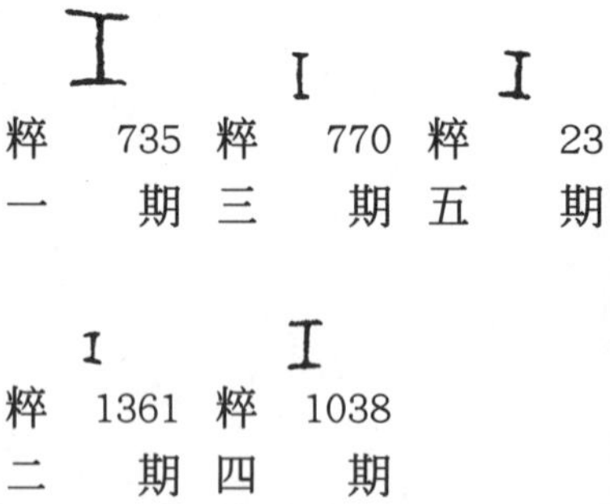 粹 735 一期；粹 770 三期；粹 23 五期；粹 1361 二期；粹 1038 四期
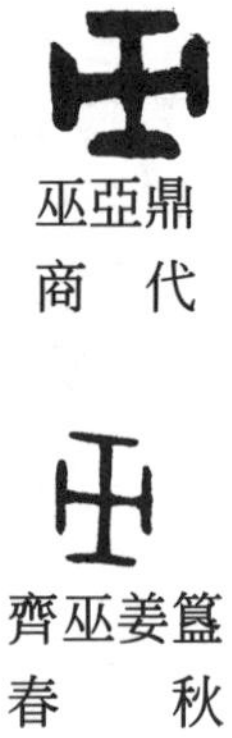 巫亞鼎 商代；齊巫姜簋 春秋			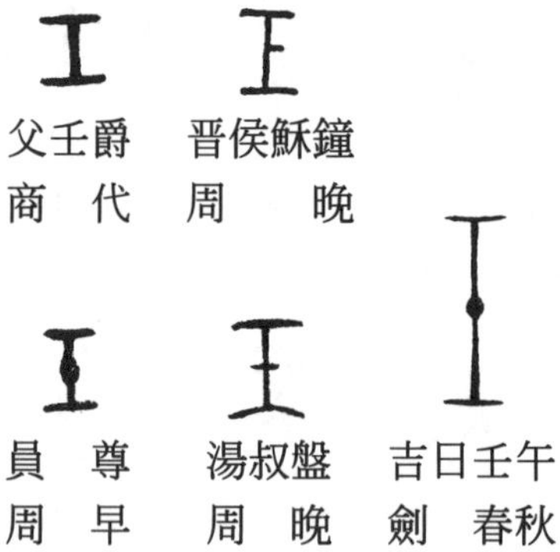 父壬爵 商代；晉侯穌鐘 周晚；員尊 周早；湯叔盤 周晚；吉日壬午劍 春秋
 蚌雕人首 周晚；包山 244 戰國；侯馬盟書 戰國；望山M1簡 戰國；天星觀簡 戰國；雲夢日甲 戰國	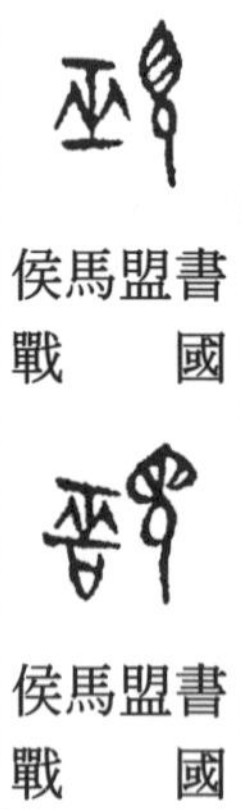 侯馬盟書 戰國；侯馬盟書 戰國	 雲夢秦律 戰國	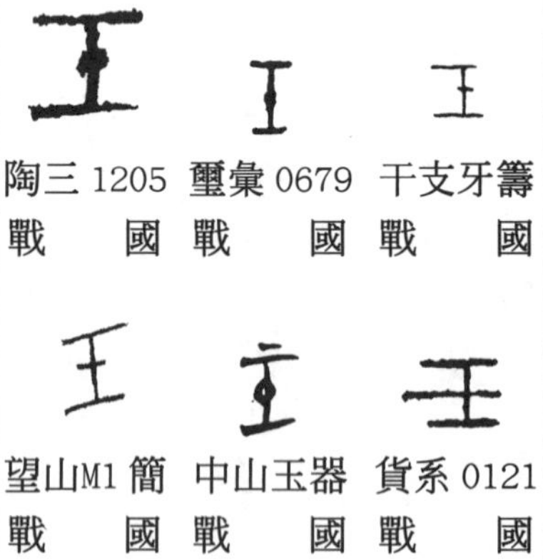 陶三 1205 戰國；璽彙 0679 戰國；干支牙籌 戰國；望山M1簡 戰國；中山玉器 戰國；貨系 0121 戰國

弓

合 151 一期　合 22435 一期　後下 30.4 一期　後下 13.17 三期

合 151 一期　合 4812 一期　前 5.8.3 一期　甲 2501 三期

弓衛父庚爵 商代　静卣 周中　𣪘簋 周中

弓父癸觶 商代　伯晨鼎 周中　虢季子白盤 周晚

石鼓而師 戰國　包山 260 戰國　上博仲弓 戰國

曾侯墓簡 戰國　上博印 32 戰國　璽彙 3139 戰國

張

將軍張戈 戰國

望山M1 簡 戰國　包山 189 戰國　璽彙 0622 戰國　璽彙 2811 戰國

包山 095 戰國　郭店窮達 戰國　璽彙 2787 戰國　璽彙 3422 戰國

弛	彊
	 後下 2.17 二期
	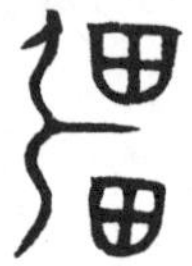 大盂鼎 周早  五祀衛鼎 周中  洀其簋 周晚  洹子孟姜壺 春秋  中山王鼎 戰國  令瓜君壺 戰國  師遽方彝 周中  史頌簋 周中  逨盤 周晚  齊侯匜 春秋  胤嗣壺 戰國  楚王鐘 戰國
 紀王城陶 戰國  陶三 690 戰國  𠭯録 12.3 戰國	 陶三 1356 戰國  郭店語三 戰國  雲夢爲吏 戰國  郭店語二 戰國  璽彙 3598 戰國  陶五 206 戰國  璽彙 2544 戰國  璽彙 0657 戰國

强

十鐘印舉 戰國

雲夢雜抄 戰國

包山 103 戰國

郭店語四 戰國

璽彙 2749 戰國

璽彙 4110 戰國

包山 085 戰國

侯馬盟書 戰國

吉大 130 戰國

包山 084 戰國

郭店老甲 戰國

上博恒先 戰國

璽彙 3553 戰國

侯馬盟書 戰國

包山 278 戰國

引	弩	㢭
 合 4811 一期  佚 183 三期  寧滬2.106 一期  佚 547 五期		
 引尊 周早  毛公鼎 周晚  蠆引觥 商代  頌壺 周中  秦公簋 春秋	 洓鄂戈 戰國 器銘從女聲	 上官豆 戰國
 雲夢雜抄 戰國	 璽彙 0096 戰國  璽彙 0115 戰國  官印 0078 戰國  秦封泥 秦代  璽彙 0113 戰國  璽彙 2752 戰國  雲夢雜抄 戰國  秦封泥 秦代	

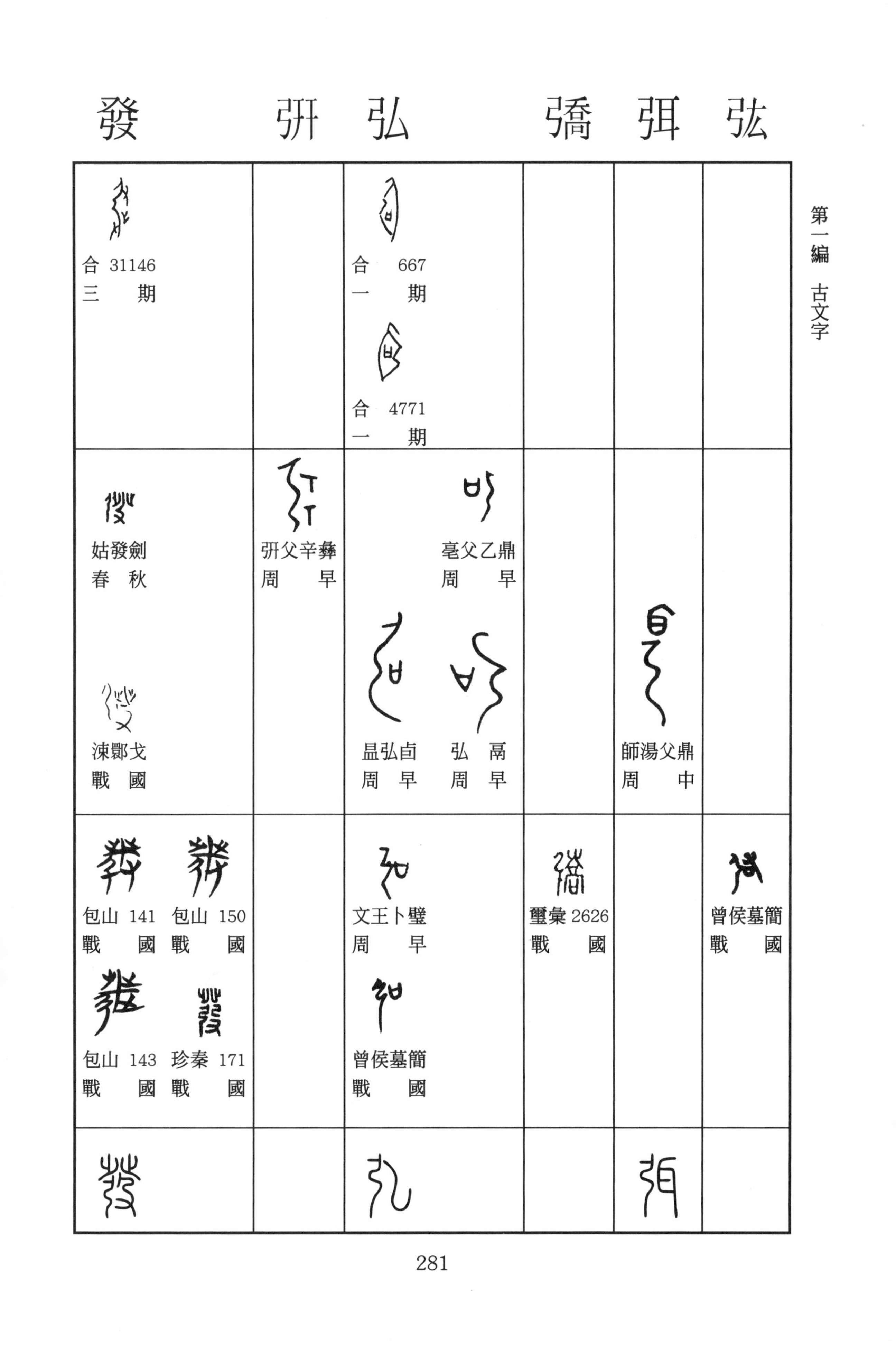

發	⿰弓开	弘	⿰弓喬	弭	弦
合 31146 三 期		合 667 一 期 合 4771 一 期			
姑發劍 春 秋 洓鄆戈 戰 國	⿰弓开父辛彝 周 早	亳父乙鼎 周 早 昷弘卣 周 早 弘 鬲 周 早		師湯父鼎 周 中	
包山 141 戰 國 包山 150 戰 國 包山 143 戰 國 珍秦 171 戰 國		文王卜璧 周 早 曾侯墓簡 戰 國	璽彙 2626 戰 國		曾侯墓簡 戰 國

弜　　弼

合 4331
一期

合 23189
二期

合 25160
二期

粹 218
三期

粹 130
四期

合 20805
一期

合 24644
二期

粹 22
三期

佚 535
四期

周甲 134
周早

亞弜癸簋
商代

亞弜尊
商代

肄簋
商代

弜父丁觶
商代

番生簋
周中

毛公鼎
周晚

者沪鐘
戰國

長沙帛書
戰國

曾侯墓簡
戰國

包山 035
戰國

曾侯墓簡
戰國

曾侯墓簡
戰國

十鐘印舉
戰國

弞	斪	弡	弦
 合 5558 一期  合 31145 三期  合 34669 四期  合 26909 三期  粹 593 三期	 甲 3662 一期  合 44 一期  合 5677 一期  佚 115 一期  合 1182 一期  合 13752 一期		
 弞簋 周早  莒平鐘 春秋  弞觶 商代  弞父丁卣 周早	 斪耒簋 周早		
 璽彙 3923 戰國		 包山 190 戰國  包山 192 戰國	 雲夢日甲 戰國

引　　　彈　　　弢

引

合 593 一期

合 26907 三期

合 4734 一期

合 26907 三期

疋引口鼎 商代

子引盉 周早

引觥 商代

引作父辛鼎 周早

彈

前 5.8.5 一期

合 10048 一期

掇 2.234 一期

合 9410 一期

合 18477 一期

或體

弢

師克盨 周中

九年衛鼎 周中

毛公鼎 周晚

吳方彝 周中

番生簋 周中

說文弢 弓衣也

弗

合 4855 一期　佚 18 一期　粹 952 三期

合 22063 一期　前 5.34.1 一期　甲 3919 三期

彌

長由盉 周中　蔡姞簋 周晚

牆盤 周中　齊鎛 春秋

弗

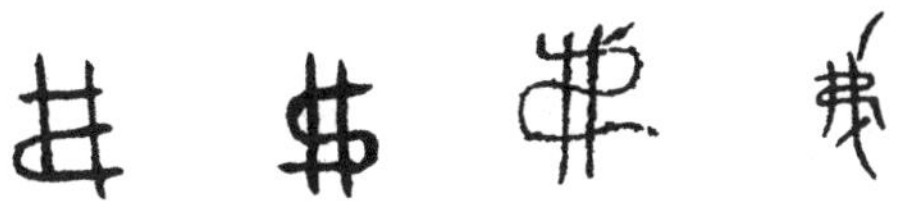

且甲罍 商代　盠駒尊 周中　十年弗官鼎 戰國　胤嗣壺 戰國

𦐖伯簋 周中　哀成叔鼎 春秋　新弨戟 戰國

弨

新弨戟 戰國

弗

長沙帛書 戰國　包山 130 戰國　郭店老甲 戰國　郭店唐虞 戰國　璽彙 3126 戰國

包山 122 戰國　郭店老甲 戰國　郭店語三 戰國　璽彙 2786 戰國　侯馬盟書 戰國

府	序	庀	廱
 上都郘府匠 春秋  大府盞 戰國  大府匠 戰國  春成侯鍾 戰國  少府小器 戰國  弗奴父鼎 春秋  鄂君舟節 戰國  少府戈 戰國  兆域圖 戰國  曾侯乙鐘 戰國		 郾侯軍戈 戰國	
 包山牘 1 戰國  璽彙 0128 戰國  璽彙 0131 戰國  璽彙 3358 戰國  璽彙 5414 戰國  上博容成 戰國  璽彙 0129 戰國  璽彙 0304 戰國  璽彙 5343 戰國	 璽彙 3455 戰國 汗簡作 	 郭店老甲 戰國	 陶六 184 戰國

庫	庨	庫	廦	廡	廬
 趙武襄君鈹 戰國  司馬成公權 戰國  臨汾守戈 戰國  私庫衡飾 戰國  甘丹上庫戈 戰國  九年鄭令矛 戰國	 庨父鼎 周早	 鄦侯庫簋 戰國			 師湯父鼎 周中
 上博相邦 戰國  璽彙 5212 戰國  璽彙 2716 戰國	 包山 015 戰國  包山 015 戰國		 雲夢封診 戰國	 包山 083 戰國	

廣	廚	庲
 合 4880 一期  合 17088 一期		
 廣父己簋 周中  叔向父簋 周晚  禹鼎 周晚  史密簋 周晚  廣衍矛 戰國  多友鼎 周晚  廣簋 周晚  士父鐘 周晚  晉公𥂴 春秋  中陽戈 戰國		 上樂鼎 戰國
 陶五 096 戰國  青川櫝 戰國  陶三 734 戰國  璽印集粹 戰國	 秦陶 1476 戰國  秦印彙編 戰國  秦陶 1481 戰國	

廄	廥	廉
 合 29415 三期		
 彔盨 周晚  卲王簋 春秋		
 包山 061 戰國  包山 176 戰國  曾侯墓簡 戰國  曾侯墓簡 戰國  秦封泥 秦代  包山 069 戰國  曾侯墓簡 戰國  曾侯墓簡 戰國  秦封泥 秦代	 封成 2139 戰國 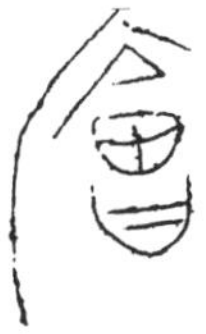 陶六 059 戰國  雲夢效律 戰國	 雲夢語書 戰國

庶　　　廥　廔

庶

合 14158 一期　前 4.30.1 一期　合 16272 一期　合 14157 一期　周甲 74 先周

合 16271 一期　合 16270 一期　合 22045 一期　合 14158 一期

庶 觶 周早　伯庶父盨 周晚　郘王子旃鐘 春秋　邾公華鐘 春秋　中山王鼎 戰國　者沪鐘 戰國

大盂鼎 周早　魯仲白匜 春秋　蔡侯申鐘 春秋　十九年殳 戰國　者沪鐘 戰國

石鼓汧沔 戰國　包山 257 戰國　包山 258 戰國　郭店緇衣 戰國　上博魯早 戰國　璽彙 3198 戰國

陶五 384 戰國　包山 257 戰國　包山簽 戰國　上博君老 戰國　璽彙 3438 戰國

廥

毛公鼎 周晚

廔

璽彙 5521 戰國

庢　廳　龐

庢	廳	龐
 合 10425 一期	 合 383 一期  花東 363 一期  合 8088 一期  合 14588 一期	 乙 1405 一期  英 1111 一期  合 371 一期  合 15607 一期  粹 1214 四期  合 7358 一期  合 7283 一期  合 7285 一期  合 7287 一期
	 四祀𠨘其卣 商代  郾王職戈 戰國	
 續齊魯 69 戰國  澂秋 39 戰國		 秦印彙編 秦代

廢	廟	庰	廫	廋
 中山王鼎 戰國	 免簋 周中  吴方彝 周中  廟孱鼎 周晚  中山王壺 戰國  師酉簋 周中  盠方彝 周中  無叀鼎 周晚			 梁十九年鼎 戰國 從蒐聲
 秦封泥 秦代	 郭店唐虞 戰國  郭店性自 戰國  上博詩論 戰國  郭店語一 戰國  郭店語四 戰國	 雲夢語書 戰國	 陶五 181 戰國	
	  古文			

庎	廙	庾	庰	⿸广者	⿸广⿱里土
 趙孟壺 春秋	 毓且丁卣 商代  逨盤 周晚  晋侯穌鐘 周晚				
		 璽彙 2850 戰國  璽彙 2865 戰國  璽彙 2859 戰國 或從户	 璽彙 2871 戰國	 璽彙 2419 戰國	 郭店緇衣 戰國
					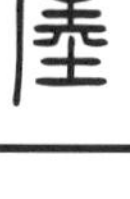

庚

合 21515 一期　合 22226 一期　粹 600 四期

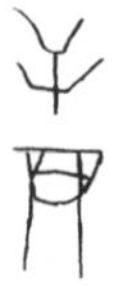

合 21635 一期　前 7.2.3 一期　粹 1467 五期　周甲 170 周早

御鬲 商代　且日庚簋 商代　父庚爵 商代　子父庚爵 商代　揚鼎 周早　晉侯穌鐘 周晚　吴王光鐘 春秋　吴王光鐘 春秋

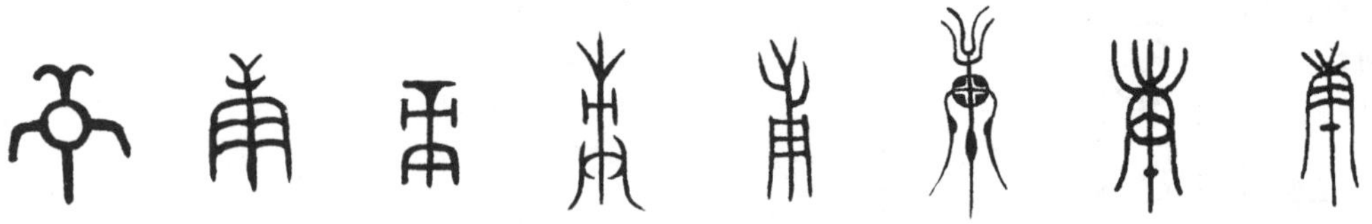

子父庚觚 商代　作父庚觶 商代　女庚爵 商代　羊父庚鼎 商代　華母壺 周晚　王子午鼎 春秋　吴王光鐘 春秋　吴王光鐘 春秋

陶三 1104 戰國　包山 183 戰國　璽彙 0059 戰國　干支牙籌 戰國　雲夢日乙 戰國

望山M1 簡 戰國　包山 220 戰國　璽彙 1999 戰國　雲夢日甲 戰國　雲夢日乙 戰國

庋 㢋 廼 廁 庸

		合 15994 一 期 合 30801 三 期			合 12839 一 期 合 27459 三 期 合 15993 一 期
吳王光鑑 春 秋 配兒鉤鑃 春 秋 吳王光鑑 春 秋 郘孝子鼎 戰 國		作册般銅黿 商代			訇 簋 周 早 □用戈 戰 國 中山王鼎 戰 國
	璽彙 3382 戰 國		陶六 001 戰 國	包山 158 戰 國 雲夢日乙 戰 國	雲夢封診 戰 國
	庋		廼	廁	庸

第一編 古文字

宀	向	宁
 合 2858 一 期  乙 5849 一 期	 乙 5402 一 期  粹 975 三 期	 前 4.25.7 一 期  甲 2692 三 期
 宀 尊 商 代	 向 簋 周 早  叔向父簋 周 晚  鄭令矛 戰 國  多友鼎 周 晚  襄城令矛 戰 國	 卿宁己觚 商 代  宁父丁斝 商 代 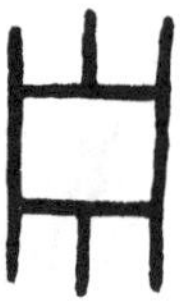 矢宁父乙鼎 商代  宁戈冊鼎 商 代
	 陶三 005 戰 國  郭店緇衣 戰 國  上博容成 戰 國  璽彙 3059 戰 國  貨系 0366 戰 國  包山 099 戰 國  郭店老乙 戰 國  璽彙 3293 戰 國  貨系 0364 戰 國  幣編 90 戰 國	 殷墟殘陶 商 代  幣編 59 戰 國

家　宧

家

合 136 一期　合 13588 一期　乙 7549 一期　粹 197 四期

合 3522 一期　合 21028 一期　甲 2779 三期　屯 332 四期

家戈父庚卣 商代　枚家卣 商代　寡子卣 周中　伯家父簋 周晚　遷氏仲匿 春秋　秋氏壺 戰國

家戈父庚卣 商代　小臣缶鼎 商代　不嬰簋 周晚　邿公典盤 春秋　中山王鼎 戰國　王孫家戈 戰國

郭店唐虞 戰國　璽彙 0265 戰國　璽彙 5341 戰國

秦玉牘 戰國　貨系 2457 戰國

宧

右邑弩牙 戰國　田齊銅量 戰國

將軍張戈 戰國

包山 053 戰國　包山 062 戰國

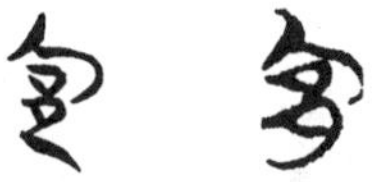

包山 130 戰國　望山M2 簡 戰國

宅	寂	弦
 合 13517 一 期  菁 7.1 一 期  合 24951 二 期  合 13663 一 期  乙 6404 一 期  周甲 8 先 周		
 何 尊 周 早  封孫宅盤 春 秋  宅陽令戈 戰 國  者汈鐘 戰 國  秦公鎛 春 秋  𧥄反之弟劍 春秋  中山王鼎 戰 國  者汈鐘 戰 國		 牆 盤 周 中
 陶典 0632 戰 國  包山 155 戰 國  郭店成之 戰 國  新蔡楚簡 戰 國  貨系 2057 戰 國  幣編 84 戰 國  望山M1簡 戰 國  包山 190 戰 國  郭店成之 戰 國  貨系 2045 戰 國  三晋 102 戰 國  雲夢日甲 戰 國	 璽印集粹 戰 國	
  古 文		

室　　　　宔

明藏 391 一期	甲 491 一期	鐵 266.2 二期	京津 4307 三期

合 12813 一期	乙 4699 一期	粹 1251 三期	甲 2684 三期

戍嗣鼎 商代	晋侯穌鐘 周晚	此簋 周晚	仲殷父簋 周晚	曾姬無卹壺 戰國	畬忎鼎 戰國

孤竹觚 商代	辛伯鼎 周早

頌鼎 周中	窒叔簋 周晚	此簋 周晚	仲殷父簋 周晚	杕氏壺 戰國	王后鼎 戰國

作册大鼎 周早

望山M1簡 戰國	包山 128 戰國	璽彙 0003 戰國	璽彙 4561 戰國	侯馬盟書 戰國	貨系 0222 戰國

望山M1簡 戰國	包山 257 戰國	璽彙 0213 戰國	湖南 8 戰國	侯馬盟書 戰國	幣編 141 戰國

安

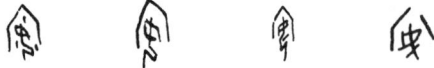

佚 847	乙 7547	鄴3下44.8	周甲 37
一 期	一 期	三 期	先 周

合 22464	拾 10.17	後上9.13
一 期	一 期	五 期

睘 尊	格伯簋	國差𦉜	卅五年盉	安平守鈹	坪安君鼎	宜安戈
周 早	周 中	春 秋	戰 國	戰 國	戰 國	戰 國

師訇鼎	哀成叔鼎	纕安君壺	陽安君鈹	陳純釜	者汈鐘	越 戈	者汈鐘
周 中	春 秋	戰 國	戰 國	戰 國	戰 國	戰 國	戰 國

石鼓田車	曾侯墓簡	上博民之	璽彙 1226	璽彙 4348	璽彙 1348	三晋 51	雲夢日乙
戰 國	戰 國	戰 國	戰 國	戰 國	戰 國	戰 國	戰 國

陶三 551	包山 181	璽彙 0178	璽彙 0237	璽彙 4355	貨系 1278	雲夢爲吏
戰 國	戰 國	戰 國	戰 國	戰 國	戰 國	戰 國

<table>
<tr><th>宣</th><th>寏</th><th>宊</th></tr>
<tr>
<td> 後上 24.7 一期
 合 28137 三期
 合 28003 三期</td>
<td></td>
<td></td>
</tr>
<tr>
<td> 虢宣公子白鼎 周晚
 曾子仲宣鼎 春秋
 虢季子白盤 周晚
 東姬匜 春秋
 曾侯乙鐘 戰國</td>
<td> 牆盤 周中
 師寏父簋 周晚
 師寏父簋 周晚
 史寏簋 周晚</td>
<td></td>
</tr>
<tr>
<td> 包山 058 戰國
 包山 191 戰國
 璽彙 4354 戰國
 幣編 118 戰國
 包山 135 戰國
 上博容成 戰國
 幣編 118 戰國</td>
<td> 侯馬盟書 戰國</td>
<td> 郭店唐虞 戰國
 璽彙 3774 戰國
 璽彙 0911 戰國</td>
</tr>
<tr>
<td></td>
<td></td>
<td></td>
</tr>
</table>

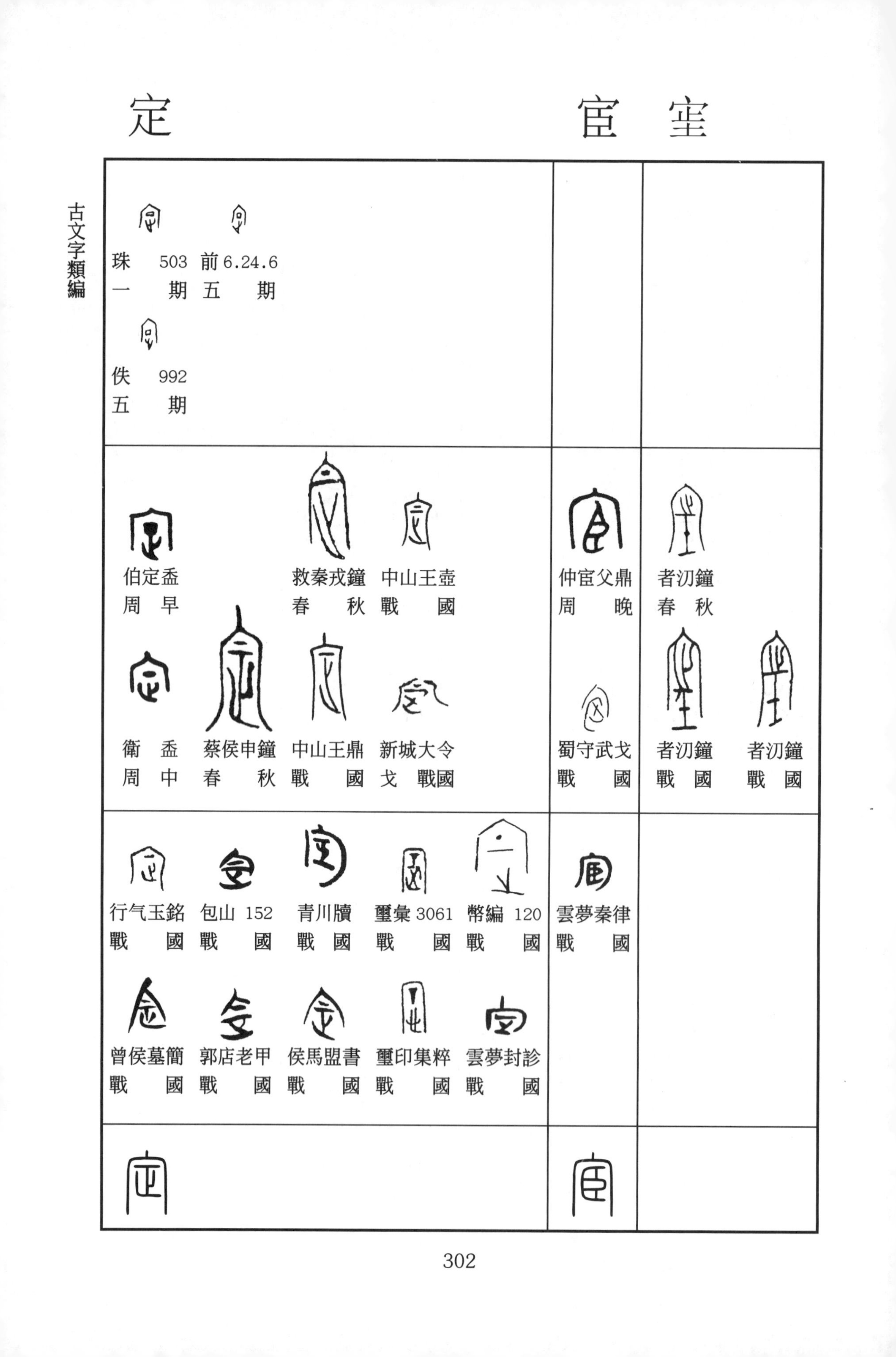

定	宦	宔
珠 503 一期 前 6.24.6 五期 佚 992 五期		
伯定盉 周早 救秦戎鐘 春秋 中山王壺 戰國 衛盉 周中 蔡侯申鐘 春秋 中山王鼎 戰國 新城大令戈 戰國	仲宦父鼎 周晚 蜀守武戈 戰國	者汈鐘 春秋 者汈鐘 戰國 者汈鐘 戰國
行气玉銘 戰國 包山 152 戰國 青川牘 戰國 璽彙 3061 戰國 幣編 120 戰國 曾侯墓簡 戰國 郭店老甲 戰國 侯馬盟書 戰國 璽印集粹 戰國 雲夢封診 戰國	雲夢秦律 戰國	

宮　　宧

前4.15.3 一期

粹 990 三期

合 36542 五期

京津3820 三期

粹 966 四期

合 36545 五期

解子鼎 周早

矢方彝 周早

義伯簋 周中

幾父壺 周中

右疋尹壺 戰國

曾侯乙鐘 戰國

兆域圖 戰國

麥盉 周早

榮仲鼎 周早

師酉簋 周中

頌壺 周中

鄂君舟節 戰國

曾侯乙鐘架 戰國

□陽令戈 戰國

秦公石磬 春秋

陶五 220 戰國

曾侯墓簡 戰國

包山 035 戰國

天星觀簡 戰國

貨系 0224 戰國

陶四 033 戰國

陶五 224 戰國

望山M1簡 戰國

郭店成之 戰國

璽彙 0093 戰國

侯馬盟書 戰國

璽彙 3063 戰國

宛	宥	宓	宂
 屯 2636 三 期		 合 22317 一 期  戩 47.7 一 期  屯 920 四 期  合 4813 一 期  合 4885 一 期  屯 307 四 期  周甲 136 先 周	
	 宥父辛鼎 周 早  諫 簋 周 晚	 昜 鼎 周 中	 曶 鼎 周 中  兮甲盤 周 晚
 湖南 100 戰 國  雲夢日乙 戰 國		 陶四 105 戰 國	
			  古 文

宇

合 20575
一 期

㾓 鐘
周 中

牆 盤
周 中

㝬 簋
周 晚

五祀衛鼎
周 中

牆 盤
周 中

雲夢日乙
戰 國

籀 文

宴

宴 簋
周 晚

郘公華鐘
春 秋

吳王光鐘
春 秋

䣄侯鼎
周 晚

郐王子旃鐘
春秋

配兒鉤鑃
春 秋

璽彙 0235
戰 國

寓

晉人簋
周 中

作册寓鼎
周 中

石鼓吳人
戰 國

故宮 472
戰 國

璽彙 3236
戰 國

雲夢日甲
戰 國

或 體

察 親 宰

察	親	宰
		合 1229 一期；佚 426 五期；乙 8688 五期；鄴3下39.8 四期；佚 518 五期
	多友鼎 周晚；晉侯穌鐘 周晚；𨟻侯鼎 周晚	宰甫簋 商代；大師虘簋 周中；孫叔師父壺 周晚；齊鎛 春秋；歸父盤 春秋；宰女彝鼎 周早；頌鼎 周中；魯𨗟父簋 春秋；邾大宰匿 春秋
雲夢爲吏 戰國；雲夢雜抄 戰國		包山 102 戰國；包山 037 戰國；包山 266 戰國；上博仲弓 戰國；璽彙 0142 戰國；璽彙 5497 戰國；包山 157 戰國；天星觀簡 戰國；上博仲弓 戰國；曾侯墓簡 戰國

審

五祀衛鼎 周中

酓審盂 戰國

上博詩論 戰國

瀓秋 41 戰國

宏

合 33407 四期

子犯鐘 春秋

包山 162 戰國

秦印彙編 秦代

守

周甲 34 周早

册守父乙觚 商代

守宮卣 周中

臨汾守戈 戰國

上郡守戈 戰國

蜀守戈 戰國

守觚 商代

守簋 周晚

守陽戈 戰國

漢中守戈 戰國

殊書玉戈 商代

郭店唐虞 戰國

上博緇衣 戰國

璽彙 2589 戰國

璽彙 3236 戰國

郭店老甲 戰國

上博子羔 戰國

璽彙 0341 戰國

璽彙 3307 戰國

璽彙 5298 戰國

守丘刻石 戰國

寶　　宲

英 430
一　期

合 40683
一　期

師友 2.24
一　期

合 35249
四　期

合 17512
一　期

粹 1489
一　期

甲 3330
一　期

寶　簋
商　代

宰甫簋
商　代

禽　簋
周　早

效父簋
周　早

封孫宅盤
春　秋

齊縈姬盤
春　秋

陳逆簋
戰　國

寢敄鼎
商　代

旅　鼎
周　早

敔　簋
周　早

荊公孫敦
春　秋

盄男鼎
春　秋

書也缶
戰　國

包山 221
戰　國

包山 236
戰　國

上博昭王
戰　國

望山M1 簡
戰　國

璽彙 0092
戰　國

貨系 0361
戰　國

上博曹沫
戰　國

上博景公
戰　國

包山 212
戰　國

中山木條
戰　國

璽彙 3468
戰　國

貨系 0360
戰　國

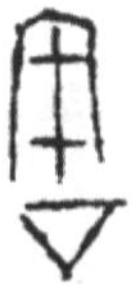
三晉 64
戰　國

宲：

雲夢日甲
戰　國

宬

周甲37
先周

宬伯景生壺
周晚

富

邦司冠矛
戰國

三年銀杖首
戰國

富奠劍
戰國

上官豆
戰國

中山王鼎
戰國

郭店老甲
戰國

上博緇衣
戰國

璽彙1434
戰國

璽彙4414
戰國

貨系0367
戰國

雲夢爲吏
戰國

郭店緇衣
戰國

上博緇衣
戰國

璽彙1438
戰國

璽彙4424
戰國

雲夢日甲
戰國

雲夢日乙
戰國

完

陶五005
戰國

宜

合 14664	鐵 16.3	英 21	合 32118	合 32216	合 33193	英 2466	合 35367
一期	一期	一期	四期	四期	四期	四期	五期

菁 3.1	前 7.17.4	前 5.37.2	合 32936	粹 68	合 33292	合 32216
一期	一期	二期	四期	四期	四期	四期

戍鈴方彝	戍甬鼎	史宜父鼎	秦子戈	宜鑄戈	中山王壺	胤嗣壺
商代	商代	周晚	春秋	戰國	戰國	戰國

般甗	令簋	秦公簋	宜章矛	宜陽右倉簋	中山王鼎	宜安戈
商代	周早	春秋	戰國	戰國	戰國	戰國

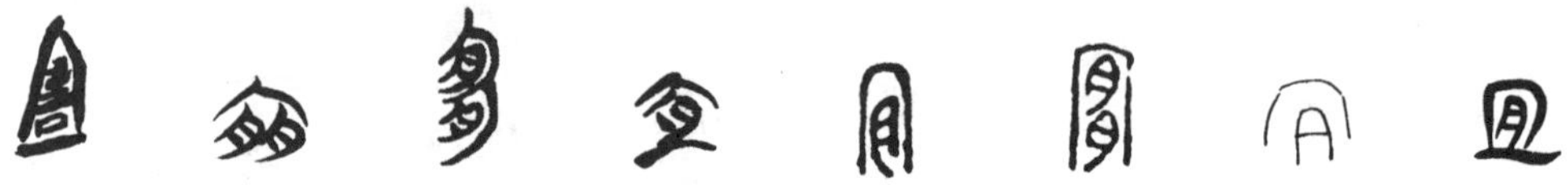

小臣系石簋	包山 223	郭店語三	上博恒先	璽彙 4265	璽彙 4263	幣編 102	雲夢秦律
商代	戰國	戰國	戰國	戰國	戰國	戰國	戰國

望山M1簡	包山 110	上博容成	九店楚簡	璽彙 4539	璽彙 4801	璽彙 4806	璽彙 4536
戰國	戰國	戰國	戰國	戰國	戰國	戰國	戰國

古文

容	宿	寵
	合 19585 一期 合 27805 三期 花東 060 一期 寧滬 1.384 三期	合 7286 一期 合 7930 一期
合陽王鼎 戰國 土勻錍 戰國 上容大夫戈 戰國 萯陽鼎 戰國 公朱左自鼎 戰國	宿父尊 周中 郳子宿車盆 春秋 窒叔簋 周晚	沇其鐘 周晚 曾伯從寵鼎 周晚
陶六 083 戰國 上博緇衣 戰國 璽彙 1069 戰國 璽彙 3840 戰國 郭店語一 戰國 上博曹沫 戰國 璽彙 3060 戰國 雲夢封診 戰國	春録 7.3 戰國 上博容成 戰國 雲夢雜抄 戰國	包山 135 戰國 雲夢日甲 戰國 璽彙 3058 戰國
古文		

宂	宪	寑	寬
 乙 4901 一期  林 2.29.13 一期	 合 8811 一期	 前 1.30.5 一期  合 32160 四期  佚 426 五期 集作 韻寢 或寑  後下 3.13 二期  戩 25.13 四期	
		 寢爵 商代  鄉鬲 商代  師遽方彝 周中  寢玄盤 商代  寢敄簋 商代  下寢盂 春秋  曾侯乙戈 戰國	 史密簋 周晚
 雲夢效律 戰國		 秦公石磬 春秋  包山 146 戰國  包山 166 戰國  包山 263 戰國  郭店六德 戰國  信陽楚簡 戰國  包山 146 戰國  包山 171 戰國  上博容成 戰國	 故宮 470 戰國  雲夢爲吏 戰國
		  籀文	

官

花東 053 一 期 | 合 1916 一 期 | 菁 10.12 二 期

後下 4.6 一 期 | 乙 4832 一 期 | 京津 4845 三 期

小臣傳卣 周 早 | 平安君鼎 戰 國

無叀鼎 周 晚 | 兆域圖 戰 國 | 郪陵君鑑 戰 國

陶六 017 戰 國 | 曾侯墓簡 戰 國 | 包山 182 戰 國 | 璽彙 4347 戰 國 | 璽彙 4268 戰 國

曾侯墓簡 戰 國 | 包山 005 戰 國 | 璽彙 4627 戰 國 | 璽彙 4355 戰 國 | 璽彙 0135 戰 國 | 幣編 118 戰 國

㝡

合 40737 一 期 | 合 34676 四 期

合 30386 三 期

秦印彙編 秦 代

宵	宣	實	寄
 宵簋 周早  宵簋 周早	 [illegible]令戈 戰國	 㝬簋 周晚  郜召匠 春秋  散盤 周晚  國差𦉜 春秋	
 長沙帛書 戰國  包山 119 戰國  雲夢封診 戰國  包山 015 戰國  包山 087 戰國		 信陽楚簡 戰國  郭店六德 戰國  雲夢效律 戰國  郭店忠信 戰國  上博相邦 戰國	 雲夢法律 戰國

亏　　寮

亏

合 2631　一期
鐵 238.1　一期

合 6497　一期
福 15　一期

作且己鼎　商代
二祀其卣　商代
郘公釛鐘　春秋

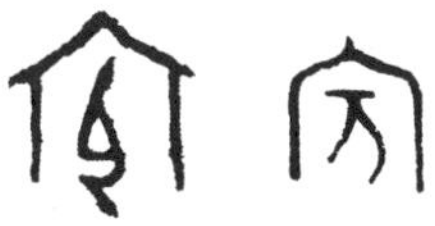

亏父癸鼎　商代
虘鐘　周中

郭店語一　戰國
上博容成　戰國

古文四聲韻作

郭店語三　戰國
璽彙 5297　戰國

寮

合 18626　一期
京津 3316　二期
合 24277　二期
合 36909　五期
續 3.28.7　五期

花東 257　一期
合 24273　二期
粹 1212　二期
合 36423　五期

矢方彝　周早
番生簋　周中
逋盂　周晚

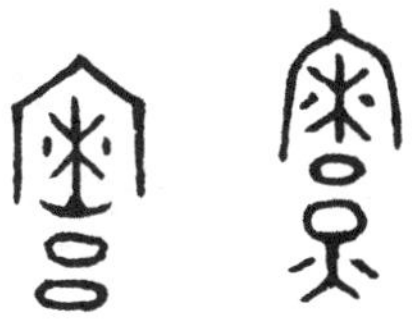

令簋　周早
毛公鼎　周晚

寡	⿱宀埶	寠
	燕 764 一期 合 5991 一期 合 5990 一期 合 6666 一期	
寡子卣 周中 毛公鼎 周晚 㶣氏壺 戰國 中山王鼎 戰國 作册嗌卣 周中 寡簋 周晚 中山王鼎 戰國	子廟鼎 商代 子廟圖卣 商代 廟方彝 周早 廟父乙觶 商代 廟卣 周早 器銘從广	洹子孟姜壺 春秋
郭店尊德 戰國 上博緇衣 戰國 雲夢日乙 戰國 郭店語三 戰國 天星觀簡 戰國		雲夢秦律 戰國

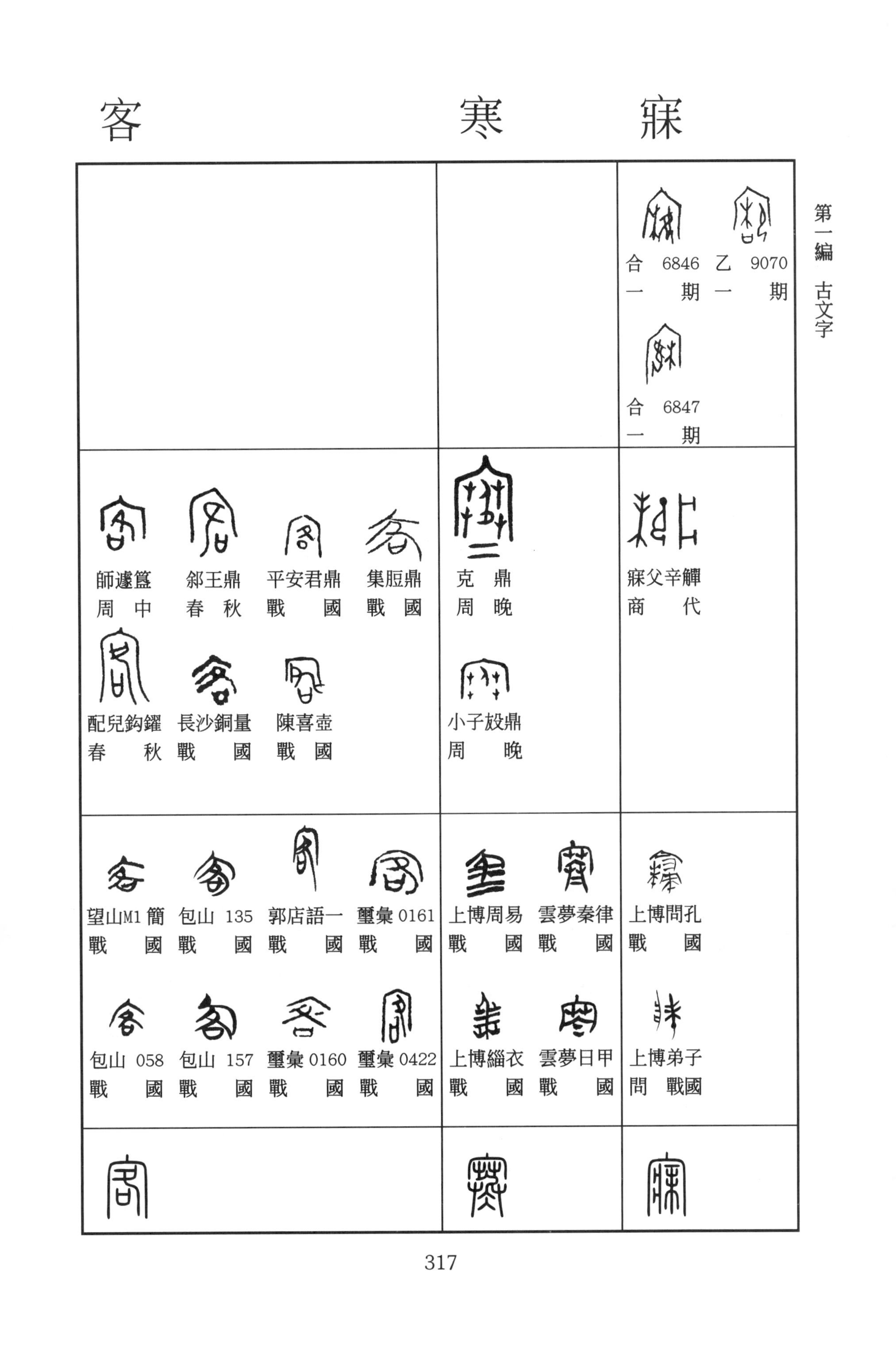

客	寒	寐
		合 6846 一期 乙 9070 一期 合 6847 一期
師遽簋 周中 郤王鼎 春秋 平安君鼎 戰國 集脰鼎 戰國 配兒鉤鑃 春秋 長沙銅量 戰國 陳喜壺 戰國	克鼎 周晚 小子㪟鼎 周晚	寐父辛觶 商代
望山M1簡 戰國 包山 135 戰國 郭店語一 戰國 璽彙 0161 戰國 包山 058 戰國 包山 157 戰國 璽彙 0160 戰國 璽彙 0422 戰國	上博周易 戰國 雲夢秦律 戰國 上博緇衣 戰國 雲夢日甲 戰國	上博問孔 戰國 上博弟子問 戰國

害

大簋 周早

害叔簋 周中

師克盨 周中

師害簋 周晚

包山 219 戰國

郭店老甲 戰國

郭店老丙 戰國

郭店性自 戰國

雲夢秦律 戰國

郭店五行 戰國

郭店老甲 戰國

郭店成之 戰國

郭店語四 戰國

索

亦索戈 商代

索諆爵 周中

包山 151 戰國

雲夢效律 戰國

天星觀簡 戰國

寫

石鼓鑾車 戰國

雲夢法律 戰國

宋	寞	宅
 合 20233 一期　佚 106 三期　京都 3171 四期  京津 2094 一期　甲 208 三期		
 北子宋盤 周早　不昜戈 春秋　咎莕戈 戰國  永盂 周中　宋公䜌戈 春秋　新城大令戈 戰國		
 陶三 803 戰國　上博緇衣 戰國　璽彙 1410 戰國　璽彙 1431 戰國　貨系 2456 戰國  望山M2簡 戰國　温縣盟書 戰國　璽彙 1425 戰國　璽彙 3505 戰國　貨系 0371 戰國	 郭店忠信 戰國　上博周易 戰國  郭店忠信 戰國	 香港 37 戰國

宗

佚 861 五期　周甲 1 先周

前 4.38.4 五期

作册且己鼎 商代　文考日己彝 周中　吴王光鑑 春秋　曾姬無卹壺 戰國

過伯簋 周早　仲殷父簋 周晚　兆域圖 戰國　陳逆簠 戰國

陶三 827 戰國　望山M1簡 戰國　上博詩論 戰國　璽彙 1440 戰國

陶五 384 戰國　郭店六德 戰國　璽彙 0092 戰國　貨系 0216 戰國

宔

前 1.45.5 一期　合 28207 三期

粹 16 三期　後上 5.5 四期

二年戈 戰國　中山王鼎 戰國

陳純釜 戰國　胤嗣壺 戰國

望山M1簡 戰國　侯馬盟書 戰國　侯馬盟書 戰國　侯馬盟書 戰國

郭店性自 戰國　侯馬盟書 戰國　侯馬盟書 戰國　温縣盟書 戰國

⿱宀袁	⿱宀或	宕	⿱宀音	⿸𤕪樂
同 寰		 合 8977 一期  寧滬 1.396 一期  前 1.30.7 一期		 合 3522 一期
 袁盤 周晚  師袁簋 周晚  中山王壺 戰國		 𢦚方鼎 周中  琱生簋 周晚		
 璽彙 3202 戰國  璽彙 4086 戰國	 包山 010 戰國  郭店緇衣 戰國  包山 125 戰國  包山 268 戰國		 璽彙 2142 戰國  璽彙 2951 戰國	

第一編　古文字

寷	㝩	𡧋	營
叔旅魚父鐘 周晚	克鼎 周晚 晉公𥂴 春秋 𠟭簋 周晚	莒太史申鼎 春秋 黃夫人盤 春秋	五祀衛鼎 周中 鼎銘作營二川
		曾侯墓簡 戰國 包山 157 戰國 包山 198 戰國 璽彙 3496 戰國 望山M1簡 戰國 包山 174 戰國 郭店五行 戰國 璽彙 5559 戰國	上博印 32 戰國 璽彙 3687 戰國

丌	亓	巺	典
			合 7414 一期 佚 931 四期 合 30658 三期 後上 10.9 五期
不光劍 戰國 胤嗣壺 戰國	兆域圖 戰國 亓北古劍 戰國 襄安君壺 戰國 亓北古劍 戰國	曾侯乙鐘 戰國	弜父丁觶 商代 克盨 周晚 井侯簋 周早 陈侯因齊敦 戰國
郭店性自 戰國 璽彙 5204 戰國	信陽楚簡 戰國 璽彙 5203 戰國 望山M1簡 戰國 貨系 1605 戰國	曾侯墓磬 戰國 上博詩論 戰國 璽彙 3023 戰國 陶六 145 戰國 上博仲弓 戰國	包山 003 戰國 秦玉牘 戰國 天星觀簡 戰國 璽彙 3232 戰國

奠	㠱
 合 6 一期  乙 6739 一期  佚 190 四期  合 32275 四期  合 9769 一期  佚 163 三期  後下 36.3 四期	 前 3.18.4 一期  甲 2752 五期  合 9570 一期
 大作大仲簋 周早  叔專父簋 周晚  逨盤 周晚  富奠劍 戰國  免簋 周中  叔向父簋 周晚  牧馬受簋 春秋  酓章鎛 戰國	 仲子觥 商代  㠱矣父乙簋 商代  㠱侯父戊簋 周早  㠱侯鼎 春秋  耄卣 商代  㠱侯父乙簋 周早  師寰簋 周晚
 陶三 019 戰國  陶三 148 戰國  包山 002 戰國  郭店性自 戰國  陶三 020 戰國  沓録 6.4 戰國  包山 085 戰國  璽彙 1617 戰國	 包山 69 戰國  上博從政 戰國  郭店尊德 戰國

巾	帬	帥	幬	幣
 京津1425 一期	通行字作裙			
 晉壺 周中		 史頌簋 周中  虢叔鐘 周中  師虎簋 周中  晉公盨 春秋  番生簋 周中  彔伯䢅簋 周中  毛公鼎 周晚	 伯晨鼎 周中 從韋	
	 信陽楚簡 戰國  雲夢封診 戰國	 石鼓乍原 戰國  雲夢日甲 戰國  侯馬盟書 戰國		 陶徵 90 戰國

幣	幅	幀	幃	幢
			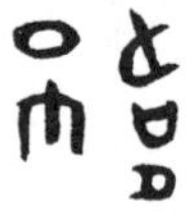 伯晨鼎 周中	
 郭店老乙 戰國  郭店語三 戰國  上博詩論 戰國  郭店緇衣 戰國  上博詩論 戰國	 雲夢日甲 戰國	 信陽楚簡 戰國  包山 272 戰國  望山M2簡 戰國  包山 277 戰國	 曾侯墓簡 戰國	 雲夢秦律 戰國

<table>
<tr><th>帶</th><th>錦</th><th>幏</th></tr>
<tr><td></td><td></td><td></td></tr>
<tr><td>
子犯鐘 春秋

上郡守戈 戰國

上郡守閒戈 戰國

長子盉 戰國</td><td></td><td></td></tr>
<tr><td>
陶五 410 戰國

望山M2簡 戰國

包山 231 戰國

璽彙 1560 戰國

天星觀簡 戰國

十鐘印舉 戰國

包山 219 戰國

上博容成 戰國

天星觀簡 戰國

天星觀簡 戰國</td><td>
曾侯墓簡 戰國

雲夢法律 戰國

曾侯墓漆書 戰國</td><td>
包山牘 1 戰國

雲夢秦律 戰國</td></tr>
<tr><td></td><td></td><td></td></tr>
</table>

常	帽	縢
 子犯鐘 春秋  鄴陵君豆 戰國		
 陶三 424 戰國  信陽楚簡 戰國  包山 203 戰國  雲夢日乙 戰國  包山 199 戰國  上博容成 戰國  陶三 425 戰國  天星觀簡 戰國  包山 214 戰國  雲夢日乙 戰國  包山 244 戰國	 包山 259 戰國	 十鐘印舉 戰國
  或體		

席	幕	帒	幅
 粹 621 一期  甲 267 一期			
 𬹹伯簋 周中  九年衛鼎 周中			
 信陽楚簡 戰國  望山M2簡 戰國  天星觀簡 戰國  郭店成之 戰國  包山 268 戰國  曾侯墓簡 戰國  天星觀簡 戰國  天星觀簡 戰國  曾侯墓簡 戰國  雲夢雜抄 戰國	 秦印彙編 秦代	 曾侯墓簡 戰國 簡文從弋	 曾侯墓簡 戰國 從歐聲
  古文			

布	希	㡌
 買尊 周早  守宮盤 周早		
 信陽楚簡 戰國  曾侯墓簡 戰國  郭店六德 戰國  貨編 117 戰國  雲夢法律 戰國  信陽楚簡 戰國  仰天湖簡 戰國  貨編 117 戰國  雲夢秦律 戰國	 雲夢日甲 戰國	 天星觀簡 戰國  天星觀簡 戰國  天星觀簡 戰國  天星觀簡 戰國

幎	帞	帛	帚
		前2.12.4 五期 周甲 3 先周	合 915 一期 合 22322 一期 合 24951 二期 合 2606 一期 花東 005 一期 合 32048 四期
		大簋 周中 魚顛匕 戰國 者減鐘 春秋	女帚卣 商代 帚姦觶 商代 帚女簋 商代 比簋 周早
曾侯墓簡 戰國 曾侯墓簡 戰國	曾侯墓簡 戰國 從市	石鼓汧沔 戰國 郭店性自 戰國 上博詩論 戰國 信陽楚簡 戰國 上博魯旱 戰國 璽彙 3495 戰國	信陽楚簡 戰國 玉篇帚從艸

帚帚	巿		⿰巿攵	⿰巿冋	⿰巿毛	⿰巿合	
合 21820 一期 合 33717 四期				同絅			
	大盂鼎 周早 師酉簋 周中	趞簋 周中 子犯鐘 春秋	吕服余盤 周中 四年瘐簋 周中			衛盉 周中	
	望山M2簡 戰國 天星觀簡 戰國	包山 273 戰國	上博容成 戰國	曾侯墓簡 戰國	望山M2簡 戰國	天星觀簡 戰國 天星觀簡 戰國	璽彙 3376 戰國
							或體

黹

𪓐

黹	𪓐
 花東 363 一期　合 5401 一期　合 28134 三期　合 28035 三期  花東 480 一期　合 8286 一期　屯 3165 三期　合 28036 三期	
 作且己鼎 商代　叔黹甗 周中　頌壺 周中　九年衛鼎 周中　此鼎 周晚 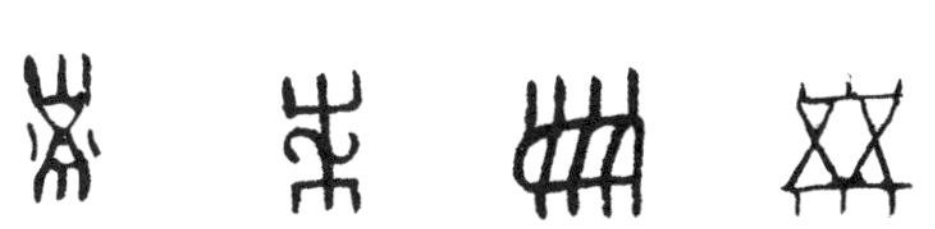 大保黹戈 周早　休盤 周中　頌簋 周中　寰盤 周晚	 師𩛥鼎 周中　𤼈鐘 周中　𪓐簋 周晚  𤼈鐘 周中　牆盤 周中

山	岸	岫
 合 6477 一期		
 山且壬爵 商代  山且庚觚 商代  啓卣 周早  中山王鼎 戰國  山父壬尊 商代  山觚且丁卣 商代  克鼎 周晚  中山侯鉞 戰國		 廿五年戈 戰國
 陶五 188 戰國  望山M1簡 戰國  郭店六德 戰國  璽彙 0363 戰國  璽彙 3284 戰國  陶五 193 戰國  包山 243 戰國  郭店窮達 戰國  璽彙 2556 戰國  貨系 1448 戰國	 秦印彙編 秦代	 貨系 0358 戰國
		  籀文

嶽	岑	岐
 甲 3330 一期  合 28258 三期  合 30185 三期  甲 649 四期  合 34229 四期  合 14488 一期  合 30425 三期  佚 74 三期  合 24380 四期		
 郭店六德 戰國	 雲夢爲吏 戰國	 秦封泥 秦代
  古文		  或體

巒	岡	巍	密	岩
 伯司簋 周　晚	 邵　鐘 春　秋  邵　鐘 春　秋	 魏公瓶 戰　國	 趞　簋 周　中  史密簋 周　晚  虎簋蓋 周　中  高密戈 春　秋	
	 陶典 0803 戰　國  璽彙 1617 戰　國	 秦陶 302 戰　國  十鐘印舉 戰　國  雲夢爲吏 戰　國  十鐘印舉 戰　國  十鐘印舉 戰　國	 雲夢爲吏 戰　國  秦印彙編 秦　代	 璽彙 3518 戰　國

崩	崔	嵇	嵍	峻	⿰阝⿳𠂇月山	岪	⿰山坐
		 逆鐘 周晚 從頶聲	 須嵍生鼎 春秋	 克鼎 周晚			
 璽印集粹 戰國	 陝西臨潼陶 戰國		 郭店老乙 戰國		 包山 163 戰國	 秦印彙編 秦代	 包山 215 戰國

嵔	嵩	嶠	嶬	[山每]	[山朱]	嵒
				同 峔	同 陎	 合 9432 一期  簠·地 30 四期
				 □陽令戈 戰國  下官鍾 戰國	 [山朱] [匚舌] 春秋	
 包山 64 戰國	 郭店語三 戰國	 璽彙 1237 戰國	 陶三 919 戰國	 璽彙 5376 戰國  璽彙 3043 戰國  璽彙 3055 戰國		 包山 166 戰國

土　　圣

土

合 6447 一期　甲 2241 一期　粹 17 四期

合 20576 一期　前 7.36.1 一期　粹 907 五期

大盂鼎 周早　哀成叔鼎 春秋　州句劍 戰國

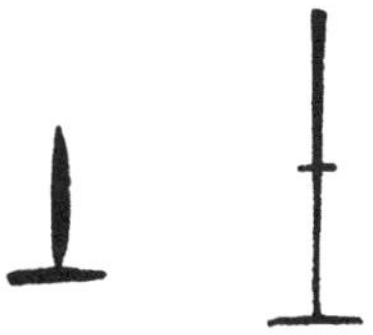

㝬鐘 周晚　無土鼎 春秋

陶一 0022 商代　長沙帛書 戰國　望山M1簡 戰國　郭店緇衣 戰國　貨系 3395 戰國

陶三 499 戰國　信陽楚簡 戰國　郭店唐虞 戰國　璽彙 2837 戰國

土

圣

合 9475 一期　前 4.10.3 一期　合 33209 四期

合 9484 一期　合 18730 一期

昚録 13.3 戰國

第一編　古文字

地

胤嗣壺
戰　國

包山 140 戰國	包山 207 戰國	郭店語四 戰國	香録 13.4 戰國	郭店語四 戰國	璽彙 1793 戰國	璽彙 2737 戰國	侯馬盟書 戰國

包山 149 戰國	郭店太一 戰國	上博恒先 戰國	郭店忠信 戰國	璽彙 0991 戰國	璽彙 2163 戰國	璽彙 2862 戰國	侯馬盟書 戰國

籀　文

埉 坤 坊 堦 坄 埼

	埉	坤	坊	堦	坄	埼
	同 陝					
 侯馬盟書 戰國  侯馬盟書 戰國  侯馬盟書 戰國  行气玉銘 戰國	 望山M1簡 戰國	 璽彙 1263 戰國  璽彙 2574 戰國	 舂録 13.4 戰國	 璽彙 3124 戰國  吉林 181 戰國	 璽彙 2570 戰國	 璽彙 2369 戰國  雲夢日甲 戰國

堣	坡	坭	堵
史頌簋 周中 史頌鼎 周中	兆域圖 戰國		子犯鐘 春秋 郘鐘 春秋
仰天湖簡 戰國 仰天湖簡 戰國 郭店窮達 戰國 仰天湖簡 戰國 郭店唐虞 戰國	包山 188 戰國 璽彙 3256 戰國 璽彙 0522 戰國	上博周易 戰國	長沙帛書 戰國 璽彙 1328 戰國 璽彙 0124 戰國 雲夢雜抄 戰國
			籀文

坪	垂	壚
臧孫鐘 春秋 坪夜君戟 戰國 高平戈 戰國 嘗篙鐘 戰國 曾侯乙鐘 戰國 坪夜君鼎 戰國 曾侯乙鐘 戰國		
曾侯墓簡 戰國 包山 083 戰國 包山 206 戰國 上博詩論 戰國 璽彙 2534 戰國 望山M1 簡 戰國 包山 203 戰國 郭店尊德 戰國 貨系 2320 戰國 幣編 115 戰國	璽彙 0101 戰國 璽彙 0164 戰國 璽彙 0209 戰國	上博容成 戰國 璽彙 3328 戰國

均

𨙸鐘
春秋

𨙸鐘
春秋

蔡侯申鐘
春秋

𨙸鐘
春秋

𨙸鐘
春秋

包山 043
戰國

郭店尊德
戰國

上博容成
戰國

璽彙 0784
戰國

璽彙 2359
戰國

璽彙 2470
戰國

璽彙 2873
戰國

雲夢秦律
戰國

郭店老甲
戰國

郭店成之
戰國

璽彙 0783
戰國

璽彙 1129
戰國

璽匯 2449
戰國

璽彙 2604
戰國

璽彙 3019
戰國

壞	坳	塊	堡
			 合 14300 一 期  合 18735 一 期 卜辭或從山丘
 旮録附 36 戰國  郭店成之 戰國  上博容成 戰國  三晋 122 戰國  天星觀簡 戰國  上博子羔 戰國  上博容成 戰國  雲夢封診 戰國	 新蔡楚簡 戰國	 璽彙 1695 戰國	

塙	塧	塗	堨	堪
 陶三 415 戰國  包山 021 戰國  包山 032 戰國  璽彙 1933 戰國  陶三 422 戰國  包山 027 戰國  包山 187 戰國  璽彙 3469 戰國	 九店楚簡 戰國	 上博周易 戰國	 璽彙 3454 戰國	 璽印集粹 戰國  雲夢日甲 戰國

垣	壂	坩	壁	坐
				 合 975 一期  合 5357 一期  合 1779 一期  合 16998 一期
 上官鼎 戰國  上郡守開戈 戰國  兆域圖 戰國  邦司寇劍 戰國				
 十鐘印舉 戰國  三晉 100 戰國  雲夢爲吏 戰國  三晉 100 戰國  貨系 4055 戰國	 集證 142 戰國  雲夢爲吏 戰國	 幣編 120 戰國	 包山 218 戰國  雲夢日乙 戰國	 信陽楚簡 戰國  雲夢效律 戰國  包山 243 戰國

堆	垍	堂
		 兆域圖 戰　國  鄂君車節 戰　國
 陶三 210 戰　國  望山M2簡 戰　國	 璽彙 2314 戰　國  璽彙 2563 戰　國  璽彙 2564 戰　國	 九店楚簡 戰　國  郭店老甲 戰　國  郭店性自 戰　國  璽彙 5421 戰　國  璽彙 3999 戰　國  郭店尊德 戰　國  璽彙 3442 戰　國  幣編 203 戰　國  貨系 4183 戰　國
		  古　文

坦	堤	埽	坿
		 花東 333 一期  花東 481 一期  明藏 44 一期  花東 391 一期  前 5.32.1 一期  合 583 一期  後下 29.4 一期  後下 8.18 三期	
		 埽斝 商代	
 包山 175 戰國	 曲堤璽 戰編 883  雲夢秦律 戰國		 上博周易 戰國  璽彙 3438 戰國  璽彙 2315 戰國

封	坒	埔
 合 5908 一期  合 20074 一期  屯 2170 三期  合 27823 三期  合 7928 一期  京津 4499 二期  合 28821 三期		
 封簋 商代  琱生簋 周晚  封孫宅盤 春秋  中山王鼎 戰國  封虎鼎 周中  伊簋 周晚  啓封令戈 戰國		
 陶五 384 戰國  雲夢效律 戰國  上博容成 戰國  璽彙 0861 戰國  璽彙 2496 戰國  幣編 139 戰國  青川牘 戰國  貨系 2489 戰國  璽彙 0839 戰國  璽彙 1797 戰國  幣編 139 戰國  幣編 139 戰國	 璽彙 3923 戰國	 新蔡楚簡 戰國 從父聲
  古文  籀文		

型　　坓　塡　埋

型	坓	塡	埋
 者旨䵼盤 春秋  䵼簋鐘 戰國  中山王鼎 戰國  郳大宰匿 春秋  中山王鼎 戰國  胤嗣壺 戰國	 邢令戈 戰國  七年劍 戰國		
 長沙帛書 戰國  郭店性自 戰國  望山M1簡 戰國  包山 199 戰國  上博容成 戰國  郭店老甲 戰國  郭店五行 戰國  包山 162 戰國  郭店語一 戰國  璽彙 2573 戰國	 郭店老乙 戰國  上博曹沫 戰國	 曾侯墓簡 戰國  曾侯墓簡 戰國	 陶三 716 戰國
		塡	

墨

即墨華戈
戰國

析君戟
戰國

陶三 691
戰國

曾侯墓簡
戰國

天星觀簡
戰國

包山 012
戰國

貨系 2551
戰國

長沙帛書
戰國

曾侯墓簡
戰國

包山 007
戰國

璽彙 5477
戰國

雲夢日甲
戰國

重

合 17950
一期

井侯簋
周早

春成侯鍾
戰國

商鞅方升
戰國

外卒鐸
春秋

東庫扁壺
戰國

郭店成之
戰國

璽彙 0558
戰國

郭店唐虞
戰國

中山木條
戰國

貨系 4071
戰國

城

鳳雛甲 5
周　早

班　簋	居　簋	吴王光鐘	郘城戈	𠫑羌鐘	鄂君車節	比城戈
周　中	春　秋	春　秋	戰　國	戰　國	戰　國	戰　國

散　盤	武城徒戈	郐諮尹鉦	武城戈	酈侯𡚸簋	成陽戈	中山王鼎
周　晚	春　秋	春　秋	戰　國	戰　國	戰　國	戰　國

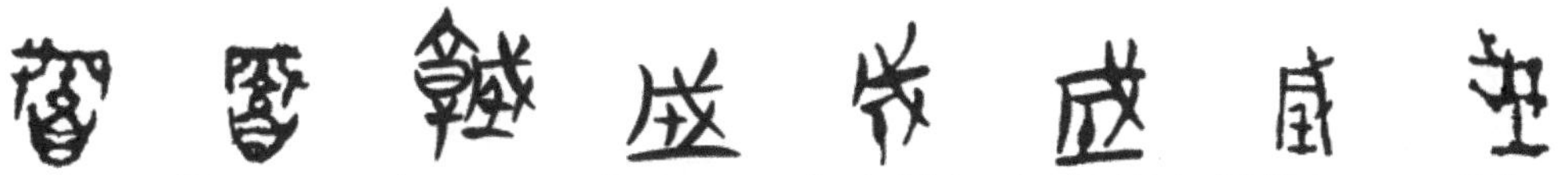

陶三 532	陶三 542	包山 004	包山 202	郭店緇衣	郭店老甲	璽彙 0150	三晋 51
戰　國	戰　國	戰　國	戰　國	戰　國	戰　國	戰　國	戰　國

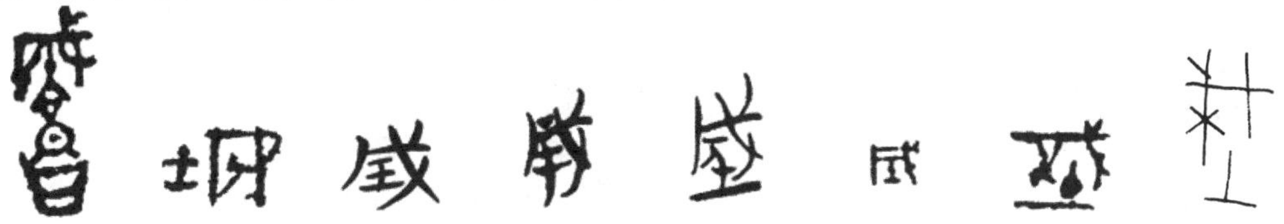

陶三 539	陶六 024	包山 174	郭店忠信	郭店緇衣	璽彙 0115	璽彙 0359	幣編 137
戰　國	戰　國	戰　國	戰　國	戰　國	戰　國	戰　國	戰　國

城

籀　文

增	塍	堅	𡋗	壘
	 遣氏仲匠 春秋  郳伯鬲 春秋  陳伯元匜 春秋  䣄伯盤 春秋  曹公盤 春秋  陳侯鼎 春秋			 格伯簋 周中  格伯簋 周中
 九店楚簡 戰國  雲夢秦律 戰國		 璽印集粹 戰國  鐵雲印續 戰國	 璽彙 3085 戰國  包山 255 戰國  郭店窮達 戰國	

埤	墳	壞	壙	塞		墠	隧
				 粹 945 三期			
				 塞公孫匜 春秋  塞簠 春秋			 㝬簋 周晚
 上博三德 戰國  雲夢雜抄 戰國	 陶二 0003 西周	 仰天湖簡 戰國	 包山 083 戰國	 上博民之 戰國  雲夢雜抄 戰國	 郭店窮達 戰國	 郭店民之 戰國	

埱 菫

	 京津 517 一期  粹 551 四期
	 菫伯鼎 周早  菫鼎 周早  駒父盨 周晚  琱生簋 周晚  逨盤 周晚  洹子孟姜壺 春秋  齊陳曼匿 戰國  啓卣 周早  頌壺 周中  善父山鼎 周晚  毛公鼎 周晚  之利殘器 春秋  漢中守戈 戰國
 雲夢封診 戰國	 陶三 1203 戰國  郭店老乙 戰國  郭店老甲 戰國  雲夢日甲 戰國
埱	

垑 埇 垞 圭

垑	埇	垞	圭
			師遽方彝 周中 毛公鼎 周晚
九店楚簡 戰國	上博曹沫 戰國	璽彙 2259 戰國	上博魯早 戰國 温縣盟書 戰國 郭店緇衣 戰國 上博魯早 戰國 秦印彙編 秦代 璽彙 5593 戰國 信陽楚簡 戰國 新蔡楚簡 戰國 上博緇衣 戰國
			珪 古文

坏	壞	墧	堋
 競卣 周中  秦公簋 春秋  鼄侯鼎 周晚	 相邦冉戈 戰國		 南疆鉦 春秋
	 郭店唐虞 戰國  雲夢秦律 戰國  雲夢雜抄 戰國	 鐵雲藏印 戰國  侯馬盟書 戰國  璽印集粹 戰國	 天星觀簡 戰國  上博容成 戰國  郭店緇衣 戰國  上博緇衣 戰國
	  古文		

壘	坷	壟	場	坂	圩
 口陽令戈 戰國		 作冢壟戈 戰國		 坂方鼎 商代  曾侯乙鐘 戰國  曾侯乙鐘 戰國	
 包山 190 戰國	 包山 099 戰國		 包山 122 戰國  璽彙 0099 戰國  包山 122 戰國  璽彙 2566 戰國	 上博從政 戰國	 璽彙 0003 戰國  璽彙 2332 戰國

坱	坉	址	堣	堊	堙
	 吕不韋矛 戰國	 亞址妣己觶 商代		 大堊公戟 戰國  堊戈 戰國	
 郭店太一 戰國  上博周易 戰國	 郭店老甲 戰國		 郭店唐虞 戰國  九店楚簡 戰國  郭店緇衣 戰國  璽彙 5267 戰國		 雲夢爲吏 戰國
				  古文	

埰	坸	垬	堯	塼	坆
			 後下 32.6 二　期		
			 堯　戈 周　早  堯　盤 周　中	 克　鼎 周　晚 器銘從阜	
 璽彙 1907 戰　國  璽彙 1909 戰　國	 陶九 025 戰　國  璽彙 3239 戰　國	 璽彙 5147 戰　國  璽彙 5152 戰　國	 長沙帛書 戰　國  郭店六德 戰　國  璽彙 0262 戰　國  郭店窮達 戰　國  上博曹沫 戰　國	 上博昭王 戰　國	 仰天湖簡 戰　國  上博容成 戰　國
			  古　文		

垍	⿱巠土	⿰土戔	堹	墫	埮	坋	墝
				 零拾 090 一　期			
 璽彙 0186 戰　國  璽彙 0188 戰　國	 璽彙 1149 戰　國  三晋 71 戰　國	 長沙帛書 戰　國	 璽彙 3880 戰　國		 望山M2 簡 戰　國  上博昭王 戰　國	 香録 13.3 戰　國	 郭店唐虞 戰　國  郭店唐虞 戰　國

墉	⿰土畏	基	埢
 戠 40.13 一期  戠 40.14 一期  粹 716 四期  前 8.10.1 一期  屯 1111 一期		 合 6572 一期	
 章南鼎 商代  章爵 商代  井侯簋 周早  毛公鼎 周晚  拍敦蓋 春秋  辛章鼎 商代  章鼎 周早  師𩛥鼎 周中  衵伯章盤 春秋  曾侯乙鐘 戰國		 子璋鐘 春秋	
 石鼓吴人 戰國  陶三 355 戰國  天星觀簡 戰國  珍秦 47 戰國  陶三 348 戰國  天星觀簡 戰國  上博内豊 戰國  郭店六德 戰國	 包山 055 戰國	 陶三 1211 戰國  包山 168 戰國	 咸陽陶 戰國  封成 19 戰國
  古文			

第一編　古文字

坒 呈 覲

坒	呈	覲
		 花東 003 一期  合 3122 一期  合 685 一期  合 22091 一期  合 24147 二期  合 24170 二期  花東 286 一期  合 137 一期  合 367 一期  合 22537 二期  合 24165 二期  合 24215 二期
 坒卣 周早  王作臣坒簋 周早	 拍敦蓋 春秋	 毛公鼎 周晚  不嬰簋 周晚
		  籀文

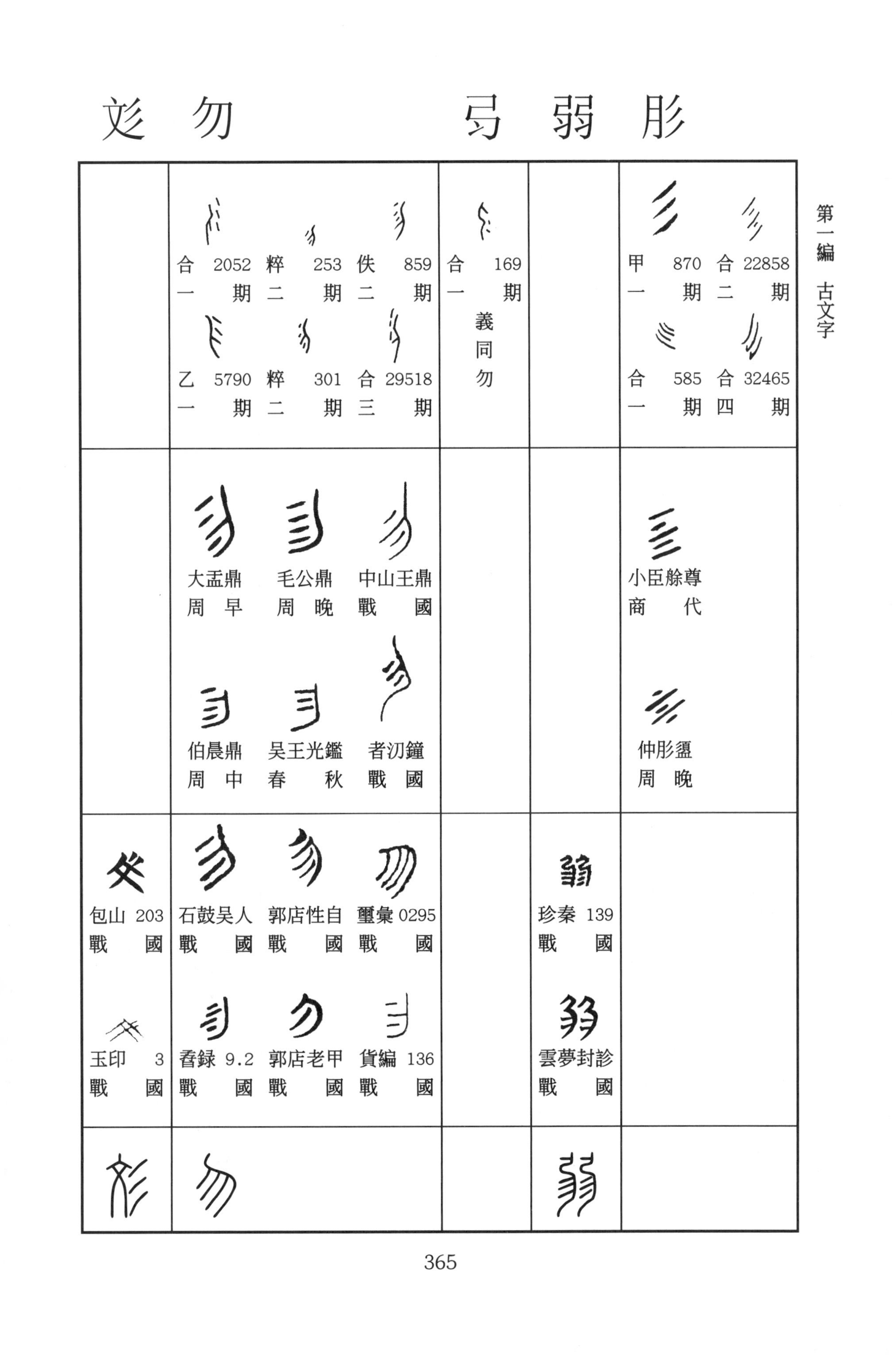

彣	勿	弓	弱	彡
	合 2052 一期；粹 253 二期；佚 859 二期；乙 5790 一期；粹 301 二期；合 29518 三期	合 169 一期 義同勿		甲 870 一期；合 22858 二期；合 585 一期；合 32465 四期
	大盂鼎 周早；毛公鼎 周晚；中山王鼎 戰國；伯晨鼎 周中；吴王光鑑 春秋；者汈鐘 戰國			小臣艅尊 商代；仲彤盨 周晚
包山 203 戰國；玉印 3 戰國	石鼓吴人 戰國；郭店性自 戰國；璽彙 0295 戰國；脊録 9.2 戰國；郭店老甲 戰國；貨編 136 戰國		珍秦 139 戰國；雲夢封診 戰國	

易	彰	彫
 合 5458 一期　合 8440 一期　合 15825 一期　合 28030 三期　佚 518 五期  合 940 一期　合 15827 一期　合 28012 三期　粹 603 三期		
 小臣系卣 商代　德簋 周早　臣卿簋 周早　事喪尊 周中　伯家父簋 周晚　中山王鼎 戰國  邐簋 商代　叔德簋 周早　大鼎 周早　晉侯穌鐘 周晚　蔡侯申鐘 春秋　中山王壺 戰國		
 陶四 168 戰國　郭店語二 戰國  郭店語一 戰國　郭店老甲 戰國	 陶三 1062 戰國  郭店語三 戰國	 陶三 625 戰國  信陽楚簡 戰國

上

乙 2243
一 期

後下 8.7
一 期

臣辰盉	洹子孟姜	新鄭虎符	郾客問量
周 早	壺 春秋	戰 國	戰 國

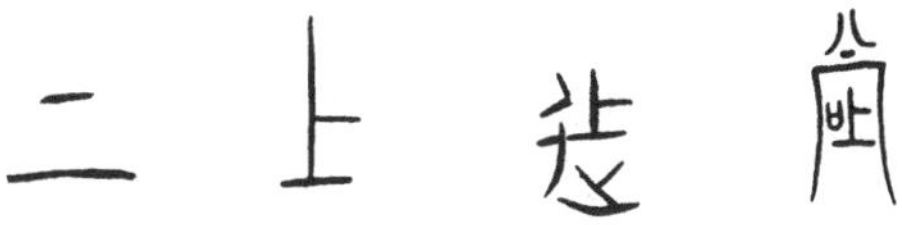

秦公鎛	中山王壺	鄂君舟節	中山王壺
春 秋	戰 國	戰 國	戰 國

秦公石磬	包山牘 1	璽彙 4207	郭店成之	璽彙 2828
春 秋	戰 國	戰 國	戰 國	戰 國

陶四 093	璽彙 0099	貨系 2469	包山 150	璽彙 1075
戰 國	戰 國	戰 國	戰 國	戰 國

下

前 4.6.8
一 期

粹 79
四 期

長由盉	鄂君車節
周 中	戰 國

哀成叔鼎	蔡侯申盤	中山王鼎
春 秋	春 秋	戰 國

郭店語一	璽彙 4853	青川櫝
戰 國	戰 國	戰 國

郭店老甲	璽彙 4911	璽彙 0619
戰 國	戰 國	戰 國

旁

合 6666 一期	合 20547 一期	拾 5.10 四期

後下 37.2 一期	合 8624 一期	英 634 四期

亞旁罍 商代	周免旁尊 周中	妊嫢母簋 周中	梁十九年鼎 戰國

旁父乙鼎 商代	旁鼎 周中	者減鐘 春秋

長沙帛書 戰國	雲夢法律 戰國

雲夢秦律 戰國

古文

帝

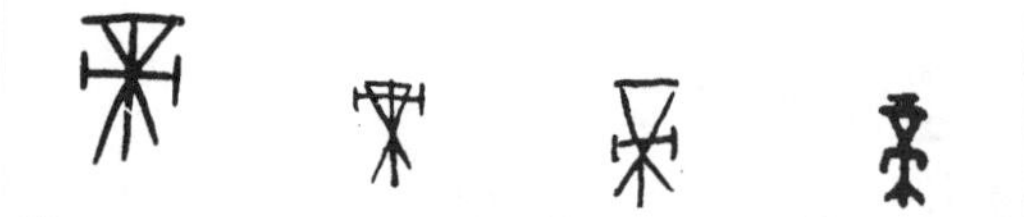

粹 1128 一期	乙 653 一期	合 34149 四期	前 4.17.4 五期

前 3.21.3 一期	乙 173 三期	粹 12 四期	周甲 82 先周

四祀𠨘其卣 商代	寡子卣 周中	畢狄鐘 春秋

井侯簋 周早	仲師父鼎 周晚	中山王壺 戰國

秦公石磬 春秋	郭店五行 戰國	郭店唐虞 戰國

長沙帛書 戰國	郭店緇衣 戰國	九店楚簡 戰國

古文

巳　　　　　　已

巳	已
 前 7.9.2 一期  佚 284 三期  粹 1457 五期  粹 307 二期  粹 457 四期	
 𨚵沚簋 商代  邐簋 商代  艅尊 商代  格伯簋 周中 甲金文巳形同子	 大盂鼎 周早  工敔王劍 春秋  吳王光鑑 春秋  公朱左官鼎 戰國  蔡侯申盤 春秋  吳王光鐘 春秋  吳王光鑑 春秋 金文已形同巳
 望山M1簡 戰國  包山 021 戰國  郭店語二 戰國  璽彙 2039 戰國  九店楚簡 戰國  郭店老甲 戰國  郭店語三 戰國  干支牙籌 戰國	

己　　巸

己

粹 414 一期　後上 8.4 三期　粹 1478 五期

粹 201 二期　粹 1041 四期

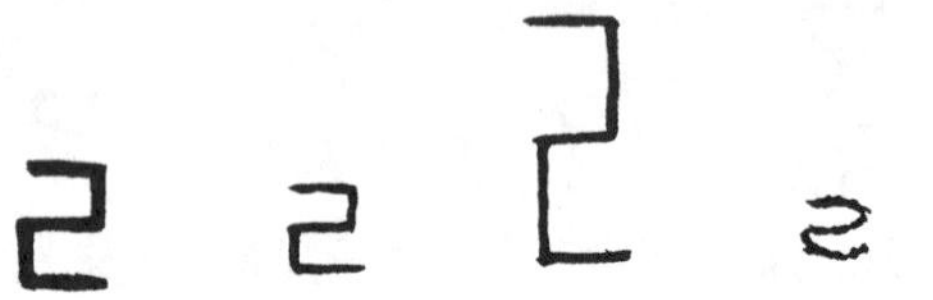

父己鼎 商代　作册大鼎 周早　禾簋 春秋　羕陵公戈 戰國

且日戈 商代　宴簋 周晚　書也缶 戰國　陳𦾔鐘 戰國

包山 022 戰國　璽彙 2191 戰國　干支牙籌 戰國　青川櫝 戰國

包山 226 戰國　璽彙 3322 戰國　貨系 0111 戰國

古文

巸

齊侯匜 春秋　夆叔匜 春秋　郐王子旃鐘 春秋

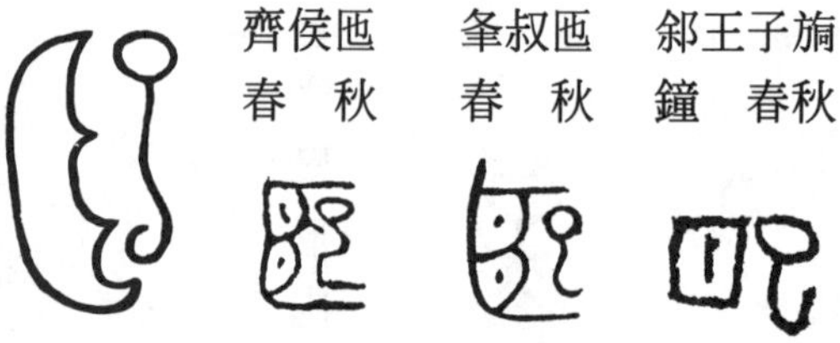

文𩑋父丁卣 商代　邾公典盤 春秋　齊侯敦 春秋　高奴權 戰國

璽彙 3181 戰國　璽彙 3184 戰國

璽彙 3183 戰國　璽彙 3224 戰國

古文

口　四　困

口	四	困
	甲 504 一期 前 4.29.5 一期	粹 61 三期 屯 885 四期
口己觚 商代 口亼且己觶 商代	四祀邲其卣 商代 虢季子白盤 周晚 者減鐘 春秋 𠍙子受鐘 春秋 鄲孝子鼎 戰國 矢方彝 周早 中山王鼎 戰國 邵鐘 春秋 郤王子旃鐘 春秋 梁廿七年鼎 戰國	困册父丁爵 周早
	秦公石磬 春秋 石鼓鑾車 戰國 長沙帛書 戰國 郭店緇衣 戰國 璽彙 0316 戰國 望山M2簡 戰國 燕下都陶 戰國 望山M2簡 戰國 郭店性自 戰國 先秦 277 戰國	信陽楚簡 戰國 包山 145 戰國 望山M1簡 戰國
	古文 籀文	

囝	囡	囩	回
	 合 8820 一期		
 囝父辛簋 商代  囝 觚 商代  囝 爵 商代			 回父丁爵 商代
		 信陽楚簡 戰國  曾侯墓簡 戰國  包山 264 戰國  曾侯墓簡 戰國  望山M2簡 戰國  上博容成 戰國	
			  古文

 國 

 合 22173 一 期  乙 8526 一 期		 合 695 一 期  戩 37.4 四 期  合 1599 一 期
	 保 卣 周 早  悍距末 春 秋  王孫誥鐘 春 秋  悍距末 戰 國  彔 卣 周 中  蔡侯申鐘 春 秋  平國君鈹 戰 國	 戈父辛鼎 商 代
 包山 260 戰 國  上博緇衣 戰 國	 陶三 1005 戰 國  曾侯墓簡 戰 國  包山 135 戰 國  璽彙 0733 戰 國  侯馬盟書 戰 國  陶三 1006 戰 國  包山 045 戰 國  新蔡楚簡 戰 國  璽彙 3078 戰 國	

因	固
 合 33007 四期  佚 577 四期	
 蟎鼎 周中  陳侯因齊戈 戰國  中山王壺 戰國  陳侯因齊戈 戰國	 成固戈 戰國  中山帳桿 戰國  東庫圜壺 戰國
 望山M2簡 戰國  郭店語一 戰國  上博恒先 戰國  郭店成之 戰國  上博容成 戰國	 陶六 150 戰國  包山 129 戰國  璽彙 1318 戰國  陶三 031 戰國  璽彙 3685 戰國  望山M1簡 戰國  璽彙 0713 戰國  璽彙 2584 戰國  陶三 542 戰國

圖	囷	圈
 子廟圖卣 商代  散盤 周晚  善夫山鼎 周晚  兆域圖 戰國  夨簋 周早  無叀鼎 周晚  吕不韋戈 戰國		
 金符 6 戰國	 秦陶 1483 戰國  雲夢日甲 戰國  璽印集粹 戰國	 包山 254 戰國  雲夢日甲 戰國  集證 149 戰國

圓	囿	園	囚	圃	團
	 前 4.12.3 一 期  前 7.20.1 一 期		 佚 752 一 期  甲 3367 一 期		
	 秦公簋 春 秋			 御 尊 周 早	 解子鼎 周 早  召 卣 周 早
 曾侯墓簡 戰 國	 石鼓吴人 戰 國  雲夢爲吏 戰 國	 陶五 352 戰 國  上博印 06 戰 國  秦陶 1488 戰 國  雲夢日甲 戰 國	 雲夢秦律 戰 國	 包山 172 戰 國  包山 186 戰 國	
	  籀 文				

圍		圂		
	同陽	 合 9062 一期  前 4.16.7 一期		
 柞伯鼎 周晚  庚壺 春秋		 圂觚 商代  毛公鼎 周晚	 九年衛鼎 周中  㝬簋 周晚	
 包山 002 戰國  雲夢雜抄 戰國  包山 005 戰國	 陶三 197 戰國  陶三 537 戰國  陶三 518 戰國  璽彙 3751 戰國	 璽彙 3985 戰國  雲夢日甲 戰國  珍秦 152 戰國	 秦公石磬 春秋	 璽彙 3223 戰國

夕

菁 2 一期　粹 230 四期

粹 137 二期　前 2.13.3 五期

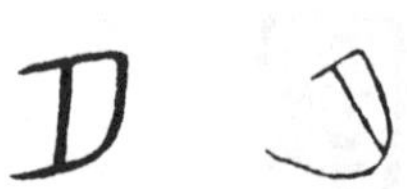

大盂鼎 周早　秦公鎛 春秋

毛公鼎 周晚　中山王鼎 戰國

石鼓吴人 戰國　天星觀簡 戰國

江陵磚廠簡 戰國　璽彙 1723 戰國

外

靜簋 周中　敬事天王鐘 春秋　臧孫鐘 春秋

宰獸簋 周晚　南疆鉦 春秋　中山王壺 戰國

陶三 041 戰國　郭店語一 戰國　璽彙 3215 戰國　貨系 3789 戰國

包山 317 戰國　璽彙 0365 戰國　貨系 3022 戰國　幣編 65 戰國

多

甲 815 一期　合 27042 三期

合 23012 二期　前 2.25.5 五期

毓且丁卣 商代　伯多壺 周晚

麥鼎 周早　杕氏壺 戰國

石鼓鑾車 戰國　郭店語三 戰國

包山 271 戰國　璽彙 3585 戰國

夜　⿱尚多　⿱莫夕

周甲 56
周 早

效卣
周 早

伯晨鼎
周 中

克鼎
周 晚

宅陽令矛
戰 國

胤嗣壺
戰 國

叔䣄父簋
周 中

師酉簋
周 中

坪夜君鼎
戰 國

中山王鼎
戰 國

坪夜君戟
戰 國

周⿱尚多壺
周 晚

周⿱尚多壺
周 晚

沓録 7.1
戰 國

曾侯墓簡
戰 國

包山 113
戰 國

郭店老甲
戰 國

璽彙 2947
戰 國

雲夢爲吏
戰 國

沓録 7.1
戰 國

包山 168
戰 國

天星觀簡
戰 國

璽彙 2946
戰 國

上博恒先
戰 國

包山 058
戰 國

夢	㝱	夤
	花東 026 一期；合 6813 一期；合 22187 一期；合 137 一期；合 17450 一期；前 6.33.2 四期	
卯簋 周中		秦公簋 春秋
上博恒先 戰國；上博泊旱 戰國；雲夢日乙 戰國；上博泊旱 戰國；雲夢日甲 戰國		陶三 488 戰國；陶五 129 戰國；秦印彙編 秦代

川　　

川		
 佚 727 一期  合 5708 一期  屯 2161 四期  前 4.13.3 一期  合 20319 一期  合 33357 四期	 合 48 一期  合 12836 一期  合 23006 二期  合 29198 三期  合 6040 一期  前 1.51.1 一期  合 28847 三期  合 36378 五期	 合 1873 一期  前 4.33.7 一期
 啓卣 周早  衛鼎 周中 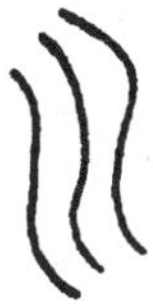 南疆鉦 春秋		
 望山M1簡 戰國  上博周易 戰國  貨系 0577 戰國  郭店尊德 戰國  上博魯旱 戰國  貨系 0576 戰國		

州	巠
乙 5327 一期 合 17577 一期 輔仁 24 一期	
井侯簋 周早 豫州戈 戰國 州句劍 戰國 州句劍 戰國 州句鐵劍 戰國 州戈 商代 散盤 周晚 州句劍 戰國 州句劍 戰國 州句劍 戰國 州句鐵劍 戰國	大盂鼎 周早 克鐘 周晚 師克盨 周中
長沙帛書 戰國 包山 022 戰國 包山 128 戰國 雲夢法律 戰國 璽彙 1325 戰國 三晉 59 戰國 信陽楚簡 戰國 包山 042 戰國 上博容成 戰國 璽彙 1307 戰國 幣編 70 戰國	陶三 242 戰國 郭店唐虞 戰國 郭店尊德 戰國
古文	古文

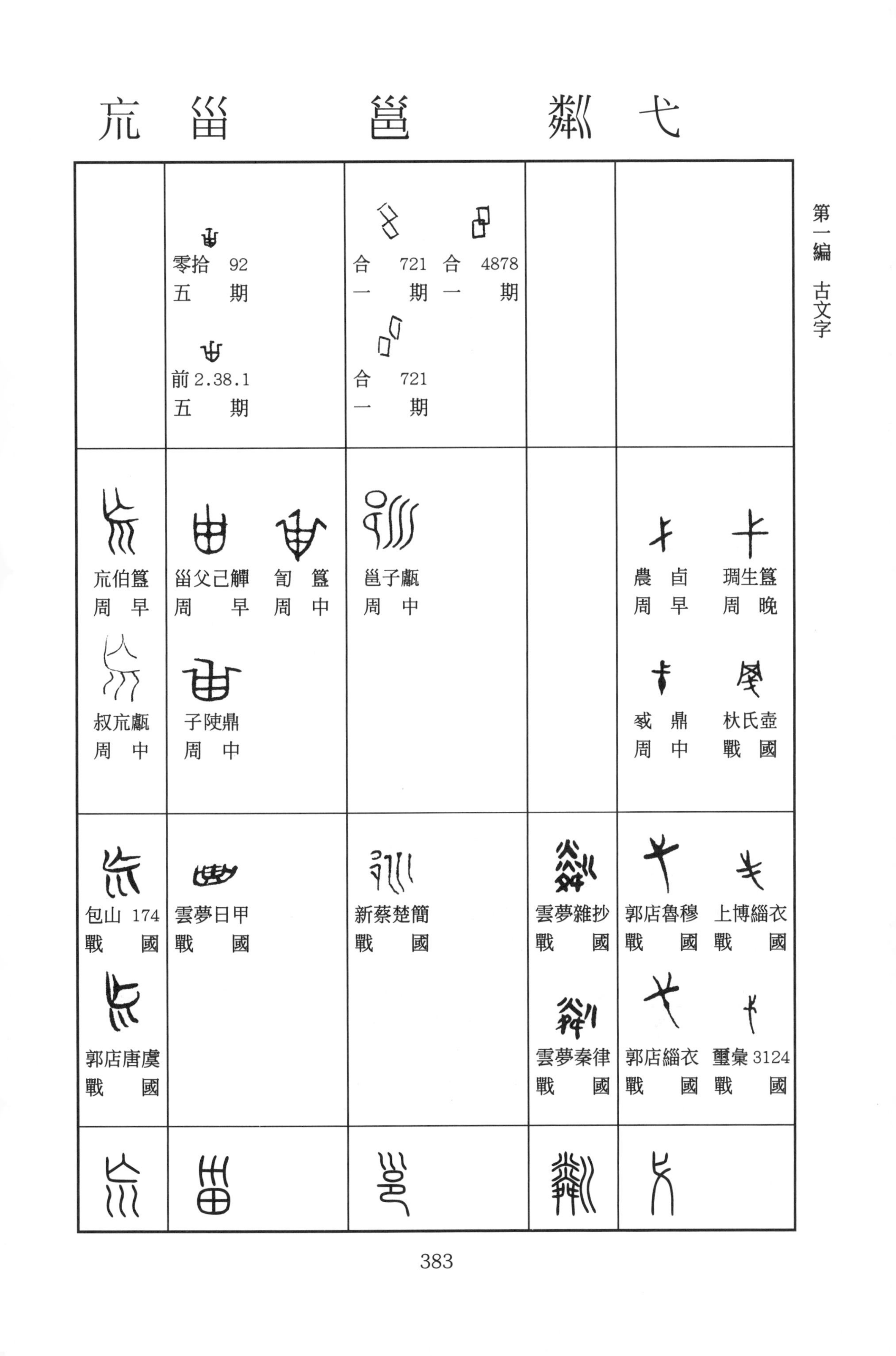

巟	甾	邕	𡿺	弋
	零拾 92 五期 前 2.38.1 五期	合 721 一期 合 4878 一期 合 721 一期		
巟伯簋 周早 叔巟甗 周中	甾父己觶 周早 訇簋 周中 子陡鼎 周中	邕子甗 周中		農卣 周早 琱生簋 周晚 戜鼎 周中 杕氏壺 戰國
包山 174 戰國 郭店唐虞 戰國	雲夢日甲 戰國	新蔡楚簡 戰國	雲夢雜抄 戰國 雲夢秦律 戰國	郭店魯穆 戰國 上博緇衣 戰國 郭店緇衣 戰國 璽彙 3124 戰國
巟	甾	邕	𡿺	弋

必	弟
 乙 3069 一期  前 4.34.1 二期  前 4.34.1 二期	 乙 484 一期  英 1284 一期  乙 8818 四期  合 22135 一期  合 31810 三期  英 2674 五期
 無叀鼎 周晚  史密簋 周晚  休盤 周晚	 臣諫簋 周早  沈子它簋 周早  齊鎛 春秋  應公鼎 周早  訾反之弟劍 春秋
 陶三 741 戰國  包山 139 戰國  上博彭祖 戰國  璽彙 5221 戰國  包山 127 戰國  郭店成之 戰國  雲夢日乙 戰國  十鐘印舉 戰國	 包山 080 戰國  郭店語三 戰國  璽彙 2489 戰國  包山 227 戰國  包山 086 戰國  郭店唐虞 戰國  侯馬盟書 戰國  上博民之 戰國

夫	扶	規	㝬
 鐵 77.3 一期  乙 6313 一期	 英 1784 一期		 周甲 232 先周
 大盂鼎 周早  玄夫戈 春秋  中山王鼎 戰國  克盨 周中  玄翏夫呂戈 春秋  君夫人鼎 戰國			 師訊鼎 周中  王孫鐘 春秋  㝬侯之孫鐘 春秋  㝬簋 周晚  王孫誥鐘 春秋  王子午鼎 春秋
 陶五 087 戰國  郭店成之 戰國  璽彙 0108 戰國  包山 142 戰國  上博彭祖 戰國  璽彙 0110 戰國		 十鐘印舉 戰國	

欠	欽	欨	歇	[㸚欠]
 合 18800 一期				
 欠父丁爵 周早  欠父乙鼎 周早	 魚顛匕 戰國	 信安君鼎 戰國		 季受尊 周早
	 長沙帛書 戰國  郭店尊德 戰國  雲夢效律 戰國  包山 143 戰國  上博子羔 戰國	 包山 085 戰國  璽彙 2744 戰國	 璽彙 1883 戰國  璽彙 1900 戰國  璽彙 1884 戰國	

欣	歡	款	欲
 陶五 089 戰國  珍秦 84 戰國  故宫 421 戰國	 璽彙 2467 戰國	 十鐘印舉 戰國	 郭店老甲 戰國  上博周易 戰國  雲夢法律 戰國  天星觀簡 戰國  璽彙 3098 戰國
		  或體	

歌	歍	欱	歊	歐	歉
 𪓐鐘 春秋  𪓐鐘 春秋	 臨汾守戈 戰國				 商鞅方升 附秦詔書
 雲夢日乙 戰國	 故宫 460 戰國	 雲夢日甲 戰國	 印典 戰國	 陶五 179 戰國  璽彙 1132 戰國  十鐘印舉 戰國  璽彙 3148 戰國	 陶五 398 秦代
  或體					

歠 飲

合 4284 一期　合 10137 一期　菁 4.1 一期　坊間4.236 一期　合 35346 五期

合 10137 一期　花東 088 一期　花東 092 一期　甲 205 四期　合 36971 五期

飲爵 商代　曩仲壺 周早　辛伯鼎 周早　魯元匜 春秋　曾孟孏諫盆 春秋　夾伯壺 春秋　中山王壺 戰國

飲觚 商代　飲父乙簋 周早　善夫山鼎 周晚　沇兒鐘 春秋　余義鐘 春秋　楚王酓璋劍 戰國　東周左自壺 戰國

陶五 384 戰國　天星觀簡 戰國　上博容成 戰國　璽彙 0808 戰國　雲夢日甲 戰國

湖南 83 戰國　包山 202 戰國　上博昭王 戰國　璽彙 2100 戰國

古文

欬	歛	次	歕
		後下 42.6 三期	
		次卣 周中；何次匿 春秋；嬰次盧 春秋；邢令戈 戰國；史次鼎 周晚；利之元子缶 春秋；其次句鑃 春秋	
珍秦 91 戰國；珍秦 147 戰國；珍秦 104 戰國	珍秦 111 戰國	雲夢法律 戰國	秦印彙編 秦代
		古文	

欺	⿰主欠		⿰多欠	⿰己欠	⿰台欠	欹	⿰黑欠
							 武城令戈 戰國
 珍秦 80 戰國	 璽彙 1838 戰國	 侯馬盟書 戰國	 包山 168 戰國	 璽彙 1690 戰國	 包山 85 戰國	 曾侯墓簡 戰國	 包山 152 戰國
 璽彙 2526 戰國	 璽彙 2650 戰國	 貨系 0238 戰國					

古文字類編

吹	欵	䜴	旡	[歹京]	旣
合 9359 一期 合 9362 一期			後下4.15 三期 合 808 一期 合 18006 一期		佚 950 一期 合 18015 一期
虘司寇壺 周晚 叔趯父卣 周早 虘司寇壺 周晚 吹方鼎 周中	致簋 周中 師湯父鼎 周中	陳樂君甗 春秋		衛盉 周中 九年衛鼎 周中	
			古文		

手	掌	攣	拳	抵
 揚簋 周中  甗侯鼎 周晚  彔伯𢦔簋 周中			 秦公簋蓋 春秋	
 陶五 384 戰國  雲夢日甲 戰國  郭店五行 戰國	 陶六 020 戰國  璽彙 1824 戰國	 故宮 412 戰國  璽印集粹 戰國	 曾侯墓簡 戰國  侯馬盟書 戰國  簠齋印集 戰國  雲夢法律 戰國	 雲夢封診 戰國
  古文		  或體		

拜

佚 228
三 期

井侯簋
周早

幾父壺
周中

師嫠簋
周中

友 簋
周中

克 鼎
周晚

晉侯穌鐘
周晚

鄧伯氏鼎
春秋

老 簋
周中

師虎簋
周中

彔伯簋
周中

㝨 簋
周中

宰獸簋
周晚

晉侯穌鐘
周晚

不降矛
戰國

包山 272
戰國

上博彭祖
戰國

郭店性自
戰國

雲夢秦律
戰國

或體

揗

十鐘印舉
戰國

雲夢語書
戰國

扶	拑	操	拯	搏
扶卣 商代 玄翏夫吕戈 春秋 扶鼎 周早	寺工壺 戰國	廿五年戈 戰國		臣諫簋 周早 多友鼎 周晚 子犯鐘 春秋 不嬰簋 周晚 虢季子白盤 周晚
雲夢法律 戰國 秦印彙編 秦代		雲夢秦律 戰國	秦封泥 秦代	包山 133 戰國
古文				

據	攬	把		拱	扼	提	掾
陶九 079 戰國 十鐘印舉 戰國	十鐘印舉 戰國 攬或從監	十鐘印舉 戰國 雲夢日乙 戰國	雲夢法律 戰國	上博曹沫 戰國 簡文從戈	雲夢語書 戰國	雲夢法律 戰國	雲夢效律 戰國

捊	捋	掄	排	擇	捽
			 佚 374 四 期  粹 257 四 期		
			 排 鼎 周 中	 沇兒鐘 春 秋  書也缶 戰 國  陳逆簋 戰 國	
 長沙帛書 戰 國  雲夢日甲 戰 國	 青川牘 戰 國	 十鐘印舉 戰 國  珍秦 158 戰 國	 信陽楚簡 戰 國	 湖南 90 戰 國  雲夢秦律 戰 國	 雲夢封診 戰 國
  或 體					

捉	⿰扌吴	捒	措	拍	擐	舉
	 花東 113 一 期	 明藏 670 三 期				
			 中山王壺 戰 國	 拍己觚 商 代  拍敦蓋 春 秋	 𢿋曾尊 周 中	 中山王壺 戰 國
 郭店老甲 戰 國			 璽彙 1968 戰 國			 陶五 063 戰 國  雲夢語書 戰 國  十鐘印舉 戰 國

揚

小子省卣 商代	耳尊 周早	令簋 周早	守宮鳥尊 周早	頌簋 周中	吕鼎 周中	師酉簋 周中

小子省卣 商代	寓鼎 周早	令鼎 周早	保侃母壺 周早	揚鼎 周早	召伯簋 周中	虢叔鐘 周中	永盂 周中

揚

古文

招 擾 拡

	招	擾	拡
			同厷
 大簋 周中  晉侯穌鐘 周晚  晉侯穌鐘 周晚  禹鼎 周晚  邾公釛鐘 春秋  多友鼎 周晚  公臣簋 周晚  克鼎 周晚  王子孜戈 春秋  陳侯因齊敦 戰國	 大盂鼎 周早  大盂鼎 周早		
	 秦印彙編 秦代	 秦印彙編 秦代	 包山 169 戰國  包山 183 戰國

投	扔	抉	撲	捷	[扌身]
	 合 20081 一 期  前 8.6.1 一 期				 乙 2340 一 期  乙 8075 一 期
			 逨盤 周晚  散盤 周晚  㝬鐘 周晚	 壴鼎 周早  庚壺 春秋  卌二年逨鼎 周晚	
 十鐘印舉 戰國  雲夢法律 戰國		 雲夢法律 戰國			

撟	揄	擅	擁	攎	攫	搜	拓
			雍令矛 戰國				
璽印集粹 戰國 雲夢日甲 戰國	雲夢編年 戰國	雲夢法律 戰國 雲夢法律 戰國		璽彙 1302 戰國 璽彙 3775 戰國	郭店老甲 戰國 秦印彙編 秦代	上博周易 戰國	雲夢日甲 戰國

拾	揜	抇	振	抔	援	搈
	合 6648 一 期 合 6653 一 期			拾 9.15 一 期		
	滎陽上官皿 戰國 器玉銘篇從同攴揜		伯中父簋 周 晚 中山王鼎 戰 國			搈先伯簋 周 晚
簠齋印集 戰 國		五十二病方 秦代			陝西臨潼陶 戰國 雲夢法律 戰 國 璽彙 3105 戰 國 十鐘印舉 戰 國	

拔		拇	探	⿰扌奚	掩	捐	扯
							 花東 191 一期  花東 191 一期
 郭店性自 戰國  郭店老乙 戰國	 雲夢法律 戰國	 上博周易 戰國  上博周易 戰國	 曾侯墓簡 戰國	 曾侯墓簡 戰國  曾侯墓簡 戰國	 陝西臨潼 陶 戰國	 璽彙 3185 戰國	

播	抚	扞	捕	挐	挌
	 甲 3102 一期  花東 247 一期  合 20842 一期 集韻同概	 合 21743 一期			
 師旂鼎 周早					
 信陽楚簡 戰國  雲夢封診 戰國		 陶五 288 戰國	 璽印集粹 戰國  雲夢雜抄 戰國	 璽印集粹 戰國	 雲夢法律 戰國
  古文					

⿰扌亦	捐	扣	掖	⿰扌室	扎	抿	掇
 上守趞戈 戰國							
	 璽印集粹 戰國	 郭店老甲 戰國	 雲夢日甲 戰國	 雲夢日甲 戰國	 璽彙 1349 戰國	 雲夢答問 戰國	 雲夢爲吏 戰國

担	拘	挑	捍	揔	揮	掓	擅
		 後下 33.5 一　期					
 韓担鈹 戰　國							
 郭店緇衣 戰　國	 包山 122 戰　國		 陶五 132 戰　國  秦陶 452 戰　國	 璽彙 1830 戰　國	 璽彙 3287 戰　國	 雲夢日甲 戰　國	 雲夢日乙 戰　國

捭	捶	扶	捽	揀	抎	搋
	 合 14295 一　期  合 39700 一　期	 合 22269 一　期		 合 20576 一　期  合 20646 一　期	 合 13404 一　期	 合 15401 一　期
	 捶且乙爵 商　代  捶父乙卣 商　代  捶　鼎 商　代			 亞揀爵 商　代		
 包山 096 戰　國  包山 097 戰　國			 新蔡楚簡 戰　國			

指	摯	接	攄	抯	拘	撣
		 花東 346 一　期		 京津 1377 一　期		 甲 2433 三　期  甲 2772 三　期
				 鄧小仲鼎 周　早  伯家父簋 周　晚  牆　盤 周　中  都公匿 春　秋	 盠駒尊 周　中	
 郭店性自 戰　國  雲夢爲吏 戰　國	 雲夢日甲 戰　國  秦印彙編 秦　代		 仰天湖簡 戰　國			

丮	[illegible]	孰
花東 361 一期 粹 1131 一期 合 21386 二期 後下 38.8 四期	合 10804 一期 甲 2695 三期 甲 2675 三期 合 30659 三期	京津 2676 一期 合 30284 三期 花東 294 一期
丮 斝 商代 丮册觚 商代 班 簋 周中 丮天戈 商代 沈子它簋 周早	敔簋 周早 叔䢈卣 周早 嬴霝德壺 周中 沈子它簋 周早 嬴霝德簋 周中 卯 簋 周中	伯侄簋 周晚 配兒句鑃 春秋 伯侄簋 周晚 配兒鈎鑃 春秋
	石鼓吴人 春秋 信陽楚簡 戰國 秦公石磬 春秋	雲夢爲吏 戰國

埶　　𡛟

埶

乙 9091 一期	合 27950 一期	前 4.23.5 二期	合 28574 三期	合 27772 三期

合 21523 一期	合 25377 二期	合 25443 二期	合 28575 三期	合 27064 三期

埶父丁卣 商代	埶簋 商代	盠方彝 周中	吴王光鐘 春秋	𪒠鐘 春秋

埶爵 商代	埶父辛簋 商代	毛公鼎 周晚	吴王光鐘 春秋

石鼓吴人 戰國	郭店性自 戰國	郭店語二 戰國

郭店緇衣 戰國	上博緇衣 戰國	郭店語二 戰國

𡛟

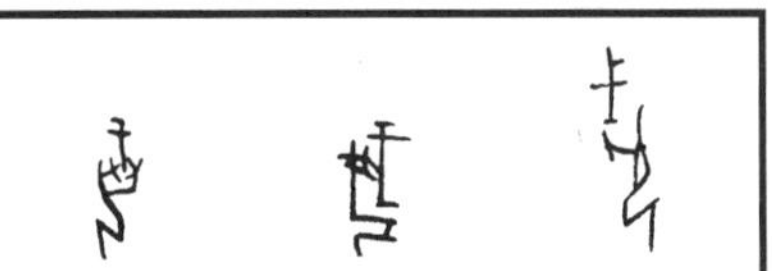

佚 779 一期	合 3481 一期	合 29783 三期

合 17730 一期	合 7015 一期	合 30967 三期

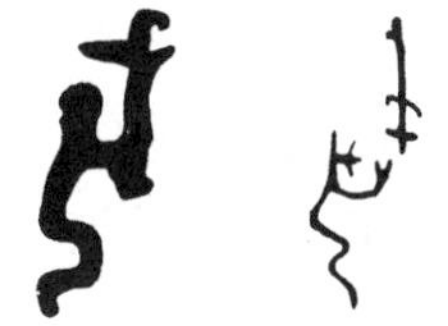

𡛟爵 商代	仲𡛟臣盤 周早

二祀邲其卣 商代	牆盤 周中

巩	⿰其丮	鬥	鬭
		 合 14553 一期  乙 6988 一期  粹 1324 一期	
 牆盤 周中  毛公鼎 周晚  毛公鼎 周晚	 叔趯夫卣 周早  不嬰簋 周晚  配兒句鑃 春秋  司伯簋 周中 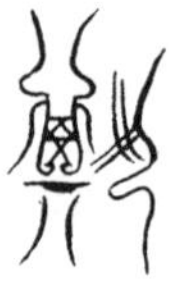 王子午鼎 春秋  子可嬰戈 春秋		 庚壺 春秋
 上博周易 戰國			 雲夢法律 戰國  雲夢日乙 戰國

爪　巠　爯

爪	巠	爯
乙 3471 一期 合 18640 一期		鐵 102.2 一期 合 946 一期 合 7422 一期 合 32420 四期 前 5.21.5 五期 乙 1710 一期 合 6392 一期 合 19538 一期 合 33097 四期
師克盨 周晚 師克盨 周晚		爯簋 周早 仲爯簋 周中 榮有司爯鬲 周晚 信安君鼎 戰國 者汈鐘 戰國 柞伯簋 周中 应侯爯盨 周中 㝬簋 周晚 者汈鐘 戰國 者汈鐘 戰國
	陶九 77 戰國 璽彙 0252 戰國 信陽楚簡 戰國	郭店魯穆 戰國 貨系 4200 戰國 璽印集粹 戰國 貨系 4261 戰國
爪	巠	爯

爲

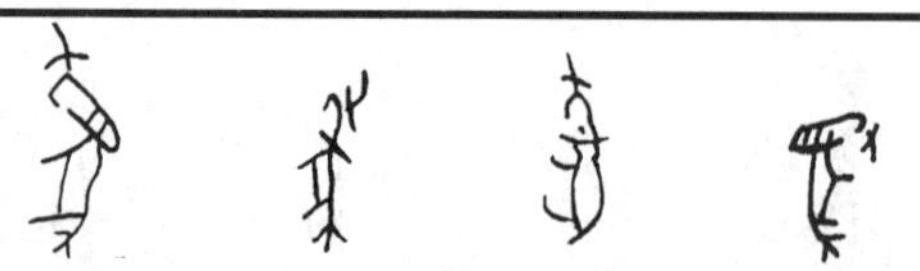

前5.30.4	乙 2524	合 1288	合 15186
一 期	一 期	一 期	一 期

乙 1047	乙 7589	合 15185
一 期	一 期	一 期

彊伯甗	呂 鼎	散 盤	莒平鐘	鄦伯受匜	邾公華鐘	虘公劍	酓忎鼎
周 早	周 中	周 晚	春 秋	春 秋	春 秋	春 秋	戰 國

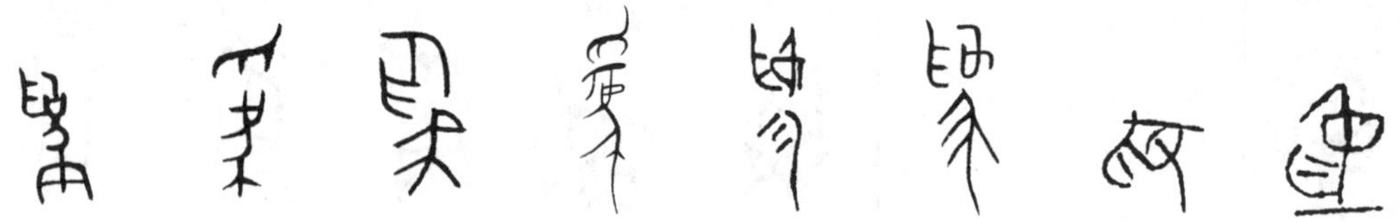

周窸鼎	益公鐘	歸父盤	吉日壬午劍	邗王是野戈	趙孟壺	集脰鼎	庫嗇夫鼎
周 中	周 中	春 秋	春秋	春秋	春 秋	戰 國	戰 國

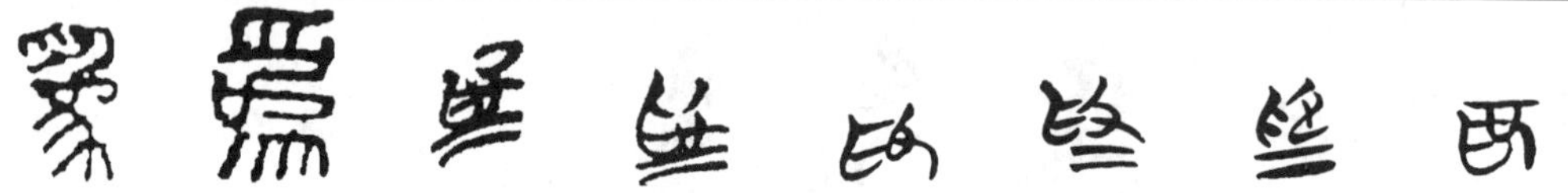

石鼓乍原	陶五 392	曾侯墓簡	望山M1簡	包山 089	包山 118	包山 156	包山 226
戰 國	戰 國	戰 國	戰 國	戰 國	戰 國	戰 國	戰 國

陶五 384	長沙帛書	望山M1簡	包山 080	包山 094	包山 147	包山 158	郭店忠信
戰 國	戰 國	戰 國	戰 國	戰 國	戰 國	戰 國	戰 國

晋

克鐘
周晚

晋尊
周中

晋卣
周中

十一年鼎
戰國

上官豆
戰國

鄂君舟節
戰國

左官壺
戰國

酓肯盤
戰國

正鐏
戰國

中山王鼎
戰國

陳逆簋
戰國

兆域圖
戰國

陳喜壺
戰國

郭店語一
戰國

温縣盟書
戰國

温縣盟書
戰國

瀓秋 26
戰國

郭店忠信
戰國

温縣盟書
戰國

璽印集粹
戰國

青川牘
戰國

奚

合 646 一期　合 19771 一期　乙 1283 一期　甲 783 二期　合 32524 四期

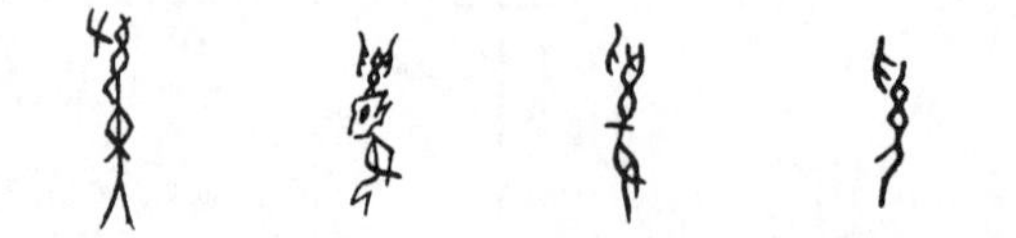

合 811 一期　合 644 一期　後下 33.9 一期　京津 4535 三期

丙申角 商代

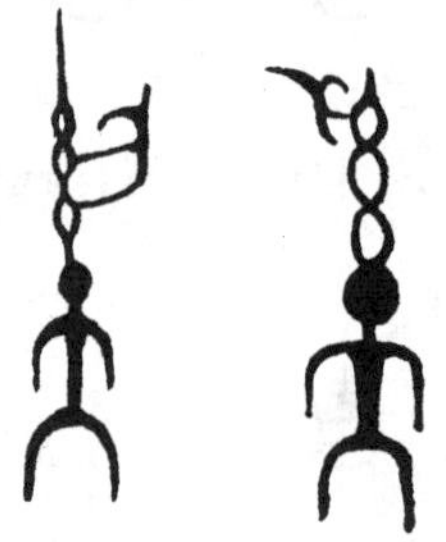

亞中奚簋 商代　奚卣 商代　逋盂 周晚

秦印彙編 秦代

孚

乙 6694 一期

合 35362 三期

孚爵 商代　過伯簋 周早　多友鼎 周晚

大盂鼎 周早　翏生盨 周晚　孚公狄甗 周晚

郭店緇衣 戰國　璽彙 0339 戰國

上博周易 戰國　璽彙 0922 戰國

采　舀　豙

采	舀	豙
 粹 1043　粹 838 一　期　三　期 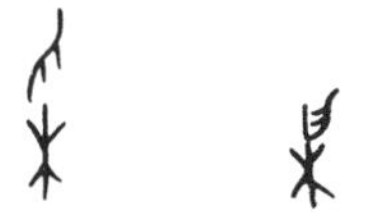 前 4.45.4　佚 276 一　期　四　期		同 家
 趞　卣 周　早  趞　尊 周　早		 楚公豙鐘　楚公豙鐘 春　秋　春　秋  楚公豙戈 春　秋
 郭店性自　集證 141 戰　國　戰　國  上博恒先　雲夢秦律 戰　國　戰　國	 郭店性自 戰　國	 望山M1簡　包山 202　包山 226　郭店語一　上博周易 戰　國　戰　國　戰　國　戰　國　戰　國  包山 136　包山 212　包山 240　郭店五行　璽彙 3758 戰　國　戰　國　戰　國　戰　國　戰　國

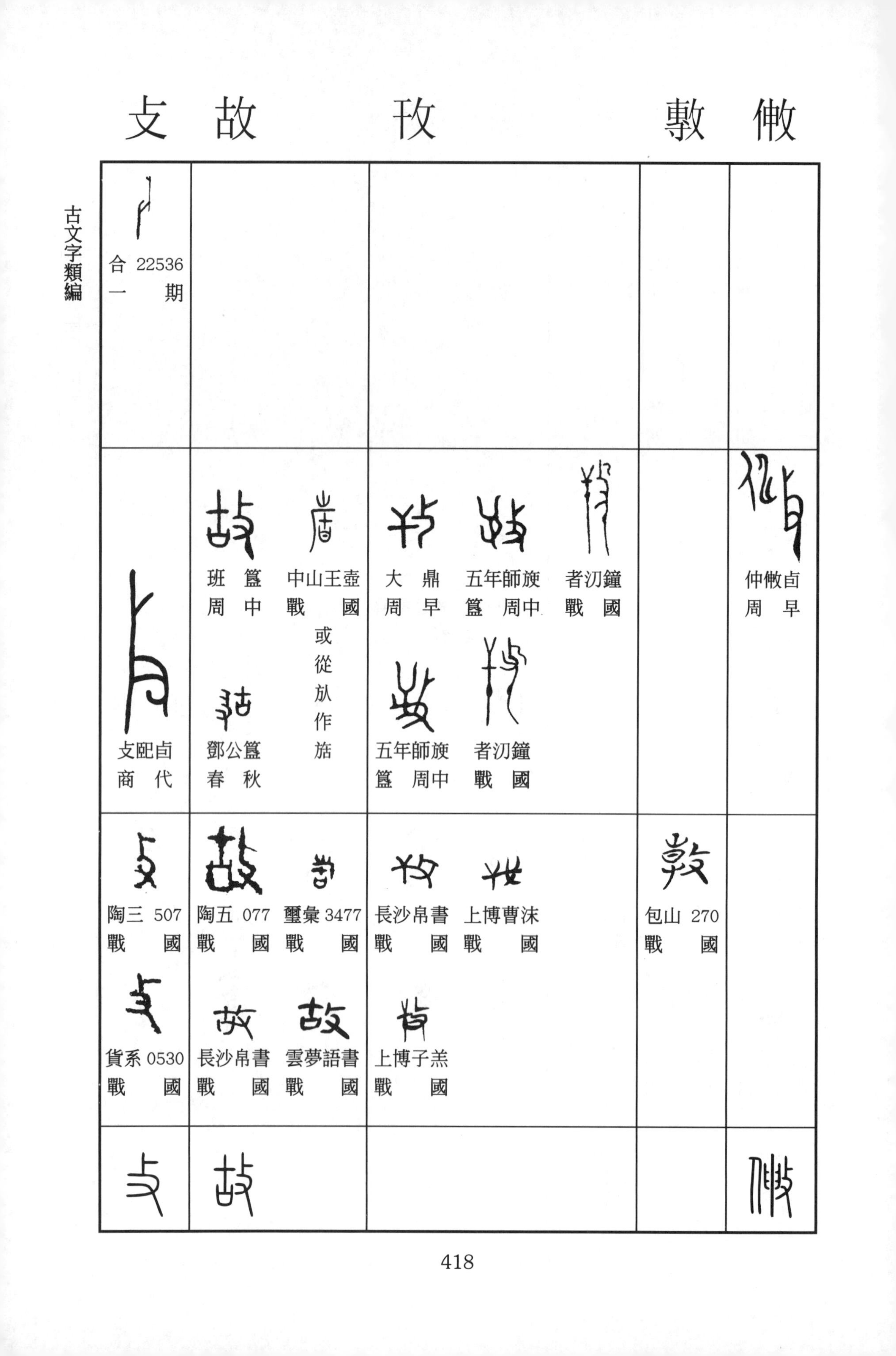

攴	故	攷	敷	僘
合 22536 一期				
攴卧卣 商代	班簋 周中；中山王壺 戰國（或從㫃作旝）；鄧公簋 春秋	大鼎 周早；五年師旋簋 周中；者沪鐘 戰國；五年師旋簋 周中；者沪鐘 戰國		仲僘卣 周早
陶三 507 戰國；貨系 0530 戰國	陶五 077 戰國；璽彙 3477 戰國；長沙帛書 戰國；雲夢語書 戰國	長沙帛書 戰國；上博曹沬 戰國；上博子羔 戰國	包山 270 戰國	

啓

 粹 633 一期
 花東 037 一期
 粹 645 四期
 周甲 138 周早

 乙 3555 一期
 粹 639 四期
 林 2.25.6 五期

 田卣蓋 商代
 啓貯爵 商代
 啓尊 周早
 啓尊 周早
 召卣 周中
 虢叔鐘 春秋
 啓封令戈 戰國

 啓父乙鼎 商代
 啓爵 商代
 訦啓鼎 周早
 啓尊 周早
 王子啓疆尊 春秋
 中山王鼎 戰國
 鄂君舟節 戰國

 陶三 980 戰國
 包山 013 戰國
 璽彙 0861 戰國
 璽彙 3657 戰國

 陶三 981 戰國
 郭店老乙 戰國
 璽彙 2581 戰國

敼

 敼簋 周中

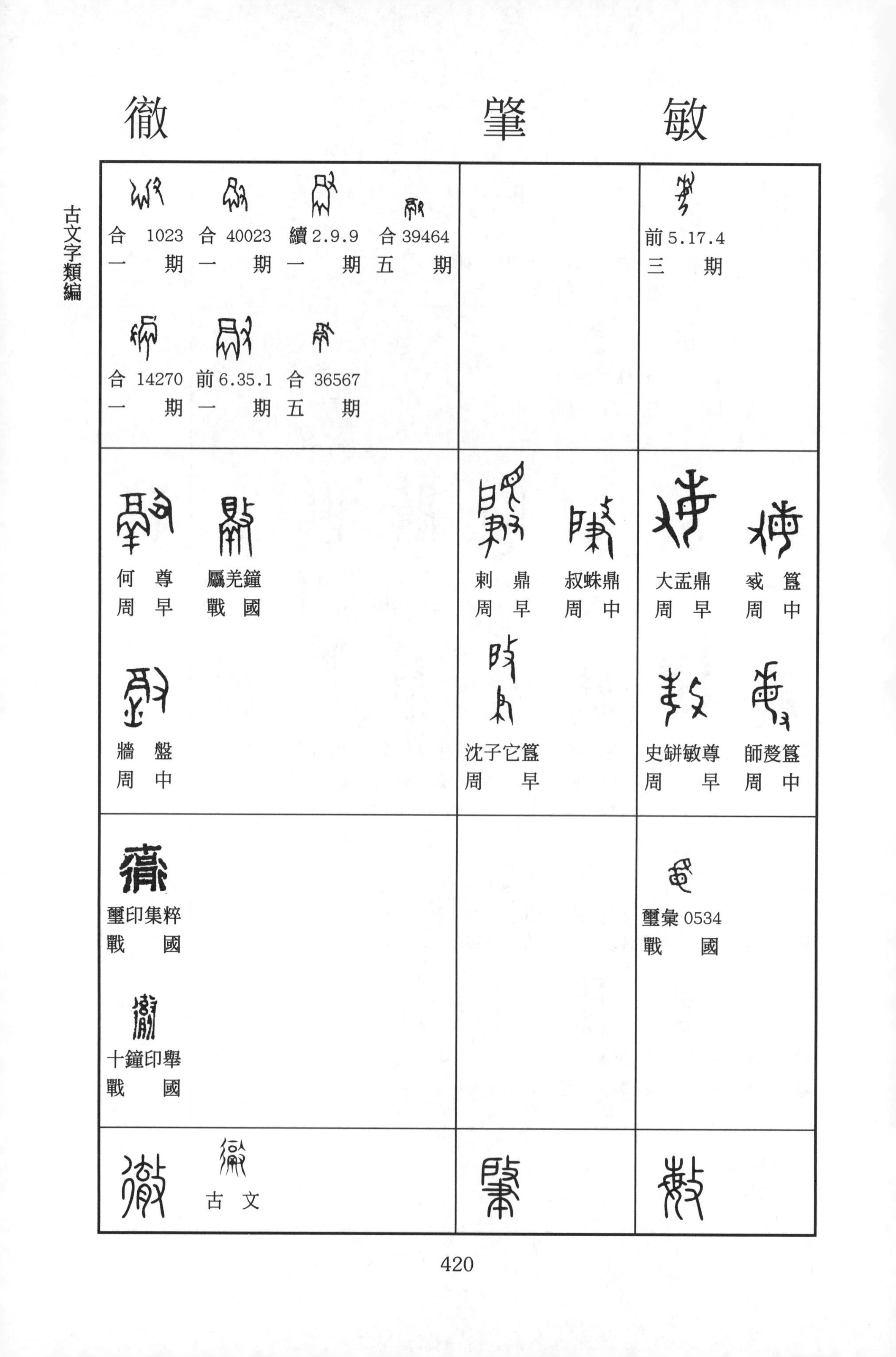

徹	肇	敏
合 1023 一期；合 40023 一期；續 2.9.9 一期；合 39464 五期；合 14270 一期；前 6.35.1 一期；合 36567 五期		前 5.17.4 三期
何尊 周早；鬲羌鐘 戰國；牆盤 周中	剌鼎 周早；叔姝鼎 周中；沈子它簋 周早	大盂鼎 周早；䢅簋 周中；史𠭯敏尊 周早；師嫠簋 周中
璽印集粹 戰國；十鐘印舉 戰國		璽彙 0534 戰國
古文		

敺	敆	敉	敄
		 合 18445 一 期	
 師望鼎 周 中  虢叔鐘 周 晚  沵其鐘 周 晚  雍工壺 戰 國  毛公鼎 周 晚  克 鼎 周 晚  雍工壺 戰 國	 敆姬壺 周 早  史密簋 周 晚		 般 甗 周 中  鄀公鼎 春 秋  毛公鼎 周 晚  中山王壺 戰 國
 璽彙 3216 戰 國  雲夢爲吏 戰 國  雲夢日甲 戰 國			 秦印彙編 秦 代

故	效	散
	 合 195 一期  合 20378 一期  鐵 22.4 一期  甲 786 三期	 陳 23 三期  京都 2146 三期  周甲 4 周早
 故陸睘矛 戰國	 效父簋 周早  呂鼎 周中	 召尊 周早  散盤 周晚  六年□相鈹 戰國  衛盉 周中  牧師父簋 周晚  三年□令戈 戰國
 陶三 498 戰國  信陽楚簡 戰國  郭店窮達 戰國  陶三 672 戰國  包山 142 戰國  璽彙 1285 戰國	 璽彙 5293 戰國  雲夢效律 戰國	 石鼓馬薦 戰國  郭店老乙 戰國  郭店唐虞 戰國  上博周易 戰國

整	改	孜
	 合 36418 五期  合 39469 五期  前 4.31.6 五期  合 36423 五期  前 4.27.2 五期  前 5.38.4 五期	
 晉侯穌鐘 周晚  晉公盞 春秋  蔡侯申盤 春秋	 改盨 周中	 蔡侯殘鐘 春秋  吳王光鐘 春秋  吳王光鐘 春秋
	 郭店緇衣 戰國  上博詩論 戰國  上博周易 戰國  侯馬盟書 戰國  郭店尊德 戰國  上博從政 戰國  侯馬盟書 戰國	 陶三 189 戰國

政

班簋
周中

禹鼎
周晚

王子午鼎
春秋

王孫鐘
春秋

鄂君車節
戰國

虎簋蓋
周中

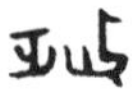
伯亞臣鐳
春秋

虞侯政壺
春秋

南疆鉦
春秋

秦公石磬
春秋

包山 155
戰國

上博詩論
戰國

璽彙 5126
戰國

侯馬盟書
戰國

曾侯墓簡
戰國

郭店語一
戰國

璽彙 1003
戰國

侯馬盟書
戰國

侯馬盟書
戰國

⿰專攵

戎趄鐘
戰國

包山 142
戰國

璽彙 3122
戰國

包山 144
戰國

敭

璽彙 4026
戰國

數	敞	敓	敝
			合 10970 一期 合 29403 三期 拾 6.11 三期 後上 10.2 五期 合 584 一期 合 28869 三期 存下 811 四期 合 36936 五期
中山王鼎 戰國		朝訶右庫戈 戰國 戈文從戈	
上博曹沫 戰國 秦印彙編 秦代 雲夢法律 戰國	故宮 447 戰國 金符 38 戰國		包山 060 戰國 雲夢日甲 戰國
數	敞	敓	敝

變	欒	斂
	 合 26777 二期  合 24905 二期 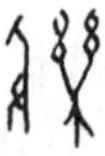 合 26779 二期  英 2257 二期	
 曾侯乙鐘 戰國  曾侯乙鐘 戰國  曾侯乙鐘 戰國		 中山王壺 戰國
 雲夢封診 戰國  侯馬盟書 戰國  侯馬盟書 戰國 盟書爲弁借變 魏石經作 		 燕下都陶 戰國  郭店緇衣 戰國  璽彙 3862 戰國  包山 149 戰國  上博緇衣 戰國  雲夢爲吏 戰國

更	乇攵	敚
 合 10380 一期  佚 439 二期  合 10951 一期  京津 2457 二期  周甲 11 先周	同托	
 班簋 周中  師嫠簋 周中  吕服余盤 周中  上郡守戈 戰國  師嫠簋 周中  盠方彝 周中  宰獸簋 周晚	 郾王戎人戈 戰國	 𠫑羌鐘 戰國  敚戟 戰國
 陶五 384 戰國  郭店六德 戰國  十鐘印舉 戰國  郭店六德 戰國  璽彙 0371 戰國  青川櫝 戰國		 陶三 1337 戰國  望山M1簡 戰國  包山 100 戰國  望山M1簡 戰國  包山 091 戰國  郭店語二 戰國

敇 敎 敍

敇	敎	敍
	 掇 2.112 一 期  合 18230 一 期  後下 14.6 一 期  前 6.12.1 一 期  英 1881 一 期  燕 630 一 期  合 31787 三 期	 前 6.10.3 一 期
 秦公簋 春 秋  陳純釜 戰 國	 敎象鼎 商 代  敎 盤 商 代  趙武襄君鈹 戰國  敎 觚 商 代  敎 爵 商 代	
	 珠書玉戈 商 代  包山 120 戰 國 集韵同撻	 長沙帛書 戰 國  包山 229 戰 國  上博從政 戰 國  包山 138 戰 國  郭店尊德 戰 國

敲	敗	⿰鬲攴	赦
	 合 18379 一期  前3.27.5 一期  合 2274 一期  前3.27.5 一期  乙 7705 一期	同搹	
	 五年師旋簋 周中  鄂君舟節 戰國  南疆鉦 春秋	 㪒鼎 春秋  㪒盞 春秋	 㒸匜 周中
 璽彙 3626 戰國  侯馬盟書 戰國	 曾侯墓簡 戰國  包山 022 戰國  包山 141 戰國  上博民之 戰國  包山 015 戰國  包山 128 戰國  上博民之 戰國  青川櫝 戰國		 雲夢法律 戰國
	  籀文		  或體

救　　攸

救

周窐匜 周晚　中山王鼎 戰國

救秦戎鐘 春秋

包山 239 戰國　包山 249 戰國　包山 226 戰國

包山 242 戰國　十鐘印舉 戰國　璽彙 4067 戰國

或從戈

攸

攸鼎 周早　攸簋 周早　頌簋 周中　中山王鼎 戰國

攸簋 周早　吴方彝 周中　攸作旅鼎 周中　郪陵君豆 戰國

郭店性自 戰國　郭店六德 戰國　上博周易 戰國　璽彙 4496 戰國

郭店老乙 戰國　上博周易 戰國　璽彙 1946 戰國

或體

數	敺	敦
	 合 525 一期  合 5998 一期  合 5996 一期	
 牆盤 周中  南宮乎鐘 周晚  無數鼎 春秋  中山王壺 戰國  靜簋 周中  毛公鼎 周晚  書也缶 戰國  中山王壺 戰國		 陳猷釜 戰國  廿年矛 戰國
 璽彙 1001 戰國  香續 18 戰國  璽彙 2857 戰國		 上博印 32 戰國  雲夢語書 戰國  璽彙 0646 戰國

寇	放	收	攷
合 22548 二期			
呂鼎 周中；虞司寇壺 周晚；大梁鼎 戰國；邦司寇矛 戰國；司寇良父壺 周晚；虞司寇壺 周晚；鄭令矛 戰國			
陶四 050 戰國；上博周易 戰國；璽彙 0075 戰國；侯馬盟書 戰國；包山 102 戰國；璽彙 0068 戰國；璽彙 3838 戰國；侯馬盟書 戰國	上博仲弓 戰國	包山 122 戰國	郭店老甲 戰國；郭店性自 戰國；郭店老乙 戰國；郭店性自 戰國

攻	⿰亞攵	⿰周攵
 合 9101 一期		
 臧孫鐘 春秋  夫差鑑 春秋  臧孫鐘 春秋  大攻尹劍 戰國  配兒句鑃 春秋  攻敔王光戈 春秋  攻敔王光劍 春秋  長沙銅量 戰國  鄂君車節 戰國	 永盂 周中	
 陶四 002 戰國  陶四 097 戰國  天星觀簡 戰國  新蔡楚簡 戰國  郭店成之 戰國  陶四 093 戰國  陶四 108 戰國  郭店老甲 戰國  璽彙 0149 戰國 或從戈		 望山M1簡 戰國  包山 254 戰國  望山M2簡 戰國  包山 270 戰國

畋	⿰⿱巛⿱囟巛攴	⿸广攴	⿰巨攴	⿰嘼攴
 乙 428 一期  前6.11.2 一期  乙 454 一期  合 20745 一期	同⿰扌⿱巛⿱囟巛			
 胤嗣壺 戰國	 蔡侯申尊 春秋	 梾里瘟戈 戰國		 沈子它簋 周早  戰狄鐘 春秋
 陶四 052 戰國  曾侯墓簡 戰國  璽彙 1492 戰國  璽彙 1500 戰國  曾侯墓簡 戰國  望山M2簡 戰國  璽彙 0270 戰國  璽彙 5277 戰國		 九店楚簡 戰國	 包山 101 戰國	

敔　⿸厂⿰朩攵　敱

敔	⿸厂⿰朩攵	敱
	 合 28940 三　期  合 26899 三　期  後下 33.1 三　期  合 26909 三　期  合 27223 三　期  粹　577 三　期	
 敔　簋 周　中  夫差劍 春　秋  夫差劍 春　秋  臧孫鐘 春　秋  敔　簋 周　中  夫差劍 春　秋  夫差劍 春　秋  夫差盉 春　秋	 師𩛥鼎 周　中  師寰簋 周　晚	
 石鼓靁雨 戰　國  上博曹沫 戰　國  包山 143 戰　國  上博從政 戰　國		 信陽楚簡 戰　國  上博緇衣 戰　國

第一編　古文字

敂 [illegible]

	 合 14 一期 / 合 466 一期 / 合 829 一期 / 合 16176 一期 / 合 22992 二期 / 合 27329 三期 / 粹 520 四期  合 464 一期 / 合 13589 一期 / 合 22183 一期 / 前 6.2.7 二期 / 合 41000 二期 / 甲 550 三期
 郭店性自 戰國  上博周易 戰國	 郭店尊德 戰國

教	[illegible]	[illegible]
合 5617 一期 粹 1319 三期 粹 1162 三期 甲 2651 三期 甲 1251 三期		
散盤 周晚 蔡侯産劍 戰國 鄽侯𨋂簋 戰國 王何戈 戰國		
秦公石磬 春秋 郭店語一 戰國 郭店尊德 戰國 郭店老甲 戰國 上博緇衣 戰國 包山 099 戰國 郭店唐虞 戰國 郭店唐虞 戰國 郭店緇衣 戰國 郭店語一 戰國	信陽楚簡 戰國 上博從政 戰國 包山 204 戰國 璽彙 1587 戰國	長沙帛書 戰國 包山 170 戰國
古文		

斅	⿰隹攵	⿰喜攵
 花東 181 一 期  花東 487 一 期  合 952 一 期  屯 662 一 期  粹 425 三 期  花東 473 一 期  花東 377 一 期  合 20100 一 期  合 20101 一 期  合 30827 三 期	 合 13737 一 期  合 28876 三 期  合 17335 一 期  合 32699 四 期	集韻同譆
 沈子它簋 周 早  羅兒匜 春 秋  者沵鐘 戰 國  静 簋 周 中  中山王鼎 戰 國	 季餀簋 周 中 從殳	 陽城令戈 戰 國
 郭店老乙 戰 國  郭店性自 戰 國  雲夢秦律 戰 國  郭店老乙 戰 國  上博仲弓 戰 國		
  省 體		

敬

叔䟽父卣	師酉簋	秦公鎛	邾公釛鐘	吴王光鐘	王孫誥鐘	中山王鼎
周　早	周　中	春　秋	春　秋	春　秋	春　秋	戰　國

柞伯簋	克　鼎	蔡侯申盤	吴王光鐘	王子午鼎	中山侯鉞
周　中	周　晚	春　秋	春　秋	春　秋	戰　國

石鼓吴人	長沙帛書	郭店緇衣	新蔡楚簡	璽彙 4154	璽彙 4171	璽彙 4219	璽彙 4244
戰　國	戰　國	戰　國	戰　國	戰　國	戰　國	戰　國	戰　國

陶五 151	郭店五行	郭店語二	璽彙 4151	璽彙 4162	璽彙 4201	璽彙 4229	璽彙 4703
戰　國	戰　國	戰　國	戰　國	戰　國	戰　國	戰　國	戰　國

⿰員攵 ⿰虘攵 攽

	同損	花東 381 一期；合 30998 三期；花東 014 一期	
		⿰虘攵爵 周早；彔伯簋 周晚；㫋司土簋 周中；⿰虘攵爵 周早；己侯鐘 周中	
璽彙 4719 戰國；璽彙 5036 戰國；璽彙 5048 戰國；璽彙 5033 戰國；璽彙 3655 戰國；雲夢秦律 戰國	新蔡楚簡 戰國		曾侯墓簡 戰國 從貧聲
			攽

敢

矢方彝 周早	井侯簋 周早	盠方彝 周中	頌壺 周中	亳鼎 周中	吕服余盤 周中	此簋 周晚	配兒句鑃 春秋

令簋 周早	沈子它簋 周早	大簋 周中	康鼎 周中	師𩛥鼎 周中	殷簋 周中	晉侯穌鐘 周晚	姑發劍 春秋

陶三 407 戰國	陶四 001 戰國	舂録 3.3 戰國	包山 038 戰國	郭店老甲 戰國	璽彙 3404 戰國	侯馬盟書 戰國	侯馬盟書 戰國

陶三 1351 戰國	守丘刻石 戰國	包山 015 戰國	包山 085 戰國	郭店六德 戰國	璽印集粹 戰國	侯馬盟書 戰國	侯馬盟書 戰國

古文

	敗	㪔	豉	𢿌
		 合 31786 三期  屯 149 四期	 屯 4042 三期	
 齊陳曼匿 戰國  中山王壺 戰國  新郪虎符 戰國  胤嗣壺 戰國		 㪔車父壺 周中  㪔車父簋 周中  㪔伯車父鼎 周中	 豉豆 周中	
 侯馬盟書 戰國  温縣盟書 戰國  温縣盟書 戰國  温縣盟書 戰國	 長沙帛書 戰國		 陶三 935 戰國  郭店五行 戰國  包山 099 戰國  璽彙 3090 戰國	 包山 170 戰國

徵	⿰先攵	⿰毛攵	放	敖
曾侯乙鐘架 戰國；曾侯乙鐘架 戰國；曾侯乙鐘 戰國；曾侯乙鐘架 戰國			多友鼎 周晚；中山王壺 戰國	屖敖簋 周晚；卝伯簋 周中；九年衛鼎 周中
雲夢爲吏 戰國；璽彙 3530 戰國；曾侯墓磬 戰國；雲夢秦律 戰國；曾侯墓磬 戰國	璽彙 0643 戰國	曾侯墓簡 戰國；包山 058 戰國		雲夢雜抄 戰國；陶五 384 戰國；十鐘印舉 戰國
古文				

敵	敫	牧	[illegible]	[illegible]
		 前 5.27.1 一期  後下 12.14 一期  合 409 一期  寧滬 1.397 四期  乙 7191 一期  合 11002 一期  屯 149 一期		
 章叔牂簋 周晚		 亞鼎 商代  免簋 周中  瓚攸比鼎 周晚  牧共簋 周中  同簋 周中  柳鼎 周晚	 𪓐鐘 春秋  𪓐鐘 春秋	
	 雲夢日甲 戰國	 曾侯墓簡 戰國  郭店窮達 戰國  郭店老甲 戰國 從墨聲		 曾侯墓簡 戰國

故	歎	散	殳
同 抾	同 撻	 合　9544 一　　期	 合　21868 一　　期
		 散作居夷卣　周早  散姬鼎　周中  陳散戈　春秋  陳窒散戈　戰國  散伯匜　周中  散盤　周晚  侯散戈　春秋  陳窒散戈　戰國	 十五年趞曹鼎　周中  大良造鞅鐓　戰國  曾侯郕殳　春秋
 長沙帛書　戰國  新蔡楚簡　戰國	 包山 134　戰國  上博緇衣　戰國	 雲夢秦律　戰國	

殺	杸	殹	豉	毅
 合 29285 三期  合 29295 三期  合 29293 三期	 合 33690 四期  合 33690 四期		 寧滬 1.231 三期  京津 4462 三期	
 殺簋 周早		 格伯簋 周中  王子午鼎 春秋  格伯簋 周中  新郪虎符 戰國		
		 石鼓汧沔 戰國  包山 116 戰國  上博子羔 戰國  包山 105 戰國  郭店語四 戰國  上博魯旱 戰國	 小臣豉玉戈 商代	 雲夢秦律 戰國

殺	癹
 合 38719 五　期  合 38720 五　期	 合 8006 一　期  合 15294 一　期
 瓚比鼎 周晚  庚　壺 春　秋  莒平鐘 春　秋 魏經 石作 	 癹孫虜鼎 春　秋  趙　劍 春　秋  癹孫虜匠 春　秋
 侯馬盟書 戰　國  望山M1 簡 戰　國  郭店老丙 戰　國  郭店唐虞 戰　國  侯馬盟書 戰　國  包山 083 戰　國  雲夢法律 戰　國	 侯馬盟書 戰　國  璽彙 0115 戰　國  望山M2 簡 戰　國  郭店老丙 戰　國  青川櫝 戰　國  璽彙 0702 戰　國  包山 148 戰　國
  古　文	

段	⿰啇殳	⿰壴殳	殷
	 菁 1.1 一期  合 2630 一期  佚 25 一期  合 17610 一期		 乙 276 三期
 段簋 周中  建信君鈹 戰國  八年相邦鈹 戰國	 ⿰啇殳斝 商代  ⿰啇殳簋 商代  ⿰啇殳觚 商代		 保卣 周早  牆盘 周中  禹鼎 周晚  臣辰盉 周早  仲殷父簋 周晚  宋公䜌匜 春秋
 陶五 296 戰國  璽彙 2945 戰國  秦陶 1352 戰國  秦封泥 秦代		 雲夢法律 戰國  雲夢日乙 戰國	 太保玉戈 周早

毅	殿	毀	⿰角殳	炈
			 合 4671 一期 同⿰角攴	
 伯吉父簋 周晚  伯吉父簋 周晚		 鄂君車節 戰國		
	 雲夢雜抄 戰國  曾侯墓簡 戰國 增義符車 簡文殿車	 郭店語一 戰國  雲夢秦律 戰國  郭店窮達 戰國  九店楚簡 戰國  雲夢日乙 戰國		 十鐘印舉 戰國
		  古文		

止　　出

止

合 7537 一期　合 20221 一期　甲 2744 四期

合 13682 一期　花東 011 一期　甲 600 四期

琱生簋 周晚

陶一 0005 商代　天星觀簡 戰國　璽彙 0895 戰國

陶三 769 戰國　郭店語三 戰國　貨文 29 戰國

出

菁 4.1 一期　合 5059 一期　合 20045 一期　京津 4377 五期

合 3679 一期　花東 337 一期　粹 366 四期　周甲 9 先周

寊出爵 商代　頌簋 周中　拍敦蓋 春秋　鄂君舟節 戰國

伯矩鼎 周早　頌壺 周中　魚顛匕 戰國

石鼓田車 戰國　郭店語一 戰國　侯馬盟書 戰國　侯馬盟書 戰國　温縣盟書 戰國

望山M1簡 戰國　璽彙 4912 戰國　侯馬盟書 戰國　侯馬盟書 戰國　温縣盟書 戰國

之

前 7.14.3
一　期

佚　217
三　期

君夫簋	者減鐘	玄揚戈	蔡侯申缶	子弄鳥尊	句踐劍	之利殘器	曾侯昃戈
周中	春秋	春秋	春秋	春秋	春秋	春秋	春秋

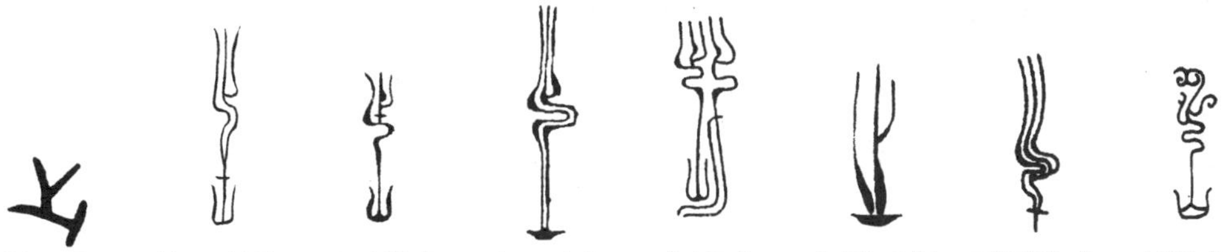

散盤	楚王孫漁戈	子可嬰戈	倗匜	玄翏戈	吉日壬午劍	王子孜戈	玄翏夫鋁戈
周晚	春秋	春秋	春秋	春秋	春秋	春秋	春秋

石鼓汧沔	郭店唐虞	璽彙 0129	璽彙 0202	璽彙 0209	璽彙 0281	璽彙 4820	璽彙 4831
戰國	戰國	戰國	戰國	戰國	戰國	戰國	戰國

包山 059	上博民之	璽彙 0140	璽彙 0206	璽彙 0227	璽彙 4244	璽彙 4827	璽彙 4838
戰國	戰國	戰國	戰國	戰國	戰國	戰國	戰國

歫

句踐劍 春秋

玄翏夫吕戈 春秋

子瞿戈 春秋

蔡侯產戈 戰國

左關鉌 戰國

中山帳橛 戰國

玄翏夫吕戈 春秋

玄翏夫吕戈 春秋

州句劍 戰國

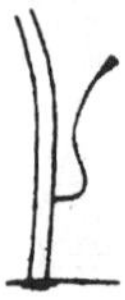
者沏鐘 戰國

緐陽之金劍 戰國

蔡公子從戈 戰國

侯馬盟書 戰國

中山玉器 戰國

秦陶 478 戰國

雲夢封診 戰國

珍秦 61 戰國

歸

前 4.6.8 一期　合 5191 一期　合 16103 一期　合 27972 三期

乙 7809 一期　合 5197 一期　粹 221 三期　粹 1180 四期

毓且丁卣 商代　狢子卣 周早　荫簋 周中　不嬰簋 周晚　歸父盤 春秋　庚壺 春秋

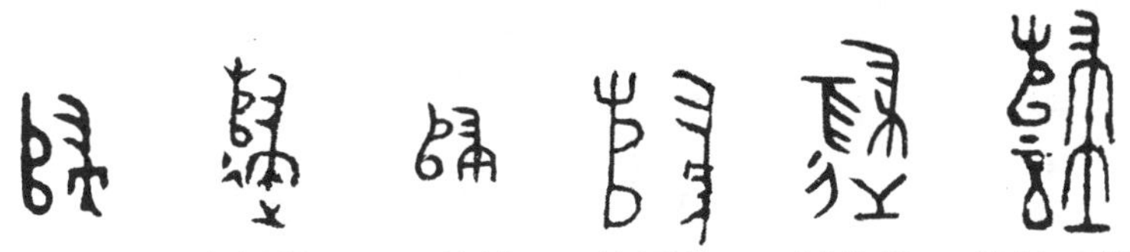

亢鼎 周早　應侯鐘 周中　⿰丰伯簋 周中　伯歸鼎 春秋　歸父簋 春秋　曾侯乙鐘 戰國

包山 131 戰國　包山 207 戰國　望山M1簡 戰國　郭店六德 戰國　上博詩論 戰國　新蔡楚簡 戰國

包山 141 戰國　包山 225 戰國　郭店尊德 戰國　天星觀簡 戰國　侯馬盟書 戰國　雲夢雜抄 戰國

踦

同踦

曾侯墓簡 戰國　璽彙 1684 戰國

包山 173 戰國

履

京津 3922 一期
存 3.847 四期
合 33284 四期

格伯簋 周中
五祀衛鼎 周中
永盂 周中
散盤 周晚
大簋 周中
九年衛鼎 周中
大簋 周中
仲履盤 周晚

包山 006 戰國
包山 057 戰國
包山 163 戰國
雲夢封診 戰國
包山 054 戰國
包山 080 戰國
上博子羔 戰國

步

鐵 22.2 一期
甲 684 四期
合 36777 五期
佚 430 三期
前 4.18.1 五期
合 36918 五期

子且辛尊 商代
晉侯穌鐘 周晚
步爵 商代
步父癸爵 商代
兆域圖 戰國

陶三 266 戰國
包山 105 戰國
青川櫝 戰國
璽彙 2472 戰國
信陽楚簡 戰國
包山 116 戰國
璽彙 0906 戰國

歲

豈

前 5.4.7 一期　花東 114 一期　花東 114 一期　合 3342 一期　甲 635 四期　林 2.29.11 五期

餘 1.1 一期　合 7411 一期　合 3345 一期　粹 188 四期　佚 309 五期

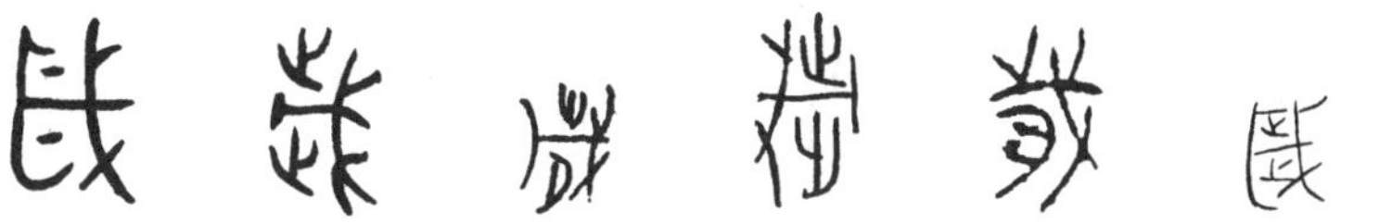

利簋 周早　毛公鼎 周晚　敬事天王鐘 春秋　吴王光鐘 春秋　酓忎鼎 戰國　陳章壺 戰國

舀鼎 周中　𨙨鎛 春秋　吴王光鐘 春秋　陳純釜 戰國　陳喜壺 戰國　潮子鎛 戰國　酓肯盤 戰國

𢦏簋 周晚

陶三 002 戰國　長沙帛書 戰國　包山 103 戰國　包山 129 戰國　郭店太一 戰國　璽彙 4427 戰國　璽彙 4493 戰國

璽彙 3560 戰國

陶三 005 戰國　曾侯墓簡 戰國　包山 002 戰國　包山 141 戰國　望山M1 簡 戰國　璽彙 0205 戰國　璽彙 4425 戰國

璽彙 3666 戰國

正

後上 16.11	合 646	乙 3184	甲 3940
一 期	一 期	一 期	五 期

前 1.50.1	合 6	合 6323	周甲 130
一 期	一 期	一 期	先 周

正 簋	大保爵	駒父盨	晋侯穌鐘	王孫鐘	邾大宰匠	臧孫鐘	其次句鑃
商 代	周 早	周 晚	周 晚	春 秋	春 秋	春 秋	春 秋

二祀𠨘其卣	衛 簋	虢季子白盤	王子午鼎	蔡侯申盤	禾 簋	中子化盤	書也缶
商代	周 早	周晚	春 秋	春 秋	春 秋	春 秋	戰 國

長沙帛書	包山 051	郭店唐虞	望山木烙印	璽彙 0295	璽彙 1397	璽彙 4529	璽彙 4759
戰 國	戰 國	戰 國	戰國	戰 國	戰 國	戰 國	戰 國

包山牘 1	郭店語二	郭店唐虞	璽彙 0092	璽彙 0557	璽彙 4370	璽彙 4373	璽彙 4765
戰 國	戰 國	戰 國	戰 國	戰 國	戰 國	戰 國	戰 國

正

乏

正昜鼎 戰國

正鐏 戰國

中山泡飾 戰國

兆域圖 戰國

中山王壺 戰國

兆域圖 戰國

璽彙 4766 戰國

璽彙 4781 戰國

璽彙 4790 戰國

貨系 0043 戰國

貨系 2648 戰國

璽彙 3173 戰國

貨系 2650 戰國

雲夢秦律 戰國

璽彙 4773 戰國

璽彙 4786 戰國

璽彙 5095 戰國

貨系 2647 戰國

青川櫝 戰國

貨系 2649 戰國

雲夢法律 戰國

是

歮

林1.29.20 五期

毛公旅鼎 周中 | 毛公鼎 周晚 | 者減鐘 春秋 | 邗王是野戈 春秋 | 邾公華鐘 春秋 | 臧孫鐘 春秋 | 書也缶 戰國

是婁簋 周中 | 王子午鼎 春秋 | 齊鎛 春秋 | 哀成叔鼎 春秋 | 臧孫鐘 春秋 | 中山王鼎 戰國

秦公石磬 春秋 | 曾侯墓簡 戰國 | 包山 089 戰國 | 侯馬盟書 戰國 | 温縣盟書 戰國 | 三晋 99 戰國 | 幣編 126 戰國

陶五 384 戰國 | 包山 004 戰國 | 郭店老乙 戰國 | 侯馬盟書 戰國 | 璽彙 1635 戰國 | 幣編 125 戰國 | 幣編 126 戰國

此	疌	企
 甲 1503 三期  合 28258 三期  存2.1759 三期  合 27499 三期  合 31191 三期  合 32300 四期		 京津 648 一期  佚 818 一期
 此牛尊 周早  此 簋 周晚  南疆鉦 春秋  此 盉 周早  莒平鐘 春秋  中山王鼎 戰國		 企癸爵 商代  企 觚 商代
 陶三 1110 戰國  曾侯墓簡 戰國  郭店語一 戰國  郭店五行 戰國  郭店老甲 戰國  侯馬盟書 戰國  陶六 020 戰國  郭店尊德 戰國  郭店成之 戰國  郭店老甲 戰國  上博詩論 戰國  侯馬盟書 戰國	 十鐘印舉 戰國	

前　　　　　㞢

乙 7661 一期　粹 382 一期

前 6.21.8 一期　合 2910 一期

師𩛥鼎 周中　井人妄鐘 周晚　晉侯穌鐘 周晚

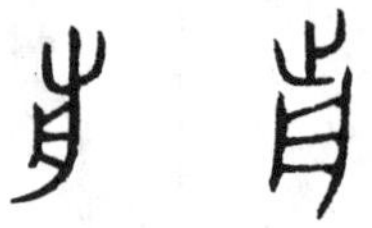

追簋 周中　兮仲鐘 周晚

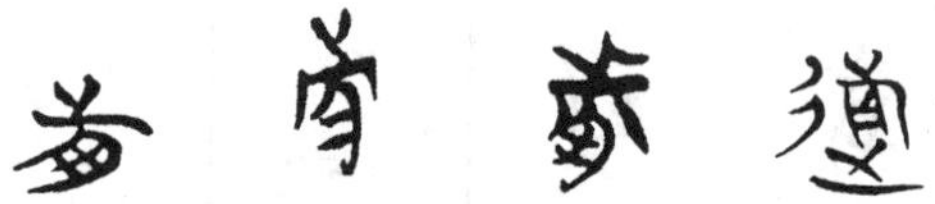

包山 122 戰國　郭店老甲 戰國　郭店窮達 戰國　包山 193 戰國

郭店尊德 戰國　郭店老甲 戰國　上博子羔 戰國

合 635 一期　戩 8.15 一期　戩 38.4 四期　周甲 80 先周

合 5112 一期　後上 27.4 三期　前 2.35.1 五期　周甲 15 周早

𨽍卣 周早　鄭令矛 戰國　胤嗣壺 戰國

晉侯穌鐘 周晚　陳逆簋 戰國

陶三 972 戰國　包山 100 戰國　郭店老乙 戰國　貨系 4076 戰國

望山M2 簡 戰國　郭店語二 戰國　温縣盟書 戰國　貨文 91 戰國

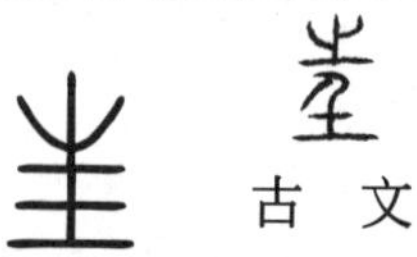

古文

奔 寷

<table>
<tr>
<td></td>
<td> 京都 1957 三期
 前 2.39.7 五期
粹 1196 三期
 前 2.30.1 五期</td>
</tr>
<tr>
<td> 大盂鼎 周早
 彧簋 周中
 晉侯穌鐘 周晚
 中山王鼎 戰國
 井侯簋 周早
 克鼎 周晚
 二年主父戈 戰國</td>
<td> 寷尊 周早
 寷鼎 周早
 㝬簋 周晚
 秦公簋 春秋
 寷甗 周早
 楚簋 周晚
 井人妄鐘 周晚</td>
</tr>
<tr>
<td> 石鼓霝雨 戰國
 璽彙 3693 戰國
 雲夢爲吏 戰國
 石鼓田車 戰國
 雲夢法律 戰國</td>
<td> 包山 167 戰國
 陶五 020 戰國
 雲夢封診 戰國</td>
</tr>
<tr>
<td></td>
<td></td>
</tr>
</table>

歷　　⿰山童　先

歷	⿰山童	先
前1.33.1 一期；合41501 四期；京津4387 四期；合41663 四期；合41664 四期		合40 一期；合7930 一期；合12051 一期；粹200 三期；合6945 一期；甲3521 一期；合158 一期；粹127 四期
禹鼎 周晚	毛公鼎 周晚	先壺 商代；尹姞鼎 周中；秦公鎛 春秋；中山圓壺 戰國；大盂鼎 周早；配兒句鑃 春秋；余義鐘 春秋
	雲夢封診 戰國	望山M1簡 戰國；包山237 戰國；郭店成之 戰國；璽彙2845 戰國；包山140 戰國；郭店成之 戰國；上博競建 戰國；上博周易 戰國

心

甲　3510
一　　期

摭續 338
五　　期

太保罍
周　早

𢦚　鼎
周　中

齊　鎛
春　秋

秦公鎛
春　秋

王孫鐘
春　秋

師𩛥鼎
周　中

散　盤
周　晚

蔡侯申鐘
春　　秋

鄦伯受簠
春　　秋

中山王壺
戰　　國

陶三　620
戰　　國

望山M1 簡
戰　　國

包山　236
戰　　國

璽彙 4499
戰　　國

雲夢日甲
戰　　國

陶四　033
戰　　國

包山　218
戰　　國

郭店緇衣
戰　　國

璽彙 5288
戰　　國

快

包山　082
戰　　國

郭店性自
戰　　國

珍秦　74
戰　　國

包山　172
戰　　國

郭店語一
戰　　國

忐	忑	思	情
	 禽志鼎 戰國  埜秦匕 戰國	 韓令思戈 戰國	
 陶三 787 戰國  古璽通論 戰國	 璽彙 2679 戰國  璽彙 5567 戰國	 望山M1簡 戰國  郭店語三 戰國  璽彙 1895 戰國  璽彙 3770 戰國  包山 130 戰國  郭店魯穆 戰國  璽彙 2422 戰國  雲夢爲吏 戰國	 郭店性自 戰國  郭店語二 戰國  郭店語一 戰國  秦玉牘 戰國

慮	恬	愇
 般殷鼎 春秋  中山王鼎 戰國		
 陶三 913 戰國  郭店性自 戰國  上博彭祖 戰國  璽彙 3447 戰國  上博恒先 戰國  郭店性自 戰國  郭店語二 戰國  上博緇衣 戰國  雲夢爲吏 戰國  璽彙 0975 戰國	 吉大 142 戰國	 曾侯墓簡 戰國  上博民之 戰國  曾侯墓簡 戰國  上博周易 戰國
		  籀文

懿

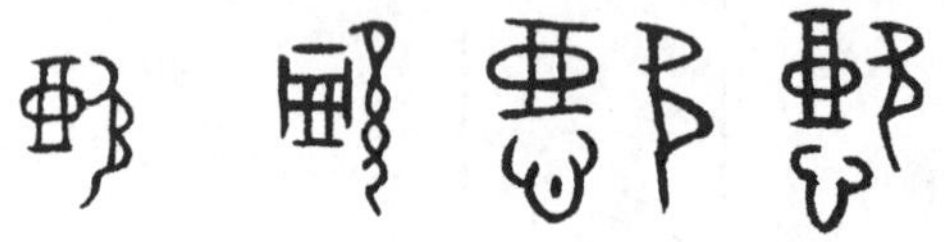

沈子它簋 周早　匡 匜 周中　單伯簋 周中　禹 鼎 周晚

班 簋 周中　師訊鼎 周中　𠑇仲壺 周中　禾 簋 春秋

忻

包山 034 戰國　包山 091 戰國　上博性情 戰國　璽彙 2321 戰國

包山 039 戰國　上博容成 戰國　璽彙 0383 戰國

意 志

	 中山王壺 戰國
 十鐘印舉 戰國	 青川陶釜 戰編 700  望山M1 簡 戰國  包山 200 戰國  郭店語一 戰國  璽彙 0070 戰國  璽彙 4338 戰國  璽彙 4518 戰國  望山M1 簡 戰國  包山 182 戰國  郭店緇衣 戰國  上博緇衣 戰國  璽彙 4334 戰國  璽彙 4516 戰國  雲夢雜抄 戰國

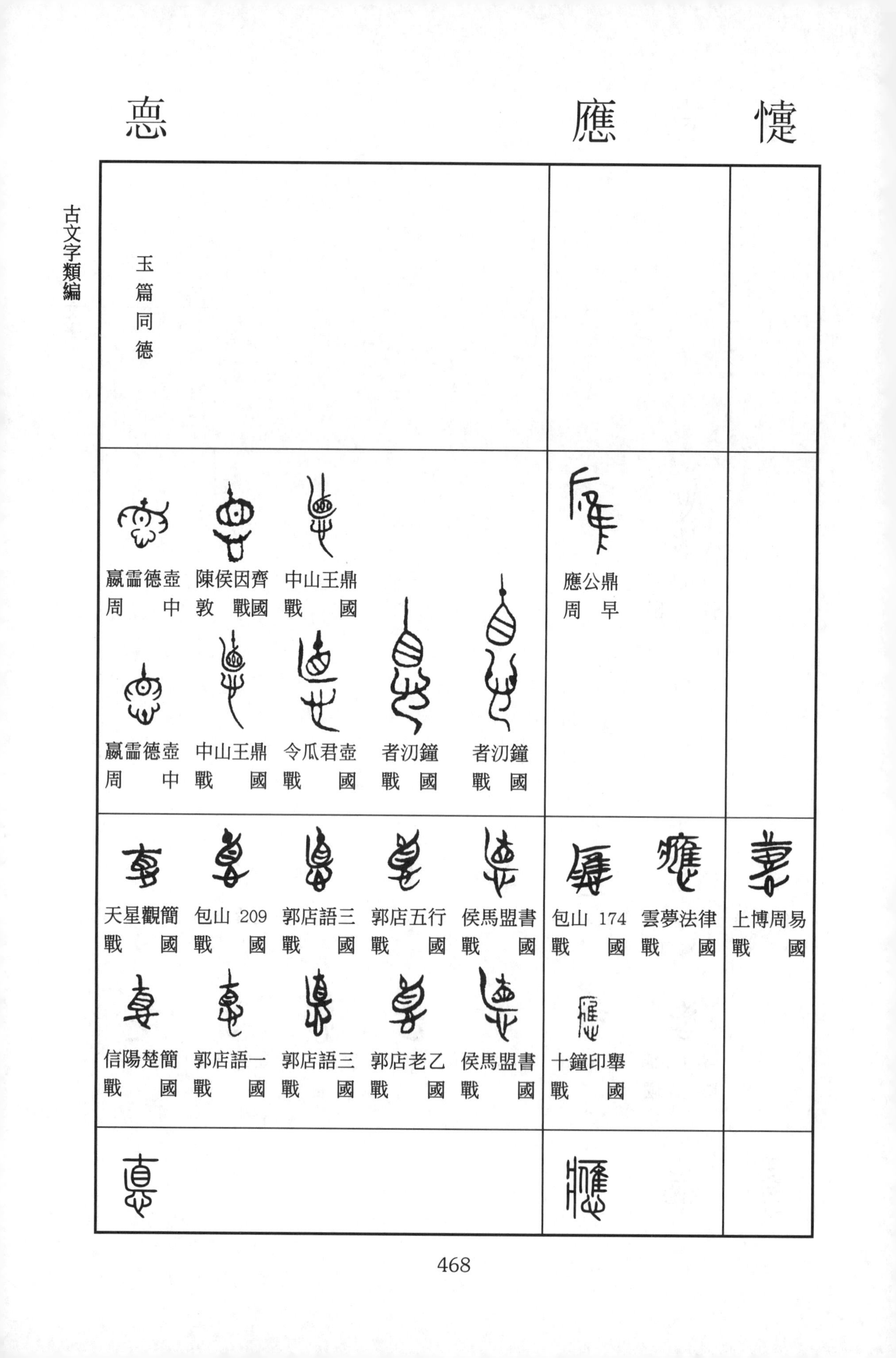

悳	應	懥
玉篇同德		
嬴霝德壺 周中；陳侯因齊敦 戰國；中山王鼎 戰國；嬴霝德壺 周中；中山王鼎 戰國；令瓜君壺 戰國；者汈鐘 戰國；者汈鐘 戰國	應公鼎 周早	
天星觀簡 戰國；包山 209 戰國；郭店語三 戰國；郭店五行 戰國；侯馬盟書 戰國；信陽楚簡 戰國；郭店語一 戰國；郭店語三 戰國；郭店老乙 戰國；侯馬盟書 戰國	包山 174 戰國；雲夢法律 戰國；十鐘印舉 戰國	上博周易 戰國

忠	恕	愨
 中山王鼎 戰　國		
 郭店六德 戰　國  郭店語三 戰　國  郭店魯穆 戰　國  璽彙 2557 戰　國  珍秦 190 戰　國  郭店尊德 戰　國  郭店語二 戰　國  上博仲弓 戰　國  璽彙 1314 戰　國  璽彙 3463 戰　國	 郭店語二 戰　國	 雲夢語書 戰　國
	  古　文	

念

沈子它簋 周早　毛公鼎 周晚　蔡侯申殘鐘 春秋　者汈鐘 戰國　者汈鐘 戰國

萬尊 周中　吴王光鐘 春秋　吴王光鐘 春秋　者汈鐘 戰國　中山王鼎 戰國

郭店成之 戰國　郭店語二 戰國　十鐘印舉 戰國

郭店語二 戰國　上博鬼神 戰國

憲

伯憲盉 周早　善夫山鼎 周晚　陽城令戈 戰國

井人妄鐘 周晚　秦公鎛 春秋

十鐘印舉 戰國

雲夢秦律 戰國

戁	悊
	 牆盤 周中  克鼎 周晚  克鼎 周晚  王孫鐘 春秋  師望鼎 周中  逨盤 周晚 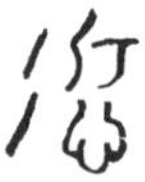 沵其鐘 周晚  曾伯匿 春秋
 郭店老甲 戰國  郭店六德 戰國  上博仲弓 戰國  郭店老丙 戰國  郭店語四 戰國	 陶六 170 戰國  璽彙 4294 戰國  璽彙 4307 戰國  璽彙 4938 戰國  璽彙 4959 戰國  璽彙 4288 戰國  璽彙 4300 戰國  璽彙 4323 戰國  璽彙 4945 戰國  璽彙 4969 戰國

惇	慧	慌	憙	⿰忄戔
			 宜陽戈 戰國  咎茖戈 戰國  坪安君鼎 戰國  韓之申戈 戰國	
 郭店窮達 戰國	 上博性情 戰國  雲夢日甲 戰國	 上博恒先 戰國	 望山M1簡 戰國  包山 198 戰國  上博詩論 戰國  郭店語二 戰國  包山 007 戰國  包山 204 戰國  郭店語一 戰國  璽彙 3223 戰國	 九店楚簡 戰國

怡	慈	恩	慭	愻
	 中山王壺 戰　國			 者汈鐘 戰　國  者汈鐘 戰　國  者汈鐘 戰　國
 陶三 073 戰　國	 郭店老甲 戰　國  陶三 189 戰　國  上博内豊 戰　國 古聲韻四作 	 郭店五行 戰　國	 包山 15 戰　國  包山 194 戰　國  包山 172 戰　國	 郭店緇衣 戰　國

慶

合 24474 二期 | 合 36550 五期

合 24474 二期

五祀衛鼎 周中 | 琱生簋 周晚 | 吳王光鐘 春秋 | 慶父鬲 春秋 | 蔡侯申鐘 春秋 | 五年龏令戈 戰國

𤎩戒鼎 周晚 | 陳仲慶匜 春秋 | 吳王光鐘 春秋 | 慶孫之子匜 春秋 | 上郡守戈 戰國

包山 013 戰國 | 包山 155 戰國 | 郭店緇衣 戰國 | 上博緇衣 戰國 | 璽彙 2430 戰國 | 珍秦 165 戰國 | 璽彙 3427 戰國

陶五 154 戰國 | 包山 079 戰國 | 包山 169 戰國 | 郭店六德 戰國 | 璽彙 1488 戰國 | 璽彙 3071 戰國 | 雲夢日乙 戰國

⿱觀心	⿱召心	憧	惄
			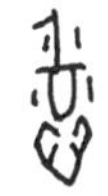 合 18385 一　期
	 鄂君舟節 戰　國		 王孫誥鐘 春　秋  邾公華鐘 春　秋  酈侯軍簋 戰　國  王孫誥鐘 春　秋  王子午鼎 春　秋
 包山 259 戰　國	 望山M1 簡 戰　國  包山 228 戰　國  璽彙 2555 戰　國  包山 226 戰　國  包山 267 戰　國	 上博仲弓 戰　國	

㤃	恂	惟	懷	懼		恭	懭
		 陳侯因齊敦 戰國		 中山王鼎 戰國			
 上博詩論 戰國	 陶三 1052 戰國  陶三 1055 戰國	 郭店尊德 戰國	 雲夢封診 戰國	 九店楚簡 戰國  雲夢爲吏 戰國	 上博從政 戰國  玉印 26 戰國	 長沙帛書 戰國  璽彙 5389 戰國	 秦印彙編 秦代  秦印彙編 秦代
					 古文		

義同味	
 班簋 周中  柞伯鼎 周晚	 中山王壺 戰國  胤嗣壺 戰國
	 郭店老甲 戰國  郭店成之 戰國  郭店唐虞 戰國  郭店尊德 戰國  璽彙 4655 戰國  包山 221 戰國  郭店語一 戰國  郭店緇衣 戰國  郭店唐虞 戰國  郭店唐虞 戰國  上博容成 戰國  邾國故城陶 戰國  包山 236 戰國  郭店語二 戰國
	  古文

恃	忞	懋	懇	慆
		 合 29004 三期		
		 小臣謎簋 周早  懋史鼎 周中  召尊 周早  免卣 周中		
 信陽楚簡 戰國  侯馬盟書 戰國  郭店語一 戰國	 陶三 469 戰國  璽彙 2325 戰國	 郭店性自 戰國  上博容成 戰國  上博仲弓 戰國  上博彭祖 戰國	 陶三 532 戰國  郭店語二 戰國  郭店成之 戰國  上博周易 戰國	 郭店性自 戰國  上博性情 戰國
		  或體		

恤 惎 忓 懽 愈

恤	惎	忓	懽	愈
		 酓忎鼎 戰國  酓忎鼎 戰國	 陳逆簋 戰國	 魯伯愈父匜 春秋  魯伯愈父鬲 春秋
 侯馬盟書 戰國	 上博容成 戰國	 陶九 024 戰國	 郭店尊德 戰國  郭店緇衣 戰國	 天星觀簡 戰國  郭店窮達 戰國  上博周易 戰國  上博泊旱 戰國  郭店老乙 戰國  郭店老甲 戰國  上博彭祖 戰國  璽彙 3403 戰國

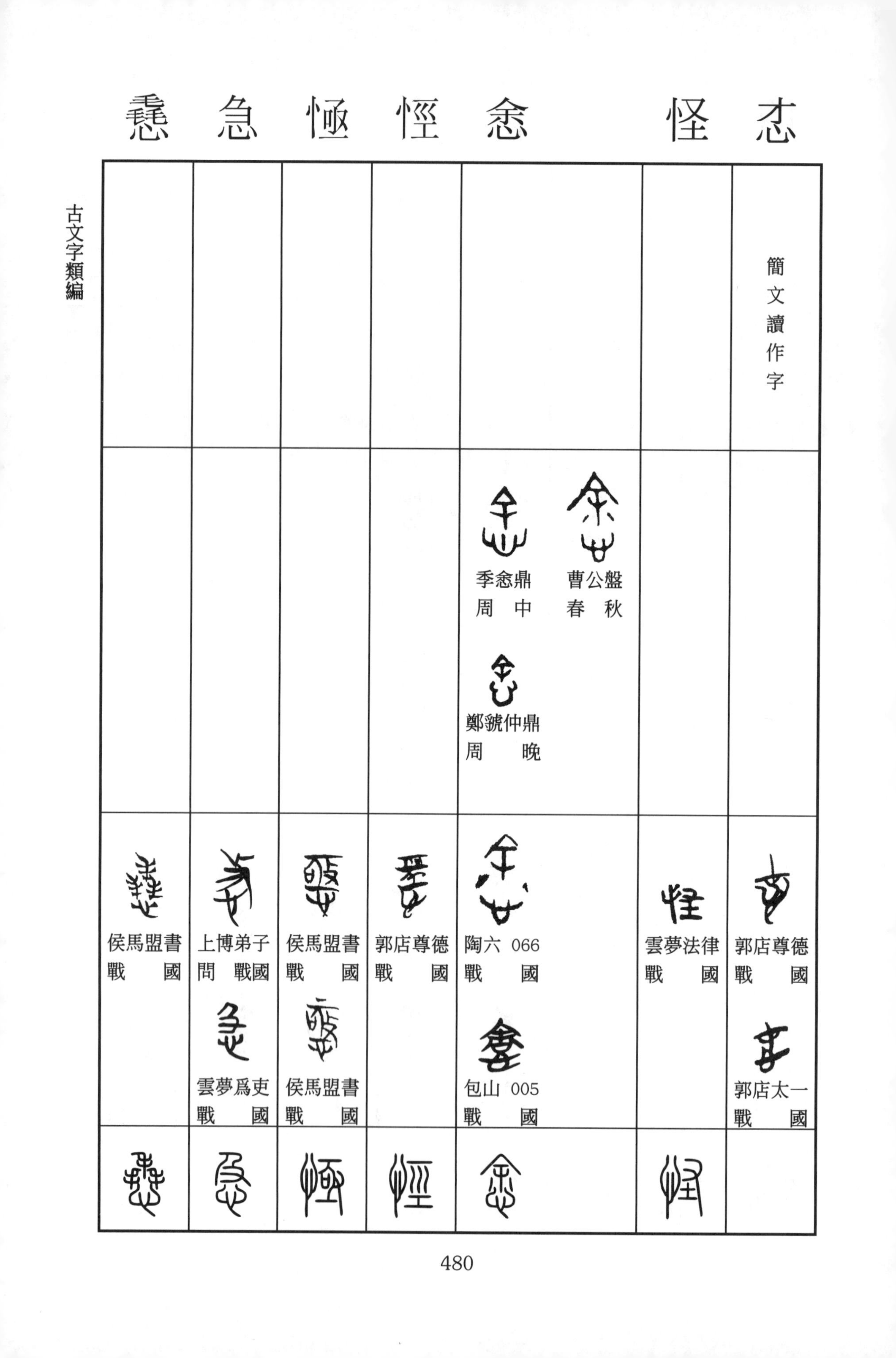

毳心	急	㥛	㤵	悆	怪	忎
						簡文讀作字
				季悆鼎 周中 曹公盤 春秋 鄭虢仲鼎 周晚		
侯馬盟書 戰國	上博弟子問 戰國 雲夢爲吏 戰國	侯馬盟書 戰國 侯馬盟書 戰國	郭店尊德 戰國	陶六 066 戰國 包山 005 戰國	雲夢法律 戰國	郭店尊德 戰國 郭店太一 戰國

恁	忒	愚	悍	急	惰
	 花東 181 一　期				
 王孫鐘 春　秋  中山王鼎 戰　國		 中山王鼎 戰　國		 中山王壺 戰　國  鄂君車節 戰　國	
 璽彙 2561 戰　國	 侯馬盟書 戰　國	 包山 198 戰　國  雲夢爲吏 戰　國	 吉大 127 戰　國  珍秦 123 戰　國	 郭店語一 戰　國  上博武王 戰　國  郭店老甲 戰　國  璽彙 0384 戰　國	 上博仲弓 戰　國
					  或　體

忿 忽 忘

忿	忽	忘
 二年州句戈 戰國	 中山王鼎 戰國	 蟎鼎 周中  蔡侯紐鐘 春秋  吳王光鐘 春秋  吳王光鐘 春秋  中山王鼎 戰國  胤嗣壺 戰國 銘醒醒作厥讀君寶作弗臣忘  蔡侯申鐘 春秋  吳王光鐘 春秋  自余鐸 春秋  中山王壺 戰國  陳侯午敦 戰國
 璽彙 1289 戰國		 郭店尊德 戰國  上博周易 戰國  雲夢日甲 戰國  郭店語二 戰國  上博曹沫 戰國

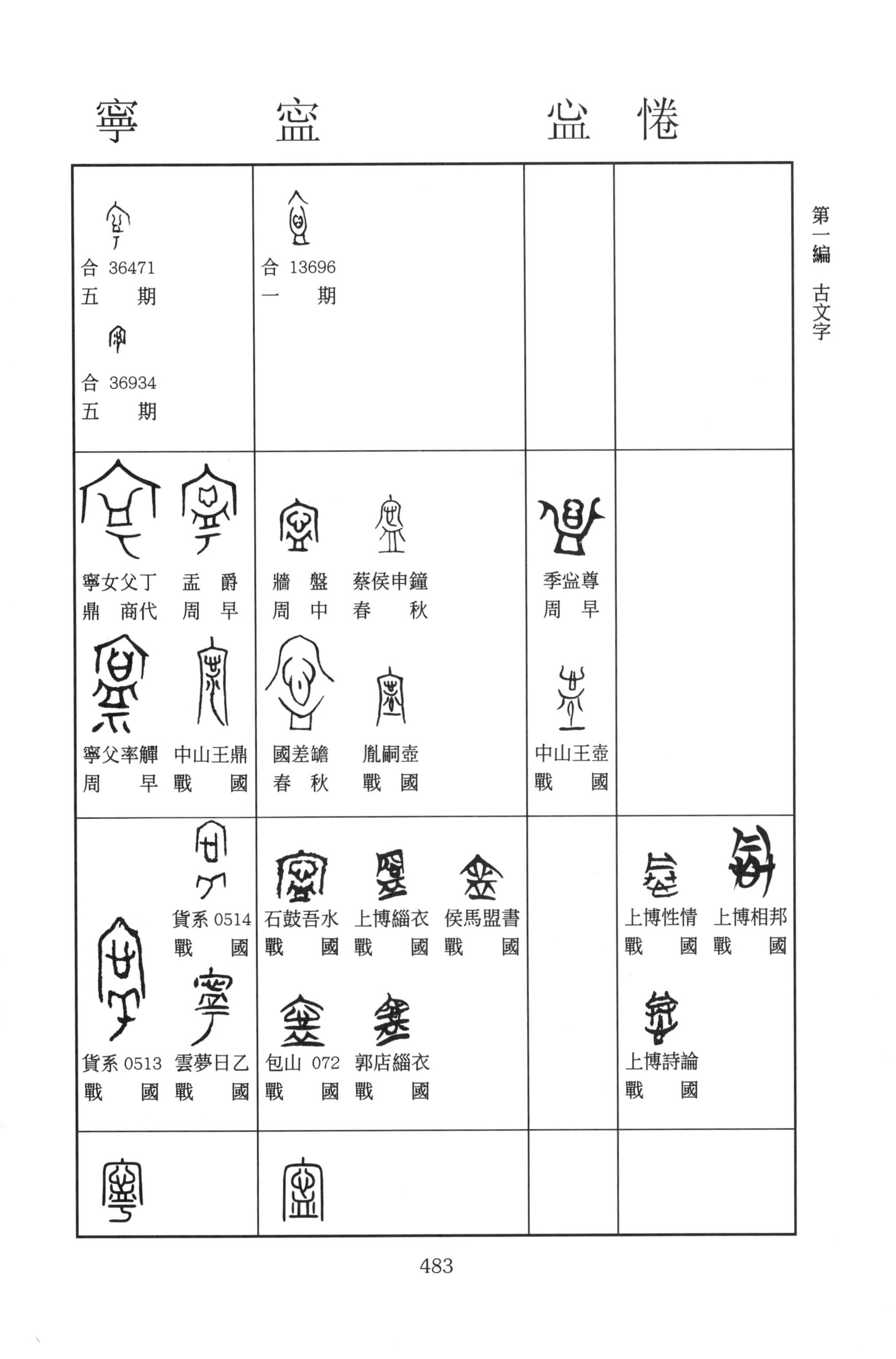

寧	寍	⿱山皿	惓
合 36471 五期 合 36934 五期	合 13696 一期		
寧女父丁鼎 商代 盂爵 周早 寧父率觶 周早 中山王鼎 戰國	牆盤 周中 蔡侯申鐘 春秋 國差罏 春秋 胤嗣壺 戰國	季⿱山皿尊 周早 中山王壺 戰國	
貨系 0514 戰國 貨系 0513 戰國 雲夢日乙 戰國	石鼓吾水 戰國 上博緇衣 戰國 侯馬盟書 戰國 包山 072 戰國 郭店緇衣 戰國		上博性情 戰國 上博相邦 戰國 上博詩論 戰國

悝 㦨 惑

悝	㦨	惑
		 中山王鼎 戰國
 印典 戰國	 上博曹沫 戰國	 舂録 10.2 戰國  包山 106 戰國  郭店魯穆 戰國  上博緇衣 戰國  上博仲弓 戰國  雲夢日甲 戰國  包山 057 戰國  包山 138 戰國  郭店緇衣 戰國  上博緇衣 戰國  璽彙 3710 戰國

息	忨	惛	快	愧	慣
合 2354 一期；合 20086 一期；合 3449 一期					
息觚 商代；公史簋 周早；中山王壺 戰國；息父丁鼎 商代；六年𠤳相鈹 戰國	中山王壺 戰國		兆域圖 戰國	陳肪簋 戰國	
燕下都陶 戰國；璽彙 1151 戰國；璽彙 0685 戰國；郭店緇衣 戰國；璽彙 1740 戰國；珍秦 110 戰國	上博彭祖 戰國；上博仲弓 戰國	郭店性自 戰國		郭店老甲 戰國；璽彙 0183 戰國	包山 166 戰國；郭店唐虞 戰國

忌	恔	惡	懲
	 合 2760 一期		
 邾公華鐘 春秋  梁伯可忌豆 戰國  歸父盤 春秋			 中山王壺 戰國
 郭店語一 戰國  郭店尊德 戰國  璽彙 5587 戰國  郭店太一 戰國  璽彙 2596 戰國  珍秦 109 戰國  秦陶 479 秦代		 郭店語二 戰國  雲夢日乙 戰國  雲夢秦律 戰國	

忩	悁	恚	慍
			 慍兒盞 春　秋
 陶五 010 戰　國  郭店尊德 戰　國  包山 172 戰　國  雲夢爲吏 戰　國	 陶五 273 戰　國  璽印集粹 戰　國  陶五 349 戰　國	 陶五 001 戰　國  新蔡楚簡 戰　國  沈□玉圭 戰編 712	 郭店性自 戰　國  郭店語二 戰　國  郭店語二 戰　國

怒	悲	忍
 胤嗣壺 戰國		
 郭店性自 戰國  雲夢爲吏 戰國  上博性情 戰國 魏石經作	 天星觀簡 戰國  郭店語二 戰國  璽彙 5451 戰國  包山 179 戰國  郭店老丙 戰國  雲夢日甲 戰國	 陶三 1010 戰國  陶三 1016 戰國  陶三 1015 戰國  舂録 3.2 戰國

悔	悶	愴	感	忧
			 卲宮和 戰 國	
 壐彙 5705 戰 國  雲夢爲吏 戰 國  侯馬盟書 戰 國	 上博詩論 戰 國  壐彙 0692 戰 國  壐彙 0388 戰 國  壐彙 2012 戰 國	 望山M1 簡 戰 國  包山 142 戰 國  望山MI簡 戰 國	 十鐘印舉 戰 國	 郭店六德 戰 國

惻	恙	惴	怲	㤉	惙
	 合 8877 一期				
 宋右師延敦 春秋				 不㤉劍 春秋	
 望山M1簡 戰國  包山 220 戰國  郭店老甲 戰國  包山 207 戰國  上博從政 戰國  郭店老甲 戰國	 上博恒先 戰國  雲夢日乙 戰國	 十鐘印舉 戰國	 包山 146 戰國  上博從政 戰國		 郭店五行 戰國

慼　慽

中山王鼎
戰　國

䏌嗣壺
戰　國

郭店性自
戰　國

天星觀簡
戰　國

郭店五行
戰　國

郭店老甲
戰　國

郭店語二
戰　國

上博周易
戰　國

上博周易
戰　國

雲夢日甲
戰　國

天星觀簡
戰　國

郭店老乙
戰　國

郭店唐虞
戰　國

郭店語二
戰　國

上博周易
戰　國

上博彭祖
戰　國

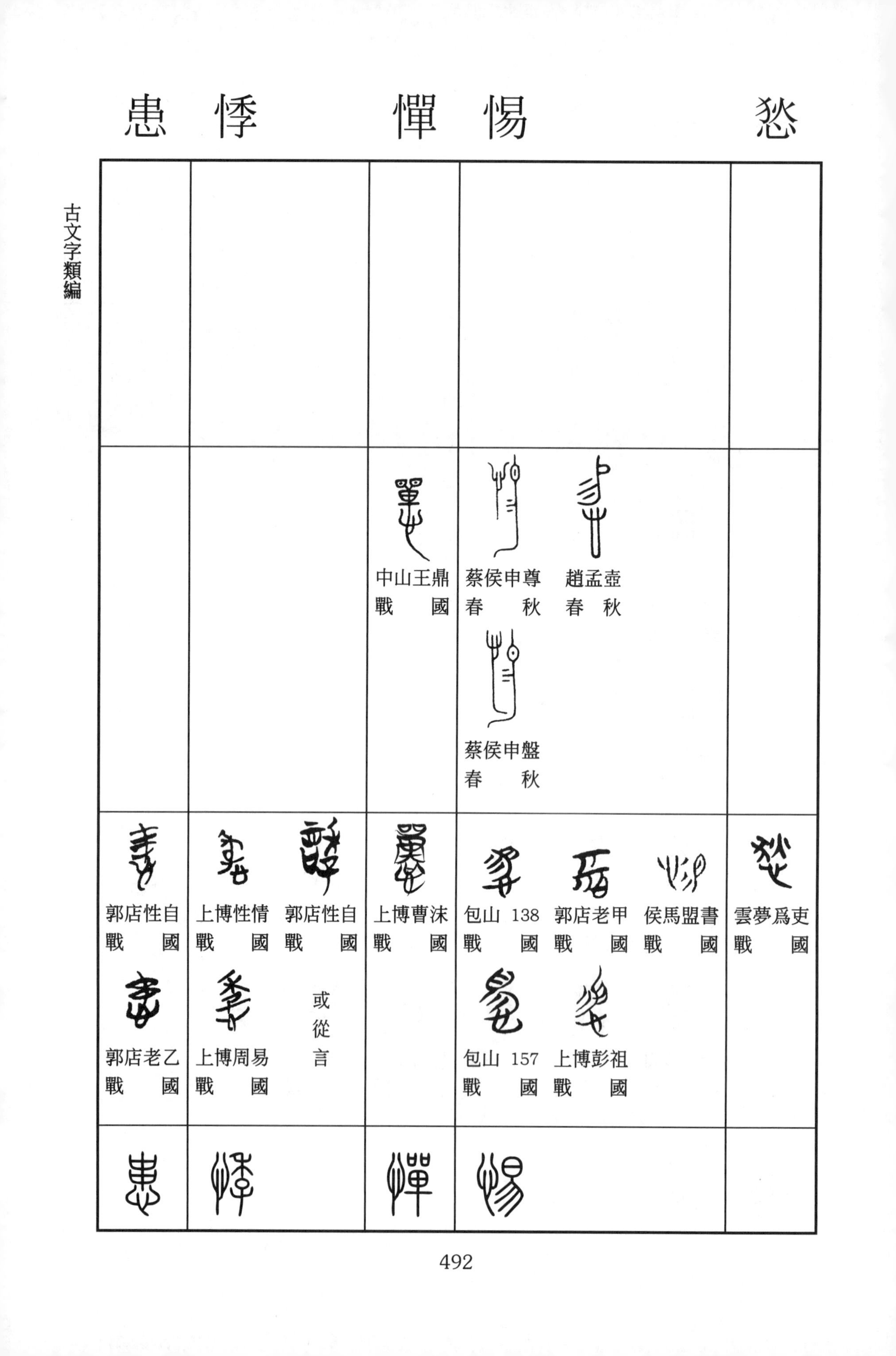

患	悸	憚	愓	⿱犾心
		中山王鼎 戰國	蔡侯申尊 春秋 趙孟壺 春秋 蔡侯申盤 春秋	
郭店性自 戰國 郭店老乙 戰國	上博性情 戰國 郭店性自 戰國 上博周易 戰國 或從言	上博曹沫 戰國	包山 138 戰國 郭店老甲 戰國 侯馬盟書 戰國 包山 157 戰國 上博彭祖 戰國	雲夢爲吏 戰國

恐	惎	恥	恧
中山王鼎 戰國			
九店楚簡 戰國 雲夢法律 戰國 上博仲弓 戰國	陶三 274 戰國 郭店語二 戰國 璽彙 3662 戰國 郭店忠信 戰國 郭店語四 戰國 璽彙 5289 戰國	郭店緇衣 戰國 上博詩論 戰國 郭店語二 戰國	郭店語二 戰國
古文			

	怍	忄冬	憐		忍	忄爲		忄厲
甲骨文								
金文	 曾侯乙方鑑 戰國				 中山王壺 戰國			
戰國文字		 郭店五行 戰國		 郭店性自 戰國	 陶典 0910 戰國	 包山 020 戰國	 郭店老甲 戰國	 上博性情 戰國
		 上博周易 戰國	 石鼓吳人 戰國	 上博內豊 戰國	 郭店語二 戰國	 郭店老甲 戰國	 郭店性自 戰國	從萬
篆文								

忕

璽彙 2424 戰國

陶五 460 戰國

璽彙 2890 戰國

恂

璽彙 0326 戰國

忇

玉篇同愧

郭店唐虞 戰國

懌

新蔡楚簡 戰國

郭店老甲 戰國

包山 082 戰國

璽彙 5359 戰國

郭店成之 戰國

包山 133 戰國

舂録 7.3 戰國

㤆	悒	忤	惠
			 衛盉 周中  王子午鼎 春秋  王孫誥鐘 春秋  邾大宰匿 春秋  曾子斿鼎 春秋  王孫誥鐘 春秋  王孫鐘 春秋  中山王壺 戰國
 郭店窮達 戰國	 璽彙 0694 戰國  璽彙 3030 戰國  璽彙 0695 戰國  侯馬盟書 戰國	 璽彙 2461 戰國	 長沙帛書 戰國  郭店緇衣 戰國  上博緇衣 戰國  郭店尊德 戰國  天星觀簡 戰國  新蔡楚簡 戰國

悠 ⿰忄高 怇 ⿰忄半 ⿰忄行 ⿰忄乇 ⿰忄木 惝

悠	⿰忄高	怇	⿰忄半	⿰忄行	⿰忄乇	⿰忄木	惝
					同 託		
 郤王子旃 鐘　春秋 鐘 銘 從 言			 三年𨒿令 戈　戰國  四年鄭令 戈　戰國				
	 雲夢日甲 戰　國	 陶三 978 戰　國		 陶三 356 戰　國  陶三 432 戰　國	 郭店太一 戰　國  郭店緇衣 戰　國	 包山 185 戰　國	 包山 197 戰　國

⿰忄求	⿱谷心	⿱𥝢心	悉	⿰忄者
		集韻⿱𥝢心同⿱黎心		
包山 090 戰國　包山 189 戰國　包山 171 戰國　郭店語一 戰國	郭店緇衣 戰國　上博恒先 戰國　郭店語二 戰國	陶三 244 戰國　郭店語二 戰國	璽彙 2290 戰國　雲夢爲吏 戰國	郭店成之 戰國　郭店緇衣 戰國　郭店成之 戰國　上博曹沫 戰國

慺	慕	⿱奄心	憻	恖	惃
				 菁 11.4 一 期  合 5346 一 期	
 慺父乙爵 周 早	 牆 盤 周 中  陳侯因齊敦 戰國  禹 鼎 周 晚	 禹 鼎 周 晚  毛公鼎 周 晚	 憻季遽父尊 周早  憻季遽父卣 周早	 克 鼎 周 晚  蔡侯申鐘 春 秋  毛公鼎 周 晚  蔡侯申盤 春 秋	
				 璽彙 1108 戰 國  雲夢日甲 戰 國	 包山 191 戰 國  郭店尊德 戰 國

忄咅	忄於	恀	忄冒	意	恞	忄柬	愋
		 之利殘器 春　　秋					
 郭店語二 戰　　國  上博詩論 戰　　國	 璽彙 3794 戰　　國		 璽彙 1749 戰　　國  璽彙 4085 戰　　國	 璽彙 2768 戰　　國	 陶三 479 戰　　國  璽彙 3538 戰　　國	 陶三 1045 戰　　國	 包山 110 戰　　國  包山 182 戰　　國

㥩	怨	怙	愲
 禹鼎 周晚			
 上博仲弓 戰國  侯馬盟書 戰國  璽彙3374 戰國  侯馬盟書 戰國	 包山138 戰國  郭店緇衣 戰國 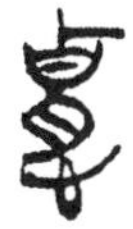 上博詩論 戰國  雲夢爲吏 戰國  郭店尊德 戰國  郭店緇衣 戰國  上博詩論 戰國	 陶典0940 戰國  陶三155 戰國	 包山249 戰國  包山230 戰國

⿰彳⿱从心	⿰阝⿱从心	憒	忓	⿱𡨄心
 蔡侯申鐘 春秋	 廿四年晉戈 戰國  邦司寇劍 戰國		 悍距末 戰國  悍距末 春秋	
 包山 85 戰國  侯馬盟書 戰國  侯馬盟書 戰國  包山 278 戰國  侯馬盟書 戰國  侯馬盟書 戰國	 侯馬盟書 戰國 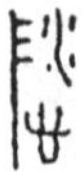 璽印集粹 戰國	 郭店性自 戰國 從奮聲		 上博周易 戰國
  籀文				

愝	⿰忄离	⿱歆心	怚	憏	慬
 相公子矰戈 戰國		 王孫誥甬鐘 春秋  ⿱歆心節 戰國  王孫誥鐘 春秋			
 郭店語二 戰國  璽彙 2590 戰國  璽彙 0686 戰國	 郭店尊德 戰國		 郭店老甲 戰國	 郭店語一 戰國	 郭店緇衣 戰國  郭店窮達 戰國

慹	憢	⿱湯心	戀	慪	憍	憦	㦜
 𪒠鐘 春秋  𪒠鐘 春秋							 中山王鼎 戰國
	 陶三 150 戰國	 璽彙 3518 戰國	 璽彙 0386 戰國  璽彙 2676 戰國	 包山 087 戰國	 包山 143 戰國  珍秦 41 戰國	 郭店六德 戰國	

𡫏　懠　懸　愼

𡫏	懠	懸	愼
同 懅		同 怞	
 中山王鼎 戰　國 鼎銘云之亡慮 懅惕			 邾公華鐘 春　秋
	 上博性情 戰　國  璽彙 3183 戰　國	 璽彙 5307 戰　國	 郭店語一 戰國  分域 2998 戰國  包山 145 戰國  郭店老甲 戰國  上博詩論 戰國  珍秦 183 戰國  雲夢爲吏 戰國  郭店五行 戰國  郭店成之 戰國
			  古　文

恒　　怕　　恢

恒

合 14766 一期　合 18478 一期　鐵 199.3 一期

合 14760 一期　後上 9.10 一期

恒父辛壺 周早　亘鼎 周中　恒簋蓋 周中　格氏令戈 戰國

恒觶 周早　恒簋 周中　亘鼎 周中

長沙帛書 戰國　包山 129 戰國　包山 201 戰國　包山 236 戰國　珍秦 42 戰國　璽彙 2675 戰國

天星觀簡 戰國　包山 130 戰國　包山 231 戰國　郭店魯穆 戰國　珍秦 57 戰國　璽彙 5700 戰國

古文

怕

上博昭王 戰國

恢

上郡守戈 戰國

雲夢編年 戰國

㦖	⿰忄靈	⿰忄樂	意	㥊	悓
	 秦公鎛 春　秋				
 郭店老乙 戰　國  郭店老乙 戰　國	 郭店語一 戰　國  璽彙 2330 戰　國	 璽彙 0970 戰　國  璽彙 1386 戰　國  璽彙 0971 戰　國	 雲夢日乙 戰　國	 陶典 0951 戰　國	 上博問孔 戰　國
			  籀　文		

想	憎	牙	騎	与
		 瘨壺 周中  屖敖簋 周晚  师克盨 周中	 上郡守壽戈 戰國  上郡守戈 戰國	
 上博姑成 戰國	 上博三德 戰國	 陶六 102 戰國  曾侯墓簡 戰國  郭店語三 戰國  上博周易 戰國  曾侯墓簡 戰國  郭店緇衣 戰國  上博緇衣 戰國  璽彙 2503 戰國	 璽彙 5528 戰國	 郭店唐虞 戰國  郭店語一 戰國

歹	㱙	㱍	殂
 花東 166 一期  林 1.30.5 三期  京津 419 一期		集韻同殘	
	 作册𠙵鼎 周早		
	 雲夢效律 戰國  雲夢秦律 戰國	 曾侯墓簡 戰國  璽彙 2144 戰國  秦家嘴簡 戰國	 九店楚簡 戰國  天星觀簡 戰國
	  或體		  古文

肂	殜	殁	殆	殤
		花東 026 一期 甲 3171 一期		
曾侯乙鐘 戰國				
	郭店窮達 戰國 天星觀簡 戰國 上博子羔 戰國 郭店尊德 戰國		包山 217 戰國 包山 248 戰國	雲夢日甲 戰國 包山 225 戰國 墨書玉璋 商代 包山 222 戰國 上博容成 戰國

乙 105 合 17060 合 22049
一 期 一 期 一 期

合 17059 甲 1165 花東 102 屯 100
一 期 一 期 一 期 一 期

字彙同戮

大盂鼎 晉侯穌鐘 竈乎簋 哀成叔鼎 兆域圖
周早 周晚 周晚 春秋 戰國

毛公鼎 竈乎簋 齊鎛 中山王鼎
周晚 周晚 春秋 戰國

中山王鼎
戰國

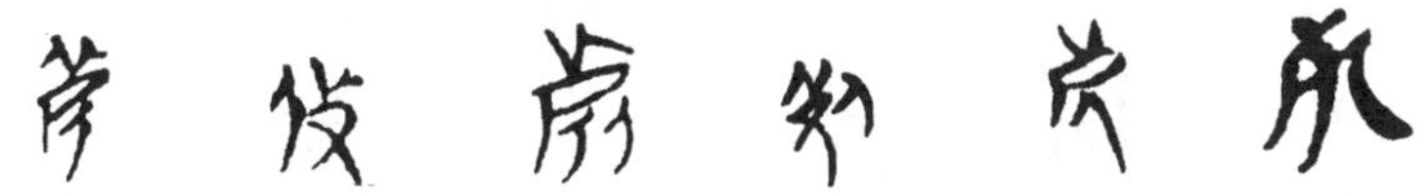

望山M1簡 望山M1簡 望山M1簡 天星觀簡 郭店忠信 雲夢秦律
戰國 戰國 戰國 戰國 戰國 戰國

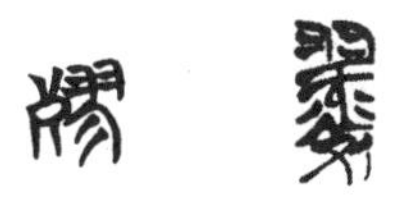

長沙帛書 郭店尊德
戰國 戰國

望山M1簡 望山M1簡 包山 054 包山 151 行气玉銘 龍崗櫝
戰國 戰國 戰國 戰國 戰國 秦代

信陽楚簡
戰國

古文

⿰歹羊	⿰歹又	葬	⿱艹⿱歹夕
	 寧滬 1.70 三期  甲 2158 三期	 合 20578 一期  後下 20.6 一期  屯 4514 一期	
		 兆域圖 戰國	
 望山M1 簡 戰國		 郭店六德 戰國  包山 267 戰國  包山 091 戰國  包山 155 戰國  雲夢法律 戰國  上博容成 戰國  包山 091 戰國  包山 155 戰國  陶録9.10.1 戰國  雲夢法律 戰國	 上博昭王 戰國

犬	犮	狡	狂
 鐵 76.3 一期  乙 581 一期  合 27925 三期  合 32966 四期  合 1051 一期  合 27926 三期  屯 2293 四期			
 犬父丙鼎 商代  戍嗣鼎 商代  員鼎 周早  犬父乙爵 商代  丁犬卣 商代			
 陶一 103 商代  包山 210 戰國  貨系 0109 戰國  侯馬盟書 戰國  陶三 065 戰國  新蔡楚簡 戰國  香續 102 戰國	 曾侯墓簡 戰國  新蔡楚簡 戰國	 雲夢法律 戰國	 璽彙 1016 戰國  璽彙 2971 戰國  璽彙 2043 戰國

狗	狣	猨	獄
			 前 4.15.2 五　期
 長子狗鼎 周　早			 獄父丁卣 周　早  牆　盤 周　中  魯侯獄鬲 周　早  獄　簋 周　中
 天星觀簡 戰　國  郭店語四 戰　國  璽彙 3496 戰　國  侯馬盟書 戰　國  包山 176 戰　國  璽彙 1158 戰　國  官印 0011 戰　國  雲夢日甲 戰　國	 上博競建 戰　國	 包山 155 戰　國	

龙	犭付	獹	獎	猗	昃
合 4652 一期 佚 946 一期					
上博周易 戰國 璽彙 0373 戰國 新蔡楚簡 戰國 璽彙 1150 戰國	包山 273 戰國 簡文從鼠	上博周易 戰國 簡文從鼠	秦印彙編 秦代	璽彙 0826 戰國 璽彙 3467 戰國 璽彙 2522 戰國	秦印戰編 665

第一編 古文字

⿰犭翏	⿰犭斤	狃	犯	犺
	 簠·帝 4 一期  合 23688 二期			
		 沈子它簋 周早  復公仲若簋 春秋	 胤嗣壺 戰國	
 璽彙 5524 戰國  曾侯墓簡 戰國  曾侯墓簡 戰國 簡文犬或作鼠 集韻⿰犭翏或從高	 璽彙 2519 戰國  璽彙 2521 戰國  璽彙 2520 戰國	 璽彙 2526 戰國	 郭店語三 戰國  雲夢日乙 戰國  吉大 146 戰國	 雲夢日甲 戰國

⿰木犬	猚	犾	獵	臭	獨
				 合 8977 一　期  鐵 196.3 一　期	
 猷　卣 周　早  猷　鼎 周　中	 中山王鼎 戰　國 從 豕		 胤嗣壺 戰　國	 子臭卣 周　早	
		 雲夢日甲 戰　國 簡 文 從 豸	 雲夢雜抄 戰　國  璽印集粹 戰　國 或龍 從龠 鳥手 見鑑	 信陽楚簡 戰　國  雲夢日甲 戰　國  郭店語一 戰　國	 故宮 433 戰　國  雲夢封診 戰　國

戾	狄	⿰犭予
	 寧滬 1.395 三期	
	 牆盤 周中 鄭令戈 戰國 四年雍令矛 戰國  曾伯霥匿 春秋 卅三年鄭令戈戰國 滎陽上官皿 戰國	
 上博從政 戰國 雲夢爲吏 戰國  上博内豊 戰國	 陶三 759 戰國 包山 082 戰國 璽彙 5560 戰國 貨文 144 戰國  璽彙 0836 戰國 隨縣衣箱 戰國 侯馬盟書 戰國 魏經石作 	 包山 085 戰國 包山 180 戰國  包山 162 戰國 簡文從鼠

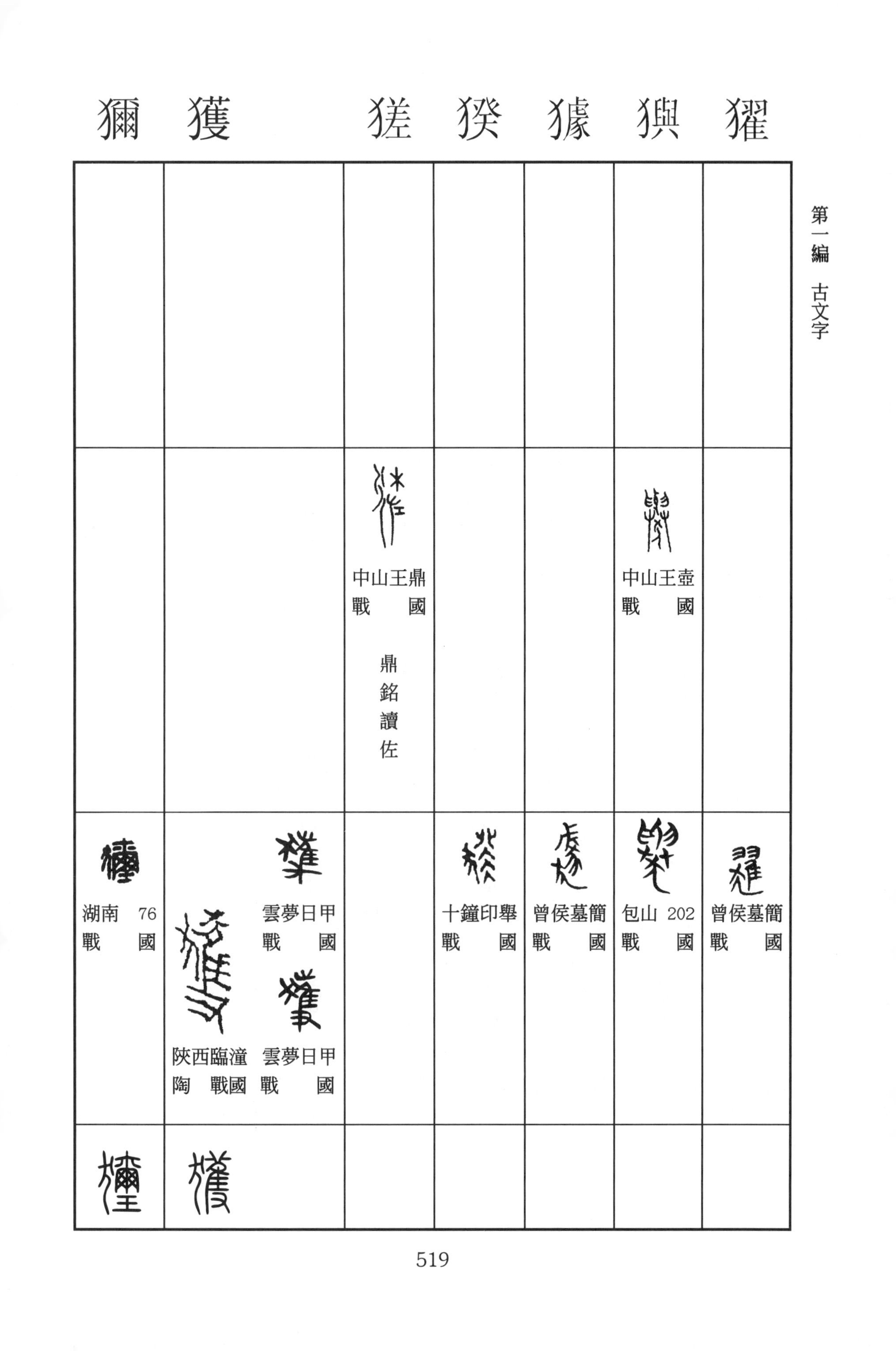

⿰犭爾	獲	⿰犭差	⿰犭癸	⿰犭豦	⿰犭與	⿰犭翟
		中山王鼎 戰國 鼎銘讀佐			中山王壺 戰國	
湖南 76 戰國	雲夢日甲 戰國 陝西臨潼陶 戰國 雲夢日甲 戰國		十鐘印舉 戰國	曾侯墓簡 戰國	包山 202 戰國	曾侯墓簡 戰國

獻　猛　猚

獻	猛	猚
合 31812 三期		
史獸鼎 周早；　𠫑甗 周早；　作父癸甗 周早；　伯眞甗 周中；　下寢盂 春秋；　齊陳曼簠 戰國；　獻侯鼎 周早；　伯甗 周早；　𢐗伯甗 周早；　𧫞季獻盨 周晚；　鄭伯筍父甗 春秋；　陳侯午敦 戰國		猚子壺 戰國
望山M1簡 戰國；　天星觀簡 戰國；　包山 182 戰國；　上博容成 戰國；　璽彙 3088 戰國；　侯馬盟書 戰國；　望山M1簡 戰國；　包山 079 戰國；　包山 147 戰國；　新蔡楚簡 戰國；　侯馬盟書 戰國；　雲夢日甲 戰國	郭店老甲 戰國；　璽彙 4070 戰國	

獟 獘 玃 猷

獟	獘	玃	猷
			合 39929 一期 合 39931 一期 合 33076 四期 合 39928 一期 合 33076 四期
	中獘簋 周中		牆盤 周中 虢仲匜 周晚 王孫鐘 春秋 中山王鼎 戰國 戎生鐘 周晚 毛公鼎 周晚 陳猷釜 戰國
璽彙 1095 戰國 秦印彙編 秦代		雲夢日甲 戰國	石鼓乍原 戰國 郭店語三 戰國 上博緇衣 戰國 璽彙 1827 戰國 璽彙 3143 戰國 郭店老甲 戰國 郭店成之 戰國 璽彙 1089 戰國 璽彙 1993 戰國 雲夢法律 戰國
獟	獘	玃	猷

狂

合 29234
三 期

甲 615
三 期

孟狂父鼎
周 中

璽彙 0530
戰 國

璽彙 0829
戰 國

璽彙 3012
戰 國

雲夢日甲
戰 國

天星觀簡
戰 國

包山 024
戰 國

上博仲弓
戰 國

璽彙 0827
戰 國

璽彙 1012
戰 國

侯馬盟書
戰 國

天星觀簡
戰 國

包山 022
戰 國

郭店語二
戰 國

古 文

犾

鐵 104.1
四 期

陶典 0855
戰 國

⿰犭矛	⿰犭幵	⿰犭亡	猇	獿
		合 10253 一期 合 28314 三期 合 28317 三期 合 10257 一期 合 28315 三期 英 2544 五期		合 21102 一期
下官鼎 戰國 卅五年鼎 戰國			奠太師甗 周晚	庚獿觶 商代 獿鼎 商代 獿鼎 商代
	十鐘印舉 戰國	郭店性自 戰國 上博性情 戰國	璽彙 1738 戰國	珍秦 87 戰國

	犭羊 獄	狀
 甲 3634 一 期		
	 琱生簋 周 晚	 丞相啓狀戈 戰國  商鞅方升 戰 國
	 包山 128 戰 國  上博從政 戰 國  雲夢法律 戰 國  包山 139 戰 國  璽印集粹 戰 國	 秦陶 1245 戰 國  璽彙 3128 戰 國  雲夢法律 戰 國  郭店老甲 戰 國  津藝 80 戰 國  十鐘印舉 戰 國  郭店五行 戰 國 簡首文爿從聲

乖伯簋 周中
詢簋 周中
乖伯簋 周中
陽狐戈 戰國

曾侯墓簡 戰國
曾侯墓簡 戰國
璽彙 3986 戰國
璽印集粹 戰國
珍秦 62 戰國
包山 095 戰國
包山 259 戰國

曾侯墓簡 戰國
璽彙 0646 戰國
璽彙 3987 戰國
香續 115 戰國
天星觀簡 戰國
包山 164 戰國
簡文或從鼠

包山 120 戰國

狼	狽	猋	犻	狺
 前 6.48.4 一 期	 合 18370 一 期  合 18372 一 期  合 18371 一 期  粹 1552 四 期			
	 狽 鉞 商 代  狽父丁斝 商 代  狽 簋 周 中  狽元卣 商 代 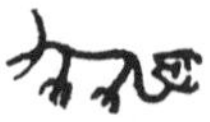 狽元卣 周 早  趞狽矛 戰 國	 王古尊 周 中	 犻伯卣 周 中	 伯狺父鬲 周 晚
 璽印集粹 戰 國  雲夢日甲 戰 國  璽印集粹 戰 國  秦封泥 秦 代				

類	犳	犴	㹠	[木犬]	[犭寽]	狢	[犭豆]
	 相邦趙犳戈 戰國						
 鐵雲印續 戰國  雲夢封診 戰國	 璽彙 1015 戰國  璽彙 5588 戰國	 璽彙 3354 戰國  秦印彙編 秦代	 陶六 151 戰國	 新蔡楚簡 戰國	 侯馬盟書 戰國	 璽彙 2524 戰國	 陶三 948 戰國

獸

[illegible]

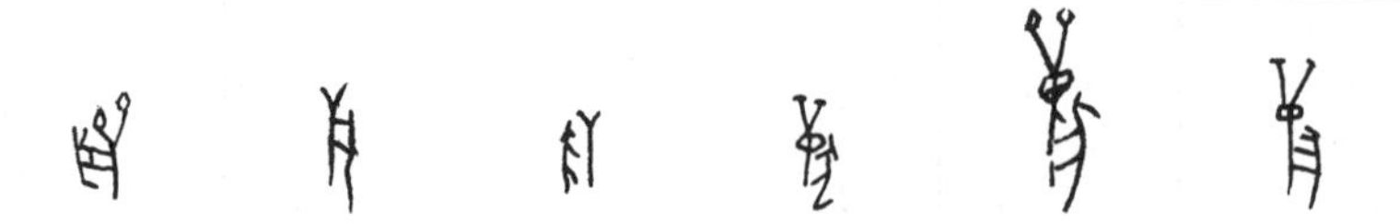

合 905 一期　合 10374 一期　合 20749 一期　花東 480 一期　合 28780 三期　合 33384 四期

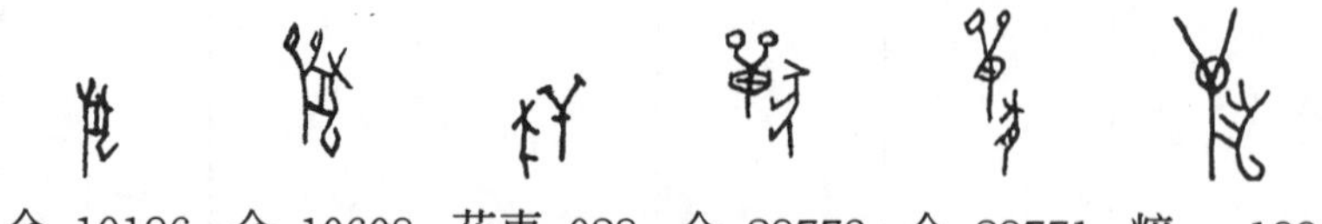

合 10196 一期　合 10608 一期　花東 028 一期　合 28773 三期　合 28771 三期　粹 189 四期

獸父辛鼎 商代　大盂鼎 周早　獸爵 周中　王子午鼎 春秋　曾侯乙鐘 戰國

獸父癸爵 商代　宰甫簋 商代　史獸鼎 周早　宰獸簋 周晚　鄭義伯鐳 春秋

石鼓鑾車 戰國　曾侯墓磬 戰國　天星觀簡 戰國　郭店老甲 戰國　郭店六德 戰國　上博昭王 戰國

信陽楚簡 戰國　曾侯墓磬 戰國　包山 021 戰國　郭店緇衣 戰國　上博從政 戰國　雲夢秦律 戰國

沈子它簋 周早　商叡簋 周晚

毛公鼎 周晚

郭店緇衣 戰國　上博從政 戰國

上博緇衣 戰國

牛	特	𦍒
 乙 3328 一期　粹 39 四期  後上 5.8 二期		 洹寶 281 一期　甲 775 四期  甲 2091 三期
 牛方鼎 商代  叔卣 周早  鄂君車節 戰國  牛鼎 商代  牛鼎 商代  卯簋 周中		 亢鼎 周早  大作大仲簋 周中
 陶三 1155 戰國  曾侯墓漆書 戰國  包山 125 戰國  郭店窮達 戰國  幣編 44 戰國  陶五 127 戰國  望山M1簡 戰國  包山 200 戰國  璽彙 1209 戰國	 陜西臨潼陶 戰國	 包山 121 戰國  璽彙 2896 戰國  璽彙 2759 戰國  侯馬盟書 戰國

第一編　古文字

牝	⿰牛辛	犀
合 721 一期；合 19817 一期；戩 23.10 一期；後下 5.10 一期；花東 098 一期；合 14834 一期；合 4909 一期；合 795 一期；合 11051 一期；合 27583 三期		
		犀伯鼎 周中；都公匿 春秋；佴叔鬲 周中
曾侯墓簡 戰國；雲夢雜抄 戰國	石鼓車工 戰國	曾侯墓簡 戰國；吉大 64 戰國；璽彙 2736 戰國；雲夢爲吏 戰國

牡	犛	牟	牭
乙 2373 一期；花東 098 一期；花東 198 一期；粹 553 三期			
剌鼎 周晚；子犯鐘 春秋；王命車節 戰國；庚壺 春秋；胤嗣壺 戰國	大良造鞅鐓 戰國	高奴權 戰國	
新蔡楚簡 戰國；曾侯墓簡 戰國；包山 012 戰國；包山 157 戰國；雲夢日甲 戰國；曾侯墓簡 戰國；包山 132 戰國；上博泊旱 戰國	犛亭陶罐 戰國；陝西臨潼陶 戰國	燕下都陶 戰國；秦封泥 秦代；珍秦 101 戰國	秦印彙編 戰國

犢	犧	⿰牜尃	犨	犁
 妊小簋 周晚  犢共畟戟 戰國				
 包山 222 戰國  璽彙 1703 戰國  璽彙 0860 戰國  璽彙 3264 戰國	 包山 248 戰國  上博鮑叔 戰國  新蔡楚簡 戰國  璽彙 3744 戰國	 石鼓鑾車 戰國	 璽彙 0929 戰國  璽彙 3264 戰國  璽彙 2891 戰國	 雲夢秦律 戰國

犅	牲	𤙭	犉	牷	牼
 合 36809 五期  合 36813 五期  合 36814 五期	 天 52 一期  周甲 42 周早	 合 34674 四期  合 34675 四期			
 犅刧尊 周早  靜簋 周中  大作大仲簋 周中  大鼎 周中	 夨方彝 周早  漢中守戈 戰國				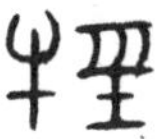 邾公牼鐘 春秋
	 上博周易 戰國  雲夢秦律 戰國  新蔡楚簡 戰國	 雲夢日甲 戰國	 璽彙 5601 戰國	 雲夢日甲 戰國	

牪	犇	物	牱	牴
		 陳 68 一期  合 24532 二期  後上 19.9 二期  合 23189 二期  合 24542 二期  粹 561 三期  粹 31 四期		
 任鼎 周中				
 信陽楚簡 戰國  上博曹沫 戰國	 包山 006 戰國	 雲夢秦律 戰國  雲夢法律 戰國	 璽彙 3911 戰國	 雲夢日甲 戰國

牢　　　　犝

合 1376 一期	合 20700 一期	合 22115 一期	合 29579 三期	合 36985 五期	合 37305 五期

合 16215 一期	合 21922 一期	合 22274 一期	合 27391 三期	合 36986 五期	周甲 78 先周

牢爵 商代

任鼎 周中

貉子卣 周早

包山 097 戰國	璽彙 2386 戰國	雲夢日甲 戰國

包山 099 戰國	新蔡楚簡 戰國	雲夢日甲 戰國

天星觀簡 戰國
從同聲

天星觀簡 戰國
從甬聲

毛	⿰毛莫	覒	毫	毳
 毛公旅鼎 周中  此簋 周晚  毛叔盤 周晚				 守宮盤 周早  毳簋 周中
 山東濰坊陶 戰國  包山 194 戰國  包山牘 1 戰國 或從羽  秦印彙編 戰國  望山M2簡 戰國  璽彙 3942 戰國	 曾侯墓簡 戰國	 上博緇衣 戰國	 包山 273 戰國	 天星觀簡 戰國  上博容成 戰國

日　　　　　時

日	時
 菁 2.1 一期  前 2.8.6 五期  粹 41 三期  佚 518 五期	
 小臣艅尊 商代  牆盤 周中  吴王光鐘 春秋  胤嗣壺 戰國  且日戈 商代  吉日壬午劍 春秋  令瓜君壺 戰國  書也缶 戰國	 吕太叔斧 春秋  中山王壺 戰國
 石鼓乍原 戰國  長沙帛書 戰國  包山 053 戰國  璽彙 0293 戰國  陶三 719 戰國  包山 023 戰國  郭店語三 戰國	 石鼓車工 戰國  包山 137 戰國  郭店太一 戰國  璽彙 4343 戰國  陶三 797 戰國  郭店五行 戰國  上博容成 戰國  青川櫝 戰國
	  古文

早	曆	昧	嚏
			 前 6.3.1 一　期　同爽  合 13751 一　期
 中山王鼎 戰　國	 倗伯再簋 周　中	 免　簋 周　中  郘子受鐘 春　秋  并令簋 周　中	 并令簋 周　中  免　簋 周　中  并令簋 周　中  郘子受鐘 春　秋
 郭店老乙 戰　國  郭店語四 戰　國  雲夢秦律 戰　國  郭店語三 戰　國  郭店語四 戰　國	 包山 181 戰　國	 上博内豊 戰　國  璽彙 3303 戰　國	金讀 文作 昧昧 嚏爽

暑	冥	睹	景	暘	暈
					 前 4.8.5 一 期  乙 1070 一 期
 壽春鼎 戰 國					
 包山 185 戰 國  郭店緇衣 戰 國 郭夏 店日 簡暑 文雨  雲夢日甲 戰 國	 五十二病 方 秦代	 長沙帛書 戰 國  包山 184 戰 國  包山 173 戰 國	 秦印彙編 秦 代  秦印彙編 秦 代	 包山 187 戰 國	

晉	普	昫
 拾 13.1 一期		
 格伯簋 周中  晉侯斷簋 周晚  晉公車軎 春秋  [illegible]篙鐘 戰國  晉人簋 周中  晉侯穌鐘 周晚  太府鎬 戰國  鄂君舟節 戰國		
 陶六 064 戰國  望山M2簡 戰國  包山 166 戰國  郭店緇衣 戰國  侯馬盟書 戰國  三晉 42 戰國  曾侯墓簡 戰國  包山 103 戰國  郭店緇衣 戰國  侯馬盟書 戰國  貨系 0942 戰國  三晉 42 戰國	 上博周易 戰國	 秦印彙編 秦代

古文字類編

晏 晵 晧 昃

晏	晵	晧	昃
	 合 41612 四期　合 41613 四期  粹 648 四期　粹 647 四期		 前 4.9.1 一期　合 13312 一期　前 4.8.7 二期  菁 4.1 一期　合 20957 一期　粹 436 三期
			 滕侯昃戟 春秋  曾侯昃戈 春秋
 郭店五行 戰國  雲夢日甲 戰國		 包山牘 1 戰國	 陶六 048 戰國　包山 181 戰國　郭店語四 戰國　璽彙 0730 戰國  陶六 121 戰國　包山 266 戰國　上博君老 戰國　璽彙 3205 戰國

昏	昕	旱	旺
 佚 292 三 期  粹 715 三 期	 合 40771 一 期  京都 3113 三 期  京津 3261 二 期		
 柞伯鼎 周 晚			 陳旺戈 戰 國
 郭店老乙 戰 國  郭店唐虞 戰 國  上博彭祖 戰 國  郭店魯穆 戰 國  郭店唐虞 戰 國  雲夢日乙 戰 國		 陶五 451 戰 國  雲夢日甲 戰 國  上博魯旱 戰 國	

晦	⿱日爾	㬎	暴
	 樊季氏孫仲鼎 春秋	 西庫圓壺 戰國	
 長沙帛書 戰國  雲夢封診 戰國  上博恒先 戰國		 天星觀簡 戰國  上博詩論 戰國  温縣盟書 戰國  温縣盟書 戰國  天星觀簡 戰國  侯馬盟書 戰國  温縣盟書 戰國	 雲夢日甲 戰國  雲夢爲吏 戰國

昌

廿四年錐形器戰國

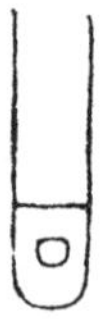
蔡侯申盤 春秋

四年昌鼎 戰國

陶三 027 戰國

陶五 185 戰國

燕下都陶 戰國

璽彙 0006 戰國

璽彙 3075 戰國

璽彙 4978 戰國

璽彙 4985 戰國

璽彙 4987 戰國

陶四 079 戰國

陶六 012 戰國

郭店緇衣 戰國

璽彙 1214 戰國

璽彙 4977 戰國

璽彙 4980 戰國

璽彙 4986 戰國

璽彙 4992 戰國

	昔	曜
	菁 6.1 一期 甲 2913 一期 合 14229 一期 京津 1885 一期 鄴初下 4.5.5 一期 合 36317 五期	合 1248 一期 合 10613 一期
	何尊 周早 史昔鼎 周中 胤嗣壺 戰國 舀鼎 周中 中山王鼎 戰國 郤王鼎 春秋	
璽彙 4993 戰國 璽彙 5390 戰國 貨系 2505 戰國 幣編 109 戰國 璽彙 4999 戰國 貨系 2335 戰國 三晉 130 戰國 幣編 109 戰國	郭店成之 戰國 吉大 12 戰國 陶三 362 戰國 天星觀簡 戰國 雲夢日甲 戰國 雲夢日甲 戰國	
	籀文	

昆	晐	⿱皆日	曈	曋	⿰日豕
昆疕王鐘 周晚				臨汾守戈 戰國	
璽彙 5311 戰國；郭店六德 戰國；郭店六德 戰國；雲夢爲吏 戰國；郭店六德 戰國；汗簡作	陶五 095 戰國；分域 2927 戰國	新蔡楚簡 戰國	璽彙 2264 戰國		望山M2簡 戰國；望山M2簡 戰國

昒	昉	曁	昊	䪱
				 菁 10.16 三　期  林 2.26.7 三　期
			 牆　盤 周　中  單伯昊生鐘　周晚	 文䪱父丁卣　商代  伯䪱父鬲　周晚  文䪱父丁簋　商代  仲䪱父鬲　周晚
 包山 135 戰國  包山 150 戰國  包山 135 戰國	 璽彙 0248 戰國  璽彙 1951 戰國	 秦印彙編 秦代	 信陽楚簡 戰國  璽彙 0965 戰國  上博詩論 戰國	 包山 224 戰國  郭店成之 戰國  包山 225 戰國

暲	昱	量
	 合 33 一期  合 339 一期  合 23121 二期  佚 266 三期  粹 1139 一期  合 4048 一期  合 24496 二期  粹 679 四期	 合 18507 一期  京都 2289 一期
	 宰椃角 商代  作册擊卣 商代  四祀邲其卣 商代	 量侯簋 周中  克鼎 周晚  大師虘簋 周中  大梁鼎 戰國
 璽彙 0963 戰國  璽彙 2644 戰國  璽彙 2044 戰國	 石鼓吾水 戰國	 包山 053 戰國  上博容成 戰國  包山 149 戰國
		  古文

朝

英 718
一 期

合 33130
四 期

利 簋
周 早

先獸鼎
周 中

事族簋
周 晚

槁朝鼎
戰 國

矢方彝
周 早

𣎆伯簋
周 中

仲殷父簋
周 晚

朝訶右庫
戈 戰國

陶五 215
戰 國

包山 145
戰 國

天星觀簡
戰 國

天星觀簡
戰 國

璽彙 4065
戰 國

璽彙 3310
戰 國

雲夢日乙
戰 國

雲夢日乙
戰 國

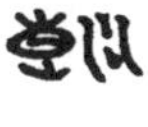
長沙帛書
戰 國

郭店窮達
戰 國

天星觀簡
戰 國

上博周易
戰 國

璽彙 2657
戰 國

雲夢日甲
戰 國

雲夢日乙
戰 國

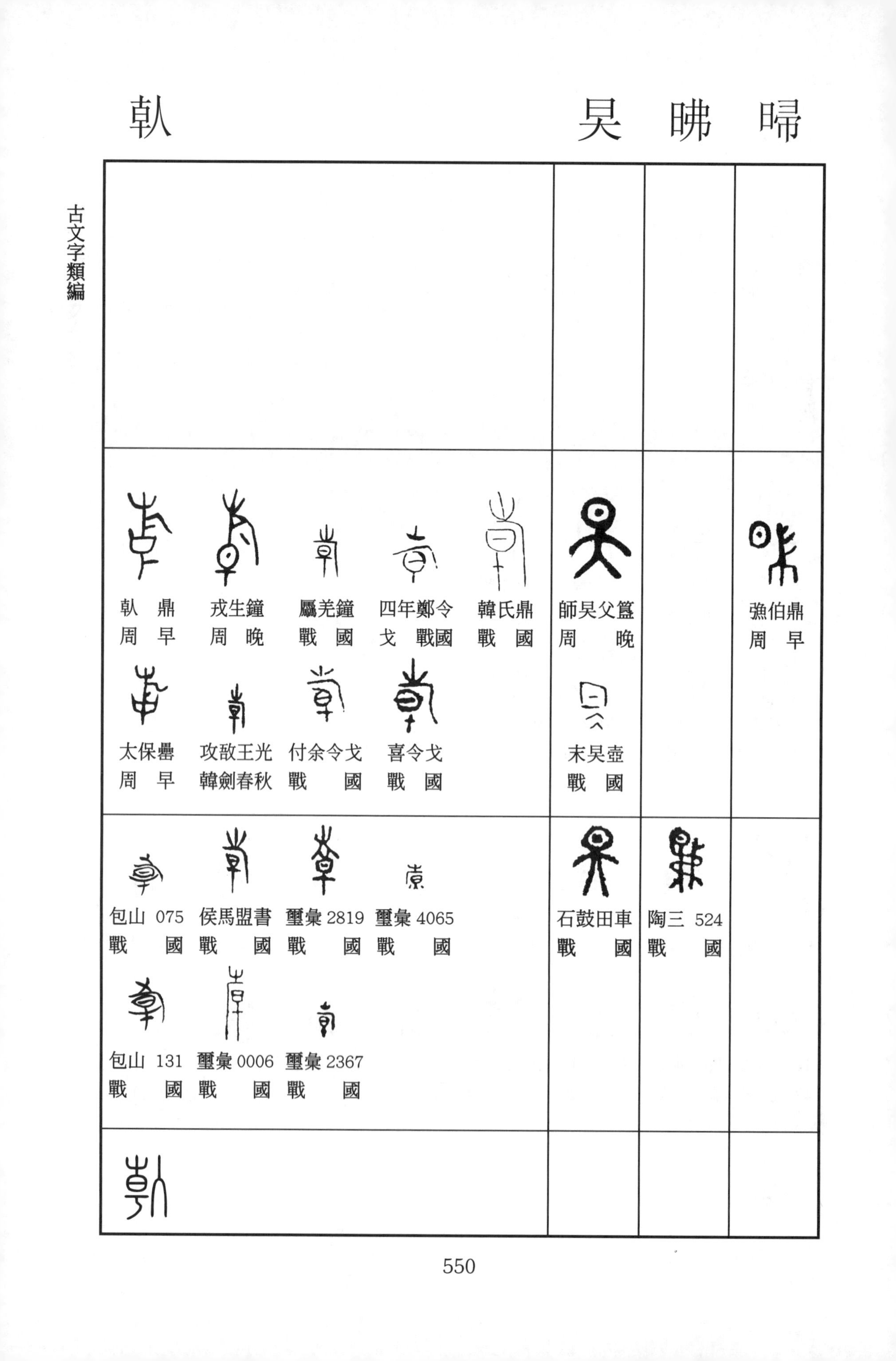

倝	昊	昲	⿰日帚
倝鼎 周早 戎生鐘 周晚 驫羌鐘 戰國 四年鄭令戈 戰國 韓氏鼎 戰國 太保罍 周早 攻敔王光韓劍 春秋 付余令戈 戰國 喜令戈 戰國	師昊父簋 周晚 末昊壺 戰國		𢐗伯鼎 周早
包山 075 戰國 侯馬盟書 戰國 璽彙 2819 戰國 璽彙 4065 戰國 包山 131 戰國 璽彙 0006 戰國 璽彙 2367 戰國	石鼓田車 戰國	陶三 524 戰國	

旦	⿰日彔	⿱小⿱日小	書
 合 27446 三期  合 29774 三期			 合 22942 一期  屯 2392 三期
 頌簋 周中  休盤 周中  晉侯穌鐘 周晚  揚簋 周中  伊簋 周晚			 㝬簋 周晚
 陶五 300 戰國  包山 135 戰國  璽彙 1732 戰國  幣編 68 戰國  包山 097 戰國  璽彙 0409 戰國  璽彙 5583 戰國	 璽彙 1453 戰國	 璽彙 0282 戰國	 長沙帛書 戰國  上博曹沫 戰國  九店楚簡 戰國  雲夢日乙 戰國
			  籀文

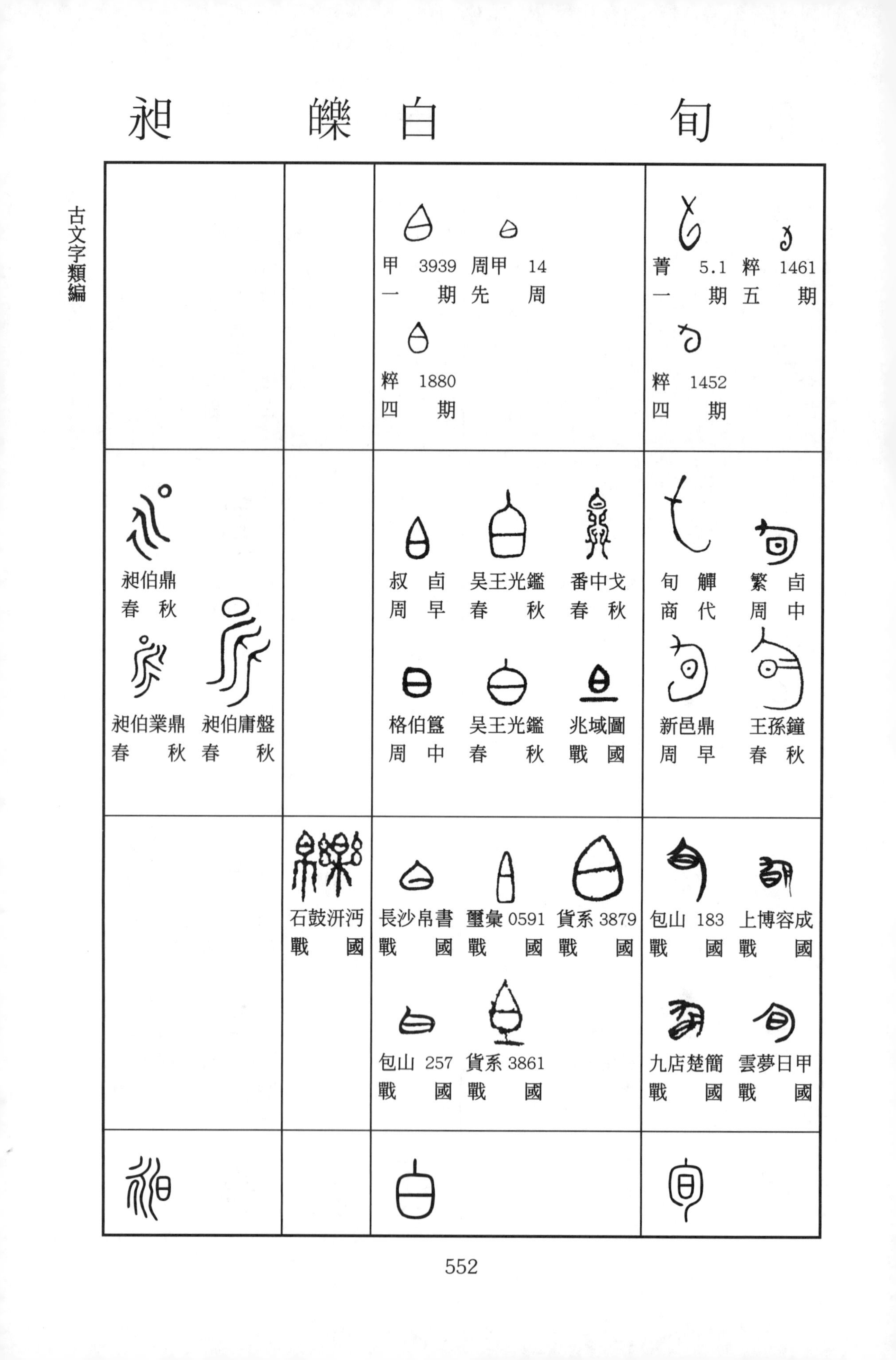

衵	皪	白	旬
		甲 3939 一期 周甲 14 先周 粹 1880 四期	菁 5.1 一期 粹 1461 五期 粹 1452 四期
衵伯鼎 春秋 衵伯業鼎 春秋 衵伯庸盤 春秋		叔卣 周早 吴王光鑑 春秋 番中戈 春秋 格伯簋 周中 吴王光鑑 春秋 兆域圖 戰國	旬觶 商代 繁卣 周中 新邑鼎 周早 王孫鐘 春秋
	石鼓汧沔 戰國	長沙帛書 戰國 璽彙 0591 戰國 貨系 3879 戰國 包山 257 戰國 貨系 3861 戰國	包山 183 戰國 上博容成 戰國 九店楚簡 戰國 雲夢日甲 戰國

昜	[illegible]	昭
前7.14.1 一期 乙 6684 一期		
匽侯舞昜 周早 昜央簋 周早 衛師昜 周早 同簋 周中 沇兒鐘 春秋 胤嗣壺 戰國 匽侯舞昜 周早 小臣宅簋 周早 五年師旋簋 周中 之利殘器 春秋 嘉子伯昜臣 春秋 鄂君車節 戰國	中山王鼎 戰國	屭羌鐘 戰國 王后中宫錡 戰國
陶三 315 戰國 望山M2簡 戰國 璽彙 1668 戰國 璽彙 2464 戰國 陶五 175 戰國 包山 071 戰國 璽彙 1675 戰國 貨系 0923 戰國 貨系 3995 戰國	璽彙 0744 戰國 璽彙 1874 戰國	郭店緇衣 戰國 雲夢爲吏 戰國

月	望	朢
菁 5.1 一期；粹 659 三期；周甲 2 先周；粹 201 二期；前 2.22.6 五期；周甲 55 先周		合 6182 一期；佚 875 一期；合 35661 五期；寧滬 2.48 一期；合 32968 四期
宰椃角 商代；郲大宰匜 春秋；王孫壽甗 春秋；禽志鼎 戰國；克鐘 周中；禾簋 春秋；吴王光鑑 春秋；東周左自鼎 戰國	休盤 周中；無叀鼎 周晚	折觥 周早；臣辰盉 周早；盠駒尊 周中；保卣 周早；師望鼎 周中；晉侯穌鐘 周晚
秦公石磬 春秋；陶四 001 戰國；長沙帛書 戰國；包山 135 戰國；陶三 658 戰國；陶五 384 戰國；望山M1簡 戰國；包山 171 戰國	郭店語一 戰國；郭店窮達 戰國	郭店緇衣 戰國；雲夢日甲 戰國；雲夢日乙 戰國
		古文

明　　朙

乙 64	前 4.10.4	合 721	合 8104	合 11708
一期	一期	一期	一期	一期

乙 6664	前 7.32.4	合 2223	合 16057
一期	一期	一期	一期

明亞乙鼎	燹公盨	牆盤	明我壺	秦公鎛	胤嗣壺
商代	周中	周中	周晚	春秋	戰國

矢方彝	師訇鼎	毛公鼎	叔向父簋	中山王鼎
周早	周中	周晚	周晚	戰國

陶六 112	璽彙 0961	璽彙 4403	璽彙 5082	侯馬盟書	侯馬盟書	幣編 110
戰國	戰國	戰國	戰國	戰國	戰國	戰國

郭店老乙	璽彙 4394	璽彙 5081	侯馬盟書	侯馬盟書	雲夢日乙	幣編 110
戰國	戰國	戰國	戰國	戰國	戰國	戰國

古文

朙：

信陽楚簡
戰國

朒

合 12025 一期

朏

晉鼎 周中

九年衛鼎 周中

陶三 236 戰國

侯馬盟書 戰國

期

寬兒鼎 春秋

齊侯敦 春秋

吳王光鑑 春秋

洹子孟姜壺 春秋

齊良壺 春秋

郜公典盤 春秋

蔡侯申鼎 春秋

下官鼎 戰國

包山 015 戰國

璽彙 2766 戰國

雲夢雜抄 戰國

天星觀簡 戰國

包山 061 戰國

包山 198 戰國

璽彙 1952 戰國

璽彙 2879 戰國

天星觀簡 戰國

包山 023 戰國

包山 081 戰國

簡文或從几聲

古文

夙　　　　脮

夙	脮
 合 40497 一期  前 6.16.3 一期  合 9804 一期  合 26897 三期	
 效卣 周早  伯晨鼎 周中  師望鼎 周中  師寰簋 周晚  晋侯穌鐘 周晚  吴王光鐘 春秋  夙戈 戰國  師訇鼎 周中  㭒伯簋 周中  叔夗簋 周晚  伯康簋 周晚  吴王光鐘 春秋  中山王鼎 戰國	 郾侯脮戈 戰國
 雲夢日甲 戰國	

霸　　　　朔

霸

屯 873
三 期

令 簋
周 早

作册大鼎
周 早

師奎父鼎
周 中

頌 簋
周 中

鄭虢仲簋
周 晚

曾仲大父
簋 春秋

大 簋
周 早

競 卣
周 中

佴叔盨
周 中

通 簋
周 中

鄭虢仲簋
周 晚

秦印彙編
秦 代

朔

公朱左自
鼎 戰國

梁十九年
鼎 戰國

陶典 0586
戰 國

璽彙 3558
戰 國

包山 063
戰 國

璽印集粹
戰 國

木	林	橘	梅	杏	槫
 珠 890 二期  後上 13.8 五期  甲 600 四期					
 木父辛爵 商代  散盤 周晚  木工鼎 商代  鄂君舟節 戰國	 林睘器 戰國		 史梅兄簋 周早		
 陶六 224 戰國  璽彙 0299 戰國  長沙帛書 戰國  貨系 0296 戰國		 封成 2221 戰國	 璽彙 3625 戰國	 秦陶 473 秦代	 璽彙 0254 戰國
			  或體		

枭	巢	桌	柬	柳
	 周甲 110 先周		 掇 2.158 一期	 屯 88 三期  簠•遊109 五期  合 36526 五期
 叔枭父簋 周晚	 班簋 周中  𠭯巢鐘 春秋		 司料盆 春秋	 散盤 周晚  柳鼎 周晚
 望山M1簡 戰國  郭店老乙 戰國  包山 145 戰國	 五十二病方 秦代	 望山M1簡 戰國  上博詩論 戰國		 石鼓汧沔 戰國  侯馬盟書 戰國  貨系 0491 戰國  陶五 002 戰國  雲夢日甲 戰國

李

後下 13.7
一期

後下 13.7
一期

英 1013
一期

五祀衛鼎
周中

鄂君舟節
戰國

陶九 054
戰國

雲夢日甲
戰國

上博詩逸
戰國

包山 023
戰國

上博容成
戰國

分域 1272
戰國

曾侯墓簡
戰國

璽彙 2475
戰國

信陽楚簡
戰國

篁齋藏印
戰國

包山 022
戰國

璽彙 3611
戰國

璽印集粹
戰國

古文四聲韻作

古文

枝

繁簋
周早

雲夢法律
戰國

桃	栬	杉	亲
		 合 8027 一 期	 合 30757 三 期
		 乘父士杉盨 周晚	 𦳻簋 周中  中伯簋 周晚  中伯壺 周晚  羊角戈 戰國
 包山 010 戰國  璽彙 2405 戰國  雲夢日甲 戰國  郭店老甲 戰國  璽彙 2404 戰國  雲夢日甲 戰國  秦封泥 秦代 或從艸	 包山 149 戰國		 陶六 052 戰國  三晉 54 戰國  璽彙 4690 戰國

杜	椙	杙	樻
 合 40749 一　期  粹　1131 一　期			
 格伯簋 周　中  杜伯盨 周　晚  師虎簋 周　中  胤嗣壺 戰　國		 應侯簋 周　晚	
 陶五 172 戰　國  陶五　384 戰　國  上博詩論 戰　國  璽彙 1922 戰　國  上博詩論 戰　國  璽彙 1920 戰　國  璽彙 2415 戰　國	 上博容成 戰　國	 曾侯墓簡 戰　國  郭店窮達 戰　國  曾侯墓簡 戰　國	 包山 259 戰　國

樸	椒	⿰木咎	楢	栖
	 九年衛鼎 周中			 長沙銅量 戰國
 天星觀簡 戰國  郭店老甲 戰國	 雲夢封診 戰國	 石鼓乍原 戰國	 璽彙 2889 戰國	 望山M1簡 戰國  包山 089 戰國  包山 221 戰國  天星觀簡 戰國  包山 007 戰國  包山 174 戰國  天星觀簡 戰國  璽彙 2974 戰國

棫 極 栩 枸 柃 柞 柟

棫	極	栩	枸	柃	柞	柟
						今柟字或作楠
 散盤 周晚	 陳逆簋 戰國		 枸矛 戰國	 鄭令劍 戰國	 柞伯簋 周中  柞鐘 周晚	 仲柟父鬲 周晚  仲柟父匕 周晚  仲柟父簋 周晚
 石鼓乍原 戰國		 澂秋 35 戰國			 石鼓乍原 戰國	

桔	柘	櫅	檀	楊	桑
		 合 6947 一 期	 合 29408 三 期		 前 4.41.4 三 期  續 3.31.9 五 期
		 牆 盤 周 中		 多友鼎 周 晚  楊姞壺 周 晚	
 雲夢日乙 戰 國	 曾侯墓簡 戰 國  信陽楚簡 戰 國	 陶三 027 戰 國		 石鼓汧沔 戰 國  舂録 6.1 戰 國  包山 192 戰 國  陶三 310 戰 國  天星觀簡 戰 國  璽彙 2392 戰 國	 陶五 384 戰 國  雲夢日乙 戰 國

枸	枋	枳	柛	櫟
			花東 053 一期	合 36746 五期
	胤嗣壺 戰國			櫟陽矛 戰國 相邦戟 戰國
包山 097 戰國 十鐘印舉 戰國 雲夢秦律 戰國 包山牘 戰國	上博恒先 戰國 璽彙 0325 戰國	信陽楚簡 戰國 包山 265 戰國 郭店唐虞 戰國 包山 260 戰國 郭店語四 戰國 雲夢日甲 戰國		雲夢效律 戰國

本	柜	楙	茉
 珠 1 三期			 甲 3507 一期  前 5.13.5 一期
 本鼎 周中		 癲鐘 周中  鄭楙叔壺 周晚	 茉父癸觚 商代
 郭店六德 戰國  上博曹沫 戰國  行气玉銘 戰國  雲夢封診 戰國  上博詩論 戰國  璽彙 5537 戰國  幣編 67 戰國	 信陽楚簡 戰國  璽彙 0051 戰國  望山M2簡 戰國  雲夢爲吏 戰國		
  古文			

朱	梱	榆
珠 121 五　期		
吳方彝 周中 彔伯簋 周中 殷簋 周中 公朱左自鼎 戰國 王臣簋 周中 衛簋 周中 蔡侯朱缶 春秋 金頭像飾 戰國		
陶六 158 戰國 曾侯墓簡 戰國 璽彙 2427 戰國 吉林 187 戰國 信陽楚簡 戰國 璽彙 1577 戰國 璽彙 3313 戰國 貨系 2463 戰國	信陽楚簡 戰國	璽彙 2406 戰國 雲夢日乙 戰國 璽彙 2410 戰國 貨系 0949 戰國 幣編 208 戰國

杞	榮	梂
 乙 8895 一期  合 24473 二期  合 13890 一期  前 2.8.7 五期		
 杞婦卣 商代  杞伯鼎 周晚  史密簋 周晚  亳鼎 周早  杞伯壺 周晚	 井侯簋 周早  大盂鼎 周早  己侯簋 周早  佴伯簋 周中  榮簋 周早  榮子盉 周早  己侯簋 周早  侖氏令戈 戰國	
	 雲夢日甲 戰國  集證 182 戰國	 郭店五行 戰國  上博詩論 戰國

松　末　料　梪

松	末	料	梪
 鄂君舟節 戰國	 蔡侯申鐘 春秋  末昊壺 戰國  悍距末 春秋  悍距末 戰國		
 上博逸詩 戰國  貨編 76 戰國  璽彙 2402 戰國  貨系 0312 戰國	 望山M2簡 戰國  上博曹沫 戰國  郭店成之 戰國	 璽彙 3293 戰國	 陶三 1147 戰國  包山 266 戰國  郭店性自 戰國  長沙帛書 戰國  包山 250 戰國

樛 榺 栘 臬 棣 權 𣡌

樛	榺	栘	臬	棣	權	𣡌
			 前 5.13.6 一 期  合 6333 一 期			 合 28387 三 期
 栒 矛 戰 國	 陳侯壺 春 秋					
 秦印彙編 秦 代		 包山牘 1 戰 國		 香續 92 戰 國	 雲夢封診 戰 國 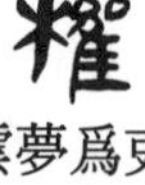 雲夢爲吏 戰 國	
						  古 文

桐	橎	檜	樅	柏	机
				 合 29246 三 期  佚 195 四 期	
 翏生盨 周 晚  宜桐盂 春 秋				 柏人戈 戰 國	
 曾侯墓簡 戰 國  雲夢日甲 戰 國  璽印集粹 戰 國	 新蔡楚簡 戰 國	 仰天湖簡 戰 國	 璽彙 2395 戰 國	 曾侯墓簡 戰 國  珍秦 134 戰 國  璽彙 2396 戰 國  雲夢日甲 戰 國	 信陽楚簡 戰 國  望山M2 簡 戰 國

某	樹	根	果
			英 1777 一 期 乙 2081 一 期 乙 960 一 期
禽 簋 周 早 誎 簋 周 中	尌仲簋 周 晚		亞果鼎 商 代 蔡公子果戈 春秋 果 簋 周 中 大市量 戰 國
信陽楚簡 戰 國 包山 012 戰 國 侯馬盟書 戰 國 曾侯墓簡 戰 國 璽彙 2278 戰 國 雲夢爲吏 戰 國	石鼓乍原 戰 國 十鐘印舉 戰 國 郭店語三 戰 國	雲夢爲吏 戰 國	望山M1 簡 戰 國 璽彙 0936 戰 國
	籀 文		

柢	株		杒	梗	枝	條	榀
						 吴王光鐘 春 秋  吴王光鐘 春 秋	
 雲夢語書 戰 國	 包山 108 戰 國  包山 117 戰 國	 包山 117 戰 國  璽彙 2397 戰 國	 信陽楚簡 戰 國	 雲夢日甲 戰 國	 上博印 39 戰 國	 郭店性自 戰 國	 包山 266 戰 國  包山 266 戰 國

枚	[木學]	梖	榣	柖
 合 24611 二期  粹 1060 四期  合 29957 三期				
 枚家卣 周早				
 故宫 456 戰國	 曾侯墓簡 戰國	 望山M1 簡 戰國  上博泊旱 戰國  望山M1 簡 戰國	 雲夢爲吏 戰國  上博容成 戰國  包山 278 戰國	 雲夢封診 戰國

枉	格	枯	楨
	 格伯簋 周中  格伯晋姬簋 周中  格伯簋 周中  格氏令戈 戰國		
 包山 266 戰國  郭店語一 戰國  郭店性自 戰國	 陶六 043 戰國	 新蔡楚簡 戰國  璽彙 4050 戰國  璽彙 4049 戰國  吉大 129 戰國	 陶三 575 戰國  舂録 6.1 戰國  陶三 1329 戰國
			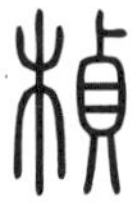

材	杲	杳	築
	 合 20592 一 期	 後下 39.16 三 期  甲 3629 四 期  寧滬 2.106 三 期  甲 850 四 期	
			 子禾子釜 戰 國
 郭店語四 戰 國  上博詩論 戰 國  郭店尊德 戰 國  雲夢秦律 戰 國	 陶五 068 戰 國  包山 087 戰 國	 陶徵 127 戰 國	 雲夢封診 戰 國  長沙帛書 戰 國  郭店窮達 戰 國  長沙帛書 戰 國  上博容成 戰 國 郭店釋作簡板文築
			  古 文

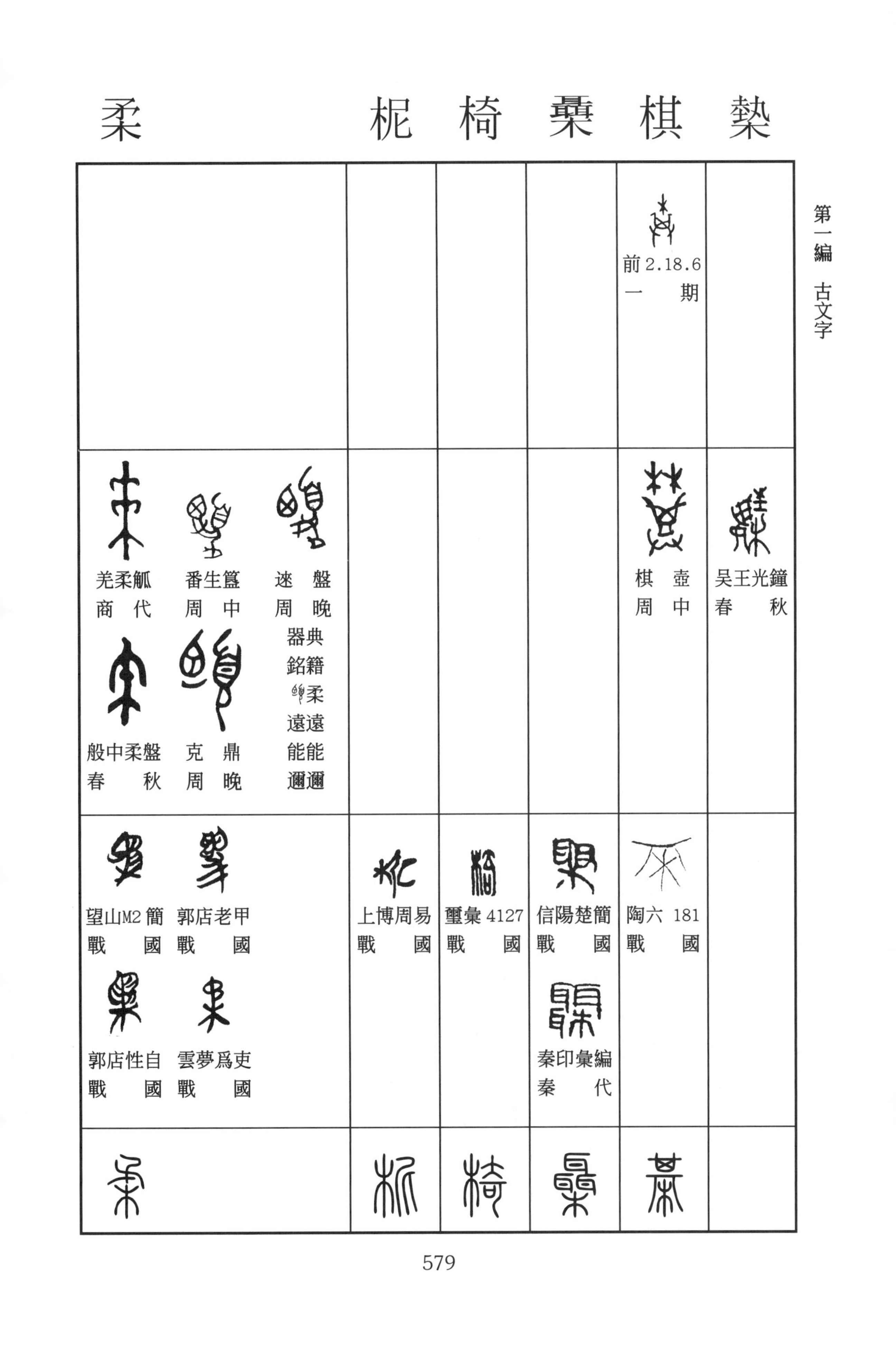

柔	柅	椅	槖	棋	槷
				前 2.18.6 一 期	
羌柔觚 商 代 番生簋 周 中 逨 盤 周 晚 器典 銘籍 𤔲柔 遠遠 能能 邇邇 般中柔盤 春 秋 克 鼎 周 晚				棋 壺 周 中	吴王光鐘 春 秋
望山M2 簡 戰 國 郭店老甲 戰 國 郭店性自 戰 國 雲夢爲吏 戰 國	上博周易 戰 國	璽彙 4127 戰 國	信陽楚簡 戰 國 秦印彙編 秦 代	陶六 181 戰 國	

朻	楮	橈	枎	桹	柖
			合 32958 四期 合 32960 四期		
			公朱左自鼎 戰國 枎氏壺 戰國	散盤 周晚	中子化盤 春秋 子禾子釜 戰國 大攻尹圜器 戰國
望山M2簡 戰國 上博周易 戰國	包山 149 戰國 雲夢日甲 戰國 璽彙 0181 戰國	璽彙 5362 戰國 貨系 4176 戰國	雲夢秦律 戰國		新蔡楚簡 戰國

柴	槁	樸	檜	梃	桴	桔	櫨
	合 28132 三期					合 139 一期 合 13733 一期	
柴内右戈 戰國	槁朝鼎 戰國		鄂君車節 戰國 王命龍節 戰國		相邦劍 戰國 中山王鼎 戰國	㚔爵 商代	
	郭店成之 戰國	石鼓田車 戰國	九店楚簡 戰國	雲夢法律 戰國 雲夢法律 戰國		上博周易 戰國	陶三 344 戰國

柴	槁	樸	檐	梃	桴	梏	櫨

581

榦	榜	槅	櫋	樓	櫺
		 合 4855 一 期			
 胤嗣壺 戰 國	 鼎 中 晉 周  簋 晚 敔 周				
 長沙帛書 戰 國  雲夢爲吏 戰 國  秦印彙編 秦 代  貨系 2340 戰 國  秦封泥 秦 代			 仰天湖簡 戰 國	 雲夢爲吏 戰 國	 望山M2 簡 戰 國

裁	桻	杞
 屯 4325 三 期		 合 7906 一期  合 7907 一期  屯 108 三期  後下 33.10 一期  合 2794 一期  後上 1.15 五期
 曹衈父鼎 周 晚		
 望山M1簡 戰國  包山 166 戰國  包山 207 戰國  上博曹沫 戰國  包山 129 戰國  包山 206 戰國  包山 216 戰國  雲夢秦律 戰國	 上博容成 戰 國	

植	棶	森	桯	桮
		 英 1288 一 期  後下 3.2 五 期		今作杯
				 杯 簋 周 早
 郭店老乙 戰 國  侯馬盟書 戰 國  郭店緇衣 戰 國	 上博周易 戰 國		 包山 124 戰 國  十鐘印舉 戰 國  上博印 39 戰 國	 望山M2 簡 戰 國  雲夢封診 戰 國  信陽楚簡 戰 國
				  籀 文

宋	杍	桓	杠	桱	桯	牀
 前 2.19.5 五　期						 乙　4293 一　期
	 杍氏鼎 戰　國		 杠作母甲觶　商代			 叉宋簋 商　代  中山銅牛 戰　國  中山帳橛 戰　國
 郭店六德 戰　國  璽彙 2468 戰　國		 天星觀簡 戰　國  秦封泥 秦　代	 望山M2 簡 戰　國	 包山　266 戰　國  望山M2 簡 戰　國	 信陽楚簡 戰　國	 包山　260 戰　國  雲夢日甲 戰　國  璽彙 3277 戰　國

杫	櫝	椰	槍	楗	柖
 合 8293 一期		 林 1.22.7 五期  前 4.17.5 五期			
	 曾侯墓簡 戰國  雲夢秦律 戰國	 包山 259 戰國 同 櫛	 雲夢爲吏 戰國	 璽彙 0807 戰國	 天星觀簡 戰國  璽彙 2470 戰國  璽彙 2466 戰國  璽彙 3701 戰國  貨系 2474 戰國
					  或體

樛	柷	⿰木疋	枱	杵	⿰木牛	枂
	 坊間 4551 五　期  前 2.32.5 五　期	集韻同梳			 林 2.18.10 一　期 集同 韵桙	 合 20143 一　期  合 33015 四　期
 樛大盉 戰　國  相邦樛斿戈　戰國	 柞伯簋 周　中	 虘　簋 周　中				
 珍秦 83 戰　國		 璽彙 2400 戰　國  侯馬盟書 戰　國  璽彙 3272 戰　國	 雲夢封診 戰　國	 雲夢日甲 戰　國		

柫 槃

虢季子白盤 周晚 | 中子化盤 春秋 | 歸父盤 春秋 | 工𠪚大叔盤 春秋

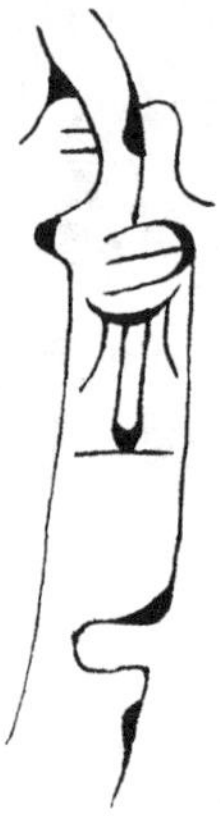

盤埜爲匕 戰國

伯侯父盤 春秋 | 沇兒鐘 春秋 | 蔡侯申盤 春秋 | 𠈷伯盤 春秋 | 䄡伯庸盤 春秋

𩂣肯盤 戰國

𩂣忑鼎 戰國

曾侯墓簡 戰國

信陽楚簡 戰國 | 望山M2簡 戰國 | 包山 097 戰國 | 包山 265 戰國

曾侯墓簡 戰國

信陽楚簡 戰國 | 包山 015 戰國 | 包山 167 戰國 | 天星觀簡 戰國

古文

籒文

案	杓	椑	暴	榎	楥	桊
璽彙 3587 戰國 雲夢語書 戰國	雲夢日甲 戰國	雲夢爲吏 戰國	陶三 418 戰國 雲夢日乙 戰國 十鐘印舉 戰國	包山牘 1 戰國	郭店語二 戰國 璽彙 2403 戰國	信陽楚簡 戰國 包山 260 戰國

椯	椎	柄	杘	棱	桶
	合 13159 一期	乙 7160 一期 乙 7377 一期			
曾侯墓簡 戰國 雲夢日甲 戰國 上博三德 戰國	信陽楚簡 戰國 上博彭祖 戰國 曾侯墓簡 戰國 雲夢日甲 戰國	上博三德 戰國 雲夢爲吏 戰國	雲夢日甲 戰國	雲夢爲吏 戰國 秦印彙編 秦代	望山M2簡 戰國 天星觀簡 戰國

樂　⿰木缶

京津 3728
二期

續 3.26.5
五期

後上 10.5
四期

合 36902
五期

樂鼎
周晚

邾公華鐘
春秋

子璋鐘
春秋

王孫誥鐘
春秋

鄭東倉鼎
戰國

召樂父匜
周晚

樂子匠
春秋

鞄氏鐘
春秋

配兒句鑃
春秋

者沪鐘
戰國

者沪鐘
戰國

陶二 0004
西周

信陽楚簡
戰國

包山 261
戰國

天星觀簡
戰國

上博從政
戰國

上博民之
戰國

璽彙 1372
戰國

秦公石磬
春秋

曾侯墓簡
戰國

天星觀簡
戰國

郭店性自
戰國

上博內豊
戰國

璽彙 5314
戰國

同缶

包山 270
戰國

櫓	札	檢	棨	楑	极	𣏌	欙
 陳侯壺 春秋  陳侯壺 春秋		 郾王喜矛 戰國					
	 雲夢效律 戰國	 雲夢法律 戰國	 信陽楚簡 戰國  雲夢秦律 戰國	 上博周易 戰國	 石鼓霝雨 戰國	 郭店唐虞 戰國	 雲夢秦律 戰國

橋　　　休

乙 6532 一期　合 8154 一期　合 39781 一期

京津 456 一期　合 8160 一期　粹 352 二期

禾休簋 商代　叨孳君簋 周早　季受尊 周早　彔伯簋 周中　楚公逆鎛 周晚　中山王壺 戰國

寓鼎 周早　師楷鼎 周早　休爵 周早　師害簋 周晚　者沥鐘 戰國　鄦侯簋 戰國

珍秦 106 戰國　青川櫝 戰國

陶六 204 戰國　璽彙 1702 戰國

分域 2824 戰國　雲夢封診 戰國

璽彙 1277 戰國　璽彙 4089 戰國

梁	梬	欒	梧	棠
 盲令戈 戰國  大梁戈 戰國  梁十九年鼎 戰國				
 上博仲弓 戰國  璽彙 0814 戰國  上博魯早 戰國  侯馬盟書 戰國  上博三德 戰國  貨系 1340 戰國	 秦印彙編 秦代	 秦印彙編 秦代	 秦印彙編 秦代	 陶三 456 戰國  上博詩論 戰國  香録 6.1 戰國

校	柿	横	柧	柎	棱		桷
 乙 4157 一 期  合 29149 三 期							
 陶五 282 戰 國  雲夢效律 戰 國	 信陽楚簡 戰 國	 十鐘印舉 戰 國	 信陽楚簡 戰 國	 上博詩論 戰 國	 陶三 010 戰 國  陶三 061 戰 國	 璽彙 3127 戰 國  璽彙 3813 戰 國	 信陽楚簡 戰 國

枰	柾	檮	柢	楅	桎	棺	朼
	合 31139 三期		佚 430 三期				
						兆域圖 戰國	
璽彙 3419 戰國		包山 258 戰國	天星觀簡 戰國 天星觀簡 戰國	璽彙 3102 戰國	包山 144 戰國 上博容成 戰國		信陽楚簡 戰國

枼	楬	柙	机
 合 19956 一 期			 合 10196 一 期  屯 2152 三 期
 射女鼎 商代  齊鎛 春秋  與兵壺 春秋  書也缶 戰國  中山帳桿 戰國  南疆鉦 春秋 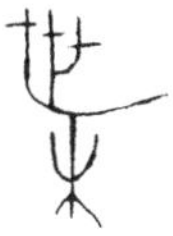 王孫鐘 春秋  拍敦蓋 春秋  胤嗣壺 戰國  中山墓錘 戰國			
 璽彙 1986 戰 國  雲夢日乙 戰 國	 璽彙 1046 戰 國	 郭店窮達 戰 國	 包山 183 戰 國

椁	椋	板	杈	枆
	 合 40014 一　期			
 鄭令矛 戰　國	 臣衛宋尊 周　早			
 陶四 163 戰　國  璽彙 2443 戰　國  中山木條 戰　國  璽彙 2416 戰　國  璽彙 2452 戰　國		 包山 043 戰　國  上博緇衣 戰　國  郭店窮達 戰　國	 陶三 400 戰　國	 包山 277 戰　國

杭	梘	⿰木芑	桁	⿱䀠木	桿	美	樹
				 散　盤 周　晚	 子禾子釜 戰　國		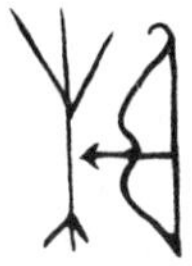 樹父辛觶 周　早  虢季子白 盤　周晚
 望山M2 簡 戰　國	 信陽楚簡 戰　國  新蔡楚簡 戰　國	 璽彙 0054 戰　國	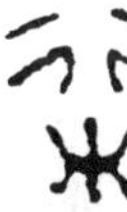 璽彙 0299 戰　國  璽彙 1398 戰　國	 信陽楚簡 戰　國	 上博周易 戰　國	 包山 190 戰　國  包山 120 戰　國	

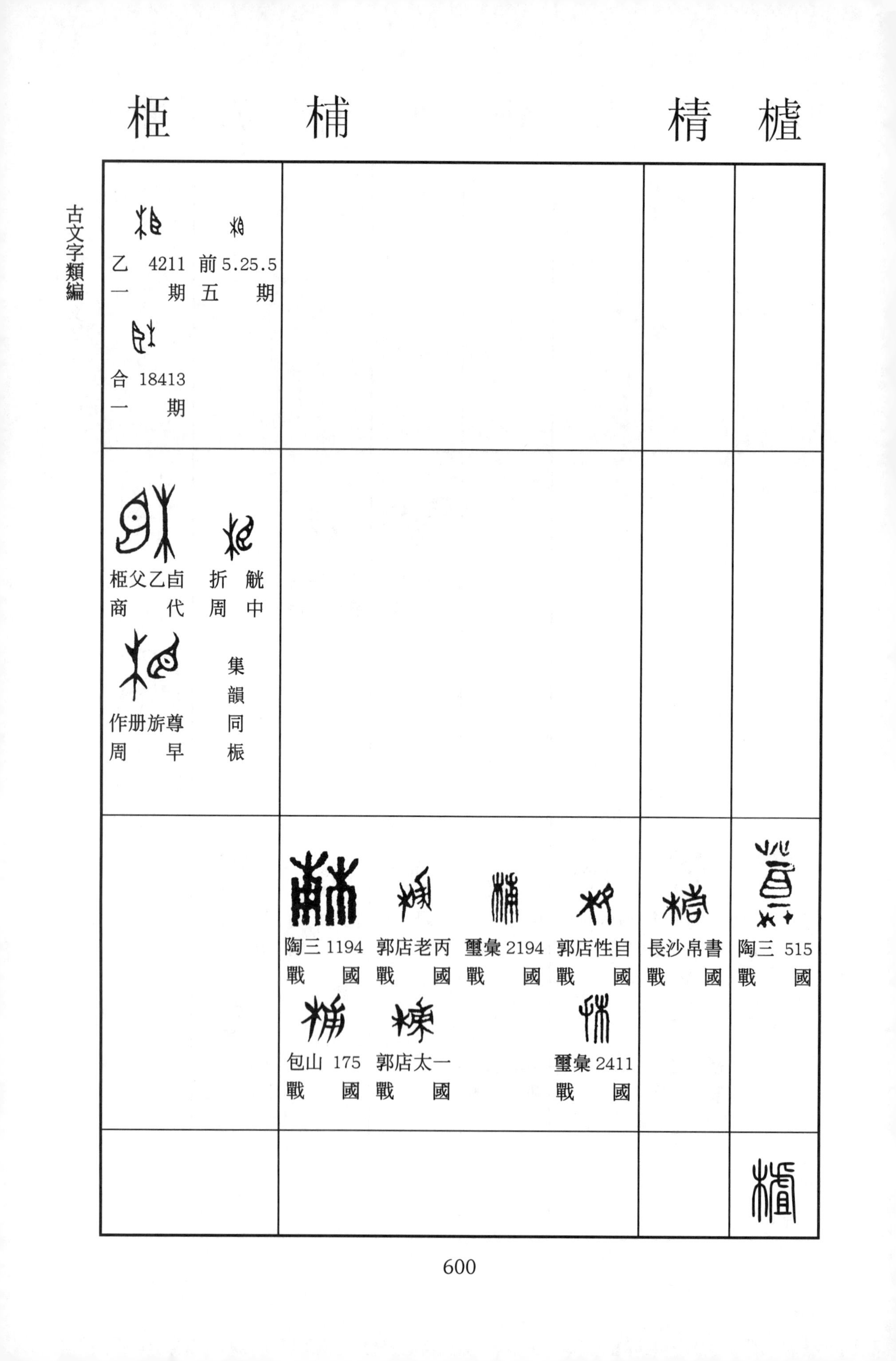

柦	[木+甫]	棈	[木+亯]
乙 4211 一期 前 5.25.5 五期 合 18413 一期			
柦父乙卣 商代 折觥 周中 作册旂尊 周早 集韻同榐			
	陶三 1194 戰國 郭店老丙 戰國 璽彙 2194 戰國 郭店性自 戰國 包山 175 戰國 郭店太一 戰國 璽彙 2411 戰國	長沙帛書 戰國	陶三 515 戰國

穌	柱	櫺	椿
			 花東 011 一期
 鰈侯盨 周早  穌公簋 周晚  晉侯穌鐘 周晚  穌公簋 周晚 器銘讀作穌	 洱陽令戟 戰國		
 陶六 159 戰國  璽彙 2477 戰國  璽彙 2480 戰國  璽彙 2487 戰國  璽彙 5696 戰國  璽彙 0254 戰國  璽彙 2478 戰國  璽彙 2485 戰國  璽彙 2479 戰國  侯馬盟書 戰國	 望山M2簡 戰國  秦印彙編 秦代	 望山M2簡 戰國	

櫘	橧	櫰	棲	柊	柁	桽	橡
					京都 2979 一期		正字通同樣
侯馬盟書 戰國	璽彙 0264 戰國	包山 023 戰國	雲夢雜抄 戰國	包山 129 戰國	璽彙 3334 戰國 雲夢日甲 戰國	包山 269 戰國 桽或從座	包山 016 戰國

棕	林	⿱林啚	枌	指	⿰木⿸广干
 合 7936 一期  甲 907 三期	 粹 726 一期  河 621 二期  合 18418 一期  前 2.8.1 五期			 周甲 131 先周	
 四祀𠨘其卣 商代	 林卣 商代  𣪕嗣壺 戰國  同簋 周中	 免簋 周中  克鐘 周晚  士父鐘 周中  楚公鐘 春秋		 不指方鼎 周中	 庚嬴卣 周中  散盤 周晚
 雲夢日甲 戰國	 侯馬盟書 戰國  雲夢編年 戰國	 凝清室印 戰國	 上博容成 戰國	 石鼓馬薦 戰國	

東	棘	槈
 前6.32.4 一期　合18512 一期　合20653 一期　合33241 四期　佚900 五期  菁4.1 一期　合19951 一期　京津4345 三期　合33422 四期		今字作耨
 子壬父辛爵 商代　晉侯穌鐘 周晚　東周左自壺 戰國  辟東尊 周早　莒平鐘 春秋	 天棘父癸爵 商代	
 陶七005 戰國　包山012 戰國　包山141 戰國　郭店太一 戰國　璽彙0362 戰國  陶五361 戰國　天星觀簡 戰國　包山140 戰國　包山207 戰國　璽彙0310 戰國　貨系0639 戰國		 上博容成 戰國

楚

粹 1547
三期

粹 1315
四期

粹 73
三期

周甲 83
先周

周甲 4
周早

楚簋
周中

楚公逆鎛
周晚

晉公簋
春秋

余義鐘
春秋

曾侯乙鐘
戰國

中子化盤
戰國

酓璋鐘
戰國

酓肯鼎
戰國

堯盤
周中

楚嬴盤
周晚

楚公鐘
春秋

楚王孫漁戈
戰國

楚王酓璋劍
戰國

酓肯鼎
戰國

陶三 1166
戰國

曾侯墓簡
戰國

望山M1簡
戰國

郭店窮達
戰國

璽彙 0642
戰國

陶三 1167
戰國

望山M1簡
戰國

包山 234
戰國

仰天湖簡
戰國

椃 麓

椃

前 4.45.3 五期

周甲 23 先周

宰椃角 商代

伯椃簋 周晚

椃爵 商代

伯椃盧簋 周晚

璽彙 3159 戰國

麓

甲 703 三期　合 28345 三期　合 29407 三期　前 2.23.1 五期　合 37452 五期

粹 664 三期　合 28828 三期　合 29409 三期　前 2.28.3 五期

麓伯簋 周中

古文

楷	欉	楻	槿	榚	極
 楷仲簋 周早  師楷鼎 周早  楷侯壺 周中  楷仲鼎 周早  楷伯簋 周早  師趛盨 周晚	 郳大宰匠 春秋  郳太宰匠 春秋	 兆域圖 戰國			
			 上博容成 戰國  上博凡物甲 戰國	 璽彙 3214 戰國	 秦公石磬 春秋

樬	桼	槫	桂	榖
	 上守戈 戰 國			
 侯馬盟書 戰 國  侯馬盟書 戰 國  侯馬盟書 戰 國	 陶三 625 戰 國  璽彙 0324 戰 國  雲夢日甲 戰 國  璽彙 0157 戰 國  貨系 4055 戰 國	 十鐘印舉 戰 國	 包山 259 戰 國	 包山 274 戰 國

槐	楓	束	朿
	 合 18416 一 期 讀作楓	 合 1449 一 期  乙 9004 一 期  甲 2289 三 期  珠 402 四 期  合 22044 一 期  京津 2679 一 期  合 30381 三 期	
 蒷陽鼎 戰 國		 束父甲爵 商 代  束父辛鼎 周 早  黃 簋 周 中  琱生簋 周 晚  束父庚觚 商 代  晉 鼎 周 中  任 鼎 周 中  束中子父簋 周晚	 新邑鼎 周 早  吴王光鐘 春 秋  之利殘器 春 秋  令瓜君壺 戰 國
		 雲夢秦律 戰 國	 望山M1簡 戰 國  郭店五行 戰 國

栗	梠	未
 乙 2762 一期　前2.19.3 五期　合 36745 五期  後下16.13 一期　前2.19.4 五期	 合 24389 二期	 合 19946 一期　粹 1441 三期　前1.23.8 五期  後上17.1 一期　粹 131 四期　周甲 113 先周
		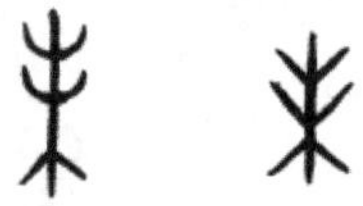 宁未盉 商代　史獸鼎 周早 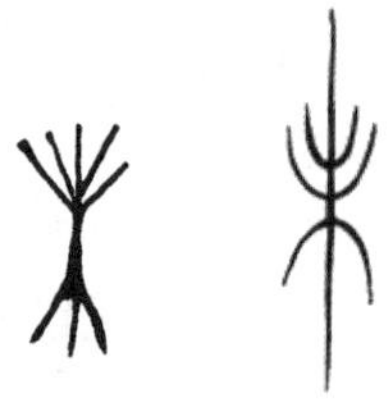 疋未鼎 商代　中山王鼎 戰國
 石鼓乍原 戰國　包山 257 戰國　璽彙 0233 戰國　璽彙 3410 戰國  包山竹簽 戰國　新蔡甲三15 戰國　璽彙 0276 戰國　璽彙 3101 戰國	 録3.603.6 戰國  璽彙 3312 戰國	 温縣盟書 戰國　望山M1簡 戰國　璽彙 5420 戰國  陶五 384 戰國　包山 041 戰國
　 古文		

火	然	熾
 合 96 一期　甲 1074 一期　合 34168 四期  後下 9.1 一期　明藏 599 二期　甲 2316 四期		
	 者減鐘 春秋　者減鐘 春秋　中山王鼎 戰國  者減鐘 春秋　者減鐘 春秋	
 鐵雲藏陶 戰國　璽彙 3364 戰國 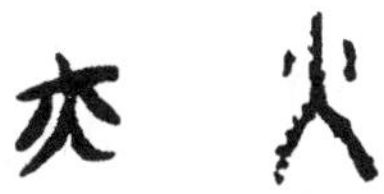 郭店唐虞 戰國　貨系 3393 戰國	 望山M1簡 戰國　天星觀簡 戰國  郭店太一 戰國　雲夢秦律 戰國	 陶三 735 戰國  包山 139 戰國
		  古文

燒	熹	閔
	後上41.7 一期；合18739 一期；合30693 三期；寧滬1.315 四期；合15667 一期；合15668 一期；合34468 四期；甲從文壴	後下41.13 三期；英2366 四期；粹192 三期
		閔相如戈 戰國；趙狽矛 戰國
包山186 戰國		璽彙2656 戰國；貨系1467 戰國；侯馬盟書 戰國；璽彙2658 戰國；貨系1483 戰國；侯馬盟書 戰國

	灼	裁	燬	燔	烰	⿰火皀	⿱⿰台辛炎
		合 7996 一期 後下 8.18 一期 合 18132 一期				後下 37.4 二期 佚 746 二期	同⿱皀火
				新郪虎符 戰國			
	天星觀簡 戰國 天星觀簡 戰國	上博周易 戰國 上博周易 戰國	長沙帛書 戰國	雲夢日甲 戰國	雲夢日甲 戰國	陶五 210 戰國	石鼓車工 戰國
		或體 古文					

爨　　　　票

爨

合 28124
三　期

合 28124
三　期

望山M1簡
戰　國

望山M2簡
戰　國

包山 218
戰　國

包山 224
戰　國

天星觀簡
戰　國

璽彙 2480
戰　國

雲夢法律
戰　國

望山M1簡
戰　國

包山 078
戰　國

包山 221
戰　國

天星觀簡
戰　國

天星觀簡
戰　國

璽彙 2742
戰　國

雲夢日甲
戰　國

票

雲夢日甲
戰　國

雲夢日甲
戰　國

尉	燭	焦	焱
	 合 27987 三期  合 27989 三期	 屯 4565 四期	 乙 8852 一期
		 鄦侯奄簋 戰國	
 官印 0075 戰國  雲夢雜抄 戰國  雲夢效律 戰國  五十二病方 秦代	 信陽楚簡 戰國  包山 262 戰國  包山 186 戰國  上博容成 戰國	 上博魯旱 戰國  璽彙 3153 戰國  珍秦 44 戰國  上博印 34 戰國  十鐘印舉 戰國  雲夢日甲 戰國	
		  或體	

第一編 古文字

炑	灰	⿱羊灰	熬	熯
				 京津2300 一期  甲 3913 三期  存 3.155 一期  粹 551 四期
		 王孫誥鐘 春秋  南疆鉦 春秋  王孫誥鐘 春秋	 兮熬壺 周晚	 琱生簋 周晚
 曾侯墓簡 戰國	 雲夢秦律 戰國		 包山 257 戰國  包山 257 戰國 簡文熬鷬熬魚字皆從火囂聲	

炊 炘 炋 煙 熅 ⿰亻⿱口火 ⿸炎口 熒

炊	炘	炋	煙	熅	⿰亻⿱口火	⿸炎口	熒
	 合 30413 三 期	 前 7.21.4 一 期			 合 18734 一 期		 誠明 2 一 期
			 牆盤 周中  哀成叔鼎 春 秋				説文解字云屋下燈燭之熒光
 故宮 441 戰 國  雲夢雜抄 戰 國			 五十二病方 秦代	 曾侯墓簡 戰 國  曾侯墓簡 戰 國		 上博泊旱 戰 國	 陶典 0865 戰 國  陶六 057 戰 國

光

粹 427	合 22043	寧滬 3.40	合 10048	合 22158
一期	一期	一期	一期	一期

前 5.32.8	合 22174	粹 238	合 22157
一期	一期	三期	一期

宰甫簋	召尊	毛公鼎	攻敔王光劍	吴王光逗戈	攻敔王光韓劍	者沪鐘	中山王鼎
商代	周早	周晚	春秋	春秋	春秋	戰國	戰國

井侯彝	矢方彝	攻敔王光劍	吴王光鑑	攻敔王光戈	者沪鐘	者沪鐘
周早	周早	春秋	春秋	春秋	戰國	戰國

望山M2簡	包山 220	包山 270	包山 276	郭店老甲
戰國	戰國	戰國	戰國	戰國

望山M2簡	包山 268	包山 272	包山 276	上博周易
戰國	戰國	戰國	戰國	戰國

炙		炤	炭	熱	炅	炈	⿸广火
		𤎿盤 周中				駒父盨 周晚 從攴	嬰次盧 戰國
璽彙 1516 戰國 璽彙 5303 戰國	雲夢日甲 戰國	沓録 10.1 戰國	信陽楚簡 戰國 上博容成 戰國	雲夢日乙 戰國 秦印彙編 秦代	陶九 069 戰國 璽彙 1978 戰國		

熭	燀	爐	熿	燈	焅	[illegible]
	 拾 12.10 一　期		 合 31829 三　期			 餘 15.3 四　期
 璽印集粹 戰　國		 璽彙 3561 戰　國  璽彙 3665 戰　國		 包山 257 戰　國	 陶三 628 戰　國  陶三 637 戰　國  陶三 632 戰　國	

焚	煬	餤	僬
 合 10677 一期  合 10198 一期  屯 2326 三期  屯 4490 三期  合 28803 三期  合 20709 一期  篹·雜 68 一期  屯 2232 三期  合 29242 三期  合 41559 四期			 後下22.16 一期  合 8935 一期
 多友鼎 周晚  吴王光鐘 春秋  吴王光鐘 春秋  鄂君車節 戰國	 中山王鼎 戰國  中山圓壺 戰國		
 曾侯墓簡 戰國  上博周易 戰國  仰天湖簡 戰國  雲夢日甲 戰國		 璽彙 2739 戰國  璽彙 3761 戰國	

煌	炎	炕	煬	熠
	 粹 290 五期	 合 30798 三期		 屯 4281 三期  合 28133 三期  合 33567 四期  合 29302 三期  合 29307 三期  合 33565 四期
 𪒠鐘 春秋  王孫鐘 春秋	 令簋 周早  召尊 周早			
 秦公石磬 春秋	 長沙帛書 戰國  雲夢法律 戰國  望山M2簡 戰國		 郭店六德 戰國	

焹	烄	炆	烼
	 合 1138 一期  前 5.33.2 一期  京津 3870 三期  合 30172 三期  粹 653 一期  粹 654 三期  合 30169 三期  合 32297 四期	 合 15681 一期  合 34480 四期  合 32289 四期  粹 10 四期	 前 5.33.1 一期 集韻同燼
 陶五 210 戰國  璽彙 3218 戰國			 雲夢日甲 戰國

尞　　　　隧

尞	隧
後上24.10 一期 合 10686 一期 合 24966 二期 合 32302 四期 合 32647 四期 周甲 4 先周 後上 24.7 一期 合 10691 一期 合 28628 三期 合 32305 四期 屯 4528 四期	
保員簋 周早 庸伯馭簋 周早	杜虎符 戰國
郭店六德 戰國	陶五 099 戰國 十鐘印舉 戰國 陶五 016 戰國

同気從既聲

花東 039
一期

佚 663
一期

合 30988
三期

合 38695
五期

合 38688
五期

合 38690
五期

花東 035
一期

甲 894
一期

合 30987
三期

合 35902
五期

合 38686
五期

合 38692
五期

大盂鼎
周早

太師盧豆
周中

㝬簋
周晚

大盂鼎
周早

段簋
周中

姬鼎
周晚

上博性情
戰國

包山 249
戰國

行气玉銘
戰國

郭店性自
戰國

煮	熙	燹	倐	烹
 中山車器 戰　國  中山泡飾 戰　國	 韓熙戈 戰　國  三年鄭令戈 戰國	 衛　盉 周　中  善　鼎 周　中  趞　簋 周　中  五祀衛鼎 周　中  靜　簋 周　中	 倐　觶 周　早  散　盤 周　晚  倐戒鼎 周　晚	 叔夜鼎 周　晚
 包山 147 戰　國  上博容成 戰　國				

戚	斧	縢
 合 1397 一期  合 17103 一期  合 17103 一期	 花東 223 一期  甲 2262 二期  合 29284 三期  合 13890 一期  甲 636 三期	讀作縢
 北伯戚卣 周早  子禾子釜 戰國		 吾鬲 周早  縢侯盨 春秋  縢侯耆戈 春秋  縢虎簋 周中  縢侯昊戟 春秋  郱伯御戎鼎 春秋
 信陽楚簡 戰國  雲夢日甲 戰國		

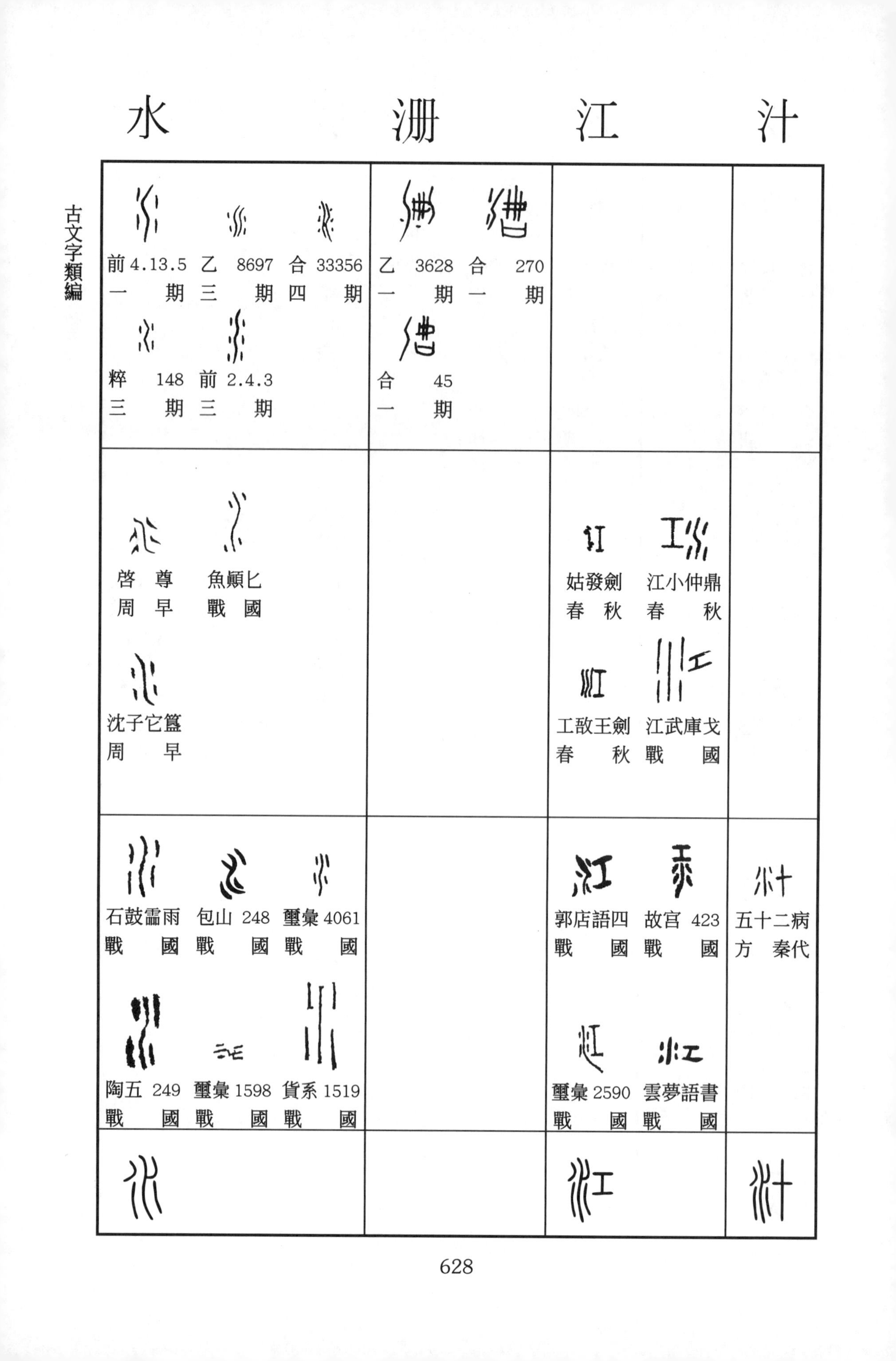

水	⿰氵冊	江	汁
前4.13.5 一期 乙 8697 三期 合 33356 四期 粹 148 三期 前 2.4.3 三期	乙 3628 一期 合 270 一期 合 45 一期		
啓尊 周早 魚顛匕 戰國 沈子它簋 周早		姑發劍 春秋 江小仲鼎 春秋 工敔王劍 春秋 江武庫戈 戰國	
石鼓霝雨 戰國 包山 248 戰國 璽彙 4061 戰國 陶五 249 戰國 璽彙 1598 戰國 貨系 1519 戰國		郭店語四 戰國 故宫 423 戰國 璽彙 2590 戰國 雲夢語書 戰國	五十二病方 秦代

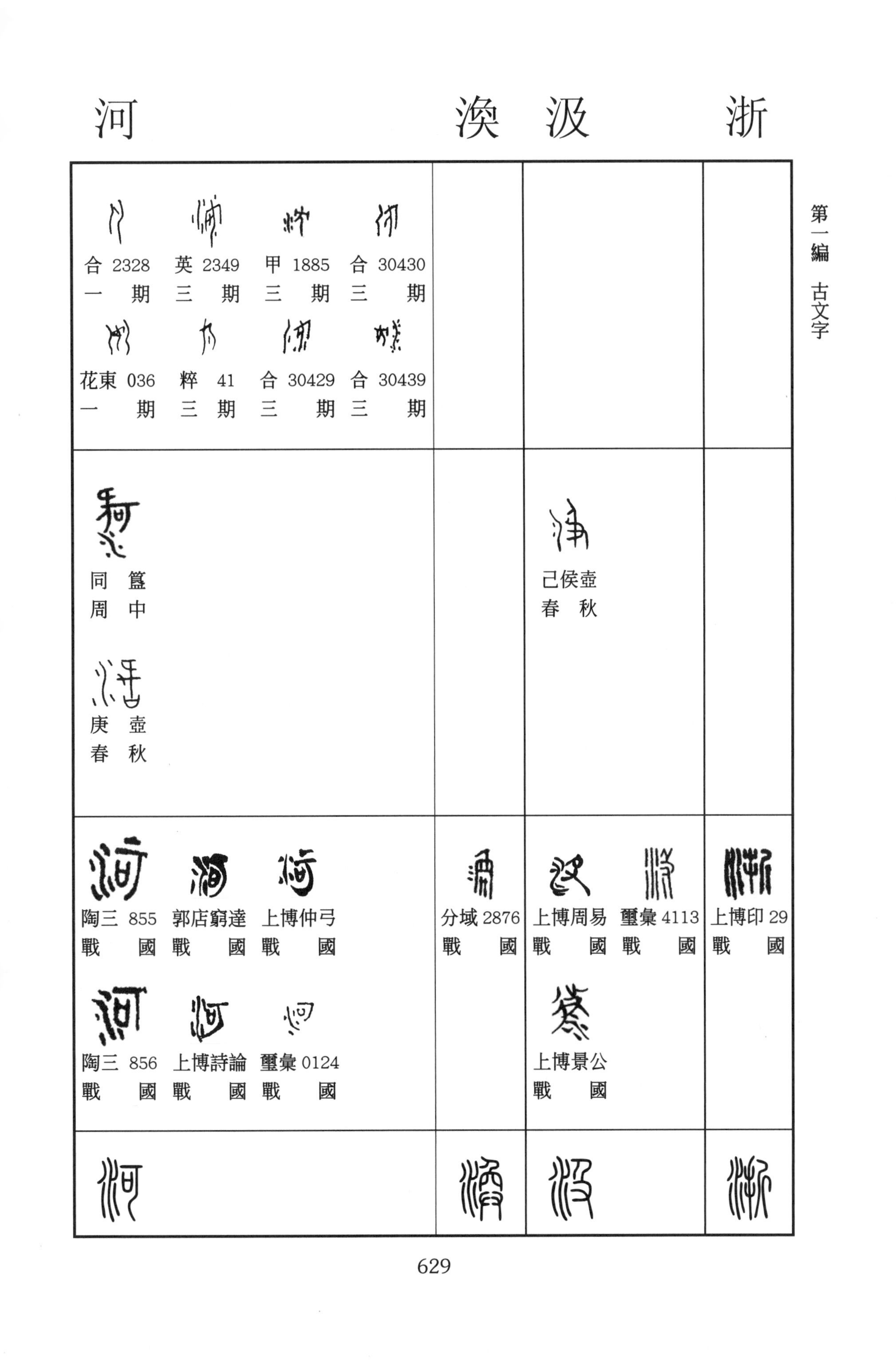

河	渙	汲	浙
合 2328 一期 英 2349 三期 甲 1885 三期 合 30430 三期 花東 036 一期 粹 41 三期 合 30429 三期 合 30439 三期			
同簋 周中 庚壺 春秋		己侯壺 春秋	
陶三 855 戰國 郭店窮達 戰國 上博仲弓 戰國 陶三 856 戰國 上博詩論 戰國 璽彙 0124 戰國	分域 2876 戰國	上博周易 戰國 璽彙 4113 戰國 上博景公 戰國	上博印 29 戰國

沱	汜	洍	濼
	 後下 19.1 五　期		 合　5902 一　期
 通　簋 周　中  鐘伯侵鼎 周　晚  曹公子沱戈 春秋  靜　簋 周　中  趙孟壺 春　秋  楚屈叔沱戈 戰國			 虘　鐘 周　中  者減鐘 春　秋  莒平鐘 春　秋  白濼父壺 周　晚  者減鐘 春　秋
 陶六 118 戰　國  上博曹沫 戰　國  璽彙 2583 戰　國  包山 170 戰　國  璽彙 1086 戰　國  雲夢爲吏 戰　國		 信陽楚簡 戰　國	 璽彙 1286 戰　國

湔　渾　温　溟　洌　洄　沮　況

湔	渾	温	溟	洌	洄	沮	況
							 佚 957 四 期
	 渾左戈 戰 國						
 璽彙 2136 戰 國  貨系 2464 戰 國		 新蔡楚簡 戰 國  璽印集粹 戰 國	 足臂灸經 秦 代	 上博容成 戰 國	 舂録 11.1 戰 國	 十鐘印舉 戰 國  璽印集粹 戰 國	

涂	沅	溺	洇	⿰亻水
 續 2.1.5 一 期  合 17168 一 期 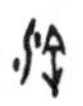 續 5.4.3 一 期  合 28012 三 期				 佚 616 一 期
 叙 鼎 春 秋  郘鱉尹鼎 春 秋	 鄂君舟節 戰 國			
 𢆶録 11.1 戰 國  雲夢爲吏 戰 國  上博容成 戰 國	 長沙木烙印 戰國	 包山 005 戰 國  包山 172 戰 國  郭店老甲 戰 國  包山 007 戰 國  包山 177 戰 國  郭店老甲 戰 國	 足臂灸經 秦 代	 陶彙 6.81 戰 國  郭店語二 戰 國

涇	潶	湆	潾	漢	灘
			 合 27286 三 期		
 克 鐘 周 中	 潶伯卣 周 早	 湆陽戈 戰 國		 敬事天王鐘 春秋	 鄂君舟節 戰 國  鄂君舟節 戰 國
 陶五 010 戰 國  郭店唐虞 戰 國  郭店緇衣 戰 國  官印 0031 戰 國				 陶三 1106 戰 國	 上博詩論 戰 國  上博容成 戰 國
					  或 體

汧	漆	洛	汾	沂	灈
		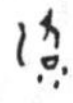 合 36959 五期  周甲 27 周早		 乙 1745 一期	
	 上郡守戈 戰國  漆垣戈 戰國  上郡守壽戈 戰國  高奴權 戰國	 翼尊 周早  永盂 周中	 臨汾守戈 戰國		
 石鼓汧沔 戰國  陶五 329 戰國	 集證 222 戰國  秦印彙編 秦代	 陶五 115 戰國  璽印集粹 戰國  上博容成 戰國			 雲夢日甲 戰國

沇	汙	濬	泠	湘	沔	澧
粹 996 三期		合 7078 一期 合 7080 一期 合 7079 一期				
沇兒鼎 春秋	胤嗣壺 戰國	燹公盨 周晚		鄂君舟節 戰國		鄂君舟節 戰國
	陶三 1359 戰國 九店楚簡 戰國	上博性情 戰國	分域 2887 戰國	包山 083 戰國	石鼓汧沔 戰國	
		或體 古文				

深	淮	淦
 合 18765 一期	 前5.36.3 一期  前2.16.2 五期  英 2564 五期  佚 912 二期  續3.30.6 五期	
 中山王壺 戰國	 彔卣 周中  散盤 周晚  戜鼎 周中  曾伯霥𠤳 春秋	 卜淦戈 春秋
 石鼓霝雨 戰國  郭店性自 戰國  雲夢雜抄 戰國  郭店五行 戰國  郭店成之 戰國  上博性情 戰國  雲夢封診 戰國  璽印集粹 戰國	 陶三 040 戰國  上博容成 戰國  陶三 1156 戰國	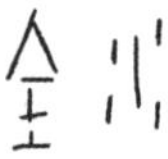 貨文 170 戰國

洹	涱	淣	湋
 合 7854 一期　合 8316 一期　合 40440 一期　珠 393 二期　合 34165 四期  合 7934 一期　合 8320 一期　掇 2.476 一期　粹 1061 三期　合 34165 四期			
 伯喜父簋 周晚　洹子孟姜壺 春秋  洹秦簋 周晚　𧉯生戈 戰國　曾侯乙鐘 戰國		 昊生鐘 周晚	 湋伯簋 周晚
	 侯馬盟書 戰國		

洋	洧	洞	濁	浊
 林 2.14.1 一　期	 續 6.13.9 一　期  佚　242 四　期			
	 黄生匜 周　晚  齊城左戈 戰　國		 曾侯乙鐘 戰　國  曾侯乙鐘 戰　國	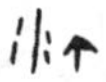 七年劍 戰　國
 陶三　784 戰　國  十鐘印舉 戰　國  上博印 38 戰　國		 陶徵　142 戰　國	 曾侯墓磬 戰　國  曾侯墓磬 戰　國  雨臺山簡 戰　國  曾侯墓磬 戰　國  郭店老甲 戰　國  珍秦　43 戰　國	

漑 瀝 治 濟 濘 漿

漑	瀝	治	濟	濘	漿
				 合 27972 三期  合 34042 四期  合 34041 四期  後上 11.1 五期	
 邾王耑 春秋			 中山王壺 戰國		
 雲夢爲吏 戰國	 上博容成 戰國	 璽彙 4887 戰國  雲夢法律 戰國  十鐘印舉 戰國	 石鼓霝雨 戰國  罄室印 戰國		 五十二病方 秦代

渚	涅	淇	洨	沾	灅
			 洨陽戈 戰　國		 鄂君舟節 戰　國
 信陽楚簡 戰　國  璽彙 0343 戰　國  郭店語四 戰　國	 幣編 148 戰　國  幣編 148 戰　國  幣編 148 戰　國	 上博詩逸 戰　國	 上博周易 戰　國	 舂録 11.1 戰　國	

濡	灑	沽	沰	涑
		 散盤 周晚  吴王光鐘 春秋  襄城令戈 戰國  吴王光鐘 春秋  鄂君舟節 戰國	 鄧尹疾鼎 春秋	
 雲夢日甲 戰國	 秦陶 1311 戰國	 陶三 1041 戰國  郭店語四 戰國  璽彙 0216 戰國  璽彙 2354 戰國  陶五 173 戰國  上博魯旱 戰國  璽彙 1008 戰國  璽彙 3014 戰國		 璽彙 1915 戰國

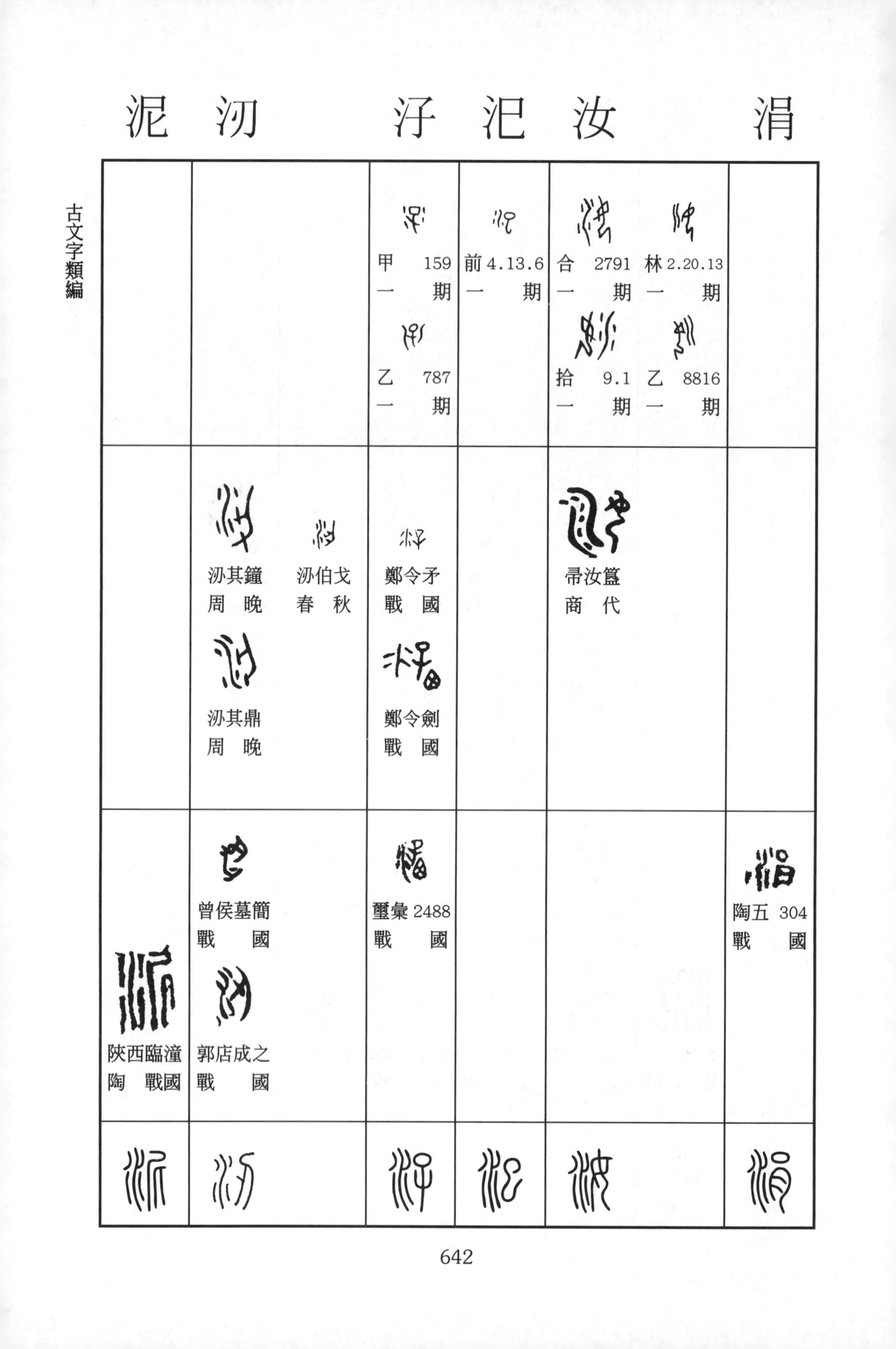

泥	沕	浮	汜	汝	涓
		甲 159 一期 乙 787 一期	前 4.13.6 一期	合 2791 一期 林 2.20.13 一期 拾 9.1 一期 乙 8816 一期	
	沕其鐘 周晚 沕伯戈 春秋 沕其鼎 周晚	鄭令矛 戰國 鄭令劍 戰國		帚汝簋 商代	
陝西臨潼陶 戰國	曾侯墓簡 戰國 郭店成之 戰國	璽彙 2488 戰國			陶五 304 戰國

海	衍	涚	滔	滜
				簠·遊 35 一期 合 33361 四期 前 2.4.7 五期
小臣謎簋 周早 小臣謎簋 周早 小臣謎簋 周早	衍耳簋 周早 中陽戈 戰國 姞衍簋 周晚		鵤姬簋 周晚 瀹嫖簋 周晚	
包山 147 戰國 上博民之 戰國 郭店老甲 戰國 吉大 43 戰國	璽彙 1979 戰國 十鐘印舉 戰國	幣編 157 戰國	石鼓而師 戰國 璽彙 1775 戰國	

潮	洎	泫	波
	 合 24369 二期  合 25585 二期  合 24426 二期		
 鄘伯馭簋 周早  潮子鎛 戰國  陳侯因齊敦 戰國			 守相杜波鈹 戰國  守相杜波鈹 戰國
 陶三 419 戰國  㸑録 11.1 戰國		 璽彙 1777 戰國	 㸑録 11.1 戰國  上博容成 戰國  雲夢日甲 戰國  包山 110 戰國  璽彙 2485 戰國

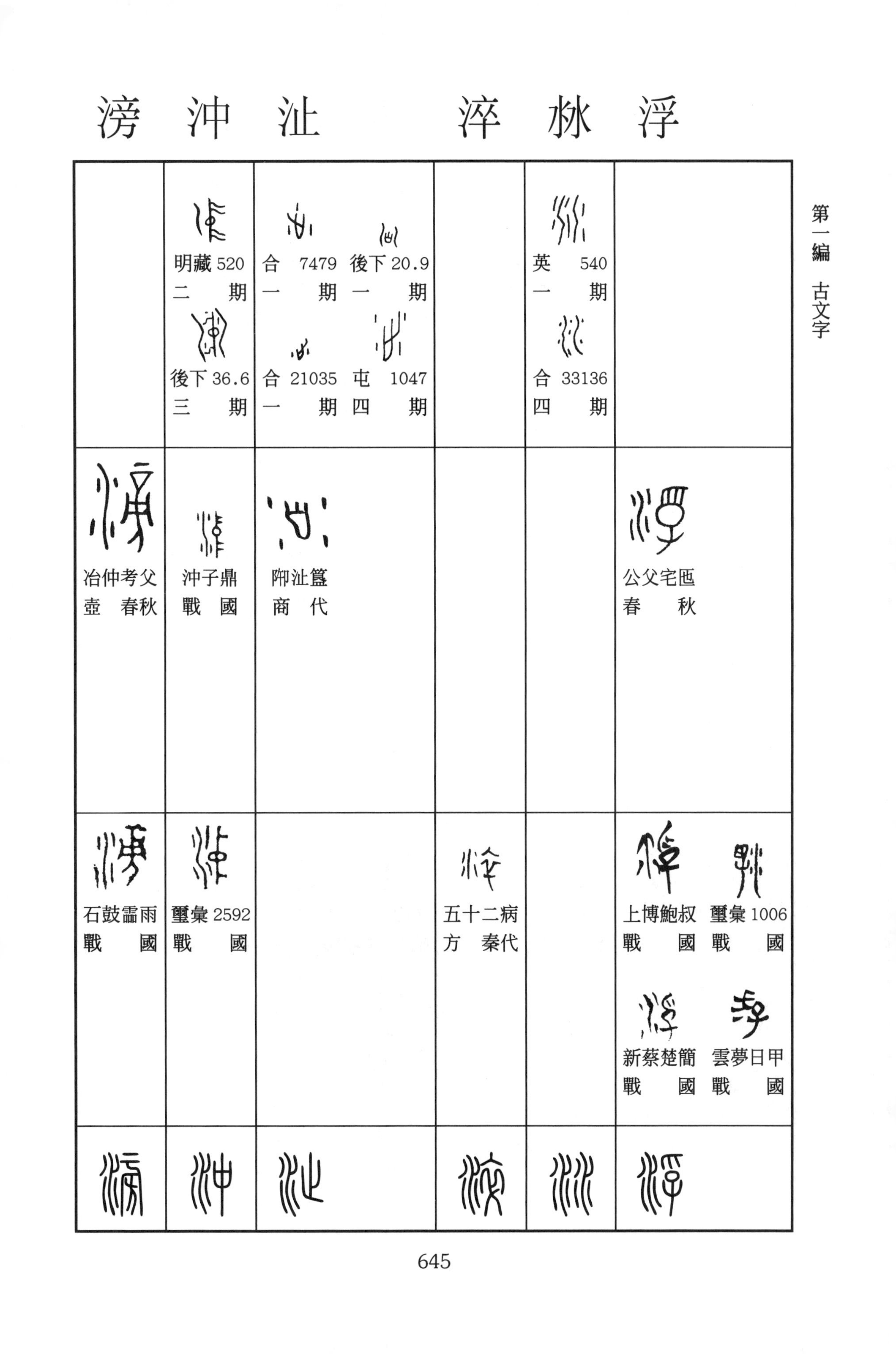

滂	沖	沚	淬	淋	浮
	明藏 520 二期 後下 36.6 三期	合 7479 一期 後下 20.9 一期 合 21035 一期 屯 1047 四期		英 540 一期 合 33136 四期	
冶仲考父壺 春秋	沖子鼎 戰國	⿰阝卯沚簋 商代			公父宅匜 春秋
石鼓霝雨 戰國	璽彙 2592 戰國		五十二病方 秦代		上博鮑叔 戰國 璽彙 1006 戰國 新蔡楚簡 戰國 雲夢日甲 戰國

古文字類編

湯	洴	沌	浩	濞	汋
水名同易	 合 18770 一　期	 前 2.10.6 五　期		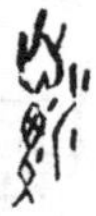 合 8357 一　期  坊間4.158 一　期	
					 中山王鼎 戰　國
 包山 003 戰　國  上博容成 戰　國  包山 100 戰　國	 上博周易 戰　國		 包山 067 戰　國  璽彙 1559 戰　國  璽彙 1537 戰　國	 十鐘印舉 戰　國	

湍	湀	湄	清
	 京津 1556 五　期	 合 14755 一　期  甲 715 三　期  合 29395 三　期  甲 573 三　期  合 28680 三　期	
			 者減鐘 春　秋
 郭店老甲 戰　國			 郭店老甲 戰　國  郭店五行 戰　國  雲夢日甲 戰　國  郭店老乙 戰　國  璽彙 0215 戰　國

湯　　渭

湯

師湯父鼎 周中　多友鼎 周晚　𪐴鐘 春秋　鄬公湯鼎 春秋

仲枏父簋 周晚　湯叔鼎 周晚　𪐴鐘 春秋　湯伯匜 春秋　𩑳陽之金劍 戰國

陶四 002 戰國　長沙帛書 戰國　包山 173 戰國　郭店尊德 戰國　璽彙 1160 戰國　珍秦 36 戰國

陶四 030 戰國　望山M2簡 戰國　包山 265 戰國　郭店緇衣 戰國　璽彙 1565 戰國

渭

陶九 003 戰國　雲夢封診 戰國

上博容成 戰國

淵	滿	潢	滑	灊	淠
 後上 15.2 二期  屯 722 三期  合 29401 三期		 合 36589 五期  合 37514 五期			 合 8365 一期
 沈子它簋 周早  子淵聾戟 戰國  中山王鼎 戰國			 滑斿鼎 戰國		 克鼎 周晚
 石鼓汧沔 戰國  包山 143 戰國  上博彭祖 戰國  長沙帛書 戰國  郭店性自 戰國	 陶九 079 戰國  璽印集粹 戰國		 十鐘印舉 戰國	 璽彙 3266 戰國	 包山 085 戰國
  古文					

瀞	澤	潰	淫
 國差𦉜 春　秋	 相邦邙皮 戈　戰國		
 秦公石磬 春　秋	 郭店性自 戰　國  璽彙 0362 戰　國  璽彙 2090 戰　國  包山 100 戰　國  上博彭祖 戰　國  上博容成 戰　國  璽彙 1619 戰　國  璽彙 2370 戰　國  郭店語四 戰　國	 雲夢封診 戰　國	 上博緇衣 戰　國  雲夢語書 戰　國
		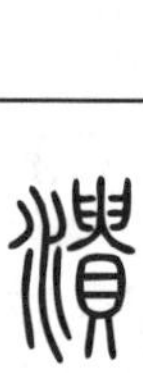	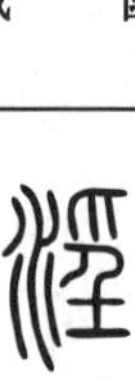

涬	淖	滋	渡	浥	溳	濤	瀆
		 後下 40.16 一 期		 前 4.13.3 一 期		 前 2.28.4 一 期	
 曾侯乙鐘 戰 國	 晉侯穌鐘 周 晚	 滋 盂 周 中					
	 石鼓汧沔 戰 國	 雲夢日甲 戰 國	 雲夢日甲 戰 國	 郭店語二 戰 國	 秦封泥 秦 代		 雲夢日甲 戰 國

沙	渠	涑	濅	浦	滎	沼
			 佚 446 一 期	 合 8363 一 期		
 訇 簋 周 中  休 盤 周 中  佴伯簋 周 中  無叀鼎 周 晚		 涑鄙戈 戰 國	 雍工壺 戰 國  二年寺工 壺 戰國			
 陶五 012 戰 國  雲夢日甲 戰 國  陶五 121 戰 國	 璽印集粹 戰 國  雲夢爲吏 戰 國		 官印 0015 戰 國  集證 135 戰 國	 上博印 32 戰 國	 陶五 018 戰 國  陶六 108 戰 國	 包山 179 戰 國

澗	漅	潏	泈
	 合 28095 三期  合 28298 三期  屯 667 三期  合 28096 三期  合 28737 三期  屯 765 三期		
			 泈叔鼎 春秋  泈叔壺 春秋
 陶三 1021 戰國  上博周易 戰國  青川櫝 戰國  包山 010 戰國  澗字布 戰國		 秦宗邑瓦 戰國	

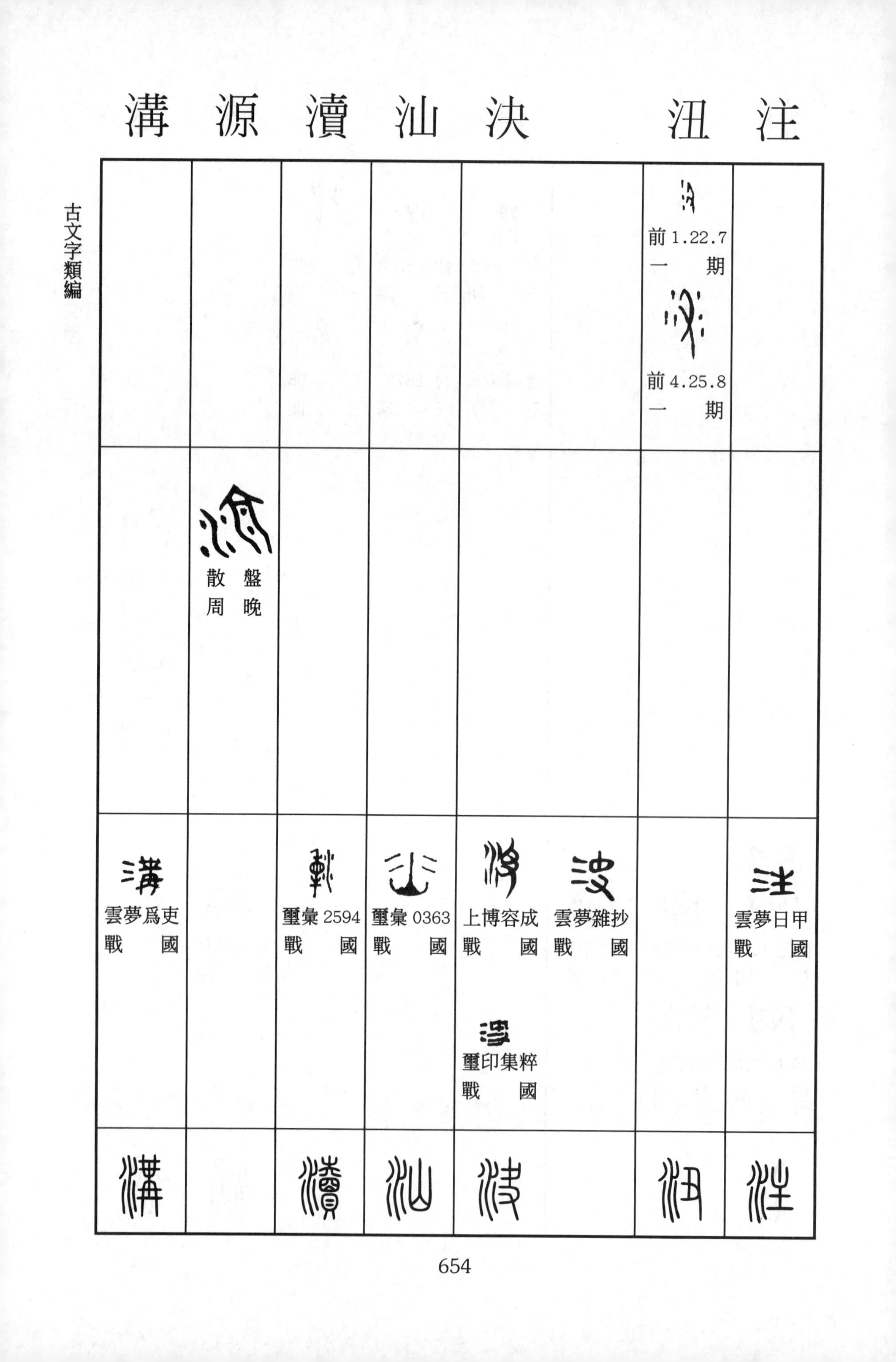

溝	源	瀆	汕	決		沑	注
						前1.22.7 一期 前4.25.8 一期	
	散盤 晚周						
雲夢爲吏 戰國		璽彙2594 戰國	璽彙0363 戰國	上博容成 戰國 璽印集粹 戰國	雲夢雜抄 戰國		雲夢日甲 戰國

潛	泛	𣲖	沁	湛	滆	泱	𣳆
			甲 275 一期				粹 945 三期
		仲㪟父盤 周晚 盤銘讀作黍		𩞁匜 周中 毛公鼎 周晚	達盨 周中		
璽彙 2584 戰國 璽彙 2585 戰國	雲夢雜抄 戰國	璽彙 0055 戰國 新蔡楚簡 戰國		包山 169 戰國		秦印 戰編 747	

澫	澣	没	淒	澍
 合 10948 一期  前 5.31.3 一期  前 5.31.5 二期  合 37536 五期  合 20768 一期  花東 055 一期  合 36931 五期				
 石鼓汧沔 戰國  上博昭王 戰國  長沙帛書 戰國	 天星觀簡 戰國	 雲夢秦律 戰國	 郭店六德 戰國  上博周易 戰國	 雲夢日甲 戰國

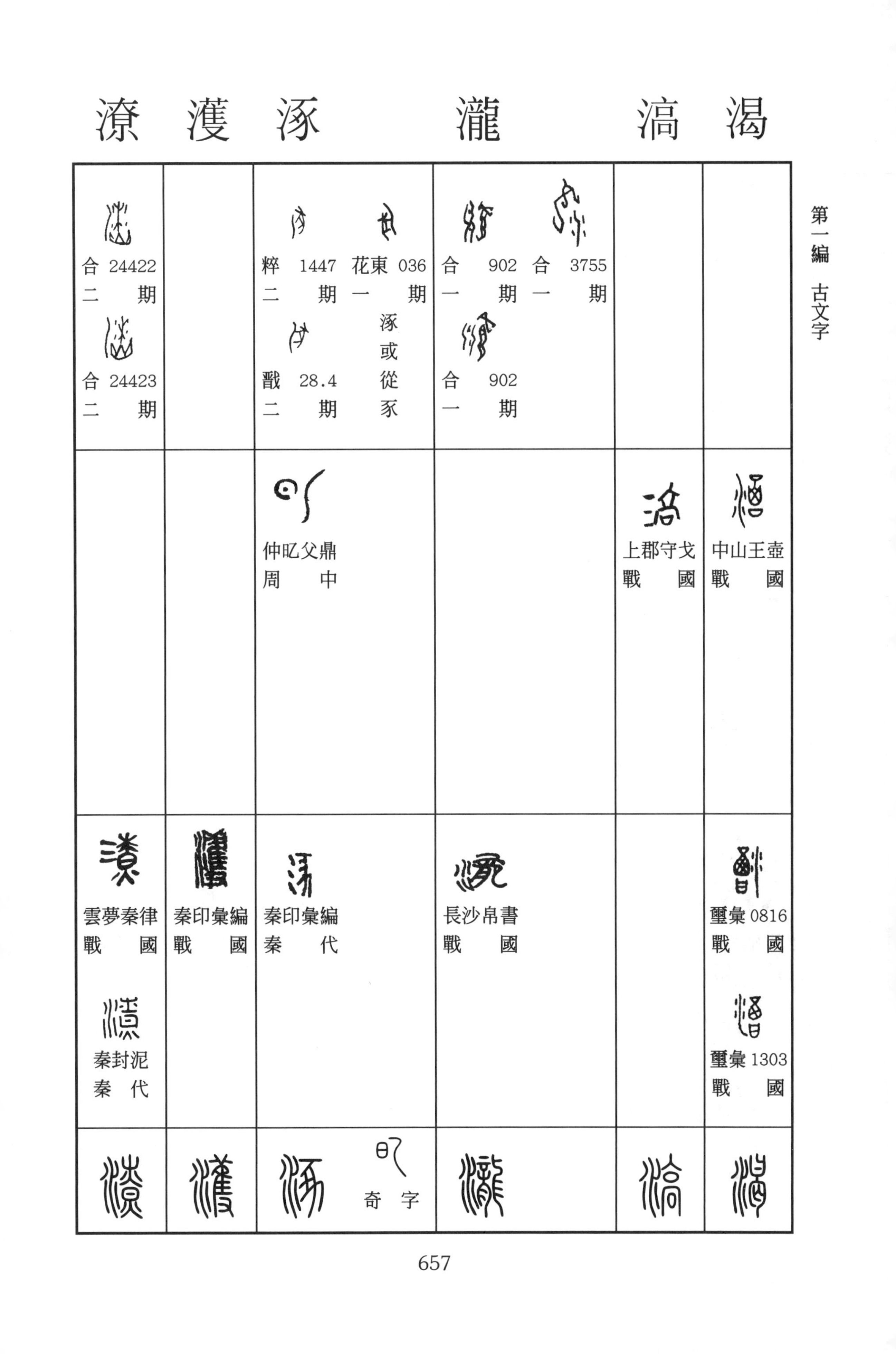

潦	濩	涿	瀧	滈	渴
合 24422 二期 合 24423 二期		粹 1447 二期 花東 036 一期 戩 28.4 二期 涿或從豕	合 902 一期 合 3755 一期 合 902 一期		
		仲㫚父鼎 周中		上郡守戈 戰國	中山王壺 戰國
雲夢秦律 戰國 秦封泥 秦代	秦印彙編 戰國	秦印彙編 秦代	長沙帛書 戰國		璽彙 0816 戰國 璽彙 1303 戰國
		奇字			

沈	瀆	漦
 後下 4.3 一期  乙 3035 一期  合 5522 一期  合 16186 一期  合 26907 三期  合 33276 四期  前 1.24.3 一期  佚 521 一期  合 16187 一期  屯 2232 三期  粹 9 四期  粹 587 四期		 前 2.3.1 五期
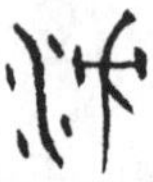 沈子它簋 周早  沈子它簋 周早		
 陶五 326 戰國  秦印彙編 秦代	 雲夢日甲 戰國	

溓	溼	濕	瀘
	 後上13.6 一期  合28228 三期  屯715 三期  合24415 二期  合30180 三期  屯3004 四期		 合8349 一期  合28186 三期  合8350 一期  合29290 三期
 令鼎 周早  司鼎 周早  趞鼎 周早  寍鼎 周早	 史懋壺 周中  散盤 周晚	 平都矛 戰國	
 十鐘印舉 戰國	 石鼓鑾車 戰國  郭店太一 戰國  郭店太一 戰國		

洎	涚	泊	潘	洒	氵亞
 存下 28 一期				 前2.10.3 五期  合 36612 五期  合 36809 五期  存下 983 五期  合 36789 五期	 乙 3207 一期 集韻同注
 石鼓霝雨 戰國	 珍秦 92 戰國	 璽彙 2586 戰國	 璽彙 1470 戰國	 上博從政 戰國  雲夢日甲 戰國	

滫	湆	淡	液	滄	沐	澡
	 合 30429 三 期					
	 永盂 周中		 師𩒨簋 周晚			
 雲夢日甲 戰國		 郭店老丙 戰國		 天星觀簡 戰國  上博從政 戰國  郭店緇衣 戰國  上博泊旱 戰國	 雲夢日甲 戰國	 郭店太一 戰國

沬

花東 053 一期

合 28254 三期

寧滬 2.52 一期

後下 12.5 四期

德簋 周早

頌簋 周中

伯康簋 周晚

楚季盤 周晚

歸父盤 春秋

齊縈姬盤 春秋

齊侯盤 春秋

邾公孫班鎛 春秋

𤔲匜 周中

呂壺 周中

畢鮮簋 周晚

師顯簋 周晚

魯伯盤 春秋

庚兒鼎 春秋

王子午鼎 春秋

陳逆簋 戰國

秦公石磬 春秋

郭店尊德 戰國

古文

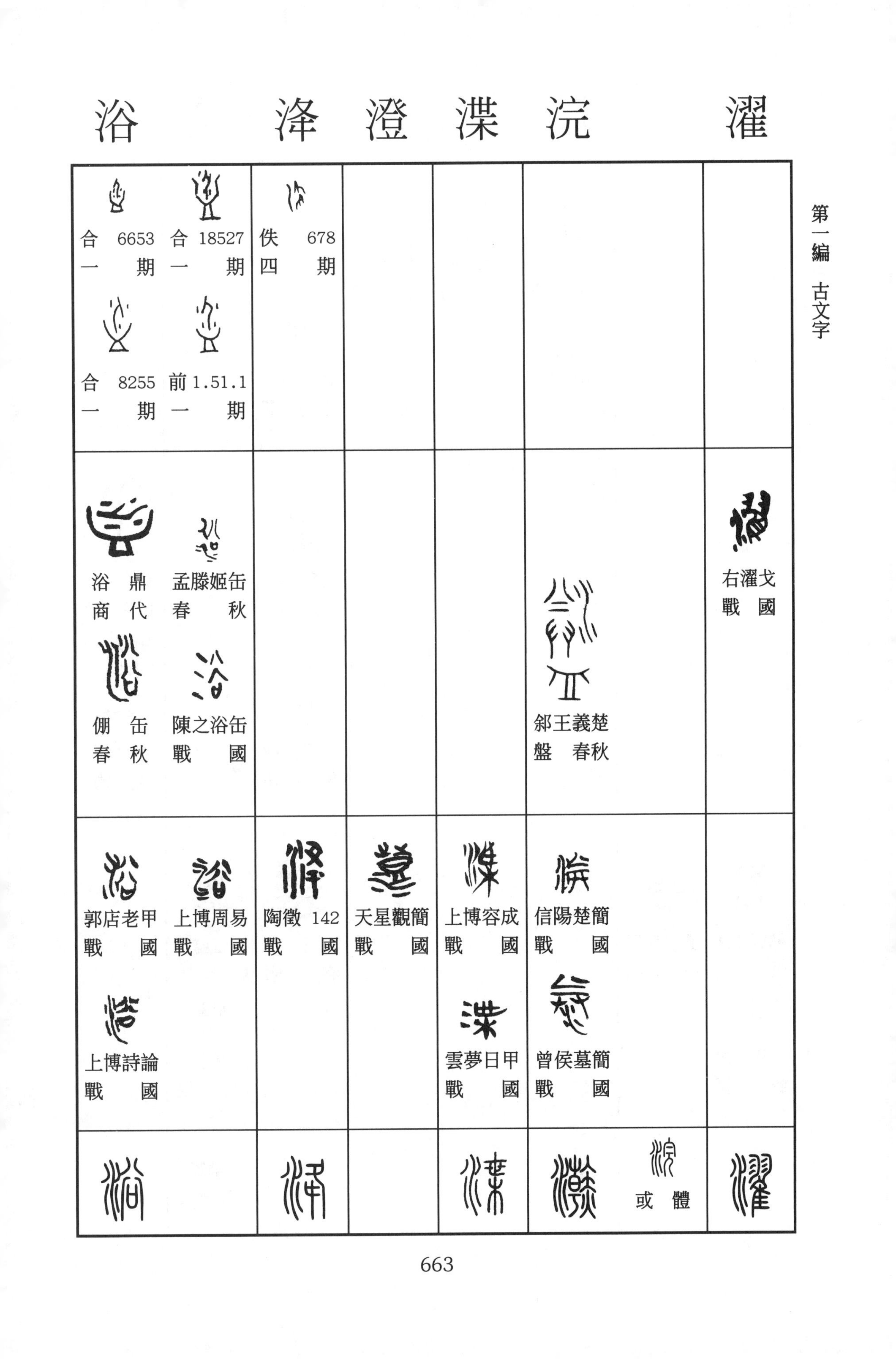

浴	洚	澄	渫	浣	濯
合 6653 一期 合 18527 一期 合 8255 一期 前 1.51.1 一期	佚 678 四期				
浴鼎 商代 孟滕姬缶 春秋 倗缶 春秋 陳之浴缶 戰國				郤王義楚盤 春秋	右濯戈 戰國
郭店老甲 戰國 上博周易 戰國 上博詩論 戰國	陶徵 142 戰國	天星觀簡 戰國	上博容成 戰國 雲夢日甲 戰國	信陽楚簡 戰國 曾侯墓簡 戰國	
				或體	

淳	涵	洸	洀	灟	汭
	 甲 1414 二 期  合 29344 三 期  京津 4466 三 期	 前 2.21.1 五 期	 乙 2121 一 期  合 41317 三 期	集韻同灟	
 盄公匜 春 秋			 啓 尊 周 早  晉侯穌鐘 周 晚		 郄子汭鼎 春 秋  者汈鐘 戰 國
 郭店成之 戰 國  雲夢日甲 戰 國  十鐘印舉 戰 國			 陶三 874 戰 國	 郭店窮達 戰 國  上博容成 戰 國	

泰	湩	泣	涕	𤅊	灂	減
					粹 1456 五期	
	大司馬鐓 戰國		胤嗣壺 戰國			者減鐘 春秋
陶二 0004 西周 官印 0015 戰國 陶五 326 戰國	璽彙 0287 戰國 湖南 2 戰國	上博泊旱 戰國 璽彙 1417 戰國	郭店五行 戰國	雲夢法律 戰國		雲夢秦律 戰國
古文						

滅	漕	濊	汨	瀘	瀆	潙	汎
 子犯鐘 春　秋				 鄂君舟節 戰　國	 鄂君舟節 戰　國		
 郭店唐虞 戰　國  璽印集粹 戰　國	 璽彙 0501 戰　國	 平庵 1.233 戰　國	 長沙帛書 戰　國	 璽彙 2878 戰　國		 陶三 995 戰　國	 璽彙 1581 戰　國  璽彙 2032 戰　國

凼	測	[氵缶]	沃	[氵疋]	汏
		 花東 053 一　期			 乙 2035 一　期  合 4258 一　期  京津 2069 一　期
	 鄦仲盤 春　秋  般殷鼎 春　秋				 汏父辛鼎 商　代
 長沙帛書 戰　國			 雲夢日甲 戰　國	 包山 034 戰　國  包山 081 戰　國  包山 055 戰　國  包山 172 戰　國	

汸	洵	泊	渦	泪	汗	汒
 甲 3613 一 期		 合 36812 五 期		 師友 2156 二 期		 合 27884 三 期
 胤嗣壺 戰 國	 洵都器 戰 國			 三年杖首 戰 國		
 包山 100 戰 國	 璽彙 0017 戰 國 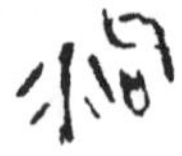 璽彙 0359 戰 國	 信陽楚簡 戰 國  上博曹沫 戰 國  郭店性自 戰 國	 郭店老甲 戰 國	 璽彙 2544 戰 國  璽彙 2588 戰 國	 石鼓汧沔 戰 國  秦印彙編 秦 代	 曾侯墓簡 戰 國 簡文從忘聲

浗	洖	浧	溗	浸
		 𨚕相鈹 戰　國  休浧壺 戰　國		
 郭店唐虞 戰　國  璽彙 3688 戰　國	 秦陶 1037 戰　國	 包山 156 戰　國  郭店老甲 戰　國  璽彙 0815 戰　國  郭店老甲 戰　國  郭店老乙 戰　國  貨系 1219 戰　國	 璽彙 1667 戰　國	 郭店語二 戰　國  上博性情 戰　國  郭店性自 戰　國

㴲 游

集韵同遂	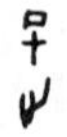 花東 294 一期  後下 14.14 一期
	 莒平鐘 春秋  麃父卣 周早  鄂君舟節 戰國  莒平鐘 春秋  蔡侯申盤 春秋  中山王鼎 戰國
 包山 149 戰國	 陶五 384 戰國  璽印集粹 戰國  璽印集粹 戰國  包山 175 戰國  郭店性自 戰國  上博子羔 戰國  璽彙 2775 戰國  陶九 086 戰國  故宮 410 戰國  雲夢雜抄 戰國  包山 277 戰國  郭店語三 戰國  璽彙 1154 戰國
	  古文

馮	湕	涷	澍	瀘	灤	湮	洱
		合 11156 一　期	合 36522 一　期	合 20364 一　期	灤今 水作 名油		合 14122 一　期
					鄂君舟節 戰　國	湮伯友鼎 春　秋	洱陽令戈 戰　國
璽彙 2437 戰　國	信陽楚簡 戰　國	秦封泥 秦　代	雲夢秦律 戰　國			石鼓霝雨 戰　國	璽彙 1085 戰　國

濫	淚	溪	泗	滳
				 合 1082 一期  合 8310 一期  合 28179 三期  後下 19.10 一期  合 8310 一期  粹 950 四期
 信陽楚簡 戰國	 包山 003 戰國  郭店成之 戰國  郭店成之 戰國  上博周易 戰國	 包山 182 戰國  郭店語四 戰國	 上博容成 戰國	

淊 淪 涉

淊

淊御事罍 周中

郭店窮達 戰國

淪

伯𩣡父盤 周晚

遷氏中医 春秋

涉

佚 699 一期

合 10606 一期

合 15950 一期

合 21124 一期

合 21256 一期

合 28339 三期

合 1051 一期

合 10949 一期

合 19286 一期

合 20464 一期

合 27803 三期

合 32951 四期

格伯簋 周中

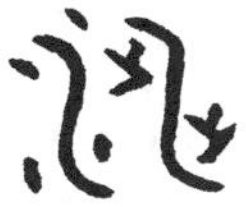
散盤 周晚

石鼓霝雨 戰國

包山 128 戰國

上博周易 戰國

長沙帛書 戰國

上博周易 戰國

璽彙 2758 戰國

淠	湡	潒	滮	滰	減
	屯 2212 三期 合 36531 五期 屯 2232 三期		合 6131 一期 合 32333 四期		
盂淠父鼎 周中 遅盨 周晚	小臣缶鼎 商代 小子湡卣 周早		喬君鉦 春秋	啓卣 周早 虎簋蓋 周中 啓卣 周早 毛公鼎 周晚	長由盉 周中 元年師旋簋 周中
		新蔡甲三15 戰國	新蔡乙三7 戰國 上博用曰 戰國		陶三 947 戰國

漾	汪	洗	滕	次
		 合 151 一期  花東 294 一期  合 18534 一期		 合 8317 一期  存 3.154 一期  甲 2907 一期  合 40799 一期
 曾姬無卹壺 戰國	 汪伯卣 周早		 庚壺 春秋	
 包山 013 戰國	 瀫秋 35 戰國  璽彙 0091 戰國	 秦印彙編 秦代	 陶五 362 戰國	 上博周易 戰國  鐵雲印集 戰國

淺	津	瀕	漸
 越王句踐劍 春秋	 翏生盨 周晚  翏生盨 周晚	 井侯簋 周早  效卣 周早  銅簋 周早  㝬簋 周晚	
 長沙帛書 戰國  郭店五行 戰國  信陽楚簡 戰國  璽彙 3982 戰國	 璽彙 2408 戰國  青川櫝 戰國  官印 0032 戰國  雲夢爲吏 戰國	 秦陶 1245 戰國  陶典 0775 秦代	 陶三 287 戰國  包山 186 戰國  包山 061 戰國
	  古文		

流　　录

合 43 一期　合 10970 一期　菁 5.1 一期　合 28124 三期　粹 1276 四期

合 8015 一期　合 10972 一期　合 27237 三期　粹 501 三期

胤嗣壺 戰國

宰甫簋 商代　彔作乙公簋 周中　頌簋 周中　麓伯簋 周晚

大保簋 周早　牆盤 周中　散盤 周晚

石鼓靁雨 戰國　上博從政 戰國　璽彙 3200 戰國

信陽楚簡 戰國　曾侯墓簡 戰國　郭店魯穆 戰國　上博詩論 戰國　璽彙 0141 戰國

陶三 1334 戰國　璽彙 0212 戰國　雲夢封診 戰國

包山 145 戰國　曾侯墓簡 戰國　郭店六德 戰國　上博詩論 戰國　璽彙 0214 戰國

籀文

漁 泉 鱻

漁

合 130 一期

前 5.45.4 一期

合 52 一期

合 32780 四期

前 6.50.7 一期

合 19813 一期

合 28429 三期

合 32781 四期

子魚卣 商代

冉漁觶 商代

通簋 周中

楚王孫漁戈 戰國

子魚尊 商代

漁簋 商代

井鼎 周中

石鼓汧沔 戰國

上博容成 戰國

雲夢日甲 戰國

包山 121 戰國

璽印集粹 戰國

泉

前 4.17.4 一期

合 35251 四期

合 24426 二期

甲 903 四期

子束泉尊 商代

商鞅方升 戰國

長沙帛書 戰國

包山 119 戰國

雲夢日甲 戰國

包山 086 戰國

包山 143 戰國

魏經石作

鱻

牆盤 周中

瀼　　瀍

瀼							瀍
 大盂鼎 周早	 柞伯簋 周中	 師克盨 周中	 親　簋 周中	 商鞅方升 戰國			 散　盤 周晚
 大盂鼎 周早	 伯晨鼎 周中	 師斄簋 周中	 戎生鐘 周晚	 中山王壺 戰國			 散　盤 周晚
 長沙帛書 戰國	 包山 016 戰國	 郭店緇衣 戰國	 郭店六德 戰國	 上博恒先 戰國	 秦玉牘 戰國	 璽彙 1301 戰國	
 信陽楚簡 戰國	 包山 018 戰國	 郭店六德 戰國	 上博從政 戰國	 上博恒先 戰國	 雲夢效律 戰國	 璽彙 2738 戰國	
	 或　體						

仌	冰	冬	凌
 續 3.36.7 一　期			
 仌　卣 商　代	 陳逆簋 戰　國  上郡守冰 戈　戰國	 陳章壺 戰　國  陳璋鐳 戰　國  商鞅方升 戰　國	
 舂録 11.2 戰　國	 璽印集粹 戰　國	 陶五 384 戰　國  包山 080 戰　國  郭店緇衣 戰　國  上博子羔 戰　國  璽彙 2207 戰　國  長沙帛書 戰　國  包山 205 戰　國  上博緇衣 戰　國  上博周易 戰　國  雲夢秦律 戰　國	 秦印彙編 秦　代  秦印彙編 秦　代
		  古　文	

冶祰觶 周早

閔令矛 戰國

付余令戈 戰國

信安君鼎 戰國

妥陰令戈 戰國

趙武襄君鈹 戰國

冶紹匕 戰國

穌冶妊鼎 周早

羕陵公戈 戰國

高都令戈 戰國

陽安君鈹 戰國

公朱左自鼎 戰國

鄭令矛 戰國

涪陽戈 戰國

舂録 4.2 戰國

璽彙 3258 戰國

幣編 98 戰國

包山 080 戰國

貨系 3790 戰國

秦印彙編 秦代

天星觀簡 戰國

丹

乙 6451
一 期

京津 3649
三 期

庚贏卣
周 中

甘丹上庫戈
戰國

姬丹盤
春 秋

陶三 200
戰 國

信陽楚簡
戰 國

包山 016
戰 國

璽彙 0421
戰 國

貨系 0899
戰 國

陶五 006
戰 國

望山M2 簡
戰 國

包山 092
戰 國

貨系 0895
戰 國

彤

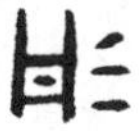
休 盤
周 中

佴伯簋
周 中

虢季子白盤
周晚

輔師嫠簋
周 中

無叀鼎
周 晚

石鼓鑾車
戰 國

望山M2 簡
戰 國

包山 253
戰 國

曾侯墓簡
戰 國

包山 223
戰 國

青

吴方彝 周中　　衛盉 周中　　吴王光鐘 春秋

牆盤 周中　　吴王光鐘 春秋　　吴王光鐘 春秋

陶四 024 戰國　　長沙帛書 戰國　　包山 129 戰國　　郭店語一 戰國　　郭店性自 戰國　　璽彙 3074 戰國　　璽彙 2591 戰國　　璽彙 4651 戰國

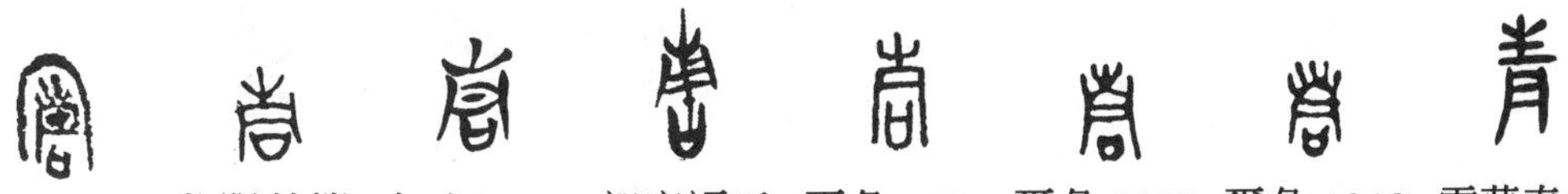

陶三 804 戰國　　信陽楚簡 戰國　　包山 193 戰國　　郭店語三 戰國　　璽彙 1335 戰國　　璽彙 3155 戰國　　璽彙 4646 戰國　　雲夢秦律 戰國

臒

靜

靜

靜卣 周中　免盤 周中　毛公鼎 周晚　秦公簋 春秋

靜叔鼎 周中　班簋 周中　多友鼎 周晚

臒

曾侯墓簡 戰國　望山M1簡 戰國　包山 182 戰國　天星觀簡 戰國

曾侯墓簡 戰國　包山 062 戰國　包山 186 戰國

靜

天星觀簡 戰國　郭店語二 戰國　上博緇衣 戰國　雲夢爲吏 戰國

郭店老甲 戰國　郭店尊德 戰國　上博緇衣 戰國

井	瓦	瓶
 甲 308 一期  粹 1163 四期  粹 1163 一期		
 乙亥鼎 商代  永盂 周中  井侯簋 周早		
 曾侯墓漆書 戰國  雲夢日乙 戰國  侯馬盟書 戰國	 陶五 305 戰國  雲夢日甲 戰國  陶五 384 戰國	 包山 265 戰國  信陽楚簡 戰國  信陽楚簡 戰國  璽彙 2567 戰國  上博周易 戰國  信陽楚簡 戰國  璽彙 0720 戰國 或從土
		  或體

斗	升	解	料	斝
 京津 2512 一期  合 36118 五期  乙 117 一期	 合 25985 二期  粹 337 三期  甲 550 三期  前 2.16.2 五期			
 秦公簋蓋 春秋  金村銅鈁 戰國  庫嗇夫鼎 戰國  眉脒鼎 戰國  魏鼎 戰國  土勻錍 戰國	 友簋 周晚  連迂鼎 春秋  秦公簋 春秋  魏鼎 戰國	 公朱左自鼎 戰國	 司料盆蓋 戰國	 斝半小量 戰國
 璽彙 1069 戰國  秦印彙編 秦代  雲夢效律 戰國	 陶五 404 戰國  雲夢秦律 戰國  郭店唐虞 戰國	 陶六 051 戰國  上博周易 戰國	 陶三 725 戰國  雲夢效律 戰國	

魁	斗	斝	爻	爾
	 合 26039 二 期	 合 18579 一 期  合 21504 一 期  合 19791 一 期	 合 3512 一 期  合 32103 四 期	 前 4.5.2 一 期  英 413 一 期  英 414 一 期  英 395 一 期
		 斝 簋 商 代	 爻父丁簋 商 代  爻 角 商 代  小臣系卣 商 代  伯辰鼎 周 中	 何 尊 周 早  洹子孟姜壺 春秋  牆 盤 周 中  晉公𥂴 春 秋
 十鐘印舉 戰 國			 仰天湖簡 戰 國	 郭店老甲 戰 國  新蔡楚簡 戰 國  新蔡楚簡 戰 國  璽彙 3036 戰 國

户	扇	房	戹
 合 26764 二期  後下 36.3 四期  甲 589 三期			
 陳胎戈 戰國			 彔伯㦰簋 周中  齊鎛 春秋
 郭店語四 戰國  貨編 159 戰國  上博周易 戰國  雲夢日甲 戰國	 雲夢法律 戰國	 望山M2簡 戰國  包山 266 戰國  包山 149 戰國  雲夢封診 戰國	 天星觀簡 戰國  曾侯墓簡 戰國  璽彙 1240 戰國  望山M2簡 戰國  曾侯墓簡 戰國  雲夢法律 戰國
  古文			

庳　　氏

粹 755 一期　周甲 4 周早

粹 221 三期

耳尊 周早　寧簋 周中

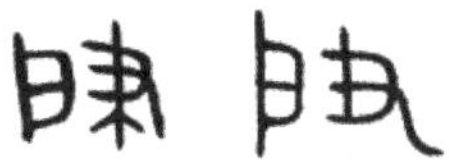

屖尊 周中　旁鼎 周中

令鼎 周早　頌簋 周中　毛叔盤 周晚　中山王鼎 戰國

南姑甗 周早　樊尹鼎 周中　御士叔繁匡 春秋　胤嗣壺 戰國

侯馬盟書 戰國　陶六 043 戰國　璽彙 1864 戰國　璽彙 2543 戰國　貨系 2486 戰國　珍秦 35 秦代

陶三 685 戰國　包山 013 戰國　璽彙 1906 戰國　璽彙 3335 戰國　三晋 116 戰國

氏　　氒

菁 3.1
一期

周甲 12
先周

匍盉
周中

虢金氏孫盤
春秋

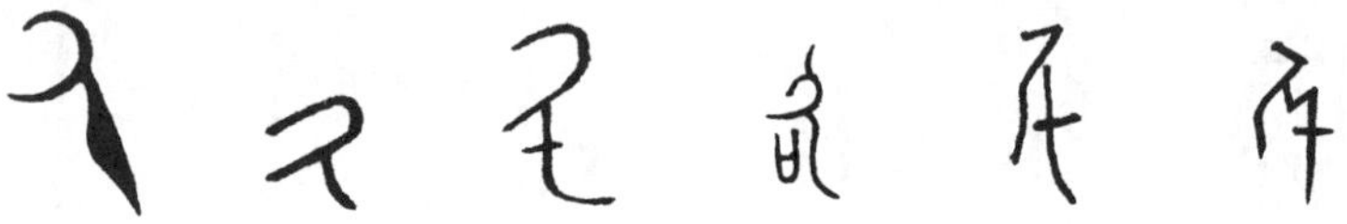

大盂鼎 周早　五祀衛鼎 周中　攻吴王鑑 春秋　蔡侯申鐘 春秋　配兒鉤鑃 春秋　中山侯鉞 戰國

義仲鼎 周早　克鼎 周晚　王子午鼎 春秋　夫差鑑 春秋　臧孫鐘 春秋　中山王鼎 戰國

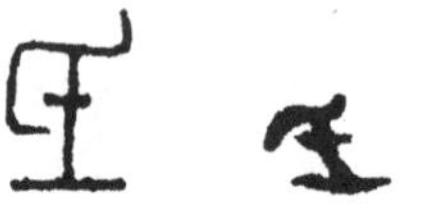

石鼓汧沔 戰國　曾侯墓漆書 戰國

陶四 128 戰國　雲夢日乙 戰國

秦公石磬 春秋　郭店緇衣 戰國

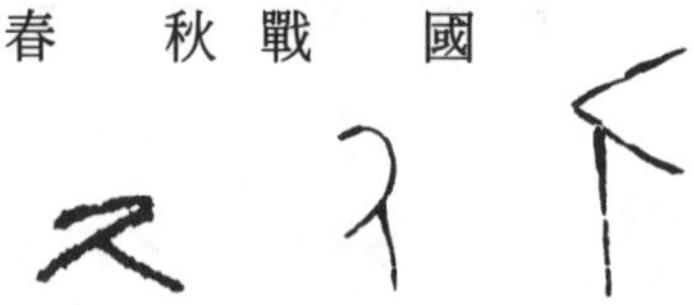

長沙帛書 戰國　幣編 89 戰國　幣編 90 戰國

戈

珠　458	乙　7108	屯　2194	合 32103
一　期	一　期	三　期	四　期

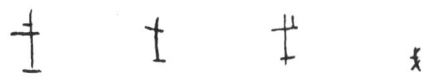

合　775	粹　221	合 34120	後上 10.2
一　期	三　期	四　期	五　期

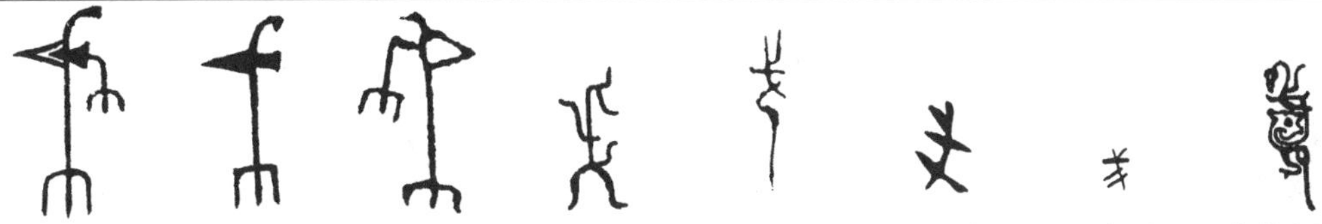

戈　卣	戈　觶	戈　觶	玄夫戈	宋公緣戈	楚公豪戈	七年戈	自作用戈
商　代	商　代	商　代	春　秋	春　秋	春　秋	戰　國	戰　國

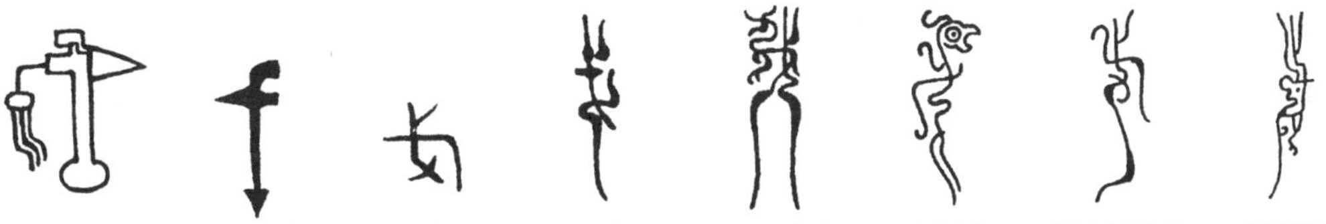

北單戈盤	戈　爵	伯晨鼎	吴王光逗戈	王子玫戈	子賏戈	曾侯昃戈	王孫家戈
商　代	商　代	周　早	春秋	春　秋	春　秋	戰　國	戰　國

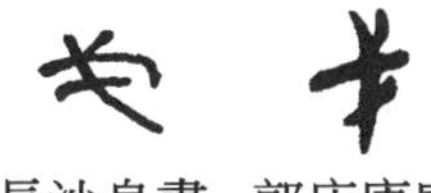

長沙帛書	郭店唐虞
戰　國	戰　國

望山M2簡	貨系 0446
戰　國	戰　國

賊	戜	[illegible]
 散盤 周晚  黃君孟戈 春秋	 班簋 周中  或者鼎 周中  或伯鼎 周中	 五年師旋簋 周中  無叀鼎 周晚  休盤 周晚  佴伯簋 周中  寰盤 周晚
 上博彭祖 戰國  温縣盟書 戰國  雲夢法律 戰國  温縣盟書 戰國  温縣盟書 戰國  雲夢法律 戰國		 璽彙 3244 戰國

戎

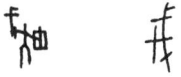

合 7768 屯 2286
一 期 三 期

合 21897 京津 4000
一 期 五 期

戎比簋 商代 | 戎觚 商代 | 戎且丙觚 商代 | 戎且己觚 商代 | 戎爵 商代 | 戎佩尊 周早 | 多友鼎 周晚 | 嘉賓鐘 春秋

戎觚 商代 | 戎甗 商代 | 戎父乙尊 商代 | 乙戎鼎 商代 | 戎卣 商代 | 大盂鼎 周早 | 救秦戎鐘 春秋 | 郾王戎人矛 戰國

陶五 271 戰國 | 郭店成之 戰國 | 分域 2811 戰國

曾侯墓簡 戰國 | 珍秦 75 戰國 | 幣編 72 戰國

戟

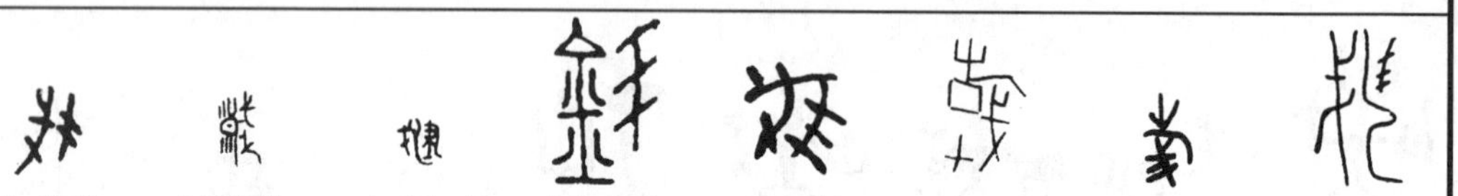

夫差戟 春秋 | 以鄧戟 春秋 | 王子午戟 春秋 | 析君戟 戰國 | 鳶萑戟 戰國 | 大良造鞅戟 戰國 | 洱陽令戈 戰國 | 曾侯乙戟 戰國

越王戈 春秋 | 王孫誥戟 春秋 | 王孫名戟 戰國 | 新弨戟 戰國 | 子淵聾戟 戰國 | 曾侯乙戟 戰國 | 大良造鞅戟 戰國 | 陵右戟 戰國

曾侯墓簡 戰國 | 曾侯墓簡 戰國 | 包山 061 戰國 | 包山牘 1 戰國 | 璽彙 2374 戰國

曾侯墓簡 戰國 | 曾侯墓簡 戰國 | 包山 269 戰國 | 璽彙 2372 戰國 | 雲夢法律 戰國

花東 429 一期　花東 459 一期　粹 870 一期　粹 1148 三期　前 3.6.2 五期

花東 451 一期　辛格所藏 一期　粹 214 二期　佚 233 四期

父戊尊 商代　且戊爵 商代　且戊簋 商代　戈父戊盉 商代　奴父戊觶 商代　吴方彝 周中　陳純釜 戰國

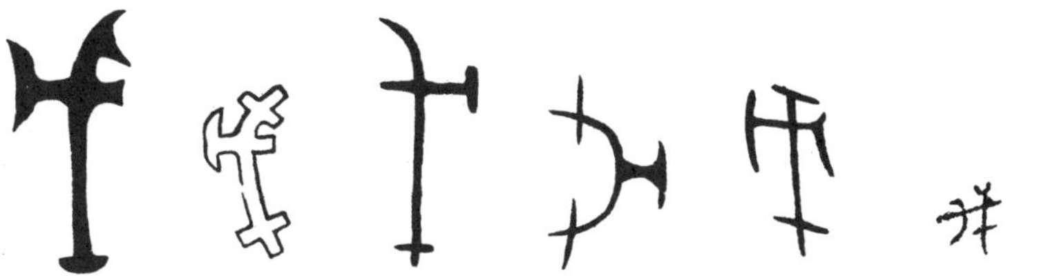

司母戊鼎 商代　告宁父戊觶 商代　戊 斝 商代　戈父戊甗 商代　山父戊尊 商代　將軍張戈 戰國

陶五 223 戰國　包山 042 戰國　璽彙 4134 戰國　干支牙籌 戰國

分域 2940 戰國

包山 041 戰國　璽彙 3253 戰國　璽印集粹 戰國　貨系 0107 戰國

十鐘印舉 戰國

戌　　戰

戌	戰
 粹 1147 三期  粹 1153 三期  合 28041 三期  粹 1149 三期  甲 1526 三期	
 戍嗣鼎 商代  孚尊 周早  貞簋 周早  陳章壺 戰國	 酓忎鼎 戰國  胤嗣壺 戰國
 雲夢雜抄 戰國	 郭店成之 戰國  郭店窮達 戰國  上博曹沫 戰國  雲夢日甲 戰國  郭店語三 戰國  郭店老丙 戰國  上博曹沫 戰國  璽彙 0071 戰國  雲夢日甲 戰國 古文四聲韻作 

戉

合 4276 一期	前 4.37.4 一期	粹 1120 一期	合 29783 三期	陳 92 五期

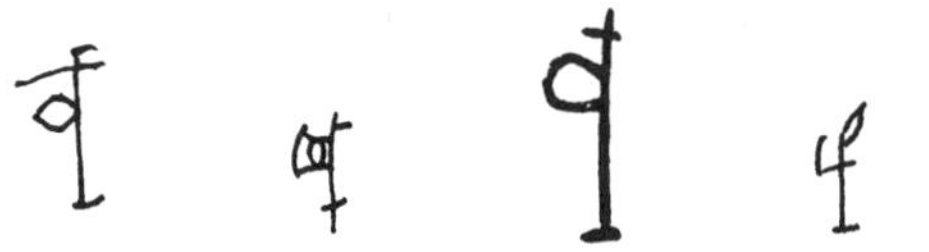

合 6856 一期	花東 206 一期	甲 3181 一期	屯 2445 三期

戉鼎 商代	戉箙卣 商代	勾踐劍 春秋	曾侯郕戟 春秋	越劍 戰國	越王戈 戰國	者旨於睗劍 戰國	州句劍 戰國

戉鼎 商代	師克盨 周晚	勾踐劍 春秋	者旨於睗劍 戰國	者沪鐘 戰國	不光劍 戰國	者旨於睗矛 戰國	越王旨医劍 戰國

陶一 0063
商代

越王石矛
戰國

戊	戔	𢦔
 合 19358 一期  甲 1291 一期  粹 232 三期  合 34120 四期  周甲 1 先周  合 22377 一期  粹 1366 二期  粹 1225 四期  前 3.6.2 五期		
 何尊 周早  頌壺 周中  無叀鼎 周晚  休盤 周中  寏叔簋 周晚	 勾踐劍 春秋  勾踐劍 春秋  伯戔盤 春秋	
 望山M1簡 戰國  包山 097 戰國  璽彙 2897 戰國  九店楚簡 戰國  包山 162 戰國  干支牙籌 戰國	 信陽楚簡 戰國  郭店成之 戰國  郭店老甲 戰國  上博性情 戰國	 郭店性自 戰國 簡文讀伸

我

合 19957	合 21253	合 22075	粹 874	粹 878	粹 1298	合 32444
一　期	一　期	一　期	一　期	一　期	三　期	四　期

合 21252	合 21361	合 22201	辛格所藏	粹 1461	粹 1247	甲 2752
一　期	一　期	一　期	一　期	一　期	四　期	五　期

我　尊	我且丁觶	沈子它簋	善　鼎	琱生簋	配兒鉤鑃	沇兒鐘	王子午鼎
商　代	商　代	周　早	周　中	周　晚	春　秋	春　秋	春　秋

我父己爵	毓且丁卣	盠駒尊	叔我鼎	秦公鎛	昏同子句鑃	邾公釛鐘	書也缶
商　代	商　代	周　中	周　中	春　秋	春秋	春　秋	戰　國

文王卜璧	郭店老甲	郭店五行	上博魯旱	貨系 0451	雲夢日甲	秦印彙編
周　早	戰　國	戰　國	戰　國	戰　國	戰　國	秦　代

石鼓而師	郭店語四	上博周易	上博民之	貨系 0448	秦印彙編
戰　國	戰　國	戰　國	戰　國	戰　國	秦　代

古　文

㦰	戓	戲	截
 合 1086 一期  乙 2260 一期  合 4760 一期  甲 868 四期			 屯 2232 三期
		 戲卣 周早  師虎簋 周中  虎簋蓋 周中  □陽令戈 戰國  戲甗 周早  豆閉簋 周中  仲夏父鬲 周晚  戲侈量 戰國	
 包山 167 戰國	 郭店老甲 戰國	 璽彙 1157 戰國  璽彙 1765 戰國  璽彙 2961 戰國  璽彙 1441 戰國  璽彙 2023 戰國  雲夢日甲 戰國  貨編 164 戰國	 雲夢日甲 戰國

義

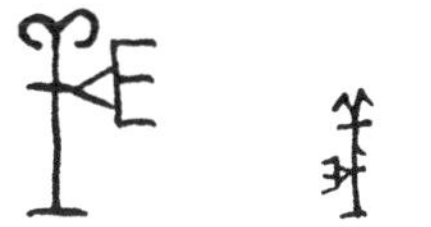

甲 3445 一期
後下 13.5 三期

合 27972 三期
合 32982 四期
掇 2.49 五期

子義爵 商代
義仲鼎 周中
仲義父盨 周晚
齊鎛 春秋
王孫鐘 春秋
者沪鐘 戰國
者沪鐘 戰國

義伯簋 周中
虢季子白盤 周晚
蔡侯申盤 春秋
蔡義工匜 春秋
王子午鼎 春秋
者沪鐘 戰國

陶五 182 戰國
包山 066 戰國
包山 084 戰國
郭店唐虞 戰國
郭店語一 戰國
新蔡楚簡 戰國
璽彙 2119 戰國
璽彙 2840 戰國

包山 019 戰國
包山 077 戰國
包山 094 戰國
郭店尊德 戰國
郭店語三 戰國
故宮 448 戰國
璽彙 2838 戰國
雲夢日甲 戰國

武

合 456 一期 | 乙 2998 一期 | 坊間4.447 五期 | 甲 3946 五期

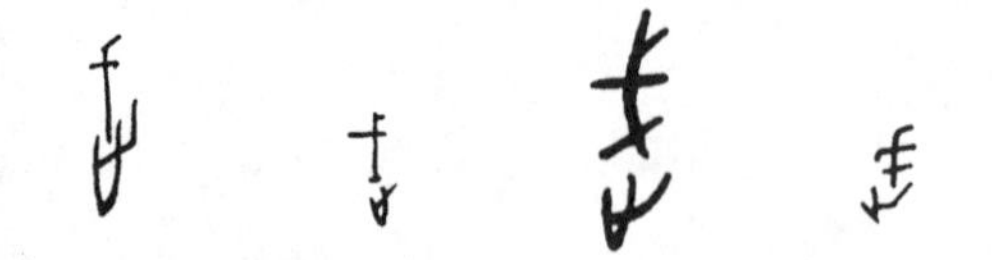

合 22075 一期 | 鐵 67.4 二期 | 甲 3339 五期 | 周甲 82 先周

四祀𠨘其卣 商代 | 利簋 周早 | 柳鼎 周中 | 曾伯霥臣 春秋 | 武當矛 戰國 | 中山王壺 戰國 | 楚王酓璋戈 戰國

武方罍 商代 | 作册大鼎 周早 | 㐭伯簋 周中 | 禹鼎 周晚 | 嘉賓鐘 春秋 | 武城徒戈 戰國 | 大武闢兵戈 戰國 | 江武庫戈 戰國

陶七 005 戰國 | 曾侯墓簡 戰國 | 璽彙 0121 戰國 | 璽彙 0302 戰國 | 璽彙 1321 戰國 | 璽彙 1809 戰國

中山玉器 戰國 | 包山 169 戰國 | 璽彙 0174 戰國 | 璽彙 0447 戰國 | 璽彙 1322 戰國 | 璽彙 3120 戰國 | 三晉 51 戰國

戠

合 22550 二期	合 25669 二期	後上 29.6 四期

合 22835 二期	合 25671 二期	前 4.4.4 五期

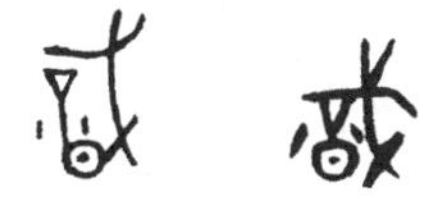

何尊 周早	免簋 周中

格伯簋 周中	曶簋 周中

望山M1簡 戰國	曾侯墓簡 戰國	包山 039 戰國	包山 157 戰國	包山 240 戰國	包山 248 戰國	璽彙 0309 戰國	璽彙 3750 戰國

望山M2簡 戰國	曾侯墓簡 戰國	包山 059 戰國	包山 204 戰國	包山 243 戰國	郭店六德 戰國	璽彙 2147 戰國	璽彙 5482 戰國

戠	戚	戳
 合 6619 一 期	 寧滬1.529 一 期  合 31027 三 期  合 34287 四 期  花東 288 一 期  屯 2194 三 期  英 2446 四 期	
 戠 爵 商 代  戠 觚 商 代  㦸 簋 周 中  虢季子白盤 周晚  戠 鼎 商 代  小盂鼎 周 早  多友鼎 周 晚	 亯戚父乙簋 商代  㪉 尊 周 早  戚作父癸鼎 商代  戚姬簋 周 中	 武戳矛 戰 國
 天星觀簡 戰 國  天星觀簡 戰 國  天星觀簡 戰 國  天星觀簡 戰 國  天星觀簡 戰 國  天星觀簡 戰 國	 郭店語一 戰 國  十鐘印舉 戰 國	
  或 體		

戫 或

廣韻同戫

前 2.6.5
一期

粹 1164
三期

京津 4395
一期

吕仲僕爵
周早

晉侯穌鐘
周晚

胤嗣壺
戰國

多友鼎
周晚

秦公鎛
春秋

曾侯墓簡
戰國

曾侯墓簡
戰國

曾侯墓簡
戰國

曾侯墓簡
戰國

秦公石磬
春秋

包山 135
戰國

郭店老乙
戰國

郭店尊德
戰國

郭店語三
戰國

侯馬盟書
戰國

包山 130
戰國

郭店老甲
戰國

郭店性自
戰國

郭店語一
戰國

侯馬盟書
戰國

戕 成

戕	成
 合 35301 四期	 合 1244 一期  合 32444 四期  周甲 1 先周  合 1245 一期  前 5.10.5 五期
 臧孫鐘 春秋  配兒鈎鑃 春秋	 成周鈴 周早  訇簋 周中  吴王光鐘 春秋  哀成叔鈉 春秋  陳侯因齊敦 戰國  成君夫人鼎 戰國  徝方鼎 周早  蔡侯申殘鐘 春秋  蔡侯申鐘 春秋  之利殘器 春秋  中山王鼎 戰國  坪夜君戈 戰國  者沵鐘 戰國
	 陶三 1179 戰國  陶五 159 戰國  包山 147 戰國  璽彙 1308 戰國  璽彙 4056 戰國  璽彙 5326 戰國  印展 41 秦代  陶五 115 戰國  包山 121 戰國  璽彙 0179 戰國  璽彙 1311 戰國  璽彙 5504 戰國  三晋 71 戰國

𢦏	㦲	栽	𨧨
乙 2503 一期 摭續 141 三期 乙 4701 一期 粹 39 四期		合 27375 三期 合 27379 三期 合 32555 四期 合 27376 三期 合 30428 三期 同誅	
何尊 周早 作册嗌卣 周中 禹鼎 周晚 叔趞父卣 周早 瓚比盨 周晚 魚顛匕 戰國	蔡侯戟 春秋 滕侯旲戟 春秋	妊爵 周早 叔孫戈 戰國 中山王壺 戰國	
秦印彙編 秦代	上博緇衣 戰國	包山 061 戰國 郭店語四 戰國 玉印 19 戰國 郭店簡竊鉤者作戣	雲夢爲吏 戰國 秦印彙編 秦代

第一編 古文字

斤	斧	斨	斫
 前 8.7.1 一 期  坊間4.204 一 期	 合 18456 一 期		 前 5.3.3 一 期  鐵 69.4 一 期 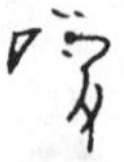 前 8.6.1 一 期
 天君鼎 周 早  魏 鼎 戰 國  仕斤戈 春 秋	 公子土斧壺 春秋  居 簋 春 秋  郘大叔斧 春 秋  居 簋 春 秋	 子璋鐘 春 秋  子璋鐘 春 秋	
 陶六 082 戰 國  雲夢效律 戰 國  貨系 4148 戰 國	 雲夢封診 戰 國	 包山 088 戰 國  包山 168 戰 國  包山 157 戰 國	 璽彙 2606 戰 國  雲夢語書 戰 國

析 斪 斲

析	斪	斲
 乙 1568 一期  掇 2.158 一期  合 4742 一期  乙 1182 一期  合 118 一期  河 721 二期		
 析父丁卣 商代  析父丙卣 商代  析父辛簋 商代  格伯簋 周中  析君戟 戰國  析弓形器 商代  析父己觚 商代  格伯簋 周中  莒侯簋 春秋	 平安君鼎 戰國	 庚壺 春秋 器銘從攴
 陶三 694 戰國  璽彙 2398 戰國  上博仲弓 戰國  雲夢封診 戰國	 包山 149 戰國	 曾侯墓簡 戰國  雲夢日乙 戰國  雲夢法律 戰國

所

庚　壺	下寢盂	不昜戈	王何戈	郖左戟	閔令戈	東庫方壺	庫嗇父鼎
春　秋	春　秋	春　秋	戰　國	戰　國	戰　國	戰　國	戰　國

王子午鼎	子犯鐘	司料盆蓋	壽之歲戈	庯王戈	魚顛匕	中山王壺
春　秋	春　秋	戰　國	戰　國	戰　國	戰　國	戰　國

石鼓乍原	長沙帛書	曾侯墓簡	天星觀簡	包山 187	包山 257	郭店老甲	侯馬盟書
戰　國	戰　國	戰　國	戰　國	戰　國	戰　國	戰　國	戰　國

陶三 279	曾侯墓簡	望山M1簡	包山 154	包山 193	郭店成之	璽彙 3586	侯馬盟書
戰　國	戰　國	戰　國	戰　國	戰　國	戰　國	戰　國	戰　國

斯	斮	斷
 禹鼎 周晚  余義鐘 春秋		 量侯簋 周中
 信陽楚簡 戰國  郭店語三 戰國  上博詩論 戰國  郭店性自 戰國  上博性情 戰國  璽印集粹 戰國	 璽彙 0847 戰國	 信陽楚簡 戰國  包山 137 戰國  郭店六德 戰國  雲夢法律 戰國  望山M2簡 戰國  郭店語二 戰國  郭店六德 戰國
		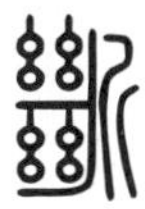  古文

新

林 2.7.7	合 22073	合 24951	合 30800	屯 287	粹 145	佚 580	英 79
一期	一期	二期	三期	三期	三期	四期	四期

後下 9.1	合 22073	合 30977	合 30978	合 30324	粹 146	合 32997
一期	一期	三期	三期	三期	三期	四期

臣卿鼎	新邑鼎	望簋	散盤	新都戈	中山王壺	新郪虎符	中山王鼎
周早	周早	周中	周晚	春秋	戰國	戰國	戰國

新司簋	新邑戈	頌鼎	仲義父鼎	曾侯乙鐘	曾侯乙鐘	中山王壺	新弨戟
周早	周早	周中	周晚	戰國	戰國	戰國	戰國

陶五 183	望山M1簡	仰天湖簡	包山 165	包山 202	郭店尊德	郭店緇衣	璽彙 0837
戰國	戰國	戰國	戰國	戰國	戰國	戰國	戰國

曾侯墓簡	天星觀簡	包山 061	包山 113	包山 224	郭店緇衣	璽彙 0281	三晉 51
戰國	戰國	戰國	戰國	戰國	戰國	戰國	戰國

⿱斷首　　折

合 21138 一期　合 6020 一期　合 6024 一期　合 21538 一期

合 121 一期　合 6023 一期　合 13758 一期　合 32192 四期

前 4.8.6 一期　合 21002 一期　京津 2737 三期

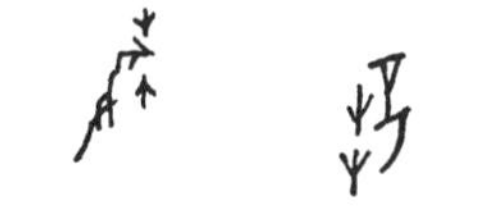

合 15004 一期　合 31267 三期

⿱斷首爵 商代　⿱斷首父丁尊 商代

⿱斷首鼎 商代　⿱斷首爵二 商代

小盂鼎 周早　晉侯穌鐘 周晚　𨚔生盨 周晚　洹子孟姜壺 春秋

師同鼎 周中　毛公鼎 周晚　王孫誥甬鐘 春秋　中山王鼎 戰國

陶典 0350 戰國

新蔡楚簡 戰國

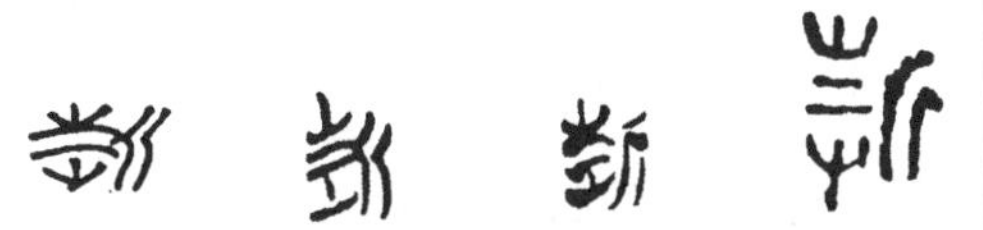

長沙帛書 戰國　郭店老甲 戰國　郭店性自 戰國　璽彙 4299 戰國

望山M1 簡 戰國　郭店性自 戰國　郭店緇衣 戰國　雲夢法律 戰國

或體

籀文

王

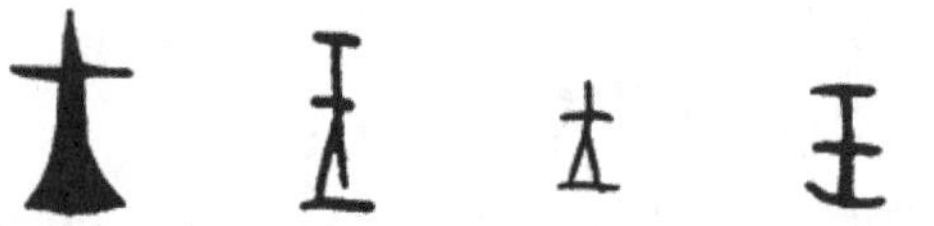

甲 3358	佚 200	粹 1021	周甲 1
一　期	二　期	四　期	先　周

佚 386	粹 987	前 5.15.5
一　期	三　期	五　期

小臣系卣	敓　戟	㫚同子句	楚王孫漁	不光劍	勾踐劍	攻敔王光	救秦戎鐘
商　代	春　秋	鑃　春秋	戈　春秋	春　秋	春　秋	戈　春秋	春　秋

虢季子白	者旨於睗	攻敔王光	王孫名戟	王孫家戈	者旨於睗	王子玫戈	越王矛
盤　周晚	戈　春秋	劍　春秋	春　秋	春　秋	劍　春秋	春　秋	戰　國

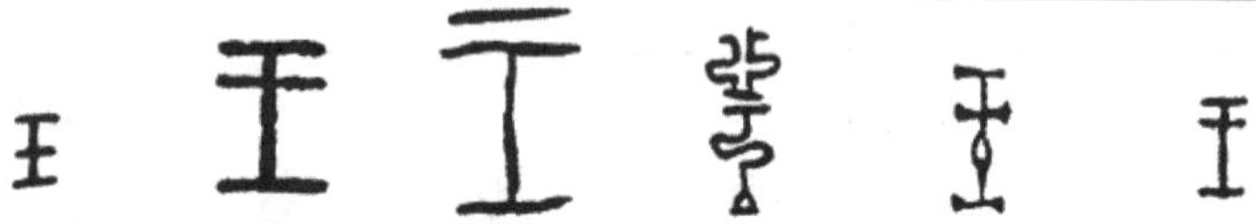

文王卜璧	石鼓而師	陶三 1236	越嗣王石	璽彙 0519	璽彙 4261
周　早	戰　國	戰　國	矛　戰國	戰　國	戰　國

洛陽陶範	陶三 613	陶三 724	包山 129	璽彙 0577
西　周	戰　國	戰　國	戰　國	戰　國

王

古　文

皇

合 18758
一 期

皇祈卣
商 代

作册大鼎
周 早

戎生鐘
周 晚

者旨於暘戈
春秋

令 簋
周 早

皇考尊
周 中

杜伯盨
周 晚

王孫鐘
春 秋

酓肯盤
戰 國

者汈鐘
戰 國

楚王酓璋劍
戰國

者汈鐘
戰 國

越王戈
戰 國

王 劍
戰 國

者汈鐘
戰 國

信陽楚簡
戰 國

包山 266
戰 國

郭店緇衣
戰 國

上博民之
戰 國

曾侯墓磬
戰 國

望山M2簡
戰 國

郭店忠信
戰 國

璽彙 1283
戰 國

閏

 吳王光鐘 春秋  者減鐘 春秋  番中戈 春秋  鞄氏鐘 春秋  曾侯乙鐘 戰國  陳侯午敦 戰國  者減鐘 春秋  王子午鼎 春秋  郤王義楚鍴 春秋  曾仲大父簋 春秋  書也缶 戰國	 元年矛 戰國
 分域 1269 戰國  侯馬盟書 戰國	 長沙帛書 戰國  上博容成 戰國  雲夢爲吏 戰國 或從玉 閏韻 廣

曰

前7.17.4 一期 | 前2.2.6 五期

鐵247.2 二期 | 周甲6 先周

令鼎 周早 | 伯晨鼎 周中 | 配兒鉤鑃 春秋 | 者汈鐘 戰國

應公鼎 周早 | 邾公華鐘 春秋 | 中山王鼎 戰國 | 者汈鐘 戰國

文王卜璧 周早 | 陶五384 戰國 | 包山208 戰國 | 幣編43 戰國

秦公石磬 春秋 | 長沙帛書 戰國 | 郭店緇衣 戰國 | 雲夢法律 戰國

魯

合7895 一期 | 乙7782 一期 | 甲3000 一期

合9300 一期 | 燕723 一期 | 佚693 三期

井侯簋 周早 | 無叀鼎 周晚 | 秦公鎛 春秋 | 魯大司徒盂 春秋

善夫克鼎 周晚 | 頌簋 周晚 | 鄦奓魯鼎 春秋

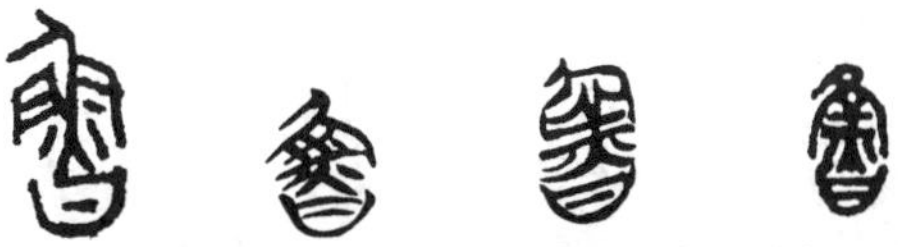

秦公石磬 春秋 | 包山176 戰國 | 上博魯旱 戰國 | 璽彙1592 戰國

包山002 戰國 | 郭店魯穆 戰國 | 璽彙1591 戰國 | 璽彙2392 戰國

智

合 30429
三 期

師智父鼎
周 晚

智君子鑑
春 秋

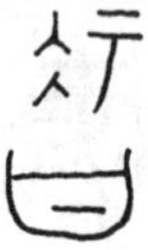
梁十九年鼎
戰國

毛公鼎
周 晚

魚顛匕
戰 國

中山王鼎
戰 國

長沙帛書
戰 國

郭店成之
戰 國

郭店語一
戰 國

郭店語一
戰 國

仰天湖簡
戰 國

璽彙 3315
戰 國

貨系 0375
戰 國

包山 135
戰 國

郭店語一
戰 國

郭店語一
戰 國

上博緇衣
戰 國

璽彙 2982
戰 國

璽彙 3497
戰 國

貨系 0379
戰 國

晉

雲夢日乙
戰 國

者

者女觥 商代	白者君匜 春秋	王孫鐘 春秋	胤嗣壺 戰國	兆域圖 戰國	東庫方壺 戰國	子禾子釜 戰國	者旨於睗劍 戰國

殳季良父壺 周晚	𪓐鐘 春秋	配兒句鑃 春秋	中山王鼎 戰國	東庫扁壺 戰國	采者節 戰國	者汈鐘 戰國	越王者旨矛 戰國

陶三 168 戰國	燕下都陶 戰國	包山 113 戰國	郭店性自 戰國	郭店五行 戰國	郭店語三 戰國	上博仲弓 戰國	璽彙 0153 戰國

陶三 269 戰國	守丘刻石 戰國	包山 146 戰國	郭店緇衣 戰國	郭店語一 戰國	郭店五行 戰國	璽彙 3248 戰國	侯馬盟書 戰國

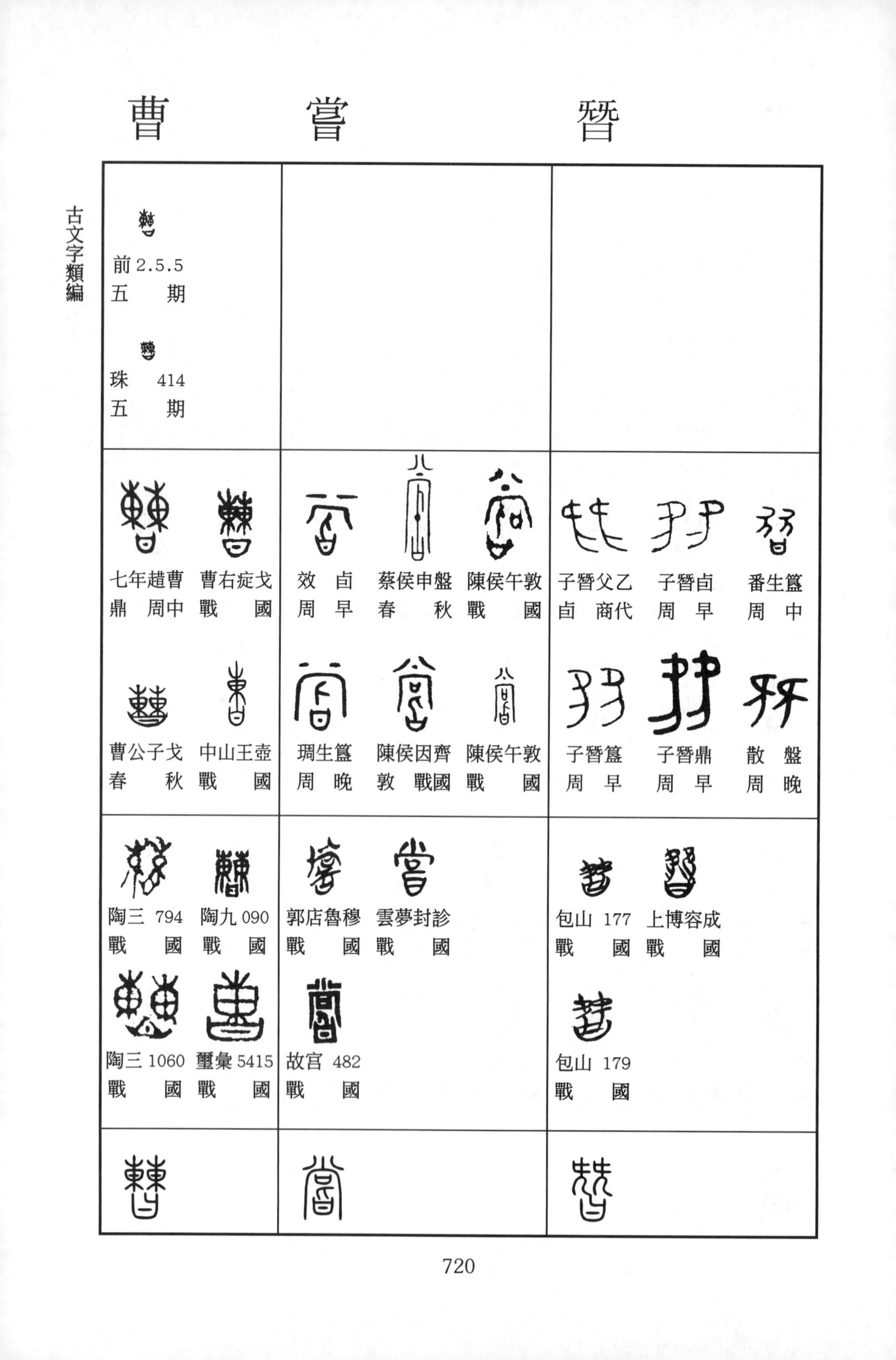

曹	嘗	朁
前2.5.5 五期 珠 414 五期		
七年趙曹鼎 周中 曹右疕戈 戰國 曹公子戈 春秋 中山王壺 戰國	效卣 周早 蔡侯申盤 春秋 陳侯午敦 戰國 琱生簋 周晚 陳侯因齊敦 戰國 陳侯午敦 戰國	子朁父乙卣 商代 子朁卣 周早 番生簋 周中 子朁簋 周早 子朁鼎 周早 散盤 周晚
陶三 794 戰國 陶九 090 戰國 陶三 1060 戰國 璽彙 5415 戰國	郭店魯穆 戰國 雲夢封診 戰國 故宫 482 戰國	包山 177 戰國 上博容成 戰國 包山 179 戰國

旨

甲 3065
一期

續 3.26.3
一期

後下 1.4
一期

匽侯旨鼎
周早

殳季良父壺
周晚

越王劍
春秋

旨賞鐘
春秋

者旨於睗劍
戰國

者旨於睗劍
戰國

者旨於睗劍
戰國

越王旨医劍
戰國

旨鼎
周中

者旨㓤盤
春秋

國差鑰
春秋

不光劍
戰國

越王者旨矛
戰國

者旨於睗矛
戰國

者旨於睗劍
戰國

越王旨医劍
戰國

陶三 320
戰國

郭店緇衣
戰國

璽彙 3559
戰國

郭店尊德
戰國

璽彙 3418
戰國

雲夢日乙
戰國

曾 沓

合 28982
三 期

甫 盉 周 中	曾侯邸戟 春 秋	曾子斿鼎 春 秋	吴王光鐘 春 秋	曾侯乙戟 戰 國	中山王壺 戰 國	曾侯乙鐘 架 戰國

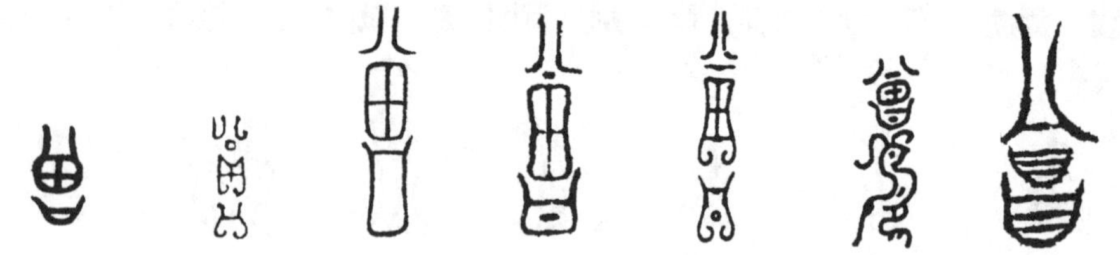

昜 鼎 周 晚	曾侯邸戟 春 秋	曾子匠 春 秋	曾侯乙鐘 戰 國	曾侯乙戟 戰 國	曾侯昃戈 戰 國	曾侯乙鐘 架 戰國

舂録 2.1 戰 國	曾侯墓磬 戰 國

陶三 359 戰 國	曾侯墓磬 戰 國

秦 印
戰編 304

帀　　　　師

帀

甲　752
二　期

後下 30.8
二　期

師寰簋
周　晚

酓忑鼎
戰　國

酓忑鼎
戰　國

陳猷釜
戰　國

蔡大師鼎
春　秋

十一年銅泡
戰國

長沙銅量
戰　國

包山 012
戰　國

包山 064
戰　國

包山 239
戰　國

郭店窮達
戰　國

郭店成之
戰　國

璽彙 0159
戰　國

包山 052
戰　國

包山 146
戰　國

包山 245
戰　國

郭店緇衣
戰　國

璽彙 0158
戰　國

雲夢日甲
戰　國

師

周甲　4
先　周

令　鼎
周　早

上郡守戈
戰　國

師隻簋
周　早

胤嗣壺
戰　國

璽彙 5487
戰　國

雲夢雜抄
戰　國

中

合 811 一期	合 5807 一期	合 7569 一期	簠·天 5 一期	合 29793 三期	粹 597 四期

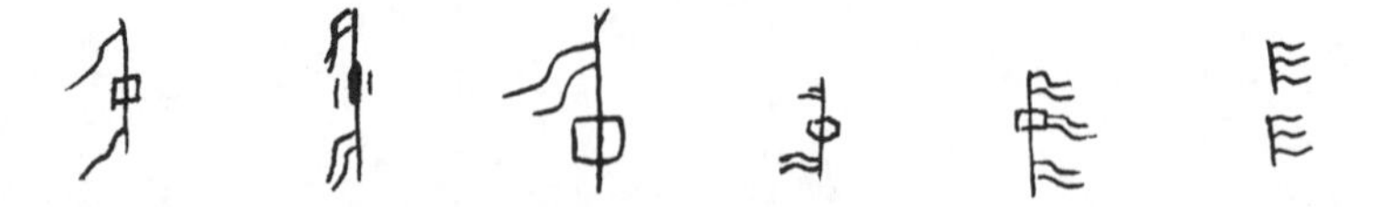

合 4931 一期	合 7368 一期	前 6.2.3 一期	合 28569 三期	合 32982 四期	周甲 22 先周

中婦鼎 商代	中中斧 商代	小盂鼎 周早	中 盉 周早	卯 簋 周中	鄂君車節 戰國	兆域圖 戰國

大中且己觚 商代	作妣己觶 商代	中父辛爵 商代	何 尊 周早	中 簋 周中	蔡侯申鐘 春秋	中山王鼎 戰國	中山侯鉞 戰國

陶一 0046 商代	陶三 288 戰國	包山牘 1 戰國	包山 269 戰國	郭店語一 戰國	璽彙 2681 戰國	璽彙 2696 戰國	璽彙 2707 戰國

石鼓吳人 戰國	陶三 815 戰國	包山 035 戰國	包山 018 戰國	仰天湖簡 戰國	璽彙 0368 戰國	璽彙 2698 戰國	璽彙 5208 戰國

籀文

串 立

	 甲 1506 三 期	 粹 1218 一 期  佚 252 三 期  甲 2647 三 期
 中都戈 戰 國  春成侯鍾 戰 國  漢中守戈 戰 國	 串 爵 商 代  串父辛鼎 商 代	 立父丁卣 商 代  公子土斧壺 春秋  者沏鐘 戰 國  郳陵君豆 戰 國  中山王壺 戰 國  立 鼎 周 早  國差𦉜 春 秋  者沏鐘 戰 國  陳璋𦉜 戰 國
 璽彙 5351 戰 國  侯馬盟書 戰 國  貨系 4276 戰 國  温縣盟書 戰 國	 九店楚簡 戰 國  上博子羔 戰 國	 陶三 030 戰 國  包山 202 戰 國  郭店緇衣 戰 國  璽彙 4247 戰 國  貨系 3689 戰 國  信陽楚簡 戰 國  郭店緇衣 戰 國  璽彙 0289 戰 國  貨系 2655 戰 國  幣編 67 戰 國

端	⿰立需	⿰立甫	⿰立正	⿰身立	⿰立翏	替
	玉篇同璽		廣韻同站			 合 32892 四期
	 五年鄭令矛 戰國	 宜陽戈 戰國				 獄簋 周中  中山王鼎 戰國
 曾侯墓簡 戰國  雲夢法律 戰國  璽印集粹 戰國			 璽彙 2085 戰國	 璽彙 1482 戰國	 侯馬盟書 戰國	 上博周易 戰國

竘	竭	⿰立享	竝	⿰立昔
			 後下 9.1 一期  粹 915 四期  周甲 6 周早  佚 878 二期  前 6.50.5 四期 今字作並	
			 立爵 商代  洀立果戈 春秋  辛伯鼎 周早  中山王壺 戰國	 單⿰立昔討戈 戰國
 璽彙 0037 戰國  封成 2 戰國	 陶五 061 戰國  璽彙 3003 戰國  璽彙 0182 戰國	 陶四 044 戰國	 包山 153 戰國  雲夢雜抄 戰國  上博周易 戰國	

目	旻	[北/目]
 前 4.33.6 一　期  後下 34.5 一　期	 合 16981 一　期	
 目　爵 商　代  目　爵 周　早  目且壬爵 周　早  目父癸爵 周　早	 [䀠/又]父己觚 商　代  [䀠/又]　戈 商　代  癸旻爵 周　早  [䀠/又]　鼎 商　代  [䀠/又]　觶 商　代	
 陶一 0012 商　代  郭店五行 戰　國  郭店唐虞 戰　國  璽彙 3135 戰　國  陶三 557 戰　國  郭店五行 戰　國  璽彙 0707 戰　國		 十鐘印舉 戰　國

盼 眊 首 眢

盼	眊	首	眢
		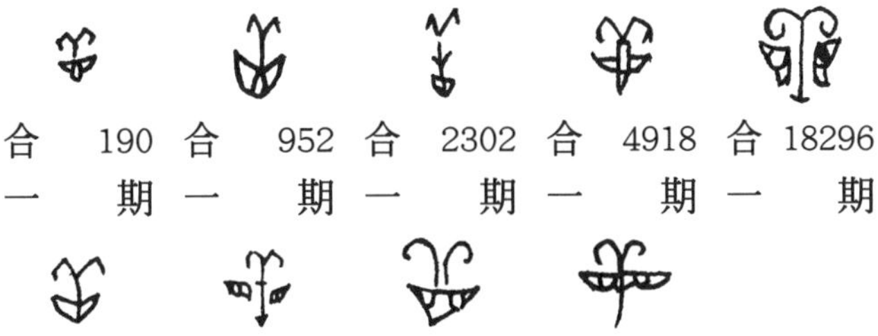 合 190 一期；合 952 一期；合 2302 一期；合 4918 一期；合 18296 一期；合 938 一期；合 21021 一期；合 4917 一期；合 15422 一期	
 陶五 78 戰國	 上博彭祖 戰國		 璽印集粹 戰國

眪	眯	矚	眂	睽
	 中山王鼎 戰國		 員鼎 周早  平陰鼎蓋 戰國  兆域圖 戰國  虎令鼎 戰國  兆域圖 戰國	 大簋 周中  大簋 周中  大簋 周中  睽士父鬲 周晚
 包山 120 戰國	 雲夢日甲 戰國  秦印彙編 秦代	 包山 181 戰國	 上博緇衣 戰國  璽彙 2946 戰國	

瞏	奭	睆	盼
 瞏卣 周早  伯瞏卣 周晚  伯瞏卣 周晚  駒父盨 周晚  瞏簋 周晚  瞏小器 戰國	 馬雍令戈 戰國		
 望山M2簡 戰國  璽彙 1903 戰國  幣編 204 戰國  郭店五行 戰國  新蔡楚簡 戰國  中山玉器 戰國  璽彙 1904 戰國  幣編 204 戰國  郭店老甲 戰國	 郭店成之 戰國  璽彙 2575 戰國	 秦印彙編 秦代	 秦印彙編 秦代

盱	直	䀏
	 佚 57 一期  合 5828 一期  乙 6390 一期  合 21535 一期	 合 18321 一期  後下 17.2 一期  後下 17.2 一期
 杕氏壺 戰國	 恒簋 周中	 䀏且丁爵 商代
 陶四 176 戰國  璽彙 0954 戰國  貨系 0431 戰國	 陶五 083 戰國  璽彙 4001 戰國  侯馬盟書 戰國  侯馬盟書 戰國  郭店唐虞 戰國  侯馬盟書 戰國  侯馬盟書 戰國  雲夢爲吏 戰國	

相　　䀠

相

合 18410 一期　乙 4057 三期

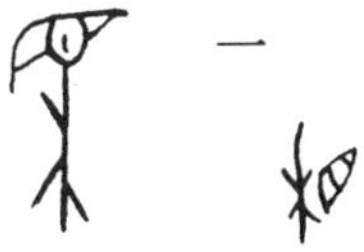

前 7.37.1 一期　簠·雜 89 一期

相侯簋 周中　宮氏白子戈 春秋　趙武襄君鈹 戰國

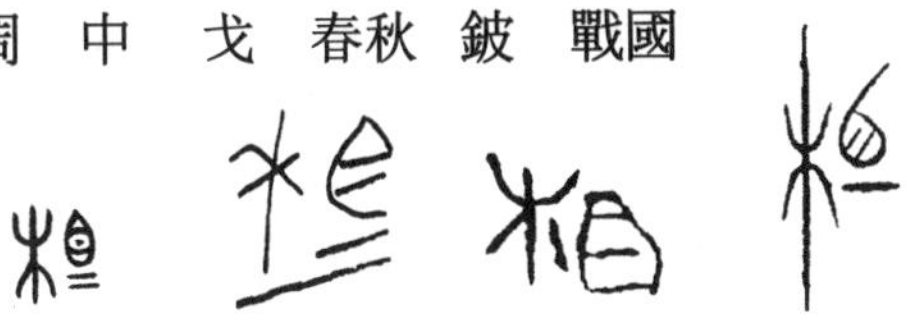

庚壺 春秋　閔相如戈 戰國　相邦冉戈 戰國　中山王壺 戰國

包山 196 戰國　郭店窮達 戰國　璽彙 0164 戰國　璽彙 3210 戰國　璽彙 3924 戰國　璽彙 0565 戰國

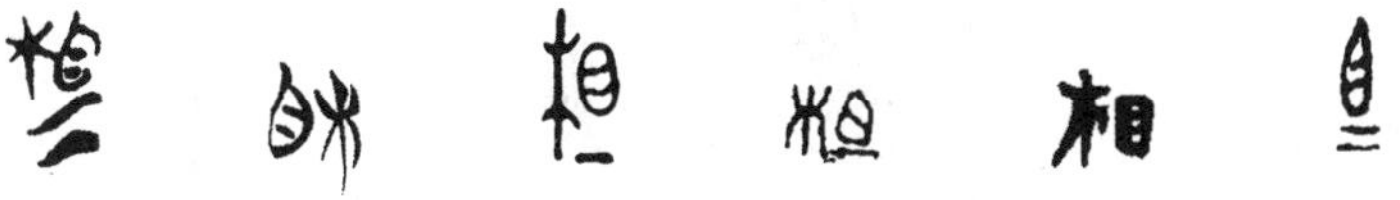

郭店六德 戰國　上博民之 戰國　璽彙 4561 戰國　璽彙 3429 戰國　青川牘 戰國　璽彙 0788 戰國

䀠

䀠父丁簋 商代

䀠鼎 商代

䀠爵 商代

璽彙 3261 戰國

罘	瞿	瞋	睦
合 10515 一期 屯 2265 三期 合 27147 三期 菁 10.18 五期 合 24417 二期 合 27260 三期 甲 1629 三期 周甲 70 先周			
買王卣 早周 免簋 中周 㪤鐘 中周 令鼎 早周 師晨卣 中周 叔妘簋 晚周			𠊭匜 中周
	郭店語二 戰國 璽印集粹 戰國	璽印集粹 戰國 雲夢語書 戰國 璽印集粹 戰國	湖南 96 戰國
罘	瞿	瞋	睦

暘 盾 瞻

盾

英 1784 一期

合 6971 一期

粹 1288 二期

甲 3113 一期

合 21659 一期

林 2.24.6 三期

宅簋 商代

秉盾丁卣 商代

五年師旋簋 周中

秉盾父乙簋 商代

盾爵 商代

㦸簋 周中

包山 277 戰國

雲夢效律 戰國

雲夢效律 戰國

暘

召尊 周早

毛公鼎 周晚

郜公匠 春秋

者旨於暘劍 戰國

獄簋 周中

曾伯霥匠 春秋

者旨於暘矛 戰國

者旨於暘戈 戰國

瞻

郭店緇衣 戰國

上博緇衣 戰國

瞫	眣	眗
	 合 18083 一期  寧滬3.73 三期  合 22317 一期  京津 1339 三期	 合 15498 一期  合 21727 一期  續 1.52.1 一期  合 21910 一期  合 20584 一期  乙 6422 一期  合 21910 一期  合 21910 一期
	 旲爵 商代 廣韻同瞬  旲弓形器 商代	 伯眗鼎 周中
 十鐘印舉 戰國  璽印集粹 戰國  瀓秋 34 戰國		
		  或體

省	眚	瞖	睢
 粹 1045 一期  佚 247 三期  周甲 113 先周  合 9611 一期  粹 610 四期			
 小子省卣 商代  省觚 周早  廏鼎 周中  散盤 周晚  小子省卣 商代  臣卿簋 周早  晋侯穌鐘 周晚  梁十九年鼎 戰國	 中山王鼎 戰國		
 郭店成之 戰國  郭店緇衣 戰國  璽彙 0721 戰國  郭店唐虞 戰國  上博詩論 戰國  雲夢雜抄 戰國	 郭店語二 戰國  上博周易 戰國  郭店語三 戰國  上博仲弓 戰國	 璽彙 2721 戰國	 十鐘印舉 戰國

眜	⿱習目	眼	眭	盲	眇	⿰亻⿱攵目
						或作䀫
 秦陶 633 戰國	 鐵雲藏印 戰國	 秦陶 467 戰國	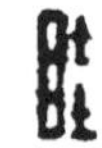 十鐘印舉 戰國	 璽彙 1647 戰國	 璽印集粹 戰國	 璽彙 1162 戰國
						  或體

眉	⿱𦥯目	睮	督	䁋
 合 673 一期  合 19068 一期  佚 587 二期  合 7693 一期  京津 2082 一期  佚 484 三期			 合 30599 三期  合 30893 三期	
 眉戈 商代  小臣謎簋 周早  周窓簋 周中  子眉鼎 商代  𣎼伯簋 周中  九年衛鼎 周中				 鄂君舟節 戰國
	 雲夢日甲 戰國	 郭店緇衣 戰國	 印典 戰國	 包山 138 戰國  包山 175 戰國  包山 164 戰國

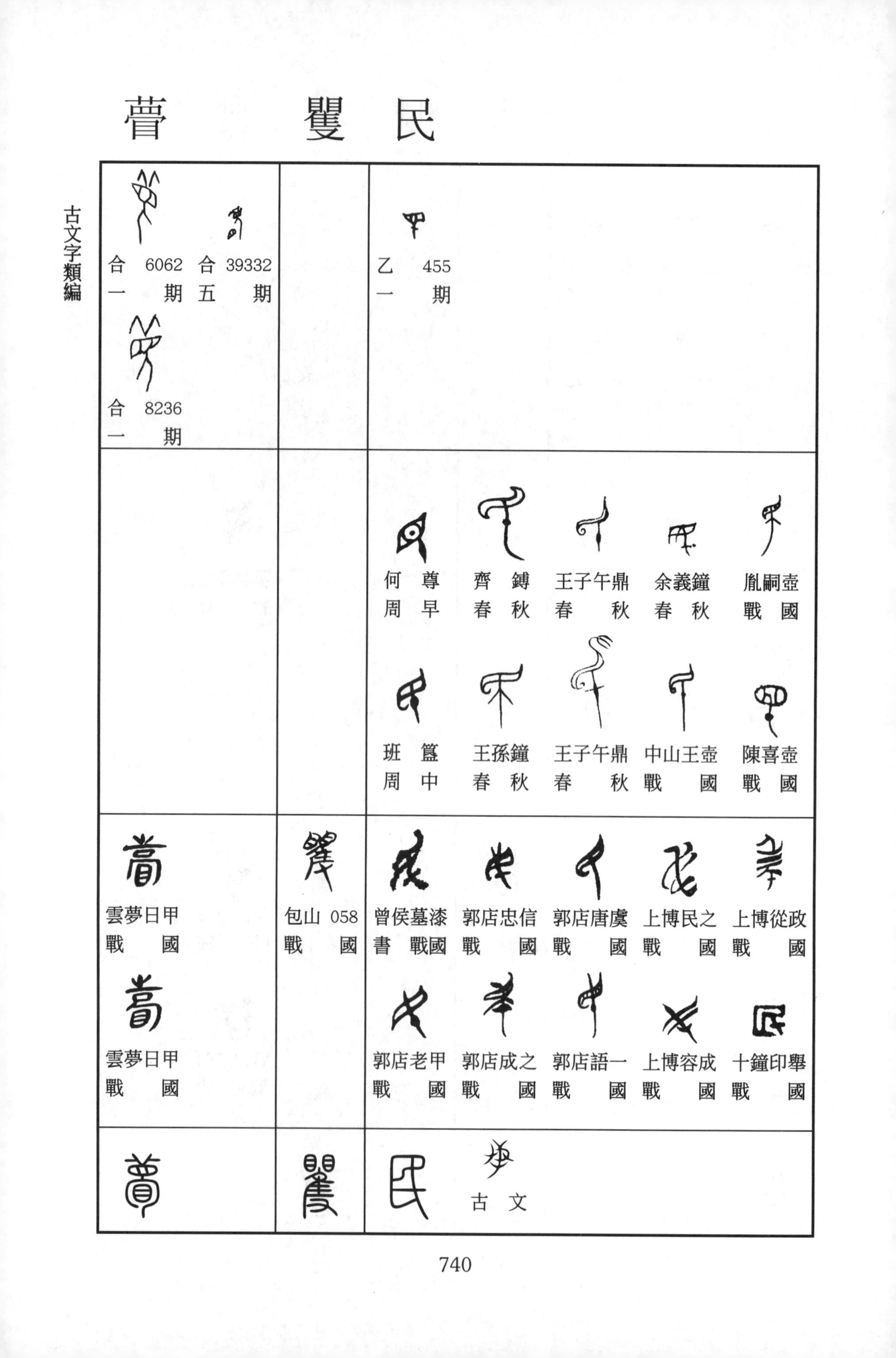

瞢　矍　民

古文字類編

瞢	矍	民
合 6062 一期；合 39332 五期；合 8236 一期		乙 455 一期
		何尊 周早；齊鎛 春秋；王子午鼎 春秋；余義鐘 春秋；胤嗣壺 戰國；班簋 周中；王孫鐘 春秋；王子午鼎 春秋；中山王壺 戰國；陳喜壺 戰國
雲夢日甲 戰國；雲夢日甲 戰國	包山 058 戰國	曾侯墓漆書 戰國；郭店忠信 戰國；郭店唐虞 戰國；上博民之 戰國；上博從政 戰國；郭店老甲 戰國；郭店成之 戰國；郭店語一 戰國；上博容成 戰國；十鐘印舉 戰國
瞢	矍	民；古文

蔑

合 6653 一期

合 6611 一期

合 13038 一期

合 14803 一期

合 20470 一期

甲 883 一期

合 20491 一期

前 1.52.3 一期

合 116 一期

合 12895 一期

合 14802 一期

合 14806 一期

合 14807 一期

合 14808 一期

合 8308 一期

佚 777 三期

保卣 周早

沈子它簋 周早

師遽方彝 周中

彔卣 周中

王蔑鼎 周晚

肆簋 周中

次卣 周中

師艅簋 周中

邦司寇劍 戰國

郭店六德 戰國

上博曹沫 戰國

上博詩論 戰國

璽彙 1515 戰國

冎	骨	⿰骨⿰耒虎	髗	⿰骨鬼
 粹 1306 一期  合 32770 四期		同胛	廣韻同顱	
	 望山M2簡 戰國  仰天湖簡 戰國  璽彙 1672 戰國  雲夢法律 戰國  仰天湖簡 戰國  郭店老甲 戰國  雲夢封診 戰國	 新蔡楚簡 戰國	 新蔡楚簡 戰國	 璽彙 5489 戰國  雲夢日乙 戰國

登	癶	⿰骨因	䯉	體
燕 664 一期 鐵 38.4 一期 前 5.2.1 一期 林 1.29.15 一期				
串父丁觶 商代 登爵 商代 登𢍏罍 商代 鷄登觶 商代	癶父丁觶 商代			中山王壺 戰國
陶四 091 戰國 望山M1簡 戰國 舂録 2.2 戰國 包山 027 戰國		新蔡楚簡 戰國 簡文同胭	新蔡楚簡 戰國 簡文同䐺	郭店緇衣 戰國 上博緇衣 戰國 郭店窮達 戰國 雲夢法律 戰國 上博民之 戰國
籀文				

合 6093 一期	合 10094 一期	合 27221 三期	合 30345 三期	屯 2345 三期	屯 618 三期	合 34515 四期

合 21225 一期	合 21221 一期	合 30973 三期	合 27180 三期	掇 1.385 三期	合 32572 四期	粹 166 四期

鄧仲尊 周早	登卣 周早	登觚 周早	鄧孟壺 周晚	鄧伯盨 周晚	散盤 周晚	者減鐘 春秋	鄧伯吉射盤 春秋

登鼎 周早	登斝 周早	班簋 周中	鄭鄧叔盨 周晚	姬鼎 周晚	者減鐘 春秋	者減鐘 春秋	陳侯午敦 戰國

包山 129 戰國	上博彭祖 戰國	璽彙 5327 戰國	雲夢日甲 戰國

包山 175 戰國	璽彙 3848 戰國	侯馬盟書 戰國

疒	⿸疒身	⿸疒攴	⿸疒丩
 乙 738 一期 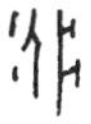 合 13633 一期  合 20975 一期  合 808 一期  合 13643 一期  花東 331 一期	 合 13671 一期  合 13792 一期	 合 275 一期  合 3942 一期  屯 341 四期  英 1153 一期  合 11006 一期  合 32873 四期	
	 疒父乙卣 周早	 疫簋 商代  卩疫尊 商代  疫爵 商代  疫父乙尊 商代	
		 陶三 809 戰國  璽彙 1172 戰國  璽彙 0599 戰國	 秦陶 768 秦代

癲	⿸疒屯	療	痒	瘽	⿸疒睪
		 京津 5325 一期  佚 903 一期			
 癲鐘 周中  十三年癲壺 周中					
 侯馬盟書 戰國  侯馬盟書 戰國	 顧譜 37 戰國		 天星觀簡 戰國  新蔡楚簡 戰國	 包山 013 戰國  包山 175 戰國  包山 174 戰國	 新蔡楚簡 戰國
		  或體			

疾	痓	痛	痙
 乙 383 一 期  山西洪趙 甲 西周  後下 35.2 一 期			
 否叔卣 周 早  鄧尹疾鼎 春 秋  上官鼎 戰 國  毛公鼎 周 晚  咎奴令戈 戰 國			 玄痙戈 戰 國
 陶三 556 戰 國  望山M1 簡 戰 國  包山 236 戰 國  上博性情 戰 國  幣編 157 戰 國  陶四 005 戰 國  包山 123 戰 國  包山 220 戰 國  璽彙 0856 戰 國  雲夢日乙 戰 國	 雲夢日甲 戰 國	 雲夢封診 戰 國	
  古 文			

病	痔	疵	瘏
			 建信君鈹 戰國
 璽彙 2039 戰國  包山 152 戰國  包山 218 戰國  郭店老甲 戰國  秦玉牘 戰國  包山 158 戰國  包山 243 戰國  璽彙 0795 戰國	 五十二病方 秦代	 璽印集粹 戰國  雲夢日甲 戰國  雲夢日甲 戰國	 璽彙 2921 戰國

瘲	痟	疕	瘍	⿸疒辰	⿸疒胥	痙	⿸疒馬
		 昆疕王鐘 周　晚  趙武襄君鈹　戰國			 趙武襄君鈹　戰國  建信君鈹 戰　國		
 陶三 1032 戰　國	 侯馬盟書 戰　國	 璽彙 1780 戰　國  雲夢封診 戰　國	 璽彙 2106 戰　國  侯馬盟書 戰　國	 新蔡楚簡 戰　國  新蔡楚簡 戰　國	 璽彙 3114 戰　國	 五十二病方　秦代	 璽印集粹 戰　國  五十二病方　秦代

⿸疒夾	瘖	⿸疒忽	瘀	痀	⿸疒盧	瘨
				 合 9378 一期		
				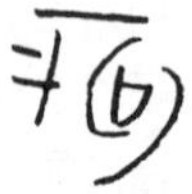 陽安君鈹 戰國		 六年厶官鼎 戰國
 璽彙 2981 戰國	 璽彙 2150 戰國  璽彙 2942 戰國	 五十二病方 秦代	 璽彙 2058 戰國	 包山 047 戰國  璽印集粹 戰國  新蔡楚簡 戰國	 郭店緇衣 戰國	 足臂灸經 秦代

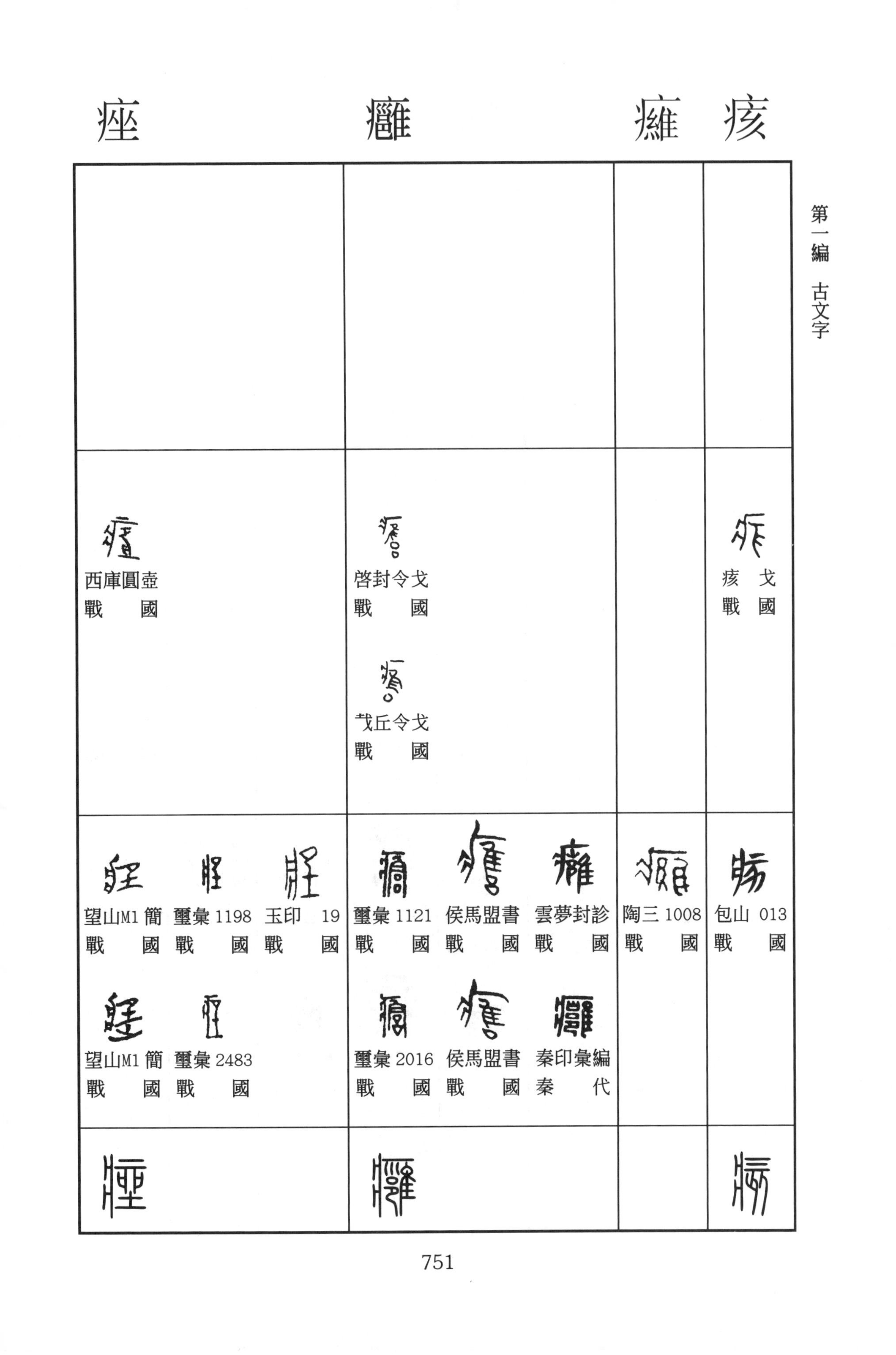

痤	癰	癕	痎
西庫圓壺 戰國	啓封令戈 戰國 𢦏丘令戈 戰國		痎戈 戰國
望山M1簡 戰國 璽彙 1198 戰國 玉印 19 戰國 望山M1簡 戰國 璽彙 2483 戰國	璽彙 1121 戰國 侯馬盟書 戰國 雲夢封診 戰國 璽彙 2016 戰國 侯馬盟書 戰國 秦印彙編 秦代	陶三 1008 戰國	包山 013 戰國

⿸疒齐	痺	⿸疒酉	痹	疵	⿸疒邑
				齊家村骨 周中	
中山墓簠 戰國；中山獸器 戰國；中山方案 戰國					皇陽令戈 戰國；建信君鈹 戰國
包山 114 戰國；璽彙 1027 戰國；新蔡楚簡 戰國；燕陶館藏印 戰國	包山 125 戰國	香録 7.3 戰國；璽彙 0095 戰國	陶三 901 戰國；陶三 903 戰國；陶三 902 戰國；璽印集粹 戰國	陶三 1204 戰國	陶典 0653 戰國

癘	⿸疒區	⿸疒童	⿸疒盍	⿸疒貝	痏	痍
	 梪里⿸疒區戈 戰國					
 雲夢法律 戰國  璽彙 1866 戰國  雲夢日甲 戰國  五十二病方 秦代		 包山 177 戰國  包山 249 戰國	 璽彙 1694 戰國	 雲夢法律 戰國	 雲夢封診 戰國	 雲夢封診 戰國  秦印彙編 秦代

瘢	瘠	瘣	疢	㾜	瘦	痡	痞
						合 31993 四 期 從父聲	
	春平侯鈹 戰 國	李瘣壺 戰 國	春平侯劍 戰 國				
雲夢封診 戰 國			湖南 90 戰 國 璽彙 1119 戰 國	陶三 376 戰 國 璽彙 1972 戰 國	足臂灸經 秦 代		璽印集粹 戰 國

疲	⿸疒及	⿸疒夅		疫	痑	⿸疒舌	疞
		同癃		 花東 181 一期			
 璽彙 3203 戰國	 璽彙 1262 戰國	 十鐘印舉 戰國  雲夢雜抄 戰國	 雲夢日甲 戰國	 雲夢日甲 戰國	 包山 187 戰國	 侯馬盟書 戰國	 璽彙 0791 戰國
			 籀文				

瘳	癡	瘊	痦	⿸疒朮
 合 13861 一期		集韻音皚		
 付余令戈 戰國				
 包山 010 戰國  包山 188 戰國  十鐘印舉 戰國  秦玉牘 戰國  包山 171 戰國  上博印 35 戰國  璽彙 2645 戰國  雲夢日乙 戰國	 雲夢日甲 戰國	 璽彙 2137 戰國	 陶三 830 戰國	 璽彙 0469 戰國

⿸疒夾	⿸疒百	⿸疒瓜			⿸疒左	⿸疒卯	⿸疒交
					讀作瘥		
					 宅陽令矛 戰國		 ⿸疒交子鼎 春秋
 璽彙 0794 戰國  璽彙 1026 戰國	 璽彙 1544 戰國	 包山 008 戰國  璽彙 1626 戰國	 璽彙 2670 戰國  璽彙 4056 戰國	 璽彙 2243 戰國	 璽彙 4078 戰國  璽彙 4199 戰國	 璽彙 1633 戰國  璽彙 0797 戰國	 璽彙 3175 戰國

痄	⿸疒台	癬	⿸疒交	⿸疒告	⿸疒肥	⿸疒尃	⿸疒盧
					玉篇⿸疒肥同痱		
					 陽城令戈 戰國		
 侯馬盟書 戰國	 璽彙 0216 戰國	 璽彙 1388 戰國 正疣字同通癬	 璽彙 1996 戰國  侯馬盟書 戰國	 新蔡楚簡 戰國	 璽彙 2533 戰國  璽彙 2645 戰國	 璽彙 1782 戰國	 新蔡楚簡 戰國

癭	⿸疒卷	⿸疒其	瘄	痰	瘁	⿸疒各
			 涪陽戈 戰國		 春平侯矛 戰國	 國差罎 春秋
 上博容成 戰國  璽彙 2269 戰國  璽彙 0236 戰國  璽彙 3418 戰國	 包山 003 戰國  包山 194 戰國	 璽彙 2653 戰國	 璽彙 1034 戰國  温縣盟書 戰國	 曾侯墓簡 戰國		

⿸疒召	⿸疒去	⿸疒胥	⿸疒食	瘷	⿸疒會	⿸疒意	痁
			集韻同蝕	 乙 4822 一期			
 兆域圖 戰國					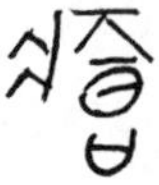 信安君鼎 戰國		
 陶典 0654 戰國 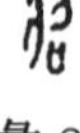 璽彙 3800 戰國	 璽彙 1087 戰國	 璽彙 1791 戰國  璽彙 2770 戰國	 璽彙 3873 戰國			 侯馬盟書 戰國  侯馬盟書 戰國	 璽彙 1227 戰國 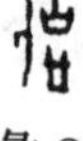 璽彙 2804 戰國

⿸疒虘	⿸疒喿	⿸疒高	⿸疒善
 望山M1簡 戰國  包山 058 戰國  包山 218 戰國  包山 236 戰國  包山 051 戰國  包山 189 戰國  包山 236 戰國  包山 239 戰國	 上博泊旱 戰國  璽彙 0796 戰國  上博泊旱 戰國	 璽彙 3101 戰國	 包山 173 戰國

⿸疒肴	⿸疒鼻	癧	⿸疒縣	⿸疒歲	⿸疒員	⿸疒余	⿸疒肙
				正字通同穢			
			 邦司寇矛 戰國		 師⿸疒員簋 周中  師⿸疒員簋 周中	 ⿸疒余鼎 春秋	 班簋 周中
 璽彙3245 戰國	 璽彙4043 戰國	 珍秦 89 戰國	 河北臨城陶 戰國	 璽彙0798 戰國			

主	示	祜	祥
 合 22062 一期  乙 3400 一期  後上 1.5 五期  後上 1.2 一期  佚 412 三期	 合 27306 三期  前 2.38.2 五期		 合 105 一期  合 104 一期
		 癲鐘 周中  黃子盉 春秋 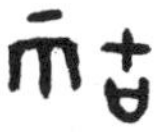 伯其父匿 周中  曾子匿 春秋	 中山王壺 戰國  陳逆簠 戰國
 玉魚刻文 商代  上博印 28 戰國  上博恒先 戰國	 天星觀簡 戰國  貨系 0305 戰國		
	  古文		

⿰示隻	禮	禞	⿰示比
 合 1332 一期  合 15918 一期  合 27465 三期  合 35802 五期  合 1977 一期 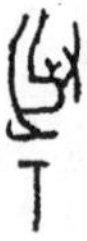 合 27339 三期  合 32545 四期  合 35854 五期		集韻同祰	
 塱方鼎 周早	 九里墩鼓座 春秋	 鄦侯奄簋 戰國 器銘從喬	 齊鎛 春秋
	 十鐘印舉 戰國	 天星觀簡 戰國  上博容成 戰國	
	  古文		

禄	禒	祇	祏
			 鐵 121.1 一期  英 21 二期
		 牆盤 周中  蔡侯申盤 春秋  中山王鼎 戰國  者汈鐘 戰國  蔡侯申鐘 春秋  中山王壺 戰國  者汈鐘 戰國  郾侯庫簋 戰國	
 陝西臨潼陶 戰國  珍秦 126 戰國  珍秦 114 戰國  璽彙 5423 戰國	 雲夢日甲 戰國	 石鼓乍原 戰國  郭店老乙 戰國 魏石經作 	

神　齋　禮

神

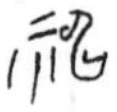
齊家村骨 周中

㾓鐘 周中

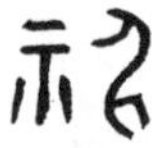
伯㦤簋 周中

陳昉簋 戰國

秦公石磬 春秋

郭店太一 戰國

上博恒先 戰國

秦玉牘 戰國

長沙帛書 戰國

郭店唐虞 戰國

行气玉銘 戰國

雲夢日甲 戰國

齋

蔡侯申盤 春秋

建信君鈹 戰國

望山M1簡 戰國

禮

牆盤 周中

蔡侯申盤 春秋

中山王壺 戰國

牆盤 周中

哀成叔鼎 春秋

籀文

祭 祠 袾

祭	祠	袾
花東 063 一期；合 6964 一期；乙 6432 一期；掇 1.463 四期；合 1051 一期；佚 318 一期；花東 426 一期；甲 2700 五期	周甲 20 先周	同魅
史喜鼎 周中；鄀公華鐘 春秋；書也缶 戰國；陳侯午敦 戰國；莒侯簋 春秋；義楚耑 春秋；中山王壺 戰國	趙孟壺 春秋；胤嗣壺 戰國	
陶三 838 戰國；陶三 843 戰國；天星觀簡 戰國；包山 225 戰國；包山 266 戰國；脊録 1.1 戰國；陶三 842 戰國；長沙帛書 戰國；望山M1簡 戰國；包山 237 戰國；上博君老 戰國；秦印彙編 秦代	九店楚簡 戰國；集證 133 戰國	雲夢日甲 戰國 簡讀文作大大袾魅
祭	祠	

祝	禮	社
 前 4.18.7 一期 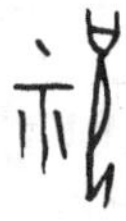 前 7.31.1 一期  花東 361 一期  合 22919 三期  掇 1.253 一期  合 15360 一期  合 1076 一期  屯 2122 四期		 粹 20 四期  粹 21 四期
 禽簋 周早  長由盉 周中  小盂鼎 周早  太祝禽鼎 周早  者沪鐘 戰國		 中山王鼎 戰國
 石鼓吴人 戰國  包山 217 戰國  天星觀簡 戰國  侯馬盟書 戰國  長沙帛書 戰國  包山 231 戰國  璽彙 2726 戰國  侯馬盟書 戰國	 望山M1簡 戰國  包山 241 戰國  包山 211 戰國	 望山M1簡 戰國  包山 210 戰國  包山 138 戰國  新蔡楚簡 戰國
		  古文

礿	𥘵	𥙆	禖
	 合 15499 一期  京津 4266 一期  合 32030 四期  合 15502 一期  乙 7820 一期  合 36534 五期	 合 26954 三期  合 30960 三期  合 35604 五期  合 30922 三期  英 2262 三期	
 我鼎 商代			
			 雲夢日甲 戰國

祀　禲　禦

祀

乙 6881 一期
京津 946 一期
合 9817 一期
合 29714 三期
合 37866 五期
英 1286 一期
合 9613 一期
合 15492 一期
合 30768 三期
合 37398 五期

小臣邑斝 商代
吴方彝 周中
邿伯祀鼎 春秋
鄽侯軍簋 戰國
中山王壺 戰國
王鑄壺 周早
師遽簋 周中
邾公釛鐘 春秋
曾侯乙鎛 戰國
中山王壺 戰國

陶一 0110 商代
郭店性自 戰國
郭店老乙 戰國
上博君老 戰國

禲

天星觀簡 戰國

禦

河 312 三期
鄴3下37.8 三期
周甲 1 先周

我鼎 商代
叀諆尊 周中
禦父辛觶 周早
㝬簋 周晚

祈

頌簋 周中

大師虘豆 周中

𦉢伯簋 周中

仲枏父簋 周晚

追夷簋 周晚

蔡大師鼎 春秋

王孫鐘 春秋

祈爵 商代

追簋 周中

師臾鐘 周中

頌鼎 周中

畢鮮簋 周晚

歸父盤 春秋

番君匿 春秋

邾公釛鐘 春秋

包山 266
戰國

	祚	祱
 伯旂簋 春 秋  白六鼎 春 秋  姬丹盤 春 秋  書也缶 戰 國  齊侯鼎 春 秋  王子午鼎 春 秋  齊 鎛 春 秋		
	 包山 129 戰 國  包山 209 戰 國  包山 162 戰 國	 望山M1簡 戰 國  包山 214 戰 國  望山M1簡 戰 國  包山 203 戰 國

祖

粹 242
一期

粹 2
四期

粹 245
二期

粹 344
五期

祖辛卣
商代

大盂鼎
周早

邾公孫班鎛
春秋

邌邟鐘
春秋

中山王鼎
戰國

祖甲爵
商代

師虎簋
周中

齊鎛
春秋

書也缶
戰國

陳逆簋
戰國

上博彭祖
戰國

秦玉牘
戰國

祐

佚 667
一期

花東 291
一期

戬 13.9
三期

合 20035
一期

花東 291
一期

京津 3130
四期

保卣
周早

蔡侯申盤
春秋

禍	禕	⿰礻亟	祆
 合 808 一期  粹 1300 三期  合 35663 五期  合 36613 五期  佚 304 二期  粹 1264 四期  合 36359 五期		讀作殛	集韻同妖
 伯祓鼎 周中  中山王壺 戰國			
 長沙帛書 戰國  包山 215 戰國  天星觀簡 戰國  包山 213 戰國  天星觀簡 戰國  郭店尊德 戰國	 長沙帛書 戰國	 侯馬盟書 戰國  侯馬盟書 戰國  侯馬盟書 戰國  侯馬盟書 戰國	 上博容成 戰國

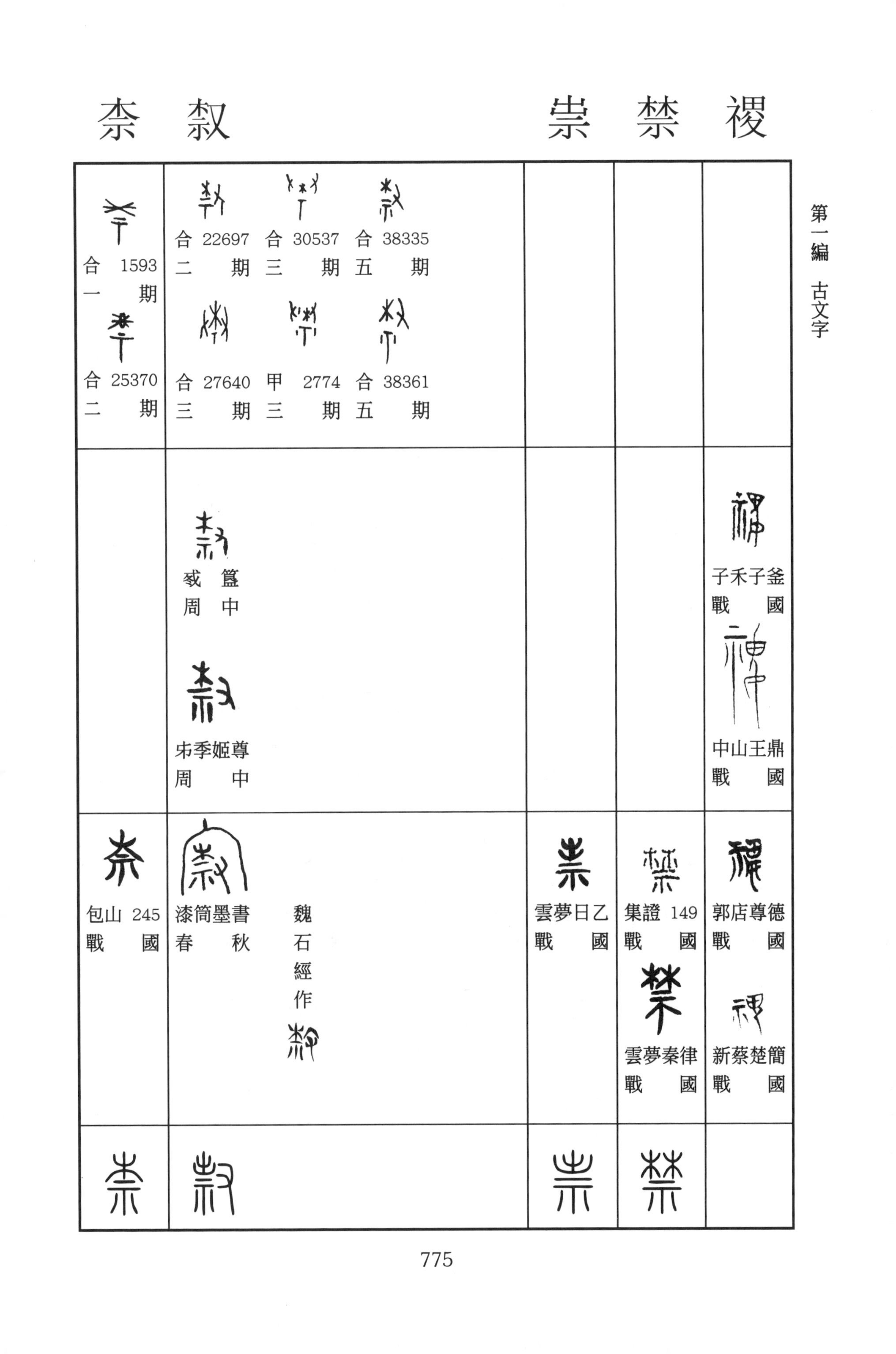

柰	款	崇	禁	禝
合 1593 一期 合 25370 二期	合 22697 二期 合 30537 三期 合 38335 五期 合 27640 三期 甲 2774 三期 合 38361 五期			
	戜簋 周中 朿季姬尊 周中			子禾子釜 戰國 中山王鼎 戰國
包山 245 戰國	漆筒墨書 春秋 魏石經作	雲夢日乙 戰國	集證 149 戰國 雲夢秦律 戰國	郭店尊德 戰國 新蔡楚簡 戰國

福

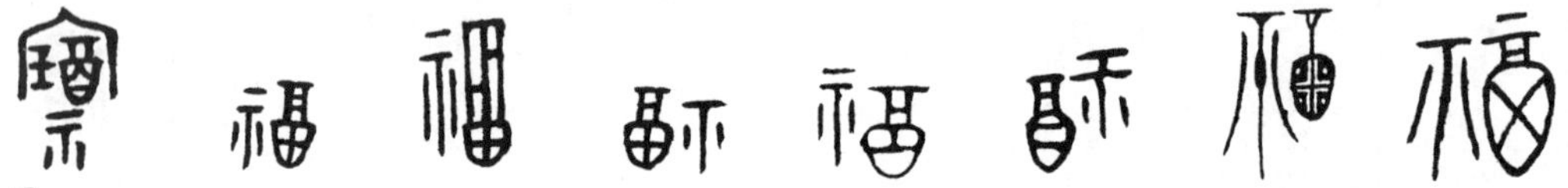

㝬鼎	沈子它簋	井侯簋	大师虘豆	不嬰簋	伯沕其盨	王子午鼎	國差甔
周早	周早	周早	周中	周晚	周晚	春秋	春秋

周乎卣	乃子克鼎	善鼎	伯沕其盨	伯沕其盨	邾大宰鐘	王孫誥鐘	中山王壺
周早	周早	周中	周晚	周晚	春秋	春秋	戰國

長沙帛書	包山 037	郭店成之	郭店老甲	仰天湖簡	貨系 4277
戰國	戰國	戰國	戰國	戰國	戰國

望山M1簡	包山 206	郭店語四	上博詩論	璽彙 4684	雲夢日乙
戰國	戰國	戰國	戰國	戰國	戰國

福

禱

望山M1簡 戰國

望山M1簡 戰國

望山M1簡 戰國

包山 205 戰國

包山 214 戰國

包山 248 戰國

天星觀簡 戰國

雲夢日甲 戰國

望山M1簡 戰國

望山M1簡 戰國

包山 202 戰國

包山 213 戰國

包山 214 戰國

上博子羔 戰國

新蔡楚簡 戰國

或體

裸　宗

裸

合 15834
一　期

合 15844
一　期

花東 181
一　期

合 24233
二　期

屯 958
三　期

合 36175
五　期

合 15839
一　期

合 2219
一　期

合 25460
二　期

合 27216
三　期

合 41643
四　期

毓且丁卣
商　代

史獸鼎
周　早

小盂鼎
周　早

何　尊
周　早

毛公鼎
周　晚

裸　匜
商　代

不栺方鼎
周　早

徝方鼎
周　早

鮮　簋
周　中

釐侯鼎
周　晚

宗

𩐁志鼎
戰　國

𩐁志盤
戰　國

望山M1簡
戰　國

郭店成之
戰　國

天星觀簡
戰　國

上博緇衣
戰　國

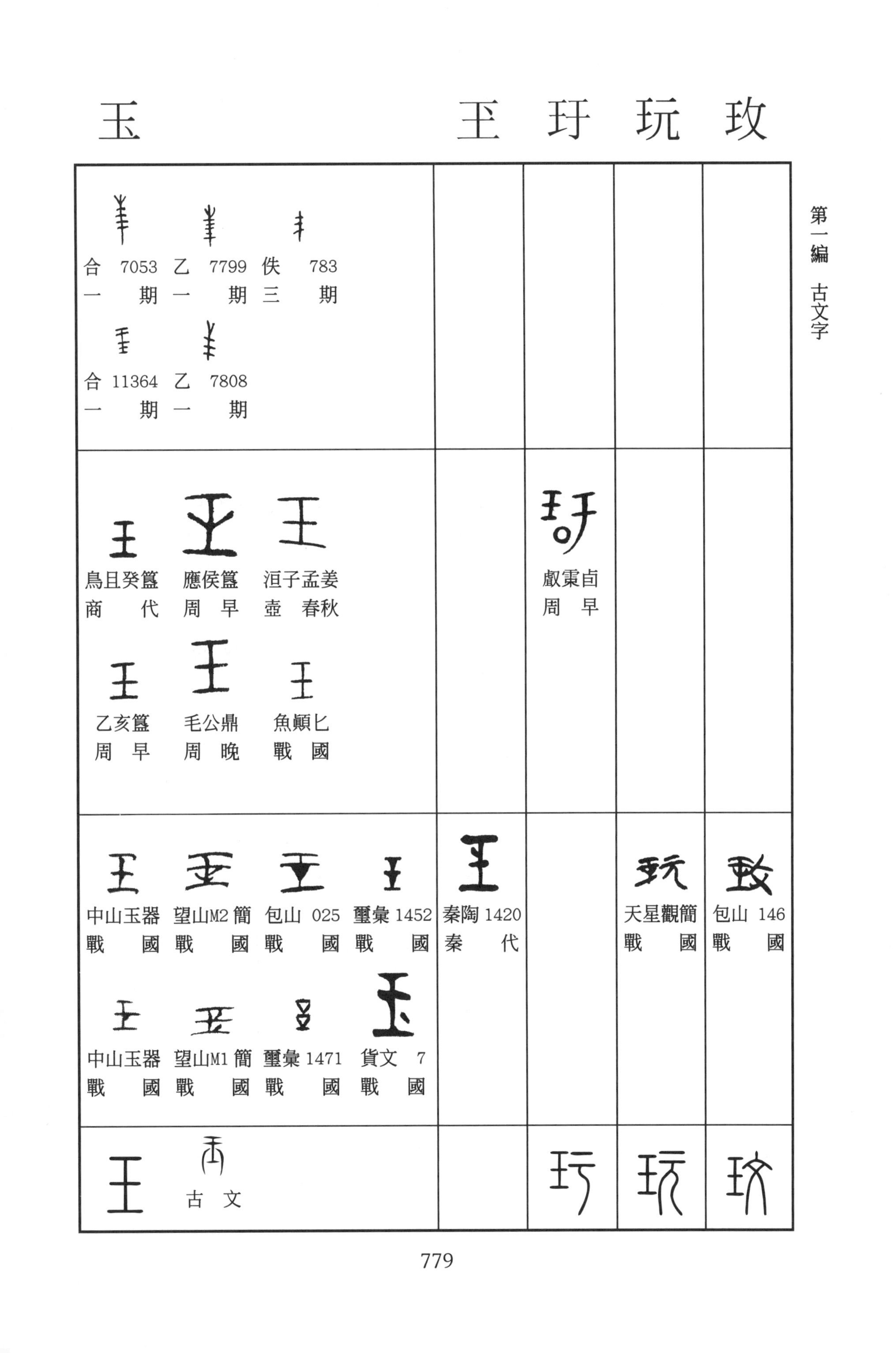

玉	玊	玗	玩	玫
合 7053 一期；乙 7799 一期；佚 783 三期；合 11364 一期；乙 7808 一期				
鳥且癸簋 商代；應侯簋 周早；洹子孟姜壺 春秋；乙亥簋 周早；毛公鼎 周晚；魚顛匕 戰國		𢽩霝卣 周早		
中山玉器 戰國；望山M2簡 戰國；包山 025 戰國；璽彙 1452 戰國；中山玉器 戰國；望山M1簡 戰國；璽彙 1471 戰國；貨文 7 戰國	秦陶 1420 秦代		天星觀簡 戰國	包山 146 戰國
古文				

珏	班	珍	璧
合 826 一期 合 5611 一期 屯 280 四期 合 1052 一期 合 14588 一期			
鼉侯馭方鼎 周晚	班簋 周中 郳公孫班鎛 春秋 佴叔盨 周中		琱生簋 周晚 洹子孟姜壺 春秋 洹子孟姜壺 春秋 洹子孟姜壺 春秋
貨文 7 戰國	包山 085 戰國 珍秦 157 戰國 上博周易 戰國	秦陶 1183 戰國	上博魯旱 戰國 新蔡楚簡 戰國 新蔡楚簡 戰國 侯馬盟書 戰國
或體			

瑗 瓚 琜 璜 琥 璋

瑗	瓚	琜	璜	琥	璋
	 子黃尊 周 早  毛公鼎 周 晚  小盂鼎 周 早  多友鼎 周 晚	 守宮盤 周 中	 琱生簋 周 晚  赤目匿 春 秋		 子璋鐘 春 秋  陳璋鐳 戰 國  楚王酓璋劍 戰國  子備璋戈 戰 國
 包山 005 戰 國	 玉柄形器 商 代		 望山M2 簡 戰 國	 中山玉器 戰 國  包山 218 戰 國	 陶三 119 戰 國  璽彙 1640 戰 國  璽彙 0232 戰 國
瑗	瓚	琜	璜	琥	璋

環　　璞

璞

前 5.7.7
一期

簠·人 31
一期

前 7.31.4
一期

環

師遽方彝
周中

毛公鼎
周晚

曾侯墓簡
戰國

望山M1簡
戰國

望山M1簡
戰國

望山M1簡
戰國

天星觀簡
戰國

中山玉器
戰國

望山M1簡
戰國

望山M1簡
戰國

望山M1簡
戰國

包山 213
戰國

中山玉器
戰國

中山玉器
戰國

琱	琰	玸	瑞	珩	珈
 五年師旋簋 周中  訇簋 周中  琱生簋 周晚  休盤 周中  琱伐父簋 周晚					 曾侯乙鐘 戰國  曾侯乙鐘 戰國
	 望山M2簡 戰國	 中山玉器 戰國	 包山 022 戰國	 中山玉器 戰國	 新蔡楚簡 戰國  新蔡楚簡 戰國

理	瑣	琀	珠	琮	瑤	玢
				 前5.4.7 一期  粹 401 四期  乙 6736 一期		
 陶五 355 戰國	 珍秦 62 戰國	 上博周易 戰國	 貨系 4073 戰國		 包山 039 戰國  新蔡楚簡 戰國	 陶五 023 戰國

瑂　靈　瑕　瓔　珮

瑂	靈	瑕	瓔	珮
	 庚壺 春秋		 瓔燓盨 周晚	
 陶徵 155 戰國	 秦公石磬 春秋  陶九 088 戰國	 秦印彙編 秦代		 信陽楚簡 戰國  包山 219 戰國  天星觀簡 戰國 從葥聲
  古文	  或體			

珓	瑅	瓔	⿰王丑
			簡文同鈕
 望山M2簡 戰國	 曾侯墓簡 戰國	 陶三 284 戰國  曾侯墓簡 戰國  璽彙 1935 戰國  璽彙 5350 戰國  璽彙 5349 戰國  陶三 739 戰國  新蔡楚簡 戰國  璽彙 2907 戰國  璽彙 1425 戰國	 包山 214 戰國

瓚	琅	琦	瓊	珂	珥
	子黃尊 周早				
上博容成 戰國 新蔡楚簡 戰國	秦封泥 秦代 秦印彙編 秦代	信陽楚簡 戰國 信陽楚簡 戰國	雲夢法律 戰國	璽彙 5272 戰國	雲夢法律 戰國 曾侯墓簡 戰國 信陽楚簡 戰國 天星觀簡 戰國 信陽楚簡 戰國
瓚	琅		瓊	珂	珥

壐

包山 013 戰國

璽彙 0131 戰國

璽彙 0137 戰國

璽彙 0159 戰國

璽彙 0343 戰國

璽彙 4623 戰國

陶三 645 戰國

璽彙 4252 戰國

璽彙 0064 戰國

璽彙 0135 戰國

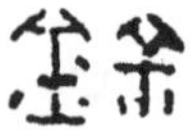
璽彙 0158 戰國

璽彙 0165 戰國

璽彙 3441 戰國

古璽通論 戰國

璽彙 4605 戰國

璽彙 5251 戰國

籀文

珞 ⿰王熏 ⿰王面

珞

包山 167 戰國

⿰王熏

曾侯墓簡 戰國

曾侯墓簡 戰國

曾侯墓簡 戰國

⿰王面

師遽方彝 周中

##

雲夢法律 戰國

璽彙 5393 戰國

璽彙 5244 戰國

璽彙 5229 戰國

雲夢日乙 戰國

璽彙 5467 戰國

璽彙 5231 戰國

琴	瑟	氏
郭店性自 戰國 上博性情 戰國 上博詩論 戰國	曾侯墓漆書 戰國 包山 260 戰國 上博詩論 戰國 上博性情 戰國 望山M2簡 戰國 郭店性自 戰國 上博容成 戰國 璽彙 0279 戰國	曾侯墓簡 戰國 上博容成 戰國 曾侯墓簡 戰國
古文		

册	𠕋	侖	扁
粹 1097 一期 粹 265 三期 乙 1712 一期 粹 162 三期	燕 1705 一期 周甲 84 先周	存 1.477 一期	
杠觶 商代 臣辰盉 周早 免盤 周中 師酉簋 周中 夨尊 周早 作册大鼎 周早 師虎簋 周中 休盤 周中		中山王鼎 戰國 侖氏令戈 戰國	
貨系 0229 戰國 新蔡楚簡 戰國		郭店尊德 戰國 郭店性自 戰國 郭店尊德 戰國 璽彙 0341 戰國	雲夢秦律 戰國
古文			

嗣	瓜	㼌
 合 30686 三期  合 30692 三期  合 30685 三期		
 戍嗣鼎 商代  中山王壺 戰國  胤嗣壺 戰國  右嗣鼎 戰國  大盂鼎 周早  曾姬無卹壺 戰國  曾侯乙鐘架 戰國  曾侯乙鐘 戰國  令瓜君壺 戰國	 師酉簋 周中  令瓜君壺 戰國  師酉簋 周中	
 秦公石磬 春秋  上博鮑叔 戰國  上博周易 戰國	 天星觀簡 戰國  雲夢日乙 戰國	 侯馬盟書 戰國  包山 174 戰國
  古文		

甘	曆	甚
 乙 7298 一期  後上 12.4 一期  後上 12.4 一期		
 甘丹上庫戈 戰國	 保卣 周早  友簋 周中  屯鼎 周中  大作大仲簋 周早  彔簋 周中  次卣 周中	 甚諆臧鼎 周中  晉侯對盨 周晚
 侯馬盟書 戰國  郭店老甲 戰國  包山 090 戰國  璽彙 5263 戰國	 玉印 19 戰國	 陶三 288 戰國  郭店老甲 戰國  雲夢日甲 戰國  郭店老甲 戰國  郭店唐虞 戰國

禾	秀	移
 合 9464 一期　合 19804 一期　合 33293 四期　甲 191 四期  合 9615 一期　粹 8 三期　粹 9 四期　粹 896 五期		
 禾方鼎 商代　亳鼎 周中　禾簋 春秋　子禾子釜 戰國  白禾憂鼎 周早　留鐘 春秋　鄂君車節 戰國　高奴權 戰國		
 陶五 263 戰國　璽彙 4281 戰國　璽彙 5118 戰國 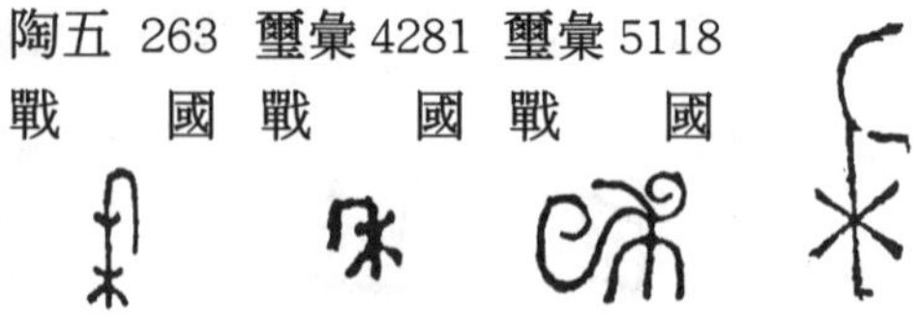 璽彙 4279 戰國　璽彙 4900 戰國　璽彙 5112 戰國　貨系 1323 戰國	 石鼓田車 戰國　包山 078 戰國　雲夢日甲 戰國  包山 020 戰國　雲夢日甲 戰國	 雲夢效律 戰國

年

合 9681 一期　佚 679 一期　合 28219 三期　粹 853 三期

佚 54 一期　粹 856 一期　甲 2827 三期　京津 568 四期　周甲 64 先周

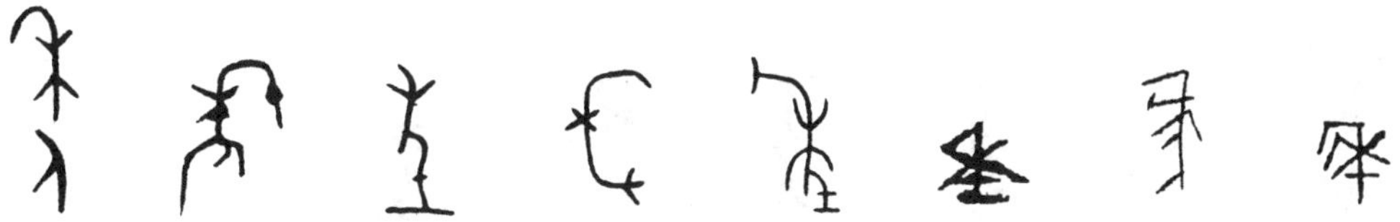

小臣缶鼎 商代　中義父鐘 周晚　齊鎛 春秋　白者君匜 春秋　王孫鐘 春秋　乘馬戈 戰國　相邦儀戈 戰國　三年戈 戰國

且辛簋 周早　霍鼎 周晚　王孫誥鐘 春秋　仲子平鐘 春秋　中山王鼎 戰國　漢中守戈 戰國　者沪鐘 戰國　陳璋鐳 戰國

秦公石磬 春秋　陶九 106 戰國　郭店緇衣 戰國　仰天湖簡 戰國　璽彙 2279 戰國

陶四 002 戰國　包山 126 戰國　郭店唐虞 戰國　上博容成 戰國　雲夢編年 戰國

季	香
 花東 249 一期　前 7.41.2 一期　合 21120 一期  後上 9.6 一期　前 5.40.3 一期　合 41130 二期	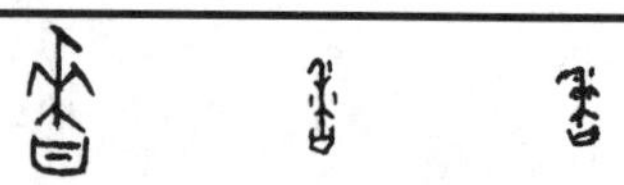 合 3108 一期　合 36501 五期　合 36553 五期  合 9552 一期　英 2565 五期
 亞䰙季卣 商代　井季卣 周中　叔専父盨 周晚　工盧季生匜 春秋　書也缶 戰國 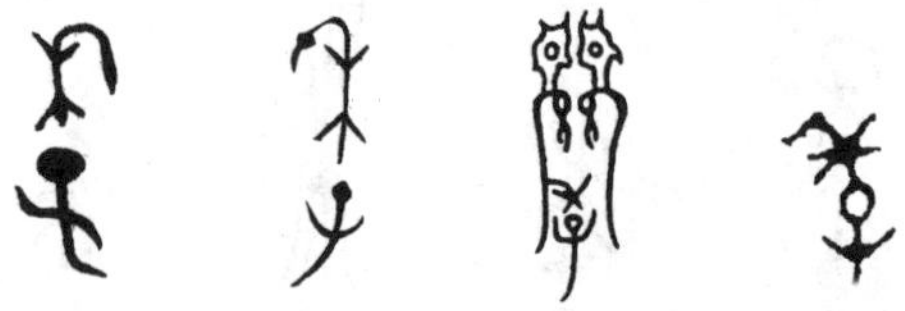 義仲鼎 周中　季保簋 周中　逞劍 春秋　陳逆簋 戰國	 𤞞簋 周中
 陶三 673 戰國　包山 127 戰國　璽印集粹 戰國　珍秦 132 戰國  長沙帛書 戰國　上博仲弓 戰國　吉林 202 戰國　雲夢日乙 戰國	

槷	稼	穜	稚	稠	稀	私
				 合 10056 一 期		
 槷 簋 周 晚						
	 雲夢法律 戰 國	 包山 103 戰 國  雲夢日乙 戰 國  上博容成 戰 國	 陶五 155 戰 國  上博昭王 戰 國	 雲夢封診 戰 國	 雲夢封診 戰 國	 十鐘印舉 戰 國  雲夢雜抄 戰 國

穠	穧	穀
	 寧滬2.106 三期  後上7.10 三期  合30306 三期  粹1574 三期  合30304 三期	
 辛伯鼎 周早  段簋 周中  庚贏卣 周中  免盤 周中  䌛簋 周中		
 包山145 戰國  璽彙0238 戰國  上博曹沫 戰國		 雲夢日乙 戰國  秦印彙編 戰國  璽印集粹 戰國  十鐘3.59 戰國

穆　　　　秏

合　7563
一　　期

屯　4451
三　　期

合 28400
三　　期

合 33373
四　　期

遹　簋
周　中

師𩰫鼎
周　中

秦公簋
春　秋

蔡侯申盤
春　　秋

中山王壺
戰　　國

曾侯乙鐘
戰　　國

牆　盤
周　中

井人妄鐘
周　　晚

吴王光鐘
春　　秋

王孫誥鐘
春　　秋

曾侯乙鐘
戰　　國

長沙銅量
戰　　國

曾侯乙鐘
戰　　國

秦公石磬
春　　秋

曾侯墓磬
戰　　國

包山　049
戰　　國

郭店語一
戰　　國

雨臺山簡
戰　　國

貨系 0185
戰　　國

陶六　096
戰　　國

望山M2簡
戰　　國

郭店窮達
戰　　國

上博緇衣
戰　　國

玉印　28
戰　　國

秦印彙編
秦　　代

雲夢秦律
戰　　國

雲夢效律
戰　　國

穆	稍	稻
		 即簋 周中  伯公父匠 周晚  郜召匠 春秋  曾伯霥匠 春秋  史免匠 周晚  奐父盨 周晚  陳公子甗 春秋  叔家父匠 春秋
 上博詩論 戰國  上博子羔 戰國  雲夢日甲 戰國  上博子羔 戰國  璽彙4442 戰國	 上博容成 戰國	 雲夢日乙 戰國
  古文		

稞	秫	䄸	秙	稗	穎
	 乙 3394 一 期				
		 䄸門室鉃 戰 國			
 周氏古璽 戰 國	 包山 273 戰 國  天星觀簡 戰 國  雲夢秦律 戰 國  包山 273 戰 國  雲夢日甲 戰 國		 雲夢秦律 戰 國	 雲夢秦律 戰 國	 陶五 071 戰 國
	  或 體				

采	積	稽
 花東 184 一　期  花東 366 一　期		
	 商鞅方升 戰　國	
 郭店唐虞 戰　國  侯馬盟書 戰　國  璽彙 0552 戰　國  璽彙 3765 戰　國  雲夢日乙 戰　國  郭店忠信 戰　國  上博子羔 戰　國  璽彙 1513 戰　國  貨系 0596 戰　國	 雲夢效律 戰　國	 雲夢爲吏 戰　國  郭店緇衣 戰　國  雲夢編年 戰　國 簡文從食
  或體		

穫	秩	秜	秝	稿	稍	穰	穤
		 合 13505 一 期	 林1.18.14 一 期  合 9364 一 期				
			 秝 罍 商 代				
 上博曹沫 戰 國  雲夢日乙 戰 國	 雲夢秦律 戰 國			 雲夢效律 戰 國	 珍秦 156 戰 國	 璽印集粹 戰 國  十鐘印舉 戰 國	 雲夢秦律 戰 國

秋

 乙 4741 一期
 粹 1151 四期
 合 32968 四期

 後下 33.1 三期
 合 32854 四期
 掇 1.435 四期
 屯 4330 四期

 越戈 戰國

 包山 214 戰國
 天星觀簡 戰國
 璽彙 4432 戰國
 璽彙 4439 戰國
 璽彙 4448 戰國
 璽彙 4451 戰國
 侯馬盟書 戰國

 包山牘 1 戰國
 璽彙 3466 戰國
 璽彙 4433 戰國
 璽彙 4445 戰國
 璽彙 4449 戰國
 璽彙 4919 戰國
 青川櫝 戰國

 籀文

析

 鄦侯少子簋 春秋
 白析戈 春秋

秦

合 299 一期　甲 571 四期

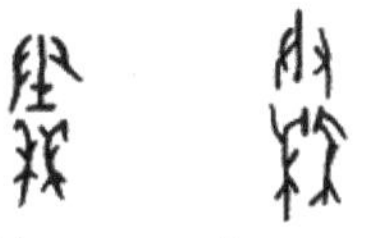

京津 3937 三期　合 34064 四期

洹秦簋 周中　師酉簋 周中　秦公鼎 春秋　鄦子𠤳 春秋　𩰫忎鼎 戰國

史秦鬲 周中　秦公鎛 春秋　秦公簋 春秋　救秦戎鐘 春秋　上郡守戈 戰國

秦公石磬 春秋　天星觀簡 戰國　望山M2簡 戰國　包山 167 戰國　上博詩論 戰國　璽彙 3423 戰國　雲夢雜抄 戰國

陶四 109 戰國　天星觀簡 戰國　包山 132 戰國　郭店窮達 戰國　璽彙 1630 戰國　璽彙 3853 戰國

籀文

積

陶五 201 戰國

黍	兼	秹
合 376 一期 合 9987 一期 合 9991 一期 乙 6725 一期 粹 889 一期 合 9949 一期 合 9954 一期 合 9532 一期 簠·歲 14 一期 前 3.30.3 二期		
仲叡父盤 周晚	兼且辛爵 周早 丞相啓狀戈 戰國 郤王子旃鐘 春秋	秹尊 周早
天星觀簡 戰國 雲夢日乙 戰國 雲夢日乙 戰國	曾侯墓簡 戰國 陶四 042 戰國 雲夢秦律 戰國	

黎	租	税	稍	稱	程	秸
 澂秋 36 戰國  雲夢效律 戰國  雲夢秦律 戰國	 雲夢法律 戰國  雲夢法律 戰國	 龍崗簡 秦代	 雲夢秦律 戰國	 青川櫝 戰國  雲夢秦律 戰國	 雲夢效律 戰國	 陶五 144 戰國

穌	䅚	𥟖	秭	來	[illegible]
				合 10022 一期；合 33724 四期；後上 18.6 五期；粹 1145 三期；合 33260 四期；周甲 14 先周	
			曶鼎 周中	來母觚 商代；康侯簋 周早；彔簋 周中；宰甫簋 商代；新邑鼎 周早；商鞅方升 戰國	趩鼎 周晚
陶徵 175 戰國	璽印集粹 戰國	九店楚簡 戰國		陶一 0057 商代；石鼓車工 戰國；陶三 830 戰國	十鐘印舉 戰國

矢	矯	矰	短	煬
 甲　3117 一　期  河　336 二　期		 佚　705 一　期		
 矢　觚 商　代  伯晨鼎 周　中  矢宁觥 商　代  小盂鼎 周　早		 相公子矰 戈　戰國  十八年戈 戰　國		
 石鼓鑾車 戰　國  包山　260 戰　國  璽彙 1137 戰　國  曾侯墓簡 戰　國  上博詩論 戰　國	 雲夢語書 戰　國	 包山　165 戰　國  璽彙 0845 戰　國  包山　188 戰　國  雲夢日甲 戰　國	 雲夢爲吏 戰　國	 璽彙 3921 戰　國

侯

鐵 157.3 一 期	乙 4055 一 期	合 39557 一 期

後下 37.5 一 期	甲 2292 一 期	粹 1273 三 期

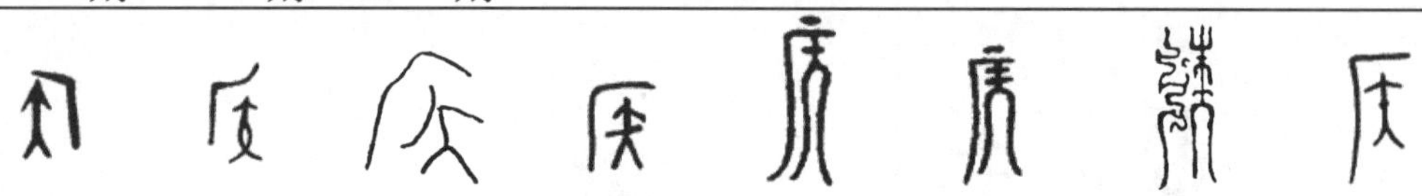

其侯父己簋 商代	匽侯旨鼎 周 早	匽侯舞昜 周 早	晉侯穌鐘 周 晚	酓章鐘 戰 國	曾侯乙匕 戰 國	蔡侯產劍 戰 國	中山王壺 戰 國

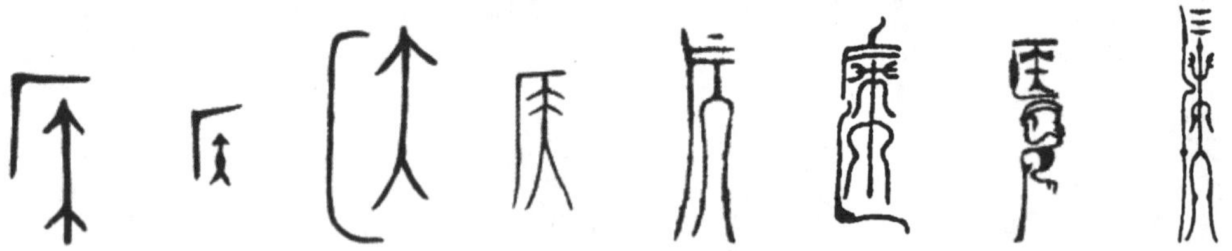

子侯卣 商 代	匽侯鼎 周 早	匽侯舞昜 周 早	莒侯簋 春 秋	曾侯乙戟 戰 國	曾侯昃戈 戰 國	蔡侯產劍 戰 國	曾侯乙戟 戰 國

敔侯玉佩 商 代	侯馬盟書 戰 國	包山 243 戰 國	上博建州 戰 國	璽彙 1084 戰 國	璽彙 1087 戰 國

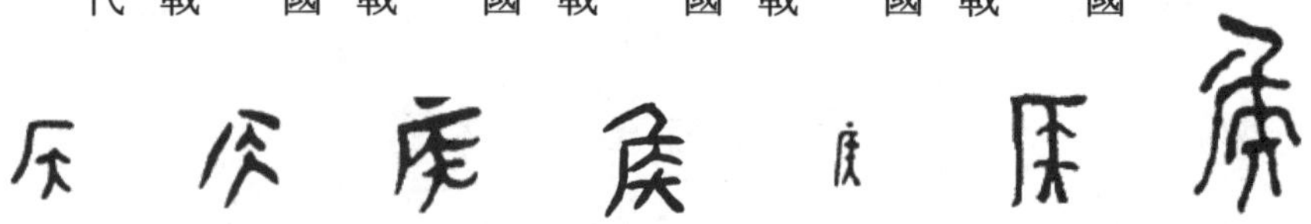

太保玉戈 周 早	中山玉器 戰 國	郭店窮達 戰 國	雲夢法律 戰 國	璽彙 1086 戰 國	貨系 0209 戰 國	陶五 398 秦 代

古 文

知　𢎗　葡

知	𢎗	葡
 合 38289 五　期	 寧滬 1.231 三　期	 鐵 2.4 一期  佚 964 一期  合 1973 一期  合 3911 一期  戩 44.13 一期  合 301 一期  合 3908 一期  合補 7042 一期
 卿宁鼎 商代  宰獸簋 周晚		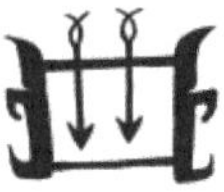 葡盤 商代 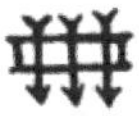 葡且乙卣 商代  父乙尊 商代  丙申角 商代  番生簋 周中  册戉父辛卣 商代 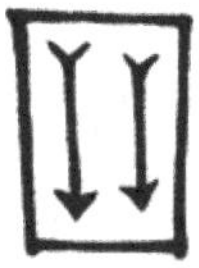 葡戈 商代  戉葡卣 商代  啓卣 周早  毛公鼎 周晚
 雲夢日乙 戰國  包山 190 戰國  璽彙 3315 戰國 字或從可 彙補		 望山M1簡 戰國  郭店語三 戰國  郭店尊德 戰國

癸

前7.9.2 一期　粹1445 三期　前1.20.7 五期

後上19.14 二期　粹1454 四期　周甲1 先周

戉父癸甗 商代　格伯簋 周中　晉侯穌鐘 周晚　穌公簋 春秋

向作父癸簋 商代　此簋 周晚　⿰宂攴叔簋 周晚　陳侯因齊敦 戰國

陶三371 戰國　望山M1簡 戰國　包山205 戰國　璽彙3988 戰國　雲夢日乙 戰國

陶五384 戰國　包山026 戰國　璽彙1533 戰國　侯馬盟書 戰國　干支牙籌 戰國

籀文

畀

合64 一期　合18473 一期　合795 一期

合651 一期　合15939 一期　花東490 一期

班簋 周中　瓚比盨 周晚

永盂 周中

新蔡楚簡 戰國　珍秦068 戰國

璽彙2529 戰國

寅	吴
 林 2.15.2 一期  花東 459 一期  粹 211 二期  粹 1041 四期  合 36956 五期  花東 170 一期  辛格所藏 一期  粹 447 三期  粹 1475 五期	
 戊寅鼎 商代  彔伯𢦚簋 周中  佴伯簋 周中  無㠱簋 周晚  陳逆簋 戰國  酓肯鼎 戰國  辰在寅簋 周早  尸白簋 周中  叔班盨蓋 周晚  柞鐘 周晚  胤嗣壺 戰國  酓章戈 戰國	 中山王鼎 戰國
 太保玉戈 周早  璽彙 3841 戰國  侯馬盟書 戰國  包山 218 戰國  侯馬盟書 戰國  侯馬盟書 戰國	 郭店緇衣 戰國  上博緇衣 戰國  郭店語三 戰國

函

花東 106 一期
合 18469 一期
合 29346 三期
合 10244 一期
合 28373 三期
合 37545 五期

函皇父鼎 周晚
函皇父匜 周晚

璽彙 2271 戰國
望山M1 簡 戰國
璽彙 5269 戰國
上博容成 戰國
簡文讀作禽

或體

矛

𨙶矛鐃 商代
白喪戈 春秋
州句矛 戰國
彧簋 周中
倗矛 春秋
越王者旨矛 戰國
新佸戟 戰國

仰天湖簡 戰國
郭店五行 戰國
上博恒先 戰國
秦家嘴簡 戰國
上博從政 戰國
雲夢法律 戰國

矜

天星觀簡 戰國
郭店老甲 戰國